MINISTÉRIO PÚBLICO DO ESTADO DE SÃO PAULO
Procuradoria Geral de Justiça

INFÂNCIA E JUVENTUDE
INTERPRETAÇÃO JURISPRUDENCIAL

CENTRO DE APOIO OPERACIONAL DAS PROMOTORIAS DE JUSTIÇA DA INFÂNCIA E DA JUVENTUDE

Ministério Público / Imprensa Oficial do Estado
Co-edição
SÃO PAULO
2002

APRESENTAÇÃO

A Procuradoria Geral de Justiça, através do Centro de Apoio Operacional das Promotorias de Justiça da Infância e da Juventude, lançou-se à missão de colacionar material jurisprudencial produzido nos últimos anos, de molde a orientar os profissionais do Direito quanto às decisões da Colenda Câmara Especial do Egrégio Tribunal de Justiça do Estado de São Paulo, a respeito dos temas afetos à infância e à juventude. Tarefa nem sempre amena, porque restrita às fronteiras do segredo de Justiça e que, por isso, exige tratamento cauteloso. Importante frisar que essa coletânea de jurisprudência é fruto da dedicação e contribuição coletiva, a partir do trabalho dos Membros do Ministério Público que atuam e atuaram junto ao Centro de Apoio, bem como valiosa colaboração dos Senhores Procuradores de Justiça e Promotores de Justiça que, igualmente, militam na área.

Outrossim, a aplicação do Direito, como todos sabem, não constitui singela operação mecânica, dependente de esforço físico ou intelectual, mas sim um *plus* novo e não apenas jurídico. A aplicação do Direito necessita de algo mais que os fatos como matéria e o Direito como ferramenta. A tarefa do Juiz será de acrescentar à norma jurídica um elemento peculiar que ela não tem: - a prudência. Este juízo jurídico, este julgamento prudencial, produz um resultado muito diferente do Direito aplicado. E o resultado da aplicação do Direito a um caso é, sem dúvida, uma criação jurídica. E sempre o é. Nos casos elementares e nos mais complexos.

Por outro lado, a aplicação do Estatuto da Criança e do Adolescente vem permitindo ao Ministério Público exercer uma atividade tão gratificante quanto salutar, porque, como afirmava Carnelutti, quanto maior a desolação, maior a necessidade de profunda e fecunda união. E foi essa coesão que orientou a transcendental mudança dos paradigmas da Justiça da infância e da juventude.

Todo esse ambiente resume o sentido da publicação. Não defendemos uma jurisprudência pretensamente consolidada, sedutora de um comodismo censurável. Mas,

ao ser difundida, uma decisão deixa de ser singela resolução de conflitos para converter-se em doutrina, alicerçada na autoridade dos Tribunais ao aplicar as verdadeiras fontes do Direito; e, como tal, extrapola dos autos para sujeitar-se ao crivo do leitor, do analista, do jurista enfim.

São Paulo, julho de 2002.

Centro de Apoio Operacional das
Promotorias de Justiça da
Infância e da Juventude

MINISTÉRIO PÚBLICO DO ESTADO DE SÃO PAULO
PROCURADORIA GERAL DE JUSTIÇA

Luiz Antônio Guimarães Marrey

PROCURADOR GERAL DE JUSTIÇA

CENTRO DE APOIO OPERACIONAL DAS PROMOTORIAS DE JUSTIÇA DA INFÂNCIA E DA JUVENTUDE

José Luís Alicke

COORDENADOR

Laila Said Abdel Qader Shukair

Roberto Barbosa Alves

ASSESSORES

IMPRENSA OFICIAL DO ESTADO

Sérgio Kobayashi

DIRETOR-PRESIDENTE

Luiz Carlos Frigerio

DIRETOR VICE-PRESIDENTE

Carlos Nicolaewsky

DIRETOR INDUSTRIAL

Richard Vainberg

DIRETOR FINANCEIRO E ADMINISTRATIVO

Dados Internacionais de Catalogação na Publicação (CIP)
(Câmara Brasileira do Livro, SP, Brasil)

São Paulo (Estado). Ministério Público
Infância e juventude : interpretação jurisprudencial / [organização] Centro de Apoio Operacional das Promotorias de Justiça da Infância e da Juventude . -- São Paulo : Imprensa Oficial do Estado : Ministério Público, 2002.

ISBN 85-7060-102-6 (Imprensa Oficial do Estado)

1. Delinqüência juvenil - Brasil 2. Estatuto da Criança e do Adolescente - Jurisprudência - Brasil 3. Menores - Jurisprudência - Brasil 4. Ministério Público - São Paulo (Estado) I. Centro de Apoio Operacional das Promotorias de Justiça da Infância e da Juventude.

02–6378 CDU–347.157.1 (81) (094.9)

Índices para catálogo sistemático:

1. Brasil : Infância e juventude : Interpretação jurisprudencial : Direito 347.157.1(81) (094.9)
2. Infância e juventude : Interpretação jurisprudencial : Brasil : Direito 347.157.1(81) (094.9)

Ministério Público do Estado de São Paulo
Centro de Apoio Operacional das Promotorias
de Justiça da Infância e da Juventude
Rua Riachuelo, 115 7º Andar Sala 34
CEP 01007-904 São Paulo SP
Fone: (11) 3119-9584 Fax: (11) 3119-9583
www.mp.sp.gov.br
infancia@mp.sp.gov.br

Imprensa Oficial do Estado de São Paulo
Rua da Mooca, 1.921 – Mooca
03103-902 - São Paulo – SP
Tel.: (11) 6099-9800
Fax: (11) 6692-3503
www.imprensaoficial.com.br
divulgacaoeditoriais@imprensaoficial.com.br
SAC 0800-123 401

ÍNDICE

1. ATOS INFRACIONAIS

1.1 HOMICÍDIO DOLOSO

Apelação Cível nº 78.059-0/4 - Comarca de Jundiaí - TJSP - Rel. Des. Fábio Quadros - j. 01/10/01 – v.u.

Menor infrator - Ato infracional equivalente ao homicídio qualificado - Recurso pretendendo a absolvição e, subsidiariamente, a substituição da medida aplicada por outra mais branda - Parecer da Procuradoria Geral de Justiça pelo improvimento do apelo - Autoria e materialidade comprovadas - Impossibilidade de abrandamento - Medida aplicada proporcional à gravidade do ato - Recurso improvido.

Apelação Cível nº 78.191-0/6 – Comarca de São Paulo - TJSP - Rel. Des. Nuevo Campos - j. 24/09/01 – v.u.

Menor - Ato infracional equivalente ao crime de extorsão - Corrigida a qualificação jurídica da conduta do adolescente para homicídio tentado – Improcedência decretada por insuficiência do conjunto probatório - recurso do Ministério Público - Pugna pela procedência da representação inicial e aplicação de medida sócio-educativa consistente em internação – Admissibilidade - A procedência da inicial esta demonstrada com segurança - A prova oral é suficiente a tanto e o resultado do exame residuográfico não implica em improcedência da representação - Medida adequada à presente espécie é a internação - Houve violência a pessoa (ECA, art 122, I) - O emprego de arma de fogo, a motivação do representado e a maneira de execução constituem circunstâncias que conferem contornos de extrema gravidade ao caso em tela e revelam sério desajustamento de conduta e vivência infracional – Está demonstrada a existência de antecedente e o envolvimento em outro processo por pratica infracional grave - Relatório técnico dá conta de ausência de apoio familiar eficaz - Circunstâncias presentes revelam, ainda, incompatibilidade do apelado com o meio aberto - Fixado o prazo máximo para as reavaliações periódicas - Apelo provido, com retificação, oficiando-se.

Apelação Cível nº 68.338-0/0 - Comarca de Araraquara - TJSP - Rel. Des. Nigro Conceição - j. 20/09/01 – v.u.

Apelações - Recursos interpostos contra r sentença que aplicou a medida sócio-educativa de internação - O apelante W. alega legítima defesa própria e de terceiros, pleiteando aplicação de medida mais branda - Os demais apelantes, suscitaram preliminar de nulidade da sentença e, no mérito, improcedência, por insuficiência de provas - Inadmissibilidade - A preliminar de nulidade de sentença confunde-se com o mérito, por demandar interpretação do conjunto probatório ficando repelida - Quanto ao mérito, há prova segura de que os adolescentes praticaram os atos infracionais a eles imputados, equiparados a homicídio qualificado e tentativa de homicídio qualificado - A par disso, registram antecedentes, necessitando de severo acompanhamento - Internação bem aplicada - Improvimento.

Apelação Cível nº 78.798-0/6 - Comarca de Mirassol - TJSP - Rel. Des. Jesus Lofrano - j. 17/09/01 – v.u.

Menor - Ato infracional - Homicídio - Preliminar - Cerceamento de defesa - Rejeição - Internação - Necessidade - Recurso improvido.

A notícia quanta ao estado em que se encontrava a adolescente na Febem não significa que houvesse necessidade dele submeter-se a exame de sanidade mental; ademais, as menores recebem acompanhamento psicológico na Febem e a medida sócio-educativa tem fim pedagógico, voltada à ressocialização, não se confundindo com pena, razão pela qual é irrelevante o pormenor.

Na aplicação da medida sócio-educativa a juiz levará em conta a gravidade da conduta da adolescente, dai parque irrelevante eventual discussão a respeito das qualificadoras, uma vez que o ata foi praticado mediante violência à pessoa, com resultado morte, em demonstração de ousadia e desvio de comportamento de seu autor.

Apelação Cível nº 78.744-0/0 - Comarca de Jundiaí - TJSP - Rel. Des. Jesus Lofrano - j. 17/09/01 – v.u.

Menor - Ato infracional - Tentativa de homicídio - Desclassificação para lesão corporal - Inadmissibilidade - Liberdade assistida - Recurso improvido.

O adolescente se valeu do auxílio de terceiros para agredir a vítima, que sofreu lesão corporal de natureza gravíssima, e os peritos disseram que houve perigo de vida e debilidade permanente, a significar que houve mesmo ato infracional correspondente a tentativa de homicídio.

Apelação Cível nº 72.634-0/5 - Comarca de Sorocaba - TJSP - Rel. Des. Mohamed Amaro - j. 30/08/01 – v.u.

Menores - representação pela prática de atos infracionais equiparados a homicídio consumado e a homicídio tentado, ambos na forma qualificada - aplicação de medida sócioeducativa de internação a um dos menores e improcedência da representação com relação ao outro.

Apelação - do Ministério Público, com pretensão à imposição da medida de internação ao menor absolvido - do menor, ao qual aplicou-se medida sócio-educativa de internação, com pretensão à sua absolvição – elementos probatórios suficientes a demonstração da autoria e materialidade dos atos infracionais, relativamente a ambos os menores – confirmação da sentença no tocante ao menor O., com imposição da medida sócio-educativa de internação ao menor.

Dá-se provimento ao recurso do Ministério Público, aplicando-se a medida sócio-educativa de internação, por prazo indeterminado, ao adolescente R., e nega-se provimento ao recurso do adolescente O..

Apelação Cível nº 78.193-0/5 – Comarca de Presidente Epitácio - TJSP - Rel. Des. Jesus Lofrano - j. 27/08/01 – v.u.

Menor - Ato infracional - Homicídio - Autoria - Demonstração – Internação - Recurso improvido.

Apelação Cível nº 77.856-0/4 - Comarca de Jundiaí - TJSP - Rel. Des. Nuevo Campos - j. 27/08/01 – v.u.

Menor - Atos infracionais equivalentes aos crimes de homicídio qualificado, hediondo e ao de quadrilha ou bando - Aplicada medida sócio-educativa de internação - Recurso do adolescente – Pugna, alternativamente, pela improcedência da inicial ou aplicação de medida mais branda, liberdade assistida - O apelo procede eu parte - Em relação ao ato infracional que corresponde ao crime de homicídio qualificado, a procedência da inicial está demonstrada com segurança - A confissão do adolescente encontra seguro apoio na prova - Tese defensiva, no sentido de que o representado confessou por estar sob coação moral irresistível, não encontra suporte nos autos - No que tange ao ato infracional correspondente ao crime de quadrilha ou bando, nada há na prova que possa autorizar a procedência do pedido inicial – Medida aplicada apresenta-se como adequada - Houve violência a pessoa, causa da morte do ofendido, o que, a teor do art. 122, I, do ECA enseja a internação - A motivação do ato infracional, o emprego de armas de fogo para o exercício da violência e a maneira de execução, em especial, o número de agentes e a invasão da moradia do ofendido constituem circunstâncias que conferem contornos de gravidade especial ao fato em tela e revelam, por parte do menor, sério desajustamento de conduta e vivência infracional - Embora não se possa reconhecer a existência de antecedentes, há que se considerar o envolvimento do adolescente em outros atos infracionais graves – A segregação do ora recorrente, dada a inafastável possibilidade de voltar a incidir em práticas infracionais violentas, era uma necessidade, inclusive para sua segurança pessoal - Apelo provido em parte, nos termos ora deduzidos.

Apelação Cível nº 77.937-0/4 - Comarca de Araraquara - TJSP - Rel. Des. Jesus Lofrano - j. 20/08/01 – v.u.

Menor - Ato infracional - Tentativa de homicídio - Autoria – Demonstração - Internação - Necessidade - Recurso provido em parte.

Apelação Cível nº 72.806-0/0 - Comarca de Matão - TJSP - Rel. Des. Nigro Conceição - j. 02/08/01 – v.u.

Menor - Sentença que acolheu representação formulada contra adolescente pela prática de infração correspondente a homicídio qualificado - Apelação que busca a substituição da medida de internação por tratamento psiquiátrico e ambulatorial para dependentes de drogas - Gravidade do ato e condições pessoais do ofendido que não autorizam sua inserção em meio aberto - Recurso não provido com recomendação.

Apelação Cível nº 72.957-0/9 - Comarca de Piedade - TJSP - Rel. Des. Fábio Quadros - j. 07/05/01 – v.u.

Menor infrator - Tentativa de homicídio qualificado - Internação decretada - Recurso pretendendo a improcedência da representação, por ter agido o menor sob a excludente da legítima defesa ou, não sendo esse o entendimento, a substituição da medida aplicada por outra a ser cumprida em meio aberto - Alegação de legítima defesa que não se sustenta, por faltarem os requisitos mencionados no artigo 25 do Código Penal - Menor que efetuou dois disparos contra o corpo da vítima - Medida sócio-educativa que mostra-se proporcional à gravidade do ato praticado - Recurso não provido.

Apelação Cível nº 71.859-0/4 - Comarca de Assis - TJSP - Rel. Des. Mohamed Amaro - j. 26/04/01 – v.u.

Apelação Cível - Menor - Ato infracional assemelhado a homicídio consumado - Suficiência da prova para atestar, com a segurança desejada, a autoria e a materialidade - Não comprovação da alegada legítima defesa - Possibilidade de internação do adolescente infrator - Recurso desprovido.

Apelação Cível nº 71.739-0/7 – Comarca de Santo Anastácio - TJSP - Rel. Des. Sérgio Gomes - j. 09/04/01 – v.u.

Menor - Ato infracional grave equivalente a homicídio - Autoria e materialidade comprovadas - Inexistência de legítima defesa, posto que não comprovados os requisitos legais, notadamente o uso moderado dos meios necessários - A medida sócio-educativa deve guardar nexo de proporcionalidade com o ato infracional praticado - Jovem reincidente e usuário de drogas - Parecer da Procuradoria Geral de Justiça é no sentido do dar-se provimento parcial ao apelo - Necessidade de internação - Recurso improvido, com recomendação para que o adolescente seja submetido, cumulativamente, à medida de proteção consistente em tratamento para drogadição.

Apelação Cível nº 71.847-0/0 – Comarca de Assis – TJSP – Relator Des. Nuevo Campos – j. 26/03/01.

Menor infrator - Atos infracionais equivalentes aos crimes de homicídio e dois de lesão corporal – Ação julgada improcedente, reconhecida a excludente de antijuridicidade da legítima defesa – Recurso do ministério público – Pleiteia a procedência da ação e conseqüentemente, a inserção do menor em regime de internação – Inadmissibilidade – A prova não afastou a possibilidade da ocorrência de legítima defesa, ao contrário, trouxe indícios nesse sentido – Conduta preexistente do representado deve ser considerada e enseja a caracterização da figura contravencional do porte de arma – Esta conduta, caso fosse reconhecida a procedência da inicial, estaria absorvida pelos atos infracionais equivalentes aos crimes de homicídio e de lesões corporais graves, o que, no entanto, não ocorreu – Em razão da ausência de antecedentes e por ser o ato infracional remanescente equivalente a ilícito de menor potencional ofensivo, qual seja, contravenção penal, fixou-se, para aplicação ao menor, medida sócio-educativa consistente em advertência – Apelo provido em parte.

Apelação Cível nº 69.361-0/1 - Comarca de Olímpia - TJSP - Rel. Des. Jesus Lofrano - j. 15/01/01 – v.u.

Menor – Ato infracional – Artigos 121, caput do Código Penal, 10, caput da Lei 9.437/97 e 16 da Lei 6.368/76 – Prova suficiente à procedência da representação - A. admitiu que a arma, de potencial lesivo, lhe pertencia, confessando também na delegacia que a maconha era de sua propriedade – V. assumiu o risco de produzir o resultado ao disparar a arma de fogo na direção da vítima – Os antecedentes dos apelantes aliados à gravidade dos atos infracionais recomendavam mesmo a internação - Recursos improvidos.

Apelação Cível nº 68.309-0/8 – Comarca de Sorocaba – TJSP – Relator Des. Sérgio Gomes – j. 08/01/01.

Menor – Ato infracional equiparado a homicídio – Autoria e materialidade comprovadas – A medida sócio-educativa deve guardar nexo de proporcionalidade com o ato infracional praticado e personalidade do agente – Adolescente primário, consta que está trabalhando e tem respaldo de sua mãe, sendo adequada a aplicação de liberdade assistida – A segregação, no caso, não se mostra necessária para a reeducação – Recurso improvido.

Apelação Cível nº 66.401-0/3 – Comarca de Lorena – TJSP – Relator Des. Fábio Quadros – j. 18/12/00.

Menor infrator - Tentativa de homicídio – Internação - Recurso pretendendo a absolvição por falta de provas - Menor que efetuou disparos contra vítima, progenitora de pessoa que testemunhou anterior ato idêntico cometido contra terceiro - Informante e vítima que o reconheceram - Apreensão logo após os fatos nas proximidades e na direção indicada pela vítima - Prova segura - Temperamento agressivo reconhecido pela própria mãe - Internação suspensa em razão de tratamento contra drogas em regime fechado - Recurso improvido.

Apelação Cível nº 65.448-0/0 – Comarca de São Paulo – TJSP – Relator Des. Fábio Quadros – j. 20/11/00.

Menor infrator – Ato equivalente a tentativa de homicídio – Internação – Materialidade e autoria demonstradas através de depoimento da vítima e de testemunhas – Antecedentes e personalidade que não o recomendam – Maioridade que não dispensa o cumprimento da medida – Ato cometido quando ainda inimputável – Recurso não provido.

Apelação Cível nº 65.480-0/5 – Comarca de Votuporanga – TJSP – Relator Des. Nuevo Campos – j. 13/11/00.

Menor – Ato infracional equivalente a tentativa de homicídio – Aplicação de medida sócio-educativa consistente em internação – Recurso do adolescente.

Preliminar – conversão do julgamento em diligência toxicológica – desnecessidade – Tais exames poderão ser realizados durante a execução da medida sócio-educativa aplicada – Não tem o presente procedimento a finalidade de viabilizar o exercício do direito de punir do estado, o que pressupõe imputabilidade por parte do agente, mas sim verificar da necessidade de aplicação de medida que objetiva a defesa social e a reorientação da conduta do menor inimputável – Matéria preliminar, portanto, confunde-se com o mérito e com este será analisada. Mérito – Internação em clínica para tratamento de toxicômanos – Inadmissibilidade – A prova demonstrou, com segurança, a procedência da inicial e não há, em princípio, razão para a pretendida internação em clínica para tratamento de toxicômanos, mesmo porque, em estando o menor internado, tal espécie de tratamento poderá ser providenciado – Medida aplicada apresenta-se como adequada – O adolescente cometeu ato infracional que implicou em violência física a pessoa, o que, a teor do art. 122,I, do ECA, enseja a internação – O fato do ofendido ser padrasto do menor e o envolvimento em outros atos infracionais constituem circunstâncias a conferir gravidade especial ao caso em tela e indicam desajustamento de conduta e vivência infracional – Infere-se das declarações de sua genitora ausência de apoio familiar eficaz – Recomenda-se, finalmente, providências no sentido de se verificar se o menor necessita de tratamento psicológico, psiquiátrico ou para toxicômanos – Apelo improvido, com recomendação.

Apelação Cível nº 64.725-0/7 – Comarca de Garça – TJSP – Relator Des. Sérgio Gomes – j. 23/10/00.

Menor – Ato infracional grave equivalente a tentativa de homicídio qualificado – Preliminar alegando julgamento "extra-petita" rejeitada, posto que o magistrado impôs a medida que reputou cabível dentre aquelas previstas no art. 112 do ECA – Autoria e materialidade comprovadas – Admissível, na espécie, de determinação da reparação de danos, ante a ausência de recurso do Ministério Público – Cabível também a aplicação de medida sócio-educativa de pessoa em idade entre 18 e 21 anos – Preliminar repelida e, no mérito, recurso improvido.

Apelação Cível nº 62.301-0/8 – Comarca de São Paulo - TJSP - Rel. Des. Jesus Lofrano - j. 28/08/00 – v.u.

Menor - Ato infracional gravíssimo - Tentativa de homicídio - Alegação de legítima defesa - Versão que não se sustenta - Provo suficiente a revelar que a vítima sofreu quatro tiros, visando a ficar paralítica, sem que em seu poder fosse apreendida qualquer arma, não havendo ainda comprovação alguma no sentido de que sequer tentam agredir o apelante - Internação - Necessidade - Recurso improvido.

Apelação Cível nº 60.347-0/2 - Comarca de Guarulhos - TJSP - Rel. Des. Jesus Lofrano - j. 28/08/00 – v.u.

Menor - Ato infracional - Artigos 121, I, III, IV, e V, 213 e 157, § 2º, I e III e

§ 3º, combinados com o artigo 69, todos do Código Penal - Confissão - Suficiência da prova - Internação – Necessidade - Recurso não provido.

Apelação Cível nº 60.067-0/4 – Comarca de Mogi das Cruzes - TJSP - Rel. Des. Sérgio Gomes - j. 21/08/00 – v.u.

Menor - Ato infracional grave equivalente a tentativa de homicídio - Autoria e materialidade comprovadas

A medida sócio-educativa deve guardar nexo de proporcionalidade com o ato infracional praticado pelo adolescente - Necessidade de internação - Recurso improvido.

Apelação Cível nº 60.064-0/0 - Comarca de Ituverava - TJSP - Rel. Des. Sérgio Gomes - j. 21/08/00 – v.u.

Menor - Ato infracional grave equivalente a tentativa de homicídio - Autoria e materialidade comprovadas - A medida sócio-educativa deve guardar nexo de proporcionalidade com o ato infracional praticado e personalidade do agente – Adolescente com extensa prática de atos infracionais - Necessidade de internação - Recurso improvido.

Apelação Cível nº 19.195-0/2 – Comarca de Praia Grande – TJSP – Relator Des. Ney Almada – j. 28/07/94.

Homicídio consumado e tentado – Aplicação da medida de liberdade assistida – Recurso do adolescente – Legítima defesa não configurada – Recurso interposto.

Apelação Cível nº 57.822-0/3 – Comarca de São Paulo - TJSP - Rel. Des. Nigro Conceição - j. 13/07/00 – v.u.

Apelação - Adolescente acusado de praticar ato infracional equiparado a homicídio qualificado, por motivo torpe - Imposição de medida sócio-educativa de internação - Recurso que sustenta a nulidade da sentença, por não ter sido ouvida a testemunha arrolada pela acusação e por não terem sido examinadas todas as teses defensivas - Alegação, no mérito, visando à absolvição, em decorrência de legítima defesa putativa - Inadmissibilidade - Não constitui nulidade a não inquirição de testemunha arrolada pelo Ministério Público, que dela desistiu - Não se exige que a decisão aborde todos os pontos defensivos se, escudada na prova, os elementos são suficientes para acolher a representação - Não se configura a legítima defesa, mesmo putativa, se o infrator, minutos após ter sido agredido e ameaçado de morte, arma-se e procura a vítima para tomar-lhe satisfações - Recurso improvido.

1.2 HOMICÍDIO CULPOSO

Apelação Cível nº 36.236-0/5 – Comarca de Cotia – TJSP – Relator Des. Cunha Bueno.

Ato infracional – Homicídio culposo – A direção de veículo sem habilitação, por si só, não evidencia a culpa na modalidade imperícia – Recurso provido.

Apelação Cível nº 46.789-0/6 – Comarca de Guarujá – TJSP – Relator Des. Yussef Cahali – j. 10/12/98.

Menor – Sentença que acolheu representação formulada contra adolescente pela prática de infração correspondente ao delito tipificado no artigo 121, § 3º do CP – Apelação que busca a improcedência da imputação, com base em suposta culpa da vítima que inadvertidamente tentou atravessar a rua surpreendendo o menor condutor do veículo – Culpa do adolescente, entretanto, bem demonstrada pelas provas dos autos – Recurso não provido.

Apelação Cível nº 34.213-0/6 – Comarca de Limeira – TJSP – Relator Des. Carlos Ortiz – j. 07/11/96.

Menor - Atos infracionais - Direção de veículo automotor em via pública sem habilitação e Homicídio Culposo - Imputações que encontram amparo na previsão do art. 103 do ECA, que considera ato infracional a conduta descrita como crime ou contravenção penal - Representação julgada procedente e imposta, ao adolescente, medida sócio-educativa de liberdade assistida, cumulada com obrigação de reparação dos danos - Recurso da defesa - Viabilidade da imposição da obrigação de reparação dos danos cumulativamente, sem necessidade de expresso requerimento do Ministério Público - Arts. 112 e 113, c.c. os arts. 99 e 100, todos do ECA - Prova dos autos que demonstra, à saciedade, a culpa, na modalidade imprudência, com que agiu o representado - Recurso não provido.

1.3 LESÕES CORPORAIS

Apelação Cível nº 73.771-0/7 – Comarca de Barra Bonita - TJSP - Rel. Des. Sérgio Gomes - j. 14/05/01 – v.u.

Menor — Ato infracional grave equivalente a lesão corporal seguida de morte - Autoria e materialidade comprovadas - A medida sócio-educativa deve guardar nexo de proporcionalidade com o ato infracional praticado e personalidade do agente — Jovem que não trabalha ou estuda, sendo reincidente - Necessidade de internação, com aplicação do art. 122, inc. I, ECA — Recurso improvido.

Apelação Cível nº 68.260-0/3 – Comarca de Dracena – TJSP – Relator Des. Sérgio Gomes – j. 08/01/01.

Menor - Medida sócio-educativa - Prestação de serviços à comunidade - Admissibilidade - Fixação em razão da natureza do ato infracional, equivalente a lesão corporal de natureza leve, decorrente de agressão - Autoria e materialidade comprovadas - Recurso improvido.

Apelação Cível nº 45.071-0/2 – Comarca de Guarujá – TJSP – Relator Des. Cunha Bueno – j. 18/02/99.

Ato infracional - Direção sem habilitação e lesões corporais culposas - Testemunha presencial - Procedência comprovada - Recurso improvido.

Apelação Cível nº 29.205-0/8 – Comarca de Serra Negra – TJSP – Relator Des. Dirceu de Mello – j. 08/08/96.

Adolescente - Prestação de serviços à comunidade aplicada como medida sócio educativa - Adolescente que, conduzindo veículo automotor, deu causa a acidente automobilístico - Solução adequada em face do ato infracional praticado que teve como conseqüência a ofensa à integridade física de pessoas - Desprovido o recurso de apelação

1.4 FURTO

Apelação Cível nº 79.279.0/5 – Comarca de Itaporanga – TJSP – Rel. Des. Fábio Quadros

– j. 01/10/01 – v.u.

Menor infrator - Ato infracional equiparado ao furto qualificado. prestação de serviços à comunidade decretada - Recurso pretendendo ver reconhecido o furto de uso, com a conseqüente absolvição do adolescente - Parecer da Procuradoria Geral de Justiça pelo improvimento do apelo - Em sede menorista importa o envolvimento do menor em ato ilícito - Adolescente que, aliás, já conta com anterior passagem pelo Juízo especializado - Medida sócio-educativa bem aplicada - Acerto da decisão - Recurso improvido.

Apelação Cível nº 78.873-0/9 - Comarca de Cravinhos - TJSP - Rel. Des. Jesus Lofrano - j. 17/09/01 – v.u.

Menor - Atos infracionais - Furto - Confissão - Vivência infracional - Liberdade assistido - Recurso improvido.

Apelação Cível nº 77.010-0/4 – Comarca de São Jose do Rio Preto - TJSP - Rel. Des. Sérgio Gomes - j. 10/09/01 – v.u.

Menor - Ato infracional grave equivalente a furto - Autoria e materialidade comprovadas - A medida sócio-educativa deve guardar nexo de proporcionalidade com o ato infracional praticado e personalidade do adolescente - Jovem multireincidente, com prática de diversos atos infracionais, tendo aplicação o art.122, inc. II, do ECA - Necessidade de internação - Recurso do Ministério Público provido.

Apelação Cível nº 76.932-0/4 - Comarca de Sorocaba - TJSP - Rel. Des. Nuevo Campos - j. 27/08/01 – v.u.

Menor - Ato infracional equivalente ao crime de furto duplamente qualificado em razão rompimento de obstáculo e do concurso de agentes - Aplicada medida sócio-educativa de internação - Recurso do adolescente - Pugna, alternativamente, pela improcedência da inicial ou duplicação de medida mais branda.

Preliminar - Pugna a doutora procuradora de justiça pelo não conhecimento do recurso, por ter se caracterizado a deserção, em virtude da fuga do representado - Inadmissibilidade - O regime recursal é o do código de processo civil, razão pela qual é incabível a aplicação do art. 565 do CPP (ECA. art. 194).

Mérito - O apelo não procede - Prova da procedência da inicial, com relação ao furto, é segura – Medida aplicada apresenta-se como adequada - O adolescente conta com envolvimento anterior em dois outros processos relativos a atos infracionais equivalentes a furto, do que decorre a caracterização da reiteração infracional grave (ECA, art. 122, I) - Ademais, o representado participou de fuga da unidade da febem onde se encontrava recolhido, que foi praticada mediante violência digna de nota, evidência de sua incompatibilidade como meio aberto – É preciso ter em conta, ainda, a posterior inserção do ora recorrente em regime de internação em decorrência de prática infracional correspondente ao crime de homicídio tentado duplamente qualificado - As circunstâncias do caso em tela revelam, por parte do menor, sério desajustamento de conduta e vivência infracional - Matéria preliminar afastada e apelo improvido.

Apelação Cível nº 72.881-0/1 – Comarca de Borborema – TJSP – Rel. Des. Sérgio Gomes – j. 14/05/01 – v.u.

Menores - Atos infracionais equivalentes a furto qualificado e art. 65 da Lei 9.605/98 – Autoria e materialidade comprovadas – Aplicação de medida sócio-educativa de liberdade assistida – Admissibilidade ante as conseqüências e intensidade da infração e inexistência de violência ou grave ameaça à pessoa — Recursos improvidos.

Apelação Cível nº 70.391-0/0 – Comarca de Ribeirão Pires – TJSP - Relator Des. Fábio Quadros – j. 19/02/01.

Menor infrator - Furto tentado - Prestação de serviços à comunidade - Recurso apontando menor participação da adolescente como fundamento para absolvição ou aplicação de medida mais branda - Adoção pelo Código Penal da teoria unitária - Participação efetiva da menor em todos os atos de execução - Medida aplicada que guarda equivalência à gravidade do ato - Recurso improvido.

Apelação Cível nº 67.676-0/4 – Comarca de Socorro – TJSP – Relator Des. Nuevo Campos – j. 29/01/01.

Menor – Ato infracional equivalente aos crimes de furto e de lesão corporal dolosa – Decretada a procedência da ação com reconhecimento de impossibilidade jurídica de aplicação de medida sócio-educativa a quem atingiu a maioridade penal – Recurso do ministério público – Pugna pela aplicação de internação – O inconformismo ministerial comporta parcial acolhimento – A tese acolhida pelo r. decisório de primeira instância não merece prosperar – Desde que a prática infracional seja anterior ao advento da maioridade penal é possível aplicar medida sócio-educativa a quem ainda não atingiu a maioridade civil – Arts. 2º, § único, e 104, § único, do ECA – Impõe-se, portanto, em atenção ao princípio do duplo grau de jurisdição, seja rescindida a r. decisão apelada, para que outra seja proferida, com análise de mérito, inclusive, no que concerne à determinação da medida aplicável ao menor – Apelo provido em parte.

Apelação Cível nº 69.075-0/6 – Comarca de Bragança Paulista – TJSP – Relator Des. Sérgio Gomes – j. 08/01/01.

Menor – Atos infracionais equivalentes a tentativa de furto qualificado e furto qualificado – Autoria e materialidade comprovadas – adolescente com extensa certidão de antecedentes de diversos atos infracionais – Jovem que não trabalha ou estuda – Ausência de respaldo familiar – Necessidade de internação – Recurso improvido.

Apelação Cível nº 67.623-0/3 – Comarca de Mogi Guaçu – TJSP – Relator Des. Fábio Quadros – j. 18/12/00.

Menor infrator - Ato equivalente ao furto qualificado - Prestação de serviços à comunidade por três meses - Recurso pretendendo a improcedência da representação por falta de provas e questionando o valor do testemunho prestado por policial - Menor que confessou em juízo a prática do ato e foi apreendido com os objetos furtados - Autoria e materialidade devidamente comprovadas - Policial que prestou depoimento compromissado e em juízo sob o crivo do contraditório - Medida proporcional ao ato praticado - Recurso improvido.

Apelação Cível nº 64.571-0/3 – Comarca de Araçatuba – TJSP – Relator Des. Fábio Quadros – j. 20/11/00.

Menor infrator - Atos infracionais equivalentes ao furto e tentativa – Internação – Reiteração - Prova idônea e capaz de alicerçar a medida que, no entanto, não comporta fixação de prazo - Recurso provido em parte apenas afastar o prazo fixado na decisão.

Apelação Cível nº 64.762-0/5 – Comarca de Votuporanga – TJSP – Relator Des. Sérgio Gomes – j. 23/10/00.

Menor – Ato infracional equivalente a furto continuado – Preliminar pleiteando exame de sanidade mental rejeitada, posto que desnecessário, já que é reconhecidamente inimputável (art. 27 do CP) e não se sujeita a pena, mas a medida sócio-educativa – Preliminar levantada pela D. Procuradoria de Justiça não comporta acolhimento, pois a manutenção da r. sentença recorrida ficou implícita no despacho que determinou o encaminhamento dos autos a este Egrégio Tribunal – Autoria e materialidade comprovadas – A medida sócio-educativa deve guardar nexo de proporcionalidade com o ato infracional praticado pelo adolescente e sua personalidade – Jovem inadaptado ao meio, usuário de drogas e que abandonou os estudos – Necessidade de internação, inclusive, para tratamento – Matéria preliminar repelida e, no mérito, recurso improvido.

Apelação Cível nº 63.258-0/8 – Comarca de Pedreira – TJSP – Relator Des. Sérgio Gomes – j. 23/10/00.

Menor – Atos infracionais equivalentes a tentativa de furto e furto qualificado – Autoria e materialidade comprovadas – A medida sócio-educativa deve guardar nexo de proporcionalidade com o gravidade do ato infracional praticado pelo adolescente e sua personalidade – Jovem com reiteradas práticas de furtos qualificado e sem respaldo familiar – Necessidade, na época, de internação, com aplicação do art. 122, inc. II, ECA – Consta dos autos que houve a progressão para liberdade assistida – Recurso improvido, já que pleiteava a aplicação de medida sócio-educativa de advertência.

Apelação Cível nº 57.818-0/5 – Comarca de São Paulo - TJSP - Rel. Des. Álvaro Lazzarini - j. 27/07/00 – v.u.

Menor infrator - Reiteração em ato infracional contra o patrimônio - Descumprimento, de anterior semiliberdade - Dependência química - Família desestruturada - Falta de estudo e trabalho - Decisão que impôs internação e tratamento anti-drogas confirmada diante de recurso que pretendia improcedência da representação ou medida mais branda.

Apelação Cível nº 58.208-0/9 – Comarca de Santos - TJSP - Rel. Des. Álvaro Lazzarini - j. 20/07/00 – v.u.

Menor infrator - Ato equivalente ao furto - Reiteração de infrações contra o patrimônio - Internação decretada - Recurso pretendendo a improcedência da representação diante da falta de provas ou medida mais branda - Confissão do menor, com quem foi apreendida parte dos objetos furtados - Uso de droga - Anteriores medidas de liberdade assistida - Internação que se mostra a única forma de ressocializar - Recurso improvido.

Apelação Cível nº 58.348-0/7 – Comarca de Rio Claro - TJSP - Rel. Des. Nigro Conceição - j. 13/07/00 – v.u.

Apelação - Adolescente acusado de praticar ato infracional equiparado a furto tentado, qualificado por concurso de agentes e rompimento de obstáculo - Confissão - Imposição de medida sócio-educativa de internação - Recurso em que postula a absolvição, por insuficiência de provas - Demonstração do seu envolvimento a autorizar a procedência da representação - Adolescente que demonstra tendência para a vida infracional, não tendo aproveitado as medidas em regime aberto, anteriormente impostas, faltando-lhe respaldo familiar - Recurso improvido.

Apelação Cível nº 57.525-0/8 – Comarca de Jales - TJSP - Rel. Des. Hermes Pinotti - j. 06/07/00 – v.u.

Apelação Cível - Adolescente - ECA - Sentença que reconheceu o recorrente como autor de atos infracionais equivalentes ao crime de furto qualificado, impondo medida de internação, na forma do artigo 122, inciso II, do ECA - Confissão judicial corroborada pela prova colhida no curso do contraditório - Prova de reiteração de prática infracional (dezessete processos anteriores) - Apelação da defesa a que se nega provimento.

Apelação Cível nº 56.703-0/3 – Comarca de Santa Rosa do Viterbo - TJSP - Rel. Des. Jesus Lofrano - j. 15/06/00 – v.u.

Menor - Ato infracional que em tese caracteriza o delito de furto - Recurso pretendendo aplicação de medida mais branda – Inadmissibilidade –

Vivência infracional – O apelante reiteradamente envolve-se com a prática de atos graves, não havendo, portanto, ofensa ao princípio da excepcionalidade, porque outras medidas mais brandas, aplicadas anteriormente, não tiveram sucesso – Internação – Necessidade – Recurso improvido.

Apelação Cível nº 56.767-0/4 – Comarca de São José do Rio Preto - TJSP - Rel. Des. Nigro Conceição - j. 08/06/00 – v.u.

Apelação - Adolescente acusado de praticar ato infracional equiparado a furto qualificado por concurso de agentes - Confissão -Imposição de medida sócio-educativa de internação - Recurso em que se agitou preliminar de inépcia do representação para, no mérito, buscar-se absolvição ou, alternativamente, medida sócio-educativa mais adequada - Caso, contudo, em que a personalidade do apelante demonstra forte pendor para a vida infracional, não tendo aproveitado medidas em regime aberto, anteriormente impostas - Além disso, toma-se necessária a segregação para tratamento do vício de uso de entorpecentes - Recurso improvido.

Apelação Cível nº 56.705-0/2 - Comarca de São Paulo - TJSP – Rel. Des. Nuevo Campos – j. 08/06/00 – v.u.

Menor – Atos infracionais equivalentes a furtos - Aplicada medida sócio educativa consistente em internação cumulada com medida protetiva - Recurso - Medida mais branda - Inadmissibilidade - o apelante encontrava -se em liberdade assistida quando incidiu na prática infracional em questão - Conduta social desajustada e ausência de adequado amparo familiar demonstradas - Sério envolvimento com entorpecentes noticiado pelo próprio apelante - Apelo improvido.

Apelação Cível nº 56.542-0/8 – Comarca de São Sebastião - TJSP - Rel. Des. Nuevo Campos - j. 08/06/00 – v.u.

Menor - Ato infracional, equivalente a furto - Aplicação de medida sócio-educativa consistente em internação - Recurso - Prova demonstrou ter o adolescente incidido na pratica infracional que lhe é imputada - Demonstradas circunstâncias indicativas da internação como medida adequada à presente espécie, quais sejam, prática de outros atos infracionais, conduta social desajustada, vivência infracional, sério envolvimento com entorpecentes e ausência de adequado amparo familiar - Desinternação pelo decurso do prazo da internação não prejudica análise do mérito - Apelo improvido.

Apelação Cível nº 56.295-0/0 – Comarca de Americana - TJSP - Rel. Des. Nuevo Campos - j. 08/06/00 – v.u.

Menor - Ato infracional equivalente a furto qualificado - Aplicada medida sócio-educativa consistente em internação - Recurso - Inquestionável o fato de o apelante ter incidido na prática infracional que lhe é imputada - Existência de inúmeros antecedentes infracionais - Envolvimento com entorpecentes demonstrado - Duas internações terapêuticas restaram frustradas - Elementos de ordem técnica favoráveis ao menor não alteram o panorama do conjunto probatório - Apelo improvido.

Apelação Cível nº 56.224-0/7 – Comarca de Tatuí - TJSP - Rel. Des. Nuevo Campos - j. 08/06/00 – v.u.

Menor – Ato infracional equivalente a furto qualificado – Aplicação de medida sócio-educativa consistente em internação – Recursos – Prova demonstrou que os adolescentes incidiram na prática infracional que lhes é imputada – Fato apresenta circunstâncias que lhe emprestam gravidade diferenciada – Apelantes possuem antecedentes e inadequado suporte familiar – Apelos improvidos.

Apelação Cível nº 56.263-0/4 – Comarca de São Paulo - TJSP - Rel. Des. Jesus Lofrano - j. 01/06/00 – v.u.

Menor – Furto – O intuito do ECA é a ressocialização do menor – A medida sócio-educativa tem finalidade pedagógica – Internação – Necessidade – Antecedentes e circunstâncias a recomendarem a internação do jovem – Recurso improvido.

Apelação Cível nº 55.997-0/6 – Comarca de Santa Rosa do Viterbo - TJSP - Rel. Des. Fonseca Tavares - j. 11/05/00 – v.u.

Menor - Apelação - Ato infracional equiparado a furto qualificado - Presentes provas suficientes da materialidade e da autoria - Imposição da medida sócio-educativa de internação - Medida adequada em razão de anteriores liberdades assistidas descumpridas - Imposição respaldada no artigo 122, inciso III, do ECA - Recurso improvido.

Apelação Cível nº 55.687-0/1 – Comarca de Registro - TJSP - Rel. Des. Álvaro Lazzarini - j. 04/05/00 – v.u.

Menor infrator - Inúmeros atos infracionais contra o patrimônio - Internação decretada não obstante a pouca idade do infrator - Reparo apenas no que diz respeito a fixação do prazo da medida já que o ECA não o permite.

Apelação Cível nº 54.407-0/8 – Comarca de São Paulo - TJSP - Rel. Des. Álvaro Lazzarini - j. 02/03/00 – v.u.

Ato infracional equiparado a furto simples - Conduta reiterada - Alegação de ausência de gravidade para aplicação de medida sócioeducativa de internação - Infração cometida visando a aquisição de substância entorpecente da qual é usuário o adolescente - Circunstâncias pessoais que sugerem a necessidade de apoio técnico e segregação temporária do adolescente - Medida justificada - Recurso não acolhido.

Apelação Cível nº 52.791.0/4 - Comarca de São Paulo – TJSP – Rel. Des. Fonseca Tavares – j. 13/01/00 – v.u.

Apelação - Internação - Ato infracional equiparado a furto qualificado -

Confissão e apreensão dos bens subtraídos em poder dos menores - Materialidade e autoria comprovadas - Liberdade assistida mais adequada aos adolescentes estudantes e sem antecedentes - Substituição da internação por liberdade assistida - Recurso parcialmente provido.

Apelação Cível nº 45.840.0/2 – Comarca de Santa Izabel – TJSP – Relator Des. Yussef Cahali – j. 13/01/00.

Menor – Ato infracional – Tentativa de furto – Imposição de medida sócio-educativa de internação – Conjunto probatório suficiente – Menor reincidente na prática de delitos da mesma natureza – Apelo que visa infirmar a autoria infracional – Pedido de absolvição – Inadmissibilidade – Autoria e materialidade efetivamente comprovadas – Sentença mantida – Recurso improvido.

Apelação Cível nº 52.495-0/3 – Comarca de Bauru - TJSP - Rel. Des. Djalma Lofrano - j. 09/12/99 – v.u.

Menor - Furto - Internação – Necessidade - Reincidência, vida desregrada e falta de respaldo familiar que justificam a aplicação de medida mais rigorosa - Recurso improvido.

Apelação Cível nº 45.272-0/0 – Comarca de Santos - TJSP - Rel. Des. Yussef Cahali - j. 30/09/99 – v.u.

Menor - Internação - Hipótese de furto qualificado de bens de pequeno valor - Pretendida substituição por medida sócio-educativa mais branda - Impossibilidade - Condições pessoais do adolescente que autorizam a manutenção da medida aplicada - Recurso não provido.

Apelação Cível nº 49.864-0/0 – Comarca de São Paulo - TJSP - Rel. Des. Djalma Lofrano - j. 19/08/99 – v.u.

Menor - Ato infracional que em tese caracteriza o delito de furto - Recurso pretendendo aplicação de medida mais branda - Inadmissibilidade - Internação - Necessidade - Recurso improvido.

Apelação Cível nº 47.967-0/6 – Comarca de São Paulo - TJSP - Rel. Des. Djalma Lofrano - j. 17/06/99 – v.u.

Menor - Ato infracional que em tese caracteriza o delito de furto – Recurso pretendendo aplicação de medida mais branda – Inadmissibilidade – Internação – Necessidade – Recurso improvido.

Apelação Cível nº 50.124-0/7 – Comarca de São Paulo - TJSP - Rel. Des. Oetterer Guedes - j. 26/08/99 – v.u.

Menor - Ato infracional - Furto - Representação julgada procedente e imposta, ao adolescente medida sócio-educativa de internação sem prazo determinado - Recurso do adolescente que podo, unicamente, substituição da internação por medida mais branda, a ser cumprida em regime aberto -

Hipótese dos autos, onde o menor apresento antecedentes infracionais, tendo, inclusive, recebido a Imposição de medida sócio-educativa de semiliberdade, justifica a opção do magistrado pela medida extrema - Ausência de amparo familiar e falta de ocupação lícita reforçam a convicção de que agiu com acerto o julgador 'a quo' - Recurso não provido.

Apelação Cível nº 50.121-0/3 – Comarca de Itaporanga - TJSP - Rel. Des. Djalma Lofrano - j. 19/08/99 – v.u.

Menor - Furto - O intuito do ECA é a ressocialização do menor - A medida sócio-educativa tem finalidade pedagógica - Internação - Necessidade - Alegação de "furto famélico" - Antecedentes e circunstâncias a recomendarem a Internação do jovem - Preliminares rejeitadas - Recurso improvido.

Apelação Cível nº 48.311-0/0 - Comarca de São Paulo - TJSP - Rel. Des. Oetterer Guedes - j. 19/08/99 – v.u.

Menores - Ato infracional - Tentativa de furto qualificado - Representação julgada procedente e imposta, aos adolescentes, medida sócio-educativa de internação sem prazo determinado - Recurso que discute unicamente a opção do magistrado pela medida extrema, a qual entendem ser excessivamente severa - Personalidade dos adolescentes, que são usuários de drogas e apresentam antecedentes infracionais, justifica a segregação inicial - Recurso não provido.

Apelação Cível nº 47.288-0/7 – Comarca de Santa Adélia – TJSP – Relator Des. Álvaro Lazzarini – j. 22/04/99.

ECA - Ato infracional equiparado a furto - Sentença que determina a internação - Alegação de que o pequeno valor dos bens subtraídos e comportamento do adolescente aconselham internação em clínica médica ou tratamento psicólogo - Ato incontroverso, reiterando comportamentos semelhantes anteriores - Contexto que aconselha a internação - Apelo não provido.

Apelação Cível nº 45.185-0/2 – Comarca de Catanduva – TJSP – Relator Des. Cunha Bueno – j. 25/03/99.

Atos infracionais correspondentes aos delitos de furto consumado e tentado – Internação afastada apesar da reiteração – Liberdade Assistida concedida – Recurso parcialmente provido.

Apelação Cível nº 46.035-0/6 – Comarca de Piedade – TJSP – Relator Des. Djalma Lofrano – j. 25/02/99.

Menor – Ato infracional que em tese caracteriza o delito de furto – Recurso pretendendo absolvição ou aplicação de medida mais branda – Inadmissibilidade – Internação – Necessidade – Recurso improvido.

Apelação Cível nº 45.979-0/6 – Comarca de Avaré – TJSP – Relator Des. Cunha Bueno – j. 18/02/99.

Ato infracional correspondente a delito de furto qualificado - Adolescente não reincidente, sem aplicação de medida sócio-educativa anterior - Internação que não se justifica - Parcial para a concessão de liberdade assistida.

Apelação Cível nº 44.714-0/0 – Comarca de Itu - TJSP - Rel. Des. Alves Braga - j. 15/10/98 – v.u.

Menor – Internação – Medida sócio-educativa prevista na Lei Federal 8.069/90 - Reeducação e não punição como objetivo - Inexistência de prova eficaz da autoria do ato infracional (artigo 155, § 4º, IV c.c. 14, IV do CP) - Irrelevância - Certeza da contribuição do menor para sua ocorrência - Circunstância suficiente para a procedência da representação – Recurso não provido.

Apelação Cível nº 44.107-0/0 – Comarca de Miguelópolis – TJSP – Relator Des. Álvaro Lazzarini – j. 10/09/98.

Menor – ECA – Ato infracional equivalente ao furto qualificado – Retratação em juízo que não encontra apoio nos demais elementos dos autos - Aplicação da medida sócio-educativa da internação - Recurso estribado na negativa de autoria - Prova suficiente a embasar a conclusão do julgador - Antecedentes que indicam a personalidade do jovem apelante voltada para o ilícito - Recurso improvido.

Apelação Cível nº 37.005-0/9 – Comarca de Guaratinguetá – TJSP – Relator Des. Dirceu de Mello – j. 21/08/97.

Adolescente – A prática de ato equivalente a furto qualificado, somada à circunstância do apelante registrar antecedentes, justifica a aplicação de medida sócio-educativa consistente em inserção em regime de semiliberdade – Apelo provido.

Apelação Cível nº 36.296-0/8 – Comarca de Bauru – TJSP – Relator Des. Cuba dos Santos – j. 27/02/97.

Menor – Atos infracionais – Furtos – Representação julgada procedente e imposta, ao adolescente, medida sócio-educativa de advertência – Recurso do menor que pede nulidade do feito por sua ausência e de seu defensor constituído à audiência designada ou, no mérito, reforma da decisão que o responsabilizou pelo evento – Inocorrência de nulidade diante da nomeação de advogado 'ad hoc' ao menor e ausência de prejuízo demonstrado – Prova dos autos que demonstra efetiva participação do adolescente nas subtrações – Negativa da autoria que ficou isolada no contexto dos autos – Recurso não provido.

Apelação Cível nº 34.603-0/6 – Comarca de Boituva – TJSP – Relator Des. Carlos Ortiz – j. 26/12/96.

Menor - Ato infracional - Furto - Representação julgada procedente e imposta, ao adolescente medida sócio-educativa de internação - Recurso do menor que pede unicamente a substituição da medida imposta por outra, mais branda - Personalidade do adolescente e sua vasta folha de antecedentes infracionais justificam a imposição da internação - Recurso não provido.

Apelação Cível nº 22.893-0/5 – Comarca de Pindamonhangaba – TJSP – Relator Des. Lair Loureiro – j. 30/03/95.

Menor - Ato infracional - Furto qualificado - Aplicação de medida sócio-educativa de liberdade assistida - Pretendida "absolvição" por não comprovação da culpabilidade - Inadmissibilidade - Desnecessidade de se comprovar a não culpabilidade, dada a inimputabilidade do menor - Medida aplicada que, ademais, não se confunde com penalidade – RNP.

Apelação Cível nº 24.020-0/7 – Comarca de Marília – TJSP – Relator Des. Yussef Cahali – j. 23/03/95.

Menor infrator – Art. 103 do ECA – Atos infracionais equivalentes aos crimes de furto de veículo e tráfico de entorpecentes – Representação rejeitada sob a alegação de insuficiência de provas – Recurso ofertado pelo Ministério Público pleiteando a procedência do recurso e, conseqüentemente, a inserção do menor em regime de internação – Aplicação da medida sócio-educativa de internação, que tem como finalidade proteger e educar o menor, retirando-o do convívio de pessoas de má conduta e de péssima reputação – Recurso provido.

1.5 ROUBO

Apelação Cível nº 79.315-0/0 - Comarca de Salto - TJSP - Rel. Des. Fábio Quadros - j. 01/10/01 – v.u.

Menor infrator - Ato infracional equiparado à tentativa de roubo qualificado - Internação decretada – Recurso pretendendo o abrandamento da medida aplicada – Impossibilidade – Medida proporcional à gravidade do ato e às condições pessoais do menor - Recurso improvido.

Apelação Cível nº 76.819-0/9 – Comarca de Sorocaba - TJSP - Rel. Des. Nuevo Campos - j. 24/09/01 – v.u.

Menor - Ato infracional equivalente ao crime de roubo tentado duplamente agravado em razão do emprego de arma e do concurso de agentes - Aplicada medida sócio-educativa de internação – Recurso do adolescente.

Preliminar - Nulidade por cerceamento de defesa – Alegação de prejuízo para a defesa decorrente do indeferimento do pleito de realização de estudo técnico e do indeferimento de nova oitiva do adolescente - Inocorrência - A ausência do relatório técnico, elemento de prova a fornecer elementos para a determinação da medida sócio-educativa a ser aplicada ao adolescente, pode

ser suprida por outros elementos de prova, tal como ocorre na presente espécie.
Mérito - Pugna, alternativamente, pela improcedência da inicial ou aplicação de medida mais branda, liberdade assistida – Inadmissibilidade – Prova da procedência da inicial é segura – Confissão do adolescente encontra apoio nos demais elementos de prova – Medida aplicada apresenta-se como adequada – Houve grave ameaça, o que, a teor do art. 122, I, do ECA, enseja a internação – O emprego de arma de fogo para o exercício da violência moral e física, disparo efetuado contra o filho do ofendido, bem como a maneira de execução, em particular, a abordagem do ofendido em plena via pública, evidência de audácia digna de nota, constituem circunstâncias que conferem contornos de gravidade diferenciada ao caso em tela e revelam sério desajustamento de conduta e vivência infracional – Infere-se das declarações de sua genitora ausência de apoio familiar eficaz – Embora não esteja caracterizada, tecnicamente, a existência de antecedentes, há que se ter em conta, ainda, o envolvimento do menor em outros processos – Circunstância presentes revelam, outrossim, incompatibilidade com o meio aberto – Matéria preliminar rejeitada e apelo improvido.

Apelação Cível nº 76.277.0/4 – Comarca de Barueri - TJSP - Rel. Des. Nuevo Campos - j. 27/08/01 – v.u.

Menor - Ato infracional equivalente ao crime de roubo triplamente agravado em razão do emprego de arma, do concurso de agentes e da restrição da liberdade da vítima - Aplicada medida sócio-educativa de internação - Recurso do adolescente.
Preliminares - Nulidade por cerceamento de defesa decorrente de ausência de citação dos genitores para acompanhamento da audiência de apresentação e oitiva da inobservância do prazo para apresentação de defesa prévia e rol de testemunhas — Inocorrência - Citação dos genitores e sua oitiva não constituem atos essenciais e foi nomeado curador, advogado para assistir ao adolescente - Defesa prévia foi apresentada, sob o título de preliminar em alegações finais, e não se demonstrou a necessidade de se arrolar testemunhas – Ademais, não se vislumbra prejuízo para a defesa - As demais questões levantadas são de ordem correcional e não jurisdicional e não projetam irregularidades em relação á fase processual, quais sejam, excesso de prazo para permanência do menor na delegacia de polícia, uso de algemas e apreensão em flagrante efetivada por guardas civis municipais – O excesso de prazo para o término da instrução processual que não se apresentou como injustificável, também não importa em nulidade processual e da mesma forma não implica em desinternação do menor, pois, com a prolação da r. sentença apelada, a natureza da internação deixou de ser provisória.
Mérito - Pugna por medida mais branda - Prova da procedência da inicial é segura - Medida aplicada apresenta-se como adequada – Houve grave ameaça a pessoa, o que, a teor do art. 122, I do ECA, enseja a internação – O emprego de arma de fogo para o exercício da violência moral e a maneira de execução, em especial, o fato da vítima ter sido abordada em plena via

pública e no centro da cidade, evidência de audácia digna de nota, constituem circunstâncias que conferem contornos de gravidade especial ao fato em tela e revelam desajustamento de conduta e vivência infracional - Relatórios técnicos também indicam desajustamento de conduta e ausência de apoio familiar adequado - Tese defensiva no sentido da participação de menor importância do representado não encontra suporte nos autos - Matéria preliminar rejeitada e apelo improvido.

Apelação Cível nº 70.845-0/3 – Comarca de Guarulhos – TJSP – Rel. Des. Nigro Conceição – j. 02/08/01 – v.u.

Apelações - Adolescentes acusados de praticar ato infracional equiparado a roubo em concurso de agentes e com uso de arma - Imposição de medida sócio-educativa de internação - Recursos pleiteando reforma da sentença com improcedência do ação ou, alternativamente, aplicação de medida sócio-educativa mais branda - Preliminar de não conhecimento dos recursos de F., por ausência de apresentação das razões no ato de sua interposição e de R. por ser intempestivo.

Adotando o ECA o sistema recursal do CPC, devem ser observadas as suas prescrições, não comportando conhecimento o recurso de F. porque desacompanhado das razões.

O recurso de R. é tempestivo, tendo em vista que o seu defensor é dativo e goza da regalia do prazo em dobro, constante do art. 5º, § 5º, da Lei nº 1.060/50.

A pretendida absolvição não pode ser admitida porque a prova colhida evidencia a participação de todos nos atos infracionais.

A Internação, por prazo indeterminado, é cabível como única medida sócio-educativa viável à reabilitação dos jovens e se ajusta à gravidade do ato praticado.

Recursos a que se nega provimento quanto ao pedido de improcedência.

Em face de os menores C.A. e E. terem obtido progressão para regime aberto, a pretendida medida mais branda está prejudicada.

A internação imposta a todos e subsistente em relação ao apelante M.A. não comporia alteração por ajustar-se à ressocialização deste menor.

Apelação Cível nº 73.435-0/4 – Comarca de São Paulo – TJSP – Relator Des. Fábio Quadros – j. 07/05/01.

Menor infrator - Roubo duplamente qualificado - Liberdade assistida por doze meses - Recurso ministerial pugnando pela aplicação da medida de internação - Parecer da Procuradoria Geral de Justiça pelo provimento do recurso - Ato de extrema gravidade que ensejaria a aplicação da internação - Medida, contudo, presumidamente cumprida pelo decurso do prazo, sem que haja notícias de descumprimento ou de envolvimento dos menores em outro ato infracional - Recurso improvido.

Apelação Cível nº 75.587-0/1 – Comarca de Suzano – TJSP - Rel. Des. Jesus Lofrano - j. 18/06/01 – v.u.

Menor - Ato Infracional - Roubo qualificado - Tentativa - Internação - Necessidade - Recurso improvido.

A devolução dos bens não possui o condão de modificar a medida sócio-educativa, dada a natureza pedagógica que ela encerra e o comportamento extremamente reprovável do adolescente.

Apelação Cível nº 75.331-0/4 – Comarca de Jardinópolis - TJSP - Rel. Des. Jesus Lofrano - j. 18/06/01 – v.u.

Menor - Ato infracional - Roubo qualificado - Crime de bagatela - Irrelevância - Internação - Necessidade - Prazo indeterminado - Recurso parcialmente provido.

A alegação de tratar-se de crime de bagatela é irrelevante, pois na aplicação da medida sócio-educativa, dada sua finalidade pedagógica, a julgador levará em conta a gravidade da conduta do menor.

Apelação Cível nº 74.645-0/0 – Comarca de São Vicente - TJSP - Rel. Des. Fábio Quadros - j. 04/06/01 – v.u.

Menor infrator - Roubo tentado - Internação decretada - Pretensão à absolvição ou, subsidiariamente, à substituição da medida pela liberdade assistida - Reconhecimento seguro pela vítima - Gravidade do ato e condições pessoais que não permitem o abrandamento - Menor que não estuda ou trabalha, faz uso de entorpecentes e tem anterior envolvimento em furto de bicicleta - Recurso improvido.

Apelação Cível nº 71.461-0/8 – Comarca de Sorocaba – TJSP – Relator Des. Nuevo Campos – j. 26/03/01.

Menor infrator - Ato infracional equivalente a roubo agravado em razão do concurso de agentes – Aplicada medida sócio-educativa consistente em liberdade assistida - Recurso do adolescente – Pugna pela improcedência da ação – A prova da procedência da inicial é segura – Medida aplicada deve prevalecer, em vista da ausência de recurso ministerial, em que pese a gravidade do fato em tela e o fato de o adolescente possuir antecedentes – Apelo improvido.

Apelação Cível nº 70.850-0/6 – Comarca de São Paulo - TJSP - Rel. Des. Jesus Lofrano - j. 19/03/01 – v.u.

Menor - Ato infracional - Roubo qualificado - Internação - Necessidade - Recursos improvidos.

A conduta dos jovens é reprovável e justifica a internação, dada a prática de grave ameaça à pessoa, a revelar ousadia, frieza e desvio de personalidade.

Apelação Cível nº 70.932-0/0 – Comarca de São Paulo – TJSP – Relator Des. Fábio Quadros – j. 19/02/01.

Menor infrator - Ato equivalente ao roubo qualificado - Internação decretada - Recurso pretendendo a concessão de remissão judicial ao adolescente por já se encontrar ele internado em razão de outro processo - Menor confesso - Várias passagens pelo juízo da infância e juventude - Autoria e materialidade devidamente comprovadas - Impossibilidade de concessão de remissão - Inexistência, ademais, de óbice a impedir que receba o menor tantas medidas sócio-educativas quantos os atos infracionais praticados - Acerto da decisão - Recurso não provido.

Apelação Cível nº 70.862-0/0 – Comarca de São Paulo – TJSP – Relator Des. Fábio Quadros – j. 19/02/01.

Menor infrator - Roubos qualificados pelo concurso de agentes e emprego de arma de fogo - Internação decretada - Recurso pretendendo a absolvição do menor ou, subsidiariamente, a concessão de remissão por já se encontrar o adolescente internado - Confissão do menor - Apreensão da res furtiva e da arma de fogo em poder do jovem - Autoria e materialidade devidamente comprovadas - Impossibilidade de concessão de remissão - Inexistência ademais, de óbice a impedir que receba o menor tantas medidas sócio-educativas quantos os atos infracionais praticados - Acerto da decisão - Recurso não provido.

Apelação Cível nº 67.760-0/8 – Comarca de São Paulo – TJSP – Relator Des. Nuevo Campos – j. 29/01/01.

Menor infrator - Ato infracional equivalente a roubo duplamente agravado pelo emprego de arma e do concurso de agentes - Aplicada medida sócio-educativa consistente em internação - Recurso do adolescente - Preliminar - Nulidade do feito – Representado é parte ilegítima, por não estar demonstrada sua menoridade – Inocorrência – Menor foi identificado na fase policial por meio de sua cédula de identidade - Mérito – Medida mais branda – Inadmissibilidade – medida aplicada apresenta-se como adequada – Prova da procedência da inicial é segura – Houve ameaça a pessoa, o que, a teor do art. 122, I, do ECA, enseja a internação – O emprego de arma de fogo para o exercício da violência moral e a maneira de execução, em especial o número de agentes e o disparo de arma de fogo utilizado para intimidar as diversas pessoas subjugada, constituem circunstâncias a conferir gravidade especial ao fato em tela e a revelar conduta social desajustada e vivência infracional – Relatório técnico indica ausência de apoio familiar eficaz – Preliminar rejeitada e apelo improvido.

Apelação Cível nº 69.122-0/1 – Comarca de São Paulo – TJSP – Relator Des. Sergio Gomes - j. 08/01/01.

Menor – Ato infracional equivalente a roubo qualificado (quatro vezes) – Sentença que, sem receber a representação e designar audiência de apresentação do adolescente, concedeu remissão cumulada com advertência – Ausência de manifestação do Ministério Público – Inadmissibilidade – Ofensa ao devido processo legal – Recurso provido, com a anulação da sentença, para que o procedimento tenha regular trâmite.

Apelação Cível nº 69.120-0/2 – Comarca de São Paulo – TJSP – Relator Des. Sérgio Gomes – j. 08/01/01.

Menor - Ato infracional equivalente a roubo duplamente qualificado – Sentença que, sem receber a representação e designar audiência de apresentação do adolescente, concedeu remissão – Ausência de manifestação do Ministério Público – Inadmissibilidade – Ofensa ao devido processo legal – Recurso provido, com a anulação da sentença, para que o procedimento tenha regular trâmite.

Apelação Cível nº 69.118-0/3 – Comarca de São Paulo – TJSP – Relator Des. Sérgio Gomes – j. 08/01/01.

Menor – Atos infracionais equivalentes a roubo duplamente qualificado e tráfico de entorpecentes – Autoria e materialidade comprovadas – A medida sócio-educativa deve guardar nexo de proporcionalidade com a gravidade dos atos infracionais praticados pelo adolescente e sua personalidade – Necessidade de internação – Recurso improvido.

Apelação Cível nº 68.935-0/4 – Comarca de Araraquara – TJSP – Relator Des. Sérgio Gomes – j. 08/01/01.

Menor – Ato infracional grave equivalente a roubo duplamente qualificado – Concurso de agentes e emprego de arma – Autoria e materialidade comprovadas – Aplicação de medida sócio-educativa de prestação de serviços à comunidade – Admissibilidade ante as conseqüências, intensidade da infração e personalidade do jovem, não se vislumbrando a necessidade de segregação para recuperação – Recurso improvido.

Apelação Cível nº 68.714-0/6 – Comarca de São Paulo – TJSP – Relator Des. Sérgio Gomes – j. 08/01/01.

Menor – Ato infracional equivalente a roubo duplamente qualificado – Concurso de agentes e emprego de simulacro de arma de fogo – Autoria e materialidade comprovadas – Adequada na hipótese a aplicação da medida sócio-educativa de semiliberdade, tendo em conta a primariedade e a existência de respaldo familiar – Recurso improvido.

Apelação Cível nº 67.759-0/3 – Comarca de São Paulo – TJSP – Relator Des. Sérgio Gomes – j. 08/01/01.

Menor – Ato infracional extremamente grave equivalente a roubo triplamente qualificado – Concurso de agentes, emprego de arma de fogo e manutenção da vítima em seu poder, com restrição de sua liberdade – Autoria e materialidade comprovadas – A medida sócio-educativa deve guardar nexo de proporcionalidade com a gravidade do ato infracional praticado e personalidade do agente – Jovem que não trabalha ou estuda e conta com frágil respaldo familiar – Necessidade de internação – Recurso improvido.

Apelação Cível nº 67.751-0/7 – Comarca de São Paulo – TJSP – Relator Des. Sérgio Gomes – j. 08/01/01.

Menor - Atos infracionais graves equivalentes a roubos duplamente qualificados - Concurso de agentes e emprego de armas de fogo - Repelida a matéria preliminar, porquanto o magistrado examinou a tese da defesa - Autoria e materialidade comprovadas - A medida sócio-educativa deve guardar nexo de proporcionalidade com a gravidade do ato infracional praticado e personalidade do agente - Jovem que já teve passagem pela Vara da Infância e Juventude, recebendo medida de liberdade assistida, a qual não produziu efeitos - Necessidade, na época, de internação - Todavia, consta dos autos que houve a progressão para liberdade assistida - Matéria preliminar rejeitada e recurso prejudicado em parte, no que se refere à alteração da medida sócio-educativa e, no mais, improvido.

Apelação Cível nº 67.408-0/2 – Comarca de Barueri – TJSP – Relator Des. Sérgio Gomes – j. 08/01/01.

Menor – Ato infracional grave equivalente a tentativa de roubo duplamente qualificado – Autoria e materialidade comprovadas – A medida sócio-educativa deve guardar nexo de proporcionalidade com o ato infracional praticado e personalidade do agente – Adolescente primário e com bom respaldo familiar, sendo adequada a aplicação de liberdade assistida – A segregação, no caso, não se mostra necessária para a reeducação – Recurso improvido.

Apelação Cível nº 66.823-0/9 – Comarca de Guaratinguetá – TJSP – Relator Des. Sérgio Gomes – j. 08/01/01.

Menor – Atos infracionais equivalentes a roubo qualificado e furto – Autoria e materialidade comprovadas – Admissibilidade da aplicação da medida sócio-educativa de prestação de serviços à comunidade, tendo em conta a primariedade e o respaldo familiar – Além disso, não houve emprego de arma, ficando o ato circunscrito a desforços físicos entre adolescentes – Recurso improvido.

Apelação Cível nº 65.653-0/5 – Comarca de São Paulo – TJSP – Relator Des. Álvaro Lazzarini – j. 04/01/01.

Menor infrator – Roubo - Internação aplicada concomitantemente com medida protetiva de escolarização e tratamento anti-drogas - Recurso apontando nulidade diante da não comprovação de idade e, no mérito, pela substituição da medida por liberdade assistida - Idade comprovada através de certidão que informa passagem anterior - Internação devido à gravidade do ato e necessidade de assegurar aplicação das demais - Preliminar rejeitada e recurso improvido.

Apelação Cível nº 66.152-0/6 – Comarca de São Paulo – TJSP – Relator Des. Fábio Quadros – j. 18/12/00.

Menor infrator - Roubo qualificado - Internação decretada - Recurso pretendendo a improcedência da ação ou aplicação de medida mais branda - Autoria e materialidade devidamente comprovadas - Alegação de coação que não restou provada - Prova que cabia à defesa - Medida aplicada que se mostra proporcional à gravidade do ato praticado - Recurso improvido.

Apelação Cível nº 66.753-0/9 – Comarca de São Paulo – TJSP – Relator Des. Fábio Quadros – j. 18/12/00.

Menor infrator - Ato equivalente ao roubo qualificado - Internação decretada - Recurso pretendendo a anulação do processo, em razão da não comprovação da menoridade do agente ou, não sendo esse o entendimento, a improcedência da representação, por falta de provas, ou, alternativamente, a aplicação da medida a ser cumprida em meio aberto - Prova da maioridade que competia à defesa - Palavras da vítima em harmonia com a prova testemunhal - Prova suficiente para demonstrar a autoria - Relatórios trimestrais em sintonia com a disposição legal - Menor que obteve a conversão da internação para a liberdade assistida - Recurso julgado parcialmente prejudicado, mantida, no mais, a decisão recorrida.

Apelação Cível nº 65.519-0/4 – Comarca de Itú – TJSP – Relator Des. Fábio Quadros – j. 18/12/00.

Menor infrator – Roubo - Diversos antecedentes - Dependência às drogas - Decisão que aplicou liberdade assistida, reconsiderada, e determinou a internação - Recurso pretendendo reapreciação - Decisão acertada diante da gravidade do fato que, certamente, vai garantir tratamento anti-drogas - Recurso da defesa improvido.

Apelação Cível nº 65.394-0/2 – Comarca de São Paulo – TJSP – Relator Des. Fábio Quadros – j. 18/12/00.

Menor infrator - Ato equivalente ao roubo qualificado pelo concurso de agentes, uso de arma de fogo e retenção da vítima - Aplicação de semi-liberdade - Recurso ministerial pretendendo a aplicação de internação - Recurso da adolescente pugnando pela liberdade assistida - Gravidade do ato que recomendaria a internação - Mantida, porém, a sentença, em razão da circunstância de gestação da menor, que deve contar, atualmente, com uma criança para criar - Recursos improvidos.

Apelação Cível nº 66.873-0/6 – Comarca de Guaratinguetá – TJSP – Relator Des. Nuevo Campos – j. 11/12/00.

Menores – Ato infracional equivalente a roubo duplamente agravado em razão do emprego de arma e do concurso de agentes – Aplicada medida sócio-educativa consistente em internação – Recursos dos adolescentes – Improcedência – Inadmissibilidade – Confissão dos adolescentes encontra apoio na prova oral – Houve grave ameaça a pessoa, o que, a teor da do art. 122, I, do ECA, enseja a internação – Há notícias de envolvimento em diversos procedimentos apuratórios de atos infracionais – Ausência de apoio familiar evidenciada pelas próprias declarações dos menores e da genitora de F. – Conduta social desajustada e vivência infracional demonstradas – Impõe-se, em respeito ao estipulado no art. 121, § 2º do ECA, a redução para seis meses do prazo para as reavaliações da internação – Apelos parcialmente providos para reduzir para 6 meses o prazo para as reavaliações periódicas.

Apelação Cível nº 63.691-0/3 – Comarca de Itapecerica da Serra – TJSP – Relator Des. Nuevo Campos – j. 11/12/00.

Menores infratores – Ato infracional equivalente a roubo duplamente agravado em razão do emprego de arma e do concurso de agentes – Aplicada medida sócio-educativa consistente em internação – Recurso dos adolescentes - Preliminar de conversão do julgamento em diligência articulada pela D. Procuradoria de Justiça, para os fins do art. 198, VII, do ECA, não comporta acolhimento – Desnecessidade – O r. despacho que determinou a remessa dos autos a este egrégio tribunal, implicitamente, manteve a r. decisão recorrida - Mérito – Pugnam, alternativamente, pela improcedência do pedido inicial ou aplicação de medida mais branda - Extinção do feito sem julgamento de mérito, em relação ao adolescente P., em razão de sua morte - Apelo do adolescente L.F. não procede – A prova da procedência da inicial é segura – A medida aplicada apresenta-se como adequada – O ato infracional em questão implicou em grave ameaça a pessoa – Há que se considerar, ainda, o emprego de arma de fogo para o exercício da violência moral – Circunstâncias do caso em tela revelam, por parte do adolescente, conduta social desajustada – Ademais, infere-se das declarações de sua genitora a inexistência de apoio familiar eficaz – Preliminar rejeitada, extinto o feito sem julgamento de mérito em relação ao adolescente P.P.J. e, quanto a L.F.G.D.S., apelo improvido.

Apelação Cível nº 58.177-0/6 – Comarca de São Paulo – TJSP – Relator Des. Nuevo Campos – j. 11/12/00.

Menor infrator - Ato infracional equivalente a roubo triplamente aumentado em razão do emprego de arma, concurso de agentes e restrição da liberdade do ofendido - Aplicada medida sócio-educativa consistente em semiliberdade cumulada com prestação de serviços à comunidade - Recurso ministerial - Pugna pela internação - Inadmissibilidade - A gravidade do ato infracional em tela è inquestionável, pois, não só implicou em grave ameaça exercida com o emprego de arma de fogo, como também em restrição da liberdade da vítima - Entretanto, circunstâncias evidenciadas durante a cognição probatória afastam a hipótese excepcional da internação - Pelo que se verificarem especial da prova técnica e das certidões constantes dos autos, o menor conta com apoio familiar, não possui antecedentes, trabalha e estuda - O menor, atualmente, encontra-se em regime de liberdade assistida, medida esta que vem cumprindo de forma adequada - A medida aplicada apresenta-se, portanto, como suficiente a lhe propiciar a oportunidade para reorientar sua conduta - Apelo improvido.

Apelação Cível nº 66.739-0/5 – Comarca de São Paulo – TJSP – Relator Des. Fonseca Tavares – j. 07/12/00.

Ato infracional cometido mediante grave ameaça e em concurso de agente – Fato assemelhado a roubo – Possibilidade de internação do adolescente infrator – Afastada nulidade processual – Recurso improvido.

Apelação Cível nº 65.640-0/6 – Comarca de São Paulo – TJSP – Relator Des. Gentil Leite – j. 07/12/00.

Menor – Roubo qualificado – Ato infracional grave – Apelação visando a inserção do adolescente no regime de liberdade assistida – Descabimento – A medida sócio-educativa deve guardar nexo de proporcionalidade com o ato infracional e as condições pessoais do adolescente – Recurso improvido.

Apelação Cível nº 65.695-0/6 – Comarca de São José dos Campos – TJSP – Relator Des. 04/12/00.

Menor – Ato infracional – Artigo 157, § 2º, I, II e IV do Código Penal – Confissão – Suficiência de prova da autoria – A execução do ato infracional foi capaz de incutir na vítima fundado temor, indicando ousadia, frieza e grave desvio de personalidade – Pouco importa seja a arma de brinquedo, pois o que vale na espécie é a conduta do adolescente – Internação – Necessidade – Recurso improvido.

Apelação Cível nº 65.109-0/3 – Comarca de Santos – TJSP – Relator Des. Fábio Quadros – j. 20/11/00.

Menor infrator – Ato equivalente ao roubo qualificado pelo concurso de agentes, uso de arma e retenção da vítima – Internação decretada – Recurso apontando cerceamento de defesa porque sem realização de estudo psicológico requerido em finais alegações e, no mérito pugnando pela absolvição por falta de provas, ou caso contrário, que seja aplicada medida mais branda – Estudos psíco-sociais que se encontravam nos autos e complementação que não se mostrou necessária diante da avaliação do magistrado, que tem a faculdade de mandar realizá-los e não a obrigação – Prova homogênea consistente na confissão dos adolescentes, palavras das vítimas e demais elementos – Fato grave – Necessidade de ressocialização em regime fechado – Preliminar rejeitada e recurso improvido.

Apelação Cível nº 64.720-0/4 – Comarca de São Paulo – TJSP – Relator Des. Fábio Quadros – j. 20/11/00.

Menor infrator – Atos equivalentes ao roubo e ao falso – Internação – Recurso pretendendo a improcedência da representação ou medida mais branda – Falta de prova da participação do menor no roubo – Falso não caracterizado – Menor cadastrado na FEBEM – Recurso provido para julgar improcedente a representação.

Apelação Cível nº 64.591-0/4 – Comarca de Tupã – TJSP – Relator Des. Nuevo Campos – j. 13/11/00.

Menor – Ato infracional equivalente a roubo duplamente agravado em razão do emprego de arma e do concurso de agentes – Aplicada medida sócio-educativa consistente em internação – Recurso do adolescente - Preliminar – Nulidade do feito decorrente de cerceamento de defesa, por não ter sido o menor submetido a exame de corpo de delito, não caracterizada – Deferido pedido de realização de exame de corpo de delito, que, ao que consta, não foi realizado, mas não se demonstrou prejuízo para a defesa, principalmente, em razão da ausência de dúvidas a respeito da autoria, dada a confissão do representado encontrar-se amparada pela prova oral – Matéria preliminar rejeitada - Mérito – Possibilidade de aplicação de medida sócio-educativa a quem atingiu a maioridade penal e é menor de 21 (vinte e um) anos, por datar o fato da época da menoridade – Arts. 2º e 104 do ECA – Procedência da inicial – Confissão do adolescente encontra apoio no conjunto probatório – Medida aplicada apresenta-se como adequada – O representado incidiu em prática infracional cometida com violência a pessoa, o que, a teor do art. 122, I, do ECA, enseja a internação – Há que se considerar, ainda, que a grave ameaça foi exercida com o emprego de arma de fogo, bem como o envolvimento em outros atos infracionais, circunstâncias que revelam conduta social desajustada e vivência infracional – Relatório técnico e declarações de sua genitora indicam ausência de respaldo familiar eficaz – Apelo improvido.

Apelação Cível nº 60.620-0/9 – Comarca de São Paulo – TJSP – Relator Des. Fábio Quadros – j. 11/09/00.

Menor infrator - Ato equivalente ao roubo qualificado pelo concurso de agentes - Dependência química às drogas - Insucesso de tratamentos anteriores - Internação decretada, cumulada com medida protetiva de tratamento anti-drogas - Acerto da decisão que visa não só a ressocialização, como também a garantia do oferecimento dos meios disponíveis para combate à dependência às drogas - Recurso, pretendendo medida mais branda, improvido.

Apelação Cível nº 60.062-0/1 – Comarca de São Paulo – TJSP – Relator Des. Fábio Quadros – j. 11/09/00.

Menor infrator - Ato infracional equivalente ao roubo – Reincidente - Dependência à droga – Internação - Recurso apontando nulidades processuais como a falta de citação, notificação dos responsáveis e ausência de fundamentação para afastar medida sugerida nas finais alegações, além de, no mérito, pedir o abrandamento - Menor, internado provisoriamente, que foi devidamente requisitado para audiência - Várias tentativas de localização da progenitora - Representação em audiência através de advogada que assumiu a curadoria - Motivação na escolha da medida aplicada - Ausência de nulidade - Menor dependente das drogas - Ato grave e reincidência - Mãe, posteriormente localizada, que sugere internação, até mesmo para garantir tratamento médico e psicológico que entende necessários - Descumprimento anterior de liberdade assistida - Recurso improvido.

Apelação Cível nº 58.989-0/1 – Comarca de São Paulo – TJSP – Relator Des. Fábio Quadros – j. 14/08/00.

Menor infrator - Representação por roubo tentado - Decisão que apenas considerou o porte ilegal de arma como ato infracional - Ato que, a princípio, não levaria à possibilidade de internação - Reiteração, contudo, de ato infracional estando o menor em pleno gozo de liberdade assistida - Prova segura da autoria e materialidade - Aquisição de arma para cometer atos graves - Internação bem decretada - Recurso que pretende a improcedência improvido.

Apelação Cível nº 59.457-0/1 – Comarca de São Paulo – TJSP – Rel. Des. Jesus Lofrano – j. 31/07/00 – v.u.

Menor - Roubo qualificado - Comprovação do menoridade - Aplicação de medida sócio educativa mais branda - Inadmissibilidade - Internação - Necessidade - Recurso improvido.

Apelação Cível nº 52.878-0/1 – Comarca de São Paulo – TJSP – Relator Des. Fonseca Tavares – j. 13/01/00.

Ato infracional - Participação em roubos continuados duplamente qualificados - Internação - Medida adequada para pronta e eficaz correção do infrator - Adequação da medida - Deficiência do Estado - Alusão que não aproveita à atenuação da providência sócio-educativa - Recurso não provido.

Apelação Cível nº 47.463-0/6 – Comarca de São Paulo – TJSP – Relator Des. Yussef Cahali – j. 11/02/99.

Menor – Medida sócio-educativa – Internação – Hipótese de ato infracional grave (artigo 157, § 2º, I e II do Código Penal) – Pretendida aplicação de medida protetiva de tratamento de desintoxicação – Inadmissibilidade – Gravidade do ato que autoriza a manutenção da medida aplicada (artigo 122, I do ECA) – Recurso não provido.

Apelação Cível nº 45.456-0/0 – Comarca de São Paulo – TJSP – Relator Des. Cunha Bueno – j. 29/10/98.

Ato infracional correspondente a delitos de roubo qualificado - Medida sócio-educativa que deve servir de parâmetro ao adolescente para que possa compreender o desvalor de sua conduta - Recurso provido para fixar a internação como medida sócio—educativa.

Apelação Cível nº 44.824-0/2 – Comarca de Guarulhos – TJSP – Relator Des. Álvaro Lazzarini – j. 17/09/98.

Ato Infracional - Adolescente manteve-se ao lado de dois outros imputáveis quando da prática de roubo qualificado pelo concurso de agentes e simulação do emprego de arma de fogo - Sentença absolutória - Provas que confirmaram a participação efetiva no cometimento da infração - Apelo provido para aplicação de medida sócio-educativa de liberdade assistida, com recomendação.

Apelação Cível nº 40.005-0/6 – Comarca de São Paulo – TJSP – Relator Des. Carlos Ortiz – j. 02/10/97.

Menor - Atos infracionais graves - Roubo qualificado e perigo de vida - Representação julgada procedente e imposta, ao adolescente, medida sócio-

educativa de internação sem prazo determinado - Recurso da defesa que pede o reconhecimento de que a prova dos autos é insuficiente para justificar a responsabilização do menor - Confissão tomada em juízo, na presença da genitora e da advogada do menor, que não ficou isolada no contexto probatório, harmonizando-se com o restante da prova produzida - Prática do roubo suficientemente demonstrada, o que não ocorre com o delito de perigo de vida, que não ficou provado à saciedade - Conveniência de manutenção íntegra da sentença no que se refere à medida escolhida - Necessidade de severo acompanhamento para poder almejar a reabilitação do adolescente infrator - Recurso provido em parte.

Apelação Cível nº 35.739-0/3 – Comarca de São Paulo – TJSP – Relator Des. Silva Leme – j. 30/01/97.

Menor - Medida sócio-educativa - Internação - Pretendida "absolvição" do menor ou aplicação de medida mais branda - Hipótese de roubo especialmente agravado pelo concurso de agentes e simulação de porte de arma de fogo - Inadmissibilidade - Menor multireincidente, que não estuda, não trabalha e não possui respaldo familiar - Recurso não provido - Sentença - Nulidade - Inocorrência - Alegada ausência de citação válida e supressão da audiência de instrução - Menor internado provisoriamente na FEBEM, requisitado - Obediência aos princípios da ampla defesa e do contraditório - Preliminares rejeitadas.

Apelação Cível nº 29.919-0/6 – Comarca de São Paulo – TJSP – Relator Des. Cerqueira Leite – j. 02/01/97.

Apelação - Sentença que julgou improcedente a representação contra adolescente infrator - Adolescente reconhecido, na fase administrativa e no contraditório, como um dos agentes de roubo e seqüestro da vítima - Posse ulterior do veículo roubado - Prova convincente da co-participação - Recurso provido em parte, com aplicação de medida sócio-educativa de liberdade assistida.

Apelação Cível nº 29.845-0/8 – Comarca de São Paulo – TJSP – Relator Des. Dirceu de Mello – j. 12/12/96.

Adolescente - Representação imputando-lhe o cometimento de atos infracionais equivalentes a roubo - Depoimentos seguros das vítimas que tem grande relevância - Apelo desprovido.

Agravo de Instrumento nº 25.522-0/5 – Comarca de São Paulo – TJSP – Relator Des. Dirceu de Mello – j. 14/11/96.

Menor - Pretendida internação provisória de adolescente a quem se atribuiu a prática de roubo especialmente agravado pelo uso de arma pelo concurso de pessoas - Gravidade do ato infracional, aliada à ousadia demonstrada pelo adolescente, que recomendavam, mesmo, a providência alvitrada - Recurso provido.

Apelação Cível nº 28.619-0/0 – Comarca de São Paulo – TJSP – Relator Des. Carlos Ortiz – j. 10/10/96.

Menor - Ato infracional - Roubo - Representação julgada procedente e imposta, ao adolescente, medida sócio-educativa de internação - Recurso de defesa que pede o reconhecimento de cerceamento de defesa e, no mérito, a reforma da decisão proferida por insuficiência de provas - Preliminar afastada, pois as partes dispensaram a produção de mais provas - Demonstrado, à saciedade, efetiva participação do menor na prática do ato infracional - Conveniência da manutenção do ato infracional - Conveniência da manutenção íntegra da sentença proferida - Preliminar rejeitada e recurso não provido.

Apelação Cível nº 31.312-0/6 – Comarca de São Paulo – TJSP – Relator Des. Nigro Conceição – j. 22/08/96.

Menor – Ato Infracional – Roubo – Representação julgada procedente, sendo imposta ao adolescente a medida sócio-educativa de liberdade assistida pelo prazo de 6 (seis) meses – Recurso do Dr. Promotor de Justiça em que é pedida a sua substituição por internação – Menor que não registra antecedente infracional, estuda e conta com amparo familiar – Conveniência da manutenção da sentença – Medida pretendida pelo Ministério Público que deve ser reservada aos casos extremos, em que outras não se mostrem adequadas - Recurso não provido.

Agravo de Instrumento nº 30.600-0/3 – Comarca de São Paulo – TJSP – Relator Des. Oliveira Passos – j. 25/04/96.

Infração cometida por adolescente - Roubo a transeunte, em concurso de agentes - Infrator pertencente a família bem estruturada e exercendo atividade laborativa lícita - Pedido de internação provisória indeferido - Agravo do Ministério Público não provido.

Agravo de Instrumento nº 25.217-0/3 – Comarca de São Paulo – TJSP – Relator Des. Nigro Conceição – j. 14/03/96.

Menor – Ato infracional – Roubo – Magistrado que, antes de determinar a custódia preventiva, determina a elaboração de avaliação pela equipe técnica do juízo – Fase não prevista em lei, mas que permite melhor fundamentação da decisão – Custódia preventiva que deve ser medida excepcional, e não regra geral – Adolescente que é primária, tem respaldo familiar e contou com parecer técnico favorável – Recurso não provido.

Agravo de Instrumento nº 25.182-0/2 – Comarca de São Paulo – TJSP – Relator Des. Nigro Conceição – j. 14/03/96.

Menor - Ato infracional - Roubo - Magistrado que, diante de parecer favorável da equipe técnica do juízo, deixou de decretar a custódia preventiva do adolescente - Recurso do Ministério Público que busca a manutenção do adolescente custodiado - Gravidade do ato praticado, ausência de amparo familiar e personalidade do adolescente que justifica a segregação até o encerramento da instrução - Recurso provido.

Apelação Cível nº 25.534-0/0 – Comarca de São Paulo – TJSP – Relator Des. Carlos Ortiz – j. 22/02/96.

Menor - Ato infracional - Roubo - Representação julgada procedente e imposta, ao adolescente, medida sócio-educativa de liberdade assistida - Recurso do Ministério Público que pede a substituição da medida aplicada por internação - Menor que conta com respaldo familiar, estuda e não demonstra integração na vida infracional - Hipótese que não exige sua internação - Medida extrema deve ser imposta somente quando outra não se mostre adequada - Recurso não provido.

Apelação Cível nº 23.974-0/2 – Comarca de São Paulo – TJSP – Relator Des. Sabino Neto – j. 08/02/96.

Atos infracionais graves (roubos) – Aplicação da medida de internação – Apelação do adolescente provida para reconhecer a inexistência de provas suficientes para alicerçar a imposição da medida.

Apelação Cível nº 25.082-0/6 – Comarca de São Paulo – TJSP – Relator Des. Lair Loureiro – j. 23/11/95.

Menor – Medida sócio-educativa – Liberdade Assistida – Pretendida conversão para internação – Hipótese de roubo tentado – Desnecessidade – Gravidade do ato que, por si só, não determina a internação, medida esta de caráter excepcional – Recurso não provido.

Agravo de Instrumento nº 23.820-0/0 – Comarca de São Paulo – TJSP – Relator Des. Ney Almada – j. 01/06/95.

ECA - Infração caracterizada - Roubo de automóvel à mão armada - Internação provisória cassada pelo Juízo, ante estudo social por ele determinado antes da apresentação - Urgência de que seja o infrator apresentado - Prática processual inidônea - Fato grave, a preconizar a internação provisória - Agravo provido.

Apelação Cível nº 21.652-0/9 – Comarca de São Paulo – TJSP – Relator Des. Lair Loureiro – j. 12/01/95.

Ato infracional equiparado a roubo – Aplicação de liberdade assistida – Recurso do Ministério Público para aplicação da medida de semiliberdade que não impede a convivência familiar (art. 120 do ECA) - Recurso provido.

1.6 LATROCÍNIO

Apelação Cível nº 78.958-0/7 – Comarca de Rio Claro - TJSP - Rel. Des. Fábio Quadros - j. 01/10/01 – v.u.

Menor infrator - Ato equivalente ao latrocínio consumado - Internação decretada - Recursos pretendendo o abrandamento da medida aplicada e a inserção em tratamento toxicológico –Parecer da Procuradoria Geral de Justiça pelo improvimento dos apelos – Impossibilidade - Gravidade do ato que, por si só, permitia a aplicação da internação, de acordo com o artigo 122, I do ECA - Medida corretamente imposta, proporcional à gravidade do ato e às condições pessoais do menor - Recursos improvidos.

Apelação Cível nº 71.198-0/7 - Comarca de Guarulhos - TJSP - Rel. Des. Nigro Conceição - j. 20/09/01 – v.u.

Menor – Prática de ato infracional equiparado aos delitos de latrocínio consumado e roubo qualificado – Alegado temos reverencial na confissão – Provas constantes dos autos que demonstram, à saciedade, que o adolescente participou efetivamente da prática delitiva – Necessidade de ressocialização caracterizada – Medida sócio-educativa de internação corretamente aplicada – Improvimento do recurso.

Apelação Cível nº 78.782-0/3 – Comarca de São Paulo - TJSP - Rel. Des. Sérgio Gomes - j. 10/09/01 – v.u.

Menor - Ato infracional grave equivalente a tentativa de latrocínio - Autoria e materialidade comprovadas - A medida sócio-educativa deve guardar nexo de proporcionalidade com o ato infracional praticado - Necessidade de internação, com aplicação do art. 122, inc. I, ECA - Recurso improvido.

Apelação Cível nº 70.086-0/9 – Comarca de São Paulo – TJSP – Relator Des. Fábio Quadros – j. 19/02/01.

Menor infrator – Tentativa de latrocínio - Internação decretada - Recurso pretendendo a improcedência da ação por ser o conjunto probatório frágil ou, não sendo esse o entendimento, a substituição por medida mais branda - Reconhecimento por uma das vítimas - Palavras seguras e imitáveis desde o depoimento na delegacia - Valoração da palavra da vítima em crimes contra o patrimônio - Eventual progressão que dependerá das condições pessoais do menor - Recurso não provido.

Apelação Cível nº 70.113-0/3 – Comarca de São Paulo - TJSP - Rel. Des. Jesus Lofrano - j. 12/02/01 – v.u.

Menor - Ato infracional – Latrocínio - Confissão - O desconhecimento da pessoa da vítima não prejudica o julgamento do feito, porque é incontroverso o fato de que existiu vítima - É irrelevante na aplicação da medida sócio-educativa a definição exata da figura típica - Importa analisar-se a conduta do menor, a quem se atribuirá a medida, no proporção da gravidade do ato infracional – Internação - Necessidade - Recurso improvido.

Apelação Cível nº 67.648-0/7 – Comarca de Mairiporã – TJSP – Relator Des. Álvaro Lazzarini – j. 11/01/01.

Ato infracional de adolescentes – ECA – Latrocínio - Depoimento de criança, testemunha presencial, confirmado pelos ademais elementos de prova, apesar da negativa dos infratores - A sentença aplicou a medida de internação do artigo 122, inciso I, do ECA - Apelação da defesa a que se nega provimento.

Apelação Cível nº 68.727-0/5 – Comarca de Praia Grande – TJSP – Relator Des. Sérgio Gomes – j. 08/01/01.

Menor – Ato infracional grave equivalente a latrocínio consumado – Autoria e materialidade comprovadas – A medida sócio-educativa deve guardar nexo de proporcionalidade com o ato infracional praticado pela adolescente e sua personalidade – Necessidade de internação, com aplicação do art. 122, inc. I, ECA – Recurso improvido.

Apelação Cível nº 64.513-0/0 – Comarca de Votuporanga – TJSP – Relator Des. Fábio Quadros – j. 20/11/00.

Menor infrator - Ato equivalente ao latrocínio - Recurso pretendendo ver reformada a decisão para absorver o adolescente em razão da falta de prova para embasar a procedência da representação - Decisão que apreciou com proficiência a vasta e harmônica prova coligida aos autos - Gravidade do ato que culminou com a execução da vítima, policial militar, amarado a uma árvore, com disparos na cabeça - Cadáver localizado cinco dias após os fatos somente com a indicação do adolescente - Medida de internação apropriada à espécie - Recurso improvido.

Apelação Cível nº 59.735-0/0 – Comarca de São Paulo - TJSP - Rel. Des. Fonseca Tavares - j. 24/08/00 – v.u.

ECA - Ato infracional equivalente á tentativa de latrocínio (artigo 157, § 3º, c.c. art. 14, inciso II do Código Penal) - Provas a respeito da autoria e materialidade da infração - Internação que se mostra única medida sócio-educativa compatível com a gravidade do fato - Recurso a que se nega provimento.

Apelação Cível nº 55.816-0/1 – Comarca de São Paulo - TJSP - Rel. Des. Fonseca Tavares - j. 04/05/00 – v.u.

Menores - Ato infracional grave - Latrocínio - Representação julgada procedente e imposta, aos recorrentes, medida sócio-educativa de internação sem prazo determinado - Recurso da defesa que argüi nulidade da sentença por falta de apreciação do requerimento de imposição de liberdade assistida. No mérito, busca a reforma da decisão por entender que a prova dos autos é insuficiente para justificar a procedência da representação - Pedido alternativo de substituição da internação por liberdade assistida - Inexistência de vício que justifique a anulação da decisão pois, na medida em que o magistrado justificou a opção pela medida extrema, excluiu a possibilidade de escolha da medida almejada - Hipótese dos autos em que a prova colhida demonstra, à saciedade, efetiva participação dos adolescentes recorrentes na prática do ato infracional - Gravidade do ato praticado que denota desvio de personalidade passível de ser corrigido com severo acompanhamento - Necessidade de imposição da medida extrema para que os adolescentes possam alcançar reabilitação - Preliminar rejeitada e recurso não provido.

Apelação Cível nº 53.360-0/5 – Comarca de São Paulo - TJSP - Rel. Des. Yussef Cahali - j. 27/01/00 – v.u.

Menores - Prática de ato infracional equiparado ao delito de latrocínio tentado - Aplicação de medida sócio-educativa de internação - Apelação interposta visando a absolvição ou, subsidiariamente, a conversão, da medida sócio-educativa aplicada em liberdade assistida ou semiliberdade - Autoria e material Idade delitivas efetivamente comprovadas nos autos - Necessidade de institucionalização dos menores - A medida sócio-educativa deve guardar proporcionalidade com o ato infracional praticado – Recurso improvido.

Apelação Cível nº 44.391-0/5 – Comarca de Presidente Venceslau - TJSP - Rel. Des. Álvaro Lazzarini - j. 13/08/98 – v.u.

Ato Infracional - Adolescentes previamente ajustados para tentar subtrair arma da vítima que veio a ser atingida por disparos, efetuados pelos infratores e faleceu - Internação cumulada com medida protetiva de tratamento psicoterápico determinada - Sentença confirmada.

Apelação Cível nº 24.546-0/7 – Comarca de Campinas – TJSP – Relator Des. Nigro Conceição – j. 21/03/96.

Menor - Ato infracional grave - Tentativa de latrocínio - Representação julgada procedente, sendo imposta ao adolescente a medida sócio-educativa de internação - Medida que, por força do que dispõe o art. 121, § 2º, do ECA, não comporta prazo determinado - Falta de ciência à defesa do laudo de exame da faca - Inocorre nulidade por não implicar em qualquer prejuízo ao adolescente - Necessidade de severo acompanhamento do menor para proporcionar sua reeducação - Preliminares rejeitadas - Recurso não provido.

1.7 RECEPTAÇÃO

Apelação Cível nº 50.048-0/0 – Comarca de Santa Rita do Passa Quatro – TJSP – Rel. Des. Alvaro Lazzarini – j. 24/05/01 - v.u.

ECA – Recepção - Menor que trocou relógio Cássio por bicicleta Caloi - Desproporção de valor que indica conhecimento da origem ilícita - Negativa da menor eu, apontar com quem efetuou a troca que evidencia conhecimento da origem, ilícita e intuito de encobrir prática criminosa de terceiro, liberdade assistida que é medida até mesmo branda em face da postura do menor e doe antecedentes na prática de outras atos infracionais - Recurso a que se nega provimento.

Apelação Cível nº 69.119-0/8 – Comarca de Sumaré – TJSP – Relator Des. Sergio Gomes – j. 08/01/01.

Menor – Ato infracional equivalente a receptação – Sentença que, sem receber a representação e designar audiência de apresentação do adolescente, concedeu remissão cumulada com advertência – Ausência de manifestação do Ministério Público – Inadmissibilidade – Ofensa ao devido processo legal – Recurso provido, com a anulação da sentença, para que o procedimento tenha regular trâmite.

Apelação Cível nº 40.050-0/0 – Comarca de São José do Rio Pardo – TJSP – Relator Des. Alves Braga – j. 15/01/98.

Menor – Medida sócio-educativa – Advertência – Infração ao artigo 180, § 3º do Código Penal – Caracterização – Culpa comprovada – Recurso não provido.

1.8 PORTE ILEGAL DE ARMA

Apelação Cível nº 72.506-0/1 - Comarca de São Paulo – TJSP – Rel. Des. Nuevo Campos – j. 28/05/01 – v.u.

Menor - Ato infracional equivalente ao crime de porte ilegal de arma de fogo - Concedida a remissão como forma de suspensão do feito, cumulada com medida sócio-educativa de liberdade assistida, sob o fundamento de que o adolescente não possui antecedentes - Recurso ministerial.

Preliminar - Nulidade da r. sentença recorrida ante a inobservância do procedimento atinente à presente hipótese, ou seja, não realização de audiência de apresentação e de prévia oitiva do Ministério, e ausência de fundamentação - Inocorrência - Atos processuais não praticados são de caráter garantista, razão pela qual, por ter sido a solução do processo favorável ao representado, não é o caso de pronunciamento de nulidade por ausência de prejuízo para a defesa - Fundamentação da concessão da remissão foi declinada Decisão esteriotipada não implica em reconhecimento de nulidade por ausência de fundamentação.

Mérito - Pugna pela continuidade do feito - Procede o inconformismo - Pressupostos para a concessão da remissão não estão presentes (ECA, art 126) – Menor cometeu ato infracional não destituído de gravidade, que implica em risco diferenciado para a sociedade tanto que, recentemente, na esfera penal, tal conduta deixou de constituir figura contravencional e foi alçada à categoria de crime – Matéria preliminar rejeitada e apelo provido.

Apelação Cível nº 72.460-0/0 – Comarca de São Paulo – TJSP – Relator Des. Fábio Quadros – j. 07/05/01.

Menor infrator - Porte ilegal de arma de fogo - Internação decretada - Recurso pretendendo unicamente a substituição da medida aplicada por outra a ser cumprida em meio aberto - Parecer da Procuradoria Geral de Justiça pelo improvimento do recurso - Acerto da decisão que não merece reparo algum - Possibilidade de aplicação de medida extrema diante da reiteração de cometimento de atos infracionais - Aplicação do artigo 122, II do ECA - Impossibilidade de abrandamento - Recurso não provido.

Apelação Cível nº 71.632-0/9 - Comarca de Itu - TJSP - Rel. Des. Fábio Quadros - j. 02/04/01 – v.u.

Menor infrator - Porte ilegal de arma de fogo - Internação decretada - Recurso pretendendo a substituição da medida aplicada por outra a ser cumprida em meio aberto - Parecer da Procuradoria Geral de Justiça pelo provimento do recurso, diante da ausência do laudo pericial da arma - Menor que confessou ter adquirido a arma dias antes da apreensão - Ausência de laudo que não afeta a demonstração da materialidade do ato infracional do porte ilegal de arma de fogo - Menor com anteriores passagens pelo juízo de infância e juventude, sem ser reincidente - Falta de estudo, de ocupação lícita e de respaldo familiar - Decisão acenada quanto à procedência - Medida, no entanto, inadequada diante da taxatividade do artigo 122 do ECA – Provimento do recurso para substituir a internação, por liberdade assistida, oficiando-se.

Apelação Cível nº 68.435-0/2 – Comarca de São Paulo – TJSP – Relator Des. Sérgio Gomes – j. 08/01/01.

Menor – Matéria preliminar rejeitada, posto que, apesar de forma sucinta a sentença examinou as teses defensivas – O tipo penal do art. 10, § 1º da Lei 9.437/97 prevê a utilização de arma de brinquedo no cometimento de crimes, o que não se verifica na hipótese vertente, porquanto o adolescente apenas estava transportando arma de brinquedo – Repelida a matéria preliminar e, no mérito, recurso provido.

Apelação Cível nº 67.006-0/8 – Comarca de São Paulo – TJSP – Relator Des. Jesus Lofrano - j. 11/12/00.

Menor - Ato infracional - Porte de arma - Semiliberdade - Ainda que o apelante não estivesse na posse da arma no instante em que fora apreendido, estava a participar e sobretudo a incentivar a empreitada, o que é suficiente a configurar o ato infracional equivalente ao porte de arma - Conduta reprovável a dar ensejo à aplicação de medida sócio-educativa, de efeito ressocializador - Vivência infracional - Recurso improvido.

Apelação Cível nº 49.462-0/6 – Comarca de Piratininga – TJSP – Relator Des. Yussef Cahali – j. 22/04/99.

Menor – Ato infracional correspondente a contravenção penal de porte ilegal de arma – Alegação de legítima defesa – Não caracterização – Conduta do adolescente que não configurou repulsa a agressão atual ou iminente – Recurso não provido.

Apelação Cível nº 45.553-0/2 – Comarca de São Paulo – TJSP – Relator Des. Djalma Lofrano – j. 05/11/98.

Menor – Porte de arma de brinquedo – Fato atípico – Inteligência do artigo 10, § 1º, II, da Lei 9.437/97 – Recurso não provido.

1.9 TRÁFICO / PORTE DE ENTORPECENTES

Apelação Cível nº 79.220-0/7 – Comarca de Praia Grande - TJSP - Rel. Des. Fábio Quadros - j. 01/10/01 – v.u.

Menor infrator - Tráfico de entorpecente - Internação por tempo indeterminado - Recurso pretendendo a absolvição por falta de provas -

Parecer da Procuradoria Geral de Justiça pelo improvimento do apelo - Confissão na delegacia, corroborada por depoimento de testemunha, e quantidade de entorpecente que comprovam o tráfico - Medida bem aplicada diante das condições pessoais do menor, reincidente, que não estuda, nem trabalha - Recurso improvido.

Apelação Cível nº 79.014-0/7 - Comarca de Santos - TJSP - Rel. Des. Fábio Quadros - j. 01/10/01 – v.u.

Menor infrator - Tráfico de entorpecentes – Internação decretada - Recurso apontando preliminar de nulidade, por ter havido cerceamento de defesa e, no mérito, pugnando pela improcedência da representação - Parecer da Procuradoria Geral de Justiça pelo improvimento do apelo - Autoria e materialidade devidamente comprovadas - Testemunhos dos policiais que se mostram harmônicos e servem para demonstrar a autoria - Menor, usuário de entorpecentes, que conta com anterior passagem pelo mesmo ato - Medida sócio-educativa corretamente aplicada - Acerto da decisão - Recurso improvido.

Apelação Cível nº 78.761-0/8 - Comarca de Poá - TJSP - Rel. Des. Fábio Quadros - j. 01/10/01 – v.u.

Menor infrator - Tráfico de entorpecente - Internação decretada - Recurso pretendendo a absolvição do acusado por falta de provas seguras e subsidiariamente, a substituição da medida pela liberdade assistida - Parecer da Procuradoria Geral de Justiça pelo improvimento - Autoria e materialidade devidamente comprovadas - Testemunhos policiais que não podem ser recebidos com reservas apenas pela condição de policial - Depoimentos que se mostram harmônicos com as demais provas - Medida bem aplicada, diante das condições pessoais do menor - Recurso improvido.

Apelação Cível nº 75.731-0/0 – Comarca de Praia Grande - TJSP - Rel. Des. Álvaro Lazzarini - j. 27/09/01 – v.u.

Menor infrator - Tráfico de entorpecentes – Internação - Prova segura de materialidade e autoria - Recursos pretendendo absolvição ou medidas mais brandas – Impossibilidade - Atos graves, equiparados ao crime hediondo - Necessidade de ressocialização através de meio fechado - Recursos improvidos.

Apelação Cível nº 78.005-0/9 - Comarca de Jundiaí - TJSP - Rel. Des. Nuevo Campos - j. 24/09/01 – v.u.

Menor - Ato infracional equivalente ao crime hediondo de tráfico ilícito de entorpecente - Aplicada medida sócio-educativa consistente em internação - Recurso do adolescente - Pugna pela improcedência da inicial. sob o fundamento da insuficiência probatória - Inadmissibilidade - Prova da procedência da representação ministerial é segura - Embora não seja objeto de recurso, insta consignar, a medida sócio-educativa aplicada apresenta-se como adequada - O fato em tela é de inegável gravidade - A natureza não penal das normas estatutárias possibilita interpretação analógica do art. 122 do ECA e a conseqüente inserção do adolescente em meio fechado - Menor conta com envolvimento em outros processos - Apelo improvido.

Apelação Cível nº 77.929-0/8 - Comarca de Batatais - TJSP - Rel. Des. Nuevo Campos - j. 24/09/01 – v.u.

Menor - Ato infracional equivalente ao crime de porte ilegal de entorpecente - Aplicada medida sócio-educativa de internação, substituída, condicionalmente, por tratamento destinado a toxicômanos pelo prazo de nove meses em regime de internação - Recurso do adolescente.

Preliminares alegações de nulidade decorrente de irregularidade no laudo do exame químico toxicológico e de atipicidade da conduta do menor - Constituem matéria de mérito e com este serão analisadas.

Mérito - Pugna a defesa pela improcedência da inicial – Alegada a ausência de demonstração da materialidade do ato infracional em tela por irregularidade no laudo do exame químico toxicológico, atipicidade da conduta do apelante e insuficiência do conjunto probatório - Inadmissibilidade - Prova da procedência da inicial é segura - Materialidade do ato infracional está demonstrada inclusive, pelo laudo pericial que na realidade, não apresenta irregularidades - Pequena quantidade de entorpecente não implica em atipicidade da conduta do menor - No que concerne à medida aplicada, ante o conformismo das partes e para se evitar prejuízo ao adolescente, deve prevalecer - Ademais não se pode desconsiderar a possibilidade da substituição da medida sócio-educativa a qualquer momento do processo, bem como a inexistência de parâmetros para tanto (ECA, arts. 99 e 113) - Apelo improvido.

Apelação Cível nº 78.828-0/4 - Comarca de Buritama - TJSP - Rel. Des. Jesus Lofrano - j. 17/09/01 – v.u.

Menor - Ato infracional - Tráfico de entorpecente - Confissão – Internação - Necessidade - Recurso improvido.

Apelação Cível nº 75.784-0/0 - Comarca de Dracena - TJSP - Rel. Des. Sérgio Gomes - j. 10/09/01 – v.u.

Menores - Ato infracional equivalente a tráfico de entorpecentes — Autoria e materialidade comprovadas — A medida sócio-educativa deve guardar nexo de proporcionalidade com o gravidade do ato infracional praticado e personalidade dos agentes — Jovens inseridos na criminalidade e reincidentes - Necessidade de internação — Recurso do Ministério Público provido.

Apelação Cível nº 77.049-0/1 - Comarca de Botucatu - TJSP - Rel. Des. Gentil Leite - j. 30/08/01 – v.u.

Menor - Representação por ato infracional equiparado ao crime de tráfico de entorpecentes - Custódia do infrator determinada - Apelação visando a improcedência da ação, ou alternativamente a substituição desta por outra mais branda - Descabimento - Conjunto probatório harmonioso e que autoriza a manutenção da procedência do julgado - Progressão do infrator para o regime aberto no transcorrer do processamento deste - Recurso prejudicado em parte e no mais improvido.

Apelação Cível nº 77.761-0/0 – Comarca de Capão Bonito - TJSP - Rel. Des. Jesus Lofrano - j. 27/08/01 – v.u.

Menor - Ato infracional - Tráfico de entorpecentes - Preliminar – Cerceamento de defesa - Ausência de prejuízo - Rejeição - Autoria - Demonstração - Internação - Recurso improvido.

Apelação Cível nº 77.759-0/1 – Comarca de São Paulo - TJSP - Rel. Des. Nuevo Campos - j. 27/08/01 – v.u.

Menor - Ato infracional equivalente ao crime hediondo de tráfico ilícito de entorpecente - Aplicada medida sócio-educativa consistente em internação - Recurso do adolescente pugna pela aplicação de medida mais branda – Inadmissibilidade - Prova da procedência da representação ministerial é segura - Medida aplicada apresenta-se como adequada - O fato em tela é de inegável gravidade - A natureza não penal das normas estatutárias possibilita interpretação analógica do art. 122 do ECA e a conseqüente inserção do adolescente em meio fechado - A existência de antecedentes e o fato de que estava inserido em semiliberdade ao voltar a infracionar revelam, por parte do representado, sério desajustamento de conduta, vivência infracional, bem como incompatibilidade com o meio aberto - Relatório técnico e declarações de seus genitores tal como as demais circunstâncias, indicam ausência de apoio familiar eficaz - Apelo improvido.

Apelação Cível nº 76.500-0/3 - Comarca de Aguaí - TJSP - Rel. Des. Nuevo Campos - j. 27/08/01 – v.u.

Menor - Ato infracional equivalente ao crime hediondo de tráfico ilícito de entorpecente - Aplicada medida sócio-educativa consistente em internação - Recurso do adolescente – Pugna, alternativamente pela improcedência da inicial, sob o fundamento da insuficiência do conjunto probatório, ou aplicação de medida mais branda - Inadmissibilidade - Prova da procedência da representação ministerial é segura - Depoimentos dos policiais merecem credibilidade e afastam a negativa do menor - Medida aplicada apresenta-se como adequada – O fato em tela é de inegável gravidade - Natureza não penal das normas estatutárias possibilita a interpretação analógica do art. 122 do ECA e a conseqüente inserção do adolescente em regime fechado - A existência de antecedente decorrente de envolvimento com entorpecente e a anterior inserção em regime de liberdade assistida, revela, por parte do representado, incompatibilidade com o meio aberto e, tal como outras circunstancias, ausência de apoio familiar eficaz - Apelo improvido.

Apelação Cível nº 78.025-0/0 - Comarca de Guarulhos - TJSP - Rel. Des. Jesus Lofrano - j. 20/08/01 – v.u.

Menor - Ato infracional - Tráfico de entorpecentes - Autoria - Demonstração

- Internação - Necessidade - Recurso improvido.
Os depoimentos não podem ser desprezadas somente pelo fato de que foram fornecidas por policiais. Em determinadas circunstâncias as palavras dos policiais merecem credibilidade, quando coerentes e conformes com a prova, nada havendo a desmerecê-las.

Apelação Cível nº 60.346-0/8 - Comarca de Jundiaí - TJSP - Rel. Des. Mohamed Amaro - j. 28/06/01 – v.u.

Menores – Ato infracional grave – Tráfico de entorpecentes – Representação julgada procedente e imposta, aos adolescentes, medida sócio-educativa de internação sem prazo determinado – Recurso dos menores, que alegam vício em sua apreensão, já que teria sido montado o chamado flagrante preparado – Preliminar, argüida pelo Ministério Público, de falta de comprovação da materialidade do delito pela ausência de laudo químico-toxicológico – Hipótese dos autos onde o vício foi sanado com a conversão do julgamento em diligência para a requisição do laudo – Prova produzida que demonstra efetiva prática infracional, independentemente da apreensão em flagrante – Recurso não provido.

Apelação Cível nº 75.421-0/5 – Comarca de São Bernardo do Campo - TJSP - Rel. Des. Álvaro Lazzarini - j. 12/07/01 – v.u.

Ato infracional equiparado a tráfico de entorpecente – Materialidade comprovada – Na ausência de testemunhas civis, até frente a dificuldade de sua obtenção, admissível a comprovação da autoria apenas com apoio em depoimento de Policiais que surpreenderam o infrator - Apelo não provido.

Apelação Cível nº 74.029-0/9 – Comarca de Espírito Santo do Pinhal - TJSP - Rel. Des. Nuevo Campos - j. 25/06/01 – v.u.

Menor – Ato infracional equivalente ao crime de tráfico de entorpecente, hediondo por equiparação – Aplicada medida sócio-educativa consistente em internação – Recurso do adolescente – Pugna pela desclassificação para ato infracional equivalente a porte de entorpecente e, conseqüentemente, pela aplicação de medida mais branda – Inadmissibilidade – Prova demonstrou, estreme de dúvidas, a procedência da representação inicial – Medida aplicada apresenta-se como adequada – Interpretação analógica do art. 122 do ECA – Das declarações de sua genitora, infere-se a ausência de apoio familiar eficaz – Possui antecedentes, envolvimento em outros atos infracionais desprovidos de gravidade diferenciada – Recomenda-se a verificação da necessidade de tratamento destinado a toxicômano – Apelo improvido, com recomendação.

Apelação Cível nº 74.760-0/4 – Comarca de Praia Grande - TJSP - Rel. Des. Jesus Lofrano - j. 21/05/01 – v.u.

Menor – Ato infracional – Tráfico de entorpecentes – Autoria Comprovação - Recurso improvido.
A admissão anterior do apelante em relação ao tráfico que lhe é atribuído na

representação não pode ser desconsiderada apenas em razão da nova versão que apresentara em juízo.
O policial não está impedido de depor e o valor de seu depoimento não pode ser desprezado, mas como todo e qualquer testemunho, avaliado de acordo com a prova.

Apelação Cível nº 74.439-0/0 - Comarca de Jundiaí - TJSP - Rel. Des. Fábio Quadros - j. 04/06/01 – v.u.

Menor infrator - Tráfico de entorpecente - Internação decretada - Recurso pretendendo a absolvição por fragilidade do conjunto probatório e, subsidiariamente, a alteração do julgado quanto à indeterminação do prazo de internação - Autoria e materialidade devidamente comprovadas - Menor com várias passagens pelo juízo da infância - Internação que, de acordo com o aflige 121, § 2º do Estatuto não comporta fixação de prazo - Recurso improvido.

Apelação Cível nº 73.372-0/6 - Comarca de Jundiaí - TJSP - Rel. Des. Sérgio Gomes - j. 14/05/01 – v.u.

Menores – Ato infracional equivalente a tráfico de entorpecentes – Preliminar de nulidade do auto de prisão em flagrante rejeitada, posto que é facultado à autoridade policial nomear peritos de sua confiança. Mesmo que admitida eventual irregularidade, tendo ela se verificado na fase informativa, não tem o condão de anular este procedimento – Autoria e materialidade comprovadas – A medida sócio-educativa deve guardar nexo de proporcionalidade com a gravidade do ato infracional praticado pelos adolescentes – Jovens viciados em entorpecentes – Necessidade de internação, inclusive, para tratamento – Matéria preliminar repelida e, no mérito, recurso improvido, com a recomendação para que os sindicados sejam submetidos, cumulativamente, à medida de proteção consistente em tratamento para drogadição.

Apelação Cível nº 72.030-0/9 – Comarca de São Paulo - TJSP - Rel. Des. Fábio Quadros - j. 02/04/01 – v.u.

Menor infrator - Tráfico de drogas e porte ilegal de arma de fogo - Internação decretada - Interposição de recurso pelo menor C. através de Procurador do Estado - Posteriormente, juntada de novo recurso de ambos os menores, através de advogado constituído, apontando nulidade em razão da ausência do laudo toxicológico definitivo e no mérito, pretendendo a absolvição por falta de provas - Validade dos depoimentos policiais - Ausência de laudo toxicológico definitivo que não gera nulidade, mas deixa de comprovar a materialidade do ato infracional - Porte ilegal de arma, porém, devidamente comprovado - Recursos parcialmente providos para substituir a medida pela de liberdade assistida pelo prazo de doze meses, oficiando-se.

Apelação Cível nº 78.815-0/5 - Comarca de Franca - TJSP - Rel. Des. Mohamed Amaro - j. 22/03/01 – v.u.

Habeas Corpus - Menor – Internação, sem prazo determinado, pela prática do ato infracional equiparado a tráfico de substância entorpecente – Adequação da medida aplicada – Gravidade e conseqüências do ato consideradas – Coação ilegal não configurada – Ordem denegada.

Apelação Cível nº 69.859-0/4 – Comarca de São Paulo - TJSP - Rel. Des. Jesus Lofrano - j. 12/02/01 – v.u.

Menor - Tráfico de entorpecentes - Prova suficiente da autoria e materialidade - Em razão dos princípios que norteiam o ECA, basta à demonstração da materialidade o laudo de constatação, como ocorre na espécie - Aplicação de medida sócio-educativa mais branda - Inadmissibilidade - Trata-se de ato infracional de extrema gravidade e de terríveis conseqüências, de forma a exigir a segregação como forma de proteção da sociedade e de ressocialização do jovem - Recurso improvido.

Apelação Cível nº 69.325-0/8 - Comarca de Tietê - TJSP - Rel. Des. Fábio Quadros - j. 22/01/01 – v.u.

Menor infrator - Ato equivalente ao tráfico de entorpecente - Internação decretada - Recurso apontando nulidade processual dentro do conjunto probatório - Regime do Estatuto da Criança e do Adolescente que permite a juntada de laudos após a representação inicial - Preliminar de nulidade rejeitada - Prova robusta a demonstrar a autoria e a materialidade –Anteriores passagens pelo juízo de infância e juventude, inclusive por tráfico - Gravidade do ato e condições pessoais do menor, que não estuda, trabalha, nem conta com respaldo familiar, que permitem a aplicação da medida - Recurso improvido.

Apelação Cível nº 68.938-0/8 – Comarca de Ribeirão Preto - TJSP - Rel. Des. Jesus Lofrano - j. 15/01/01 – v.u.

Menor - Tráfico de entorpecentes - Prova suficiente da autoria e materialidade - Aplicação de medida sócio-educativa mais branda - Inadmissibilidade - O ato correspondente ao tráfico de entorpecente possibilita a internação, na medida em que a conduta do adolescente reveste-se de gravidade havendo necessidade da segregação para buscar-se sua ressocialização - Recurso improvido.

Apelação Cível nº 68.172-0/1 – Comarca de Campinas – TJSP – Relator Des. Jesus Lofrano – j. 15/01/01.

Menor – Tráfico de entorpecentes – Eventuais diferenças quanto à quantidade apreendida ou a não medida em que se constatou a presença do tetrahidrocanabinol – O ECA permite a supressão de maiores formalidades – Confissão do adolescente a respeito de tratar-se de maconha – O policial não está impedido de depor e o valor de seu depoimento não pode ser desprezado, mas como todo e qualquer testemunho, avaliado de acordo com a prova –

Invasão de domicílio – Inocorrência – Postura que revela forte desvio de conduta e comprometimento com atividades infracionais, a justificar a aplicação de medida sócio-educativa – Manutenção da sentença – Recurso improvido.

Apelação Cível nº 68.069-0/1 – Comarca de Araçatuba – TJSP – Relator Des. Jesus Lofrano – j. 15/01/01.

Menor – Tráfico de entorpecentes – Preliminar – Intempestividade – Rejeição – O advogado dativo exerce a função de defensor público, razão pela qual é justo e razoável que seja aquinhoado com o prazo em dobro – Suficiência da prova – O adolescente confessou a posse e a venda dos entorpecentes, o que basta ao acolhimento da representação – Liberdade assistida com tratamento de recuperação anti-tóxico – Manutenção da sentença – Recurso improvido.

Apelação Cível nº 67.202-0/2 - Comarca de Araçatuba - TJSP - Rel. Des. Jesus Lofrano - j. 15/01/01 – v.u.

Menor – Tráfico de entorpecentes – Aplicação de medida sócio-educativa mais branda – Inadmissibilidade – A postura da apelante, seriamente envolvida no mundo das drogas, quer no tráfico quer no consumo, revela forte desvio de conduta e comprometimento com atividades infracionais, a justificar a aplicação da medida sócio-educativa de internação como forma de proporcionar sua reabilitação – Recurso improvido, com observação.

Apelação Cível nº 63.998-0/4 – Comarca de Jaguariúna – TJSP – Relator Des. Sérgio Gomes – j. 08/01/01.

Menor – Ato infracional equivalente a tráfico de entorpecentes – Autoria e materialidade comprovadas – Preliminar de inépcia da representação, por não estar mencionada a medida sócio-educativa que se pretende aplicar, repelida, uma vez que esta somente poderá ser fixada no final, após o regular trâmite do processo, com análise da prova, personalidade do agente e estudos técnicos – Ademais, não comprovado nenhum prejuízo e neste procedimento não se visa a aplicação de pena, mas da medida mais pertinente, objetivando a reeducação – Gravidade do ato infracional e reincidência que autorizam a internação – Recurso improvido.

Apelação Cível nº 59.085-0/3 – Comarca de São Paulo – TJSP – Relator Des. Fábio Quadros – j. 18/12/00.

Menor infrator - Tráfico de entorpecentes – Internação - Recurso pretendendo a anulação do processo, em razão da não comprovação da menoridade do agente e da ausência de laudo toxicológico e, no mérito, pugnando por medida mais branda – Antecedentes - Laudo toxicológico juntado posteriormente comprovando a materialidade - Anteriores aplicações de medidas em meio aberto que não surtiram efeito no menor que continuou a delinqüir e a fazer uso de entorpecentes - Acertada a decisão que lhe aplicou medida de internação cumulada com tratamento anti-drogas - Recurso improvido.

Apelação Cível nº 66.185-0/6 – Comarca de Itápolis – TJSP – Relator Des. Fonseca Tavares – j. 07/12/00.

Menor – Apelação – Ato infracional equiparado a uso e tráfico de substância entorpecente – Cocaína na forma de crack – Internação – Pretensão à absolvição ou ao abrandamento da medida sócio-educativa – Adequação da medida imposta – Gravidade do ato e personalidade do adolescente – Recurso improvido.

Apelação Cível nº 66.486-0/0 – Comarca de São Paulo – TJSP – Relator Des. Cuba dos Santos – j. 30/11/00.

Apelação Cível – Ato infracional equivalente a tráfico de entorpecente – Prova cabal de autoria e materialidade da infração – Internação é medida adequada no caso – Apelação da defesa a que se nega provimento.

Apelação Cível nº 58.900-0/7 – Comarca de São Paulo – TJSP – Relator Des. Gentil Leite – j. 16/11/00.

Menor – Representação por ato infracional equiparado ao crime de tráfico de entorpecentes – Custódia do infrator determinada – Apelação visando a improcedência da ação, ou alternativamente a substituição desta por outra mais branda – Descabimento – Procedência do julgado mantida – Progressão do infrator para o regime aberto no transcorrer do processamento deste – Recurso improvido em parte e no mais prejudicado.

Recurso Ordinário em HC nº 10.528 – São Paulo – STJ – Relator Min. Edson Vidigal – j. 13/11/00.

Recurso em Habeas Corpus - Estatuto da Criança e do Adolescente – Tráfico – Internação - Menor primária - Ato infracional Praticado sem violência ou grave ameaça à pessoa.

Apelação Cível nº 62.800-0/5 – Comarca de Ribeirão Preto – TJSP – Relator Des. Nuevo Campos – j. 13/11/00.

Menor - Ato infracional equivalente a tráfico de entorpecentes – Aplicação de medida sócio-educativa consistente em internação – Recurso – Improcedência ou medida mais branda – Inadmissibilidade – Prova demonstrou com segurança ter o apelante incidido na prática infracional em tela – Medida aplicada apresenta-se como adequada – Declarações da genitora e relatórios técnicos relevaram ausência de adequado suporte familiar – Apelo improvido.

Apelação Cível nº 63.998-0/4 – Comarca de Panorama – TJSP – Relator Des. Sérgio Gomes – j. 23/10/00.

Menor – Ato infracional equivalente a tráfico de entorpecentes – Autoria e materialidade comprovadas – Preliminar de inépcia da representação, por não estar mencionada a medida sócio-educativa que se pretende aplicar, repelida, uma vez que esta somente poderá ser fixada no final, após o regular trâmite do processo, com análise da prova, personalidade do agente e estudos técnicos – Ademais, não comprovado nenhum prejuízo e neste procedimento não se visa a aplicação de pena, mas da medida mais pertinente, objetivando a reeducação – Gravidade do ato infracional e reincidência que autorizam a internação – Recurso improvido.

Apelação Cível nº 55.446-0/2 – Comarca de São Paulo – TJSP – Relator Des. Fonseca Tavares – j. 14/09/00.

Menor – Ato infracional grave – Tráfico de entorpecentes – Representação julgada procedente e imposta, ao adolescente, medida sócio-educativa de internação sem prazo determinado – Recurso do menor que questiona a falta de laudo de exame químico-toxicológico e, no mérito, argui insuficiência de provas, questionando, ainda, a possibilidade de opção pela internação – Características do procedimento instaurado autorizam o aproveitamento do laudo apresentado após a sentença, em ratificação ao auto de exibição e apreensão da droga e auto de constatação, já existentes no processo – Prova dos autos que demonstra, à sociedade, efetiva posse e mercancia da droga pelo apelante – Necessidade de severo acompanhamento para que o adolescente infrator possa almejar reabilitação – Viabilidade da opção pela internação – Preliminar rejeitada – Recurso não provido.

Apelação Cível nº 60.387-0/4 – Comarca de Brás Cubas - TJSP - Rel. Des. Sérgio Gomes - j. 21/08/00 – v.u.

Menores - Ato infracional equivalente a tráfico de entorpecentes - Falta de nomeação de curador na polícia, o que não dá ensejo à nulidade do processo, já que se trata de fase informativa - Ademais, irregularidade suprida em Juízo - Autoria e materialidade comprovadas - A medida sócio-educativa deve guardar nexo de proporcionalidade com o gravidade do ato infracional praticado pelos adolescentes e sua personalidade frágil respaldo familiar e reincidentes - Necessidade de internação - Recursos improvidos.

Apelação Cível nº 60.027-0/2 – Comarca de São Paulo - TJSP - Rel. Des. Sérgio Gomes - j. 21/08/00 – v.u.

Menor - Ato infracional equivalente a tráfico de entorpecentes - Autoria e materialidade comprovadas - A medida sócio-educativa deve guardar nexo de proporcionalidade com a gravidade do ato infracional praticado pelo adolescente e sua personalidade - Menor que estava sob liberdade assistida pela prática de idêntico ato infracional - Necessidade de internação - Recurso improvido.

Apelação Cível nº 60.072-0/7 – Comarca de Mogi Guaçú - TJSP - Rel. Des. Nuevo Campos - j. 07/08/00 – v.u.

Menores - Ato infracional equivalente ao crime hediondo de tráfico de entorpecentes - Aplicação de medida sócio-educativa consistente em internação - Recurso dos adolescentes - Improcedência - Inadmissibilidade - Prova da procedência da inicial é segura - Medida aplicada a ambos os apelantes apresenta-se como adequada. não só em razão da gravidade diferenciada da prática infracional em questão, mas também por que, como se vê do relatório social, não contam com apoio familiar eficaz - Apelos improvidos.

Apelação Cível nº 60.058-0/3 - Comarca de Paraibuna - TJSP - Rel. Des. Nuevo Campos - j. 07/08/00 – v.u

Menor - Ato infracional equivalente ao crime hediondo de tráfico de entorpecentes - Aplicação de medidas sócio-educativas consistentes em internação cumulada com tratamento psicológico e para toxicômanos - Recurso - Improcedência - Prova da procedência da inicial é robusta - Medidas aplicadas apresentam-se como adequadas, em vista da gravidade diferenciada da prática infracional em tela e do envolvimento do adolescente com entorpecentes, inclusive, como usuário - Ademais o relatório psicológico revelou ausência de apoio familiar - Apelo improvido.

Apelação Cível nº 56.646-0/2 – Comarca de São Paulo - TJSP - Rel. Des. Jesus Lofrano - j. 15/06/00 – v.u.

Menor - Tráfico de entorpecentes – Aplicação de medida sócio-educativa mais branda - Inadmissibilidade - A prematura opção pelo envolvimento com o tráfico revela fone desvio de conduta e comprometimento com atividades infracionais, a justificar a aplicação da medido sócio-educativa de internação como forma de proporcionar suo reabilitação – Recurso improvido.

Apelação Cível nº 53.274-0/2 – Comarca de Praia Grande - TJSP - Rel. Des. Nigro Conceição - j. 15/06/00 – v.u.

Apelação - Adolescente acusado de praticar ato infracional equiparado a tráfico de drogas - Imposição de medida sócio-educativa de internação - Recurso em que busca absolvição, por fragilidade do conjunto de provas - Subsidiariamente, sustenta não ser adequada a internação, devendo receber tratamento em regime aberto - Hipótese em que a prova, contudo, demonstra ter o adolescente perpetrado o ato infracional por sua natureza gravíssimo, sendo correta a imposição da internação, até em prol de seus superiores interesses - Posterior progressão para liberdade assistida - Recurso improvido quanto a absolvição e prejudicado quanto ao mais.

Apelação Cível nº 56.408-0/7 – Comarca de Praia Grande - TJSP - Rel. Des. Nuevo Campos - j. 08/06/00 – v.u.

Menor - Ato infracional equivalente a tráfico de entorpecentes - Aplicação de medida sócio-educativa consistente em internação - Recurso - A prova demonstrou com segurança ter o apelante incidido na prática infracional equivalente a crime hediondo - Há notícia de antecedentes e segundo revelou a prova, inexiste adequado suporte familiar - Apelo improvido.

Apelação Cível nº 56.080-0/9 – Comarca de Osasco – TJSP – Relator Des. Nigro Conceição – j. 01/06/00.

Apelação – Adolescente acusado da prática de ato infracional equivalente a tráfico de entorpecentes – Recurso em que objetiva a absolvição, dada a fragilidade das provas consubstanciadas em depoimentos de policiais – Inadmissibilidade – Relatos merecedores de crédito, porque harmônicos com o conjunto probatório – Internação como única medida sócio-educativa cabível, pela gravidade do ato infracional – Julgaram o recurso improvido.

Apelação Cível nº 53.806-0/1 – Comarca de São Paulo – TJSP – Relator Des. Nigro Conceição – j. 10/02/00.

Menor – Tráfico de drogas – Ato infracional grave – Representação parcialmente procedente – Apelo que visa à aplicação de medida protetiva mais branda – Inadmissibilidade – Reiteração na prática da mesma conduta – Aplicação do artigo 122, II do ECA – Adequação da medida de internação – Recurso improvido.

Apelação Cível nº 51.803-0/3 – Comarca de São Paulo - TJSP - Rel. Des. Yussef Cahali - j. 13/01/00 – v.u.

Menor - Procedência da representação - Interposição de recurso de apelação, visando apenas a conversa o da medida sócio-educativa de internação para o de liberdade assistida - Atos infracionais graves; equiparados aos delitos previstos nos arts. 12 e 14 da Lei 6.368/76 - Autoria e materialidade delitivas efetivamente comprovadas nos autos - Necessidade de institucionalização do menor, reincidente na prática de atos infracionais dessa natureza - Manutenção da r. sentença guerreada, em sua integralidade - Recurso não provido.

Apelação Cível nº 47.287-0/2 – Comarca de Tatuí – TJSP – Rel. Des. Oetterer Guedes – j. 27/05/99 – v.u.

Menor - Atos infracionais - Perigo de vida e tráfico de entorpecentes - Representação julgada parcialmente procedente, colo afastamento da periclitação da vida - Recurso do adolescente que pede reforma da decisão por entender que a prova dos autos é insuficiente para sua responsabilização - Menor que admiti estar no local para tomar conta das armas e da droga - Instrução que apurou inequívoca envolvimento do recorrente com o tráfico de entorpecentes - Antecedentes infracionais personalidade do adolescente que justificam opção do magistrado pela medida extrema internação que, inobstante ter sido fixado prazo para sua duração, deverá persistir até que avaliações periódicas atestem inequívoca aptidão para retorno ao convívio social - Inteligência do artigo 121, § 2º, do ECA - Recurso não provido, com ressalva quanto duração da medida.

Apelação Cível nº 44.954-0/5 - Comarca de Santos - TJSP - Rel. Des. Cunha Bueno - j. 17/12/98 – v.u.

Ato infracional - Tráfico de entorpecentes – Ato infracional que ameaça toda a coletividade - Natureza grave - Possibilidade de aplicação medida sócio-educativa de internação - Recurso improvido.

Apelação Cível nº 42.469-0/7 – Comarca de São Paulo – TJSP – Relator Des. Álvaro Lazzarini – j. 27/08/98.

ECA – Tráfico de entorpecente – Alegação de coação sob ameaça de morte –

Inadmissível o reconhecimento da excludente de culpabilidade sem prova segura do constrangimento insuperável, em especial, quando este se daria à distância, permitindo ao agente a prática de ato independente para a execução do ato criminal ou infracional a ele equiparado – Recurso a que se nega provimento.

Agravo de Instrumento nº 23.763-0/0 – Comarca de São Paulo – TJSP – Relator Des. Carlos Ortiz – j. 21/09/95.

Menor - Representação por tráfico de entorpecente - Adolescente apreendido - Pedido de internação provisória - Determinação prévia de estudo do menor por equipe técnica - Cabimento - Liberação do adolescente - Arts. 108, parágrafo único, 174 e 184 do E.C.A. - Requisitos não configurados - Agravo não provido.

Apelação Cível nº 18.727-0/4 – Comarca de Rio Claro – TJSP – Relator Des. Dirceu de Mello – j. 15/12/94.

Menor – Ato infracional equivalente ao tráfico de entorpecentes – Prova insuficiente para aplicação de medida sócio-educativa – Recurso não provido.

1.10 DANOS

Apelação Cível nº 65.207-0/0 – Comarca de Santa Rita do Passa Quatro – TJSP – Relator Des. Nuevo Campos – j. 13/11/00.

Menores - Ato infracional equivalente ao crime de dano em sua forma qualificada (contra o patrimônio municipal) - Aplicada medida sócio educativa de prestação de serviços à comunidade consistente na obrigação de entrega, por para de cada menor, de duas cestas básicas ao setor técnico do juízo - Dispõe o art. 117 do ECA que a prestação de serviços à comunidade implica em tarefas gratuitas de interesse geral – Impõe-se, assim, a reforma do r. decisório de primeiro grau com o fim de que sejam observadas as fórmulas legais, fixado o prazo de três meses - Apelo provido.

Apelação Cível nº 44.581-0/2 – Comarca de Jacareí - TJSP - Rel. Des. Oetterer Guedes - j. 24/09/98 – v.u.

Menor - Ato infracional - Dano - Representação julgada procedente e imposta, à adolescente, medida sócio-educativa de internação - Recurso da menor que pede a substituição da internação por liberdade assistida - Prova dos autos que demonstra a necessidade da segregação inicial da adolescente infratora em virtude de sua vasta folha de antecedentes e personalidade voltada ao mando infracional - Recurso não provido.

Apelação Cível nº 38.529-0/7 – Comarca de São José do Rio Preto – TJSP – Relator Des. Luís de Macedo – j. 14/08/97.

Menor - Ato infracional – Dano - Prova convincente acerca da prática de tal ilícito pelos jovens - Pequenas divergências nos testemunhos presenciais sobre elementos secundários do fato ilícito não comprometem a eficácia da prova oral - Sentença de procedência da representação mantida - Apelos improvidos.

1.11 DIRIGIR SEM HABILITAÇÃO

Apelação Cível nº 65.010-0/1 – Comarca de Presidente Prudente - TJSP – Rel. Des. Nigro Conceição – j. 31/05/01 – v.u.

Apelação Cível - Recurso ofertado pelo Ministério Público contra decisão que deixou de receber a representação ofertada contra adolescente infrator - Caso, contudo, em que o ato de dirigir veículo automotor sem habilitação, foi considerado pelo Colendo Supremo Tribunal Federal como mera infração administrativa, não se Constituindo contravenção. pelo que falta justa causa para apuração de ato infracional - Inteligência dos arts. 103, 112 e 126, § único do ECA - Recurso não provido.

Apelação Cível nº 73.800-0/0 – Comarca de São Paulo – TJSP – Relator Des. Sérgio Gomes – j. 14/05/01.

Ato infracional de adolescente - Direção de veículo sem habilitação - Artigo 32 da LCP cuja vigência foi afastada pela previsão dos delitos de trânsito pelo Código de Trânsito Brasileiro - Julgamento do Plenário do Supremo Tribunal Federal em data recente que obriga a um redirecionamento da posição desta Câmara Especial - Recurso prejudicado, concedendo-se, de ofício, habeas corpus em favor do adolescente, arquivando-se o procedimento.

Apelação Cível nº 71.527-0/0 – Comarca de São Paulo – TJSP – Rel. Des. Jesus Lofrano – j. 16/04/01 – v.u.

Menor – Direção sem habilitação – Derrogação parcial do artigo 32 da LCP pelo 309 do CTB (vias terrestres) – Recurso prejudicado – concessão de habeas corpus de ofício – Arquivamento.

Apelação Cível nº 74.625-0/9 – Comarca de São Paulo – TJSP – Relator Des. Nigro Conceição – j. 05/04/01.

Apelação Cível - Recurso ofertado pelo Ministério Público contra a sentença que aplicou remissão, cumulada com advertência, a adolescente infrator, antes mesmo de ser ouvido em Juízo, sem que houvesse possibilidade de aquilatar a viabilidade dessa decisão - Caso, contudo, em que o ato de dirigir veículo automotor sem habilitação, foi considerado pelo Colendo Supremo Tribunal Federal como mera infração administrativa, não se constituindo contravenção, pelo que falta justa causa para apuração de ato infracional - Inteligência dos arts. 103, 112 e 126, § único do ECA - Habeas Corpus concedido de ofício para trancar o processo, determinando-se o cancelamento da remissão e da advertência, com arquivamento dos autos de imediato.

Apelação Cível nº 74.320-0/7 – Comarca de São Paulo – TJSP – Rel. Des. Nigro Conceição – j. 05/04/01 – v.u.

Apelação Cível - Recurso ofertado pelo Ministério Público contra a sentença que aplicou remissão, cumulada com advertência, a adolescente infrator, antes mesmo de ser ouvido em Juízo, sem que houvesse possibilidade de aquilatar a viabilidade dessa decisão - Caso, contudo, em que o ato de dirigir veículo automotor sem habilitação, foi considerado pelo Colendo Supremo Tribunal Federal como mera infração administrativa, não se constituindo contravenção, pelo que falta justa causa para apuração de ato infracional - inteligência dos arts. 103, 112 e 126, § único do ECA - Habeas corpus concedido de ofício para trancar o processo, determinando-se cancelamento da remissão e da advertência, com arquivamento dos autos de imediato.

Apelação Cível nº 73.774-0/0 – Comarca de São Paulo – TJSP – Relator Des. Nigro Conceição – j. 05/04/01.

Apelação Cível - Recurso ofertado pelo Ministério Público contra a sentença que aplicou remissão, cumulada com advertência, a adolescente infrator, antes mesmo de ser ouvido em Juízo, sem que houvesse possibilidade de aquilatar a viabilidade dessa decisão - Caso, contudo, em que o ato de dirigir veículo automotor sem habilitação, foi considerado pelo Colendo Supremo Tribunal Federal como mera infração administrativa, não se constituindo contravenção, pelo que falta justa causa para apuração de ato infracional - Inteligência dos arts. 103, 112 e 126, § único do ECA - Habeas Corpus concedido de ofício para trancar o processo, determinando-se o cancelamento da remissão e da advertência, com arquivamento dos autos.

1.12 ESTUPRO / ATENTADO VIOLENTO AO PUDOR

Apelação Cível nº 78.531-0/9 – Comarca de Campos do Jordão - TJSP - Rel. Des. Nuevo Campos - j. 24/09/01 – v.u.

Menor - Ato infracional equivalente ao crime hediondo de estupro - Aplicada medida sócio-educativa consistente em internação - Recurso do adolescente - Pugna pela desclassificação para ato infracional equivalente a lesões corporais e, em conseqüência, aplicação de medida mais branda - Inadmissibilidade - Prova da procedência da inicial é segura - Declarações da vítima encontram apoio no laudo de exame de corpo de delito - Medida aplicada apresenta-se como adequada - O ato infracional corresponde a ilícito penal classificado como hediondo - Houve violência física a pessoa (ECA, art. 122, I) – A maneira de execução confere contornos de gravidade diferenciada ao caso em tela - A violência foi exercida, inclusive, por meio da utilização de arma branca, do que resultou lesões corporais, e a abordagem da ofendida deu-se em plena via pública, evidência de audácia digna de nota – Circunstâncias do caso em tela revelam sério desajustamento de conduta, vivência infracional e incompatibilidade com o meio aberto - Apelo improvido.

Apelação Cível nº 74.118-0/5 – Comarca de São Paulo – TJSP – Rel. Des. Sérgio Gomes – j. 14/05/01 – v.u.

Menor - Ato infracional grave equivalente a atentado violento ao pudor com presunção de violência - Autoria e materialidade comprovadas - Cabível, na hipótese, a fixação da medida sócio-educativa de liberdade assistida, para que o jovem reconheça sua conduta indevida e possa ser reeducado e ressocializado - Recurso improvido.

Apelação Cível nº 68.885-0/5 – Comarca de Suzano – TJSP – Relator Des. Álvaro Lazzarini – j. 01/03/01.

ECA - Ato infracional equiparado ao crime previsto no artigo 214, parágrafo único, do Código Penal - Declarações da vítima que não deixam dúvida quanto a autoria - Condição pessoal do adolescente, surdo-mudo, que aconselha a aplicação de regime aberto e submissão a tratamento especializado em lugar da internação - Recurso parcialmente provido.

Apelação Cível nº 65.781-0/9 – Comarca de Itapevi – TJSP – Relator Des. Jesus Lofrano – j. 04/12/00.

Menor – Ato infracional – Artigos 213, caput e, 214, c.c. 224, "a", c.c. 69, caput, todos do Código Penal – Prestação de Serviços à comunidade – O desvio de conduta apresentado pelo adolescente demanda orientação e tratamento, em prol de sua ressocialização – Recurso provido para aplicar ao adolescente medida sócio-educativa de liberdade assistida cumulada com prestação de serviços à comunidade.

Apelação Cível nº 64.890-0/9 – Comarca de Indaiatuba – TJSP – Relator Des. Nuevo Campos – j. 13/11/00.

Menor Infrator – Ato infracional equivalente a atentado violento ao pudor – Aplicada medida sócio educativa consistente em internação – Recurso da adolescente – Improcedência ou medida mais branda. Preliminar articulada pela D. Procuradora de Justiça não procede – Houve necessidade de transcrição dos depoimentos colhidos na audiência em que foi proferida a sentença, o que produz efeitos quanto à fluência do prazo prescricional – Ademais, após a juntada das transcrições houve intimação da R. sentença pela imprensa – O recurso há que ser tido, portanto, como tempestivo – Matéria preliminar rejeitada. Mérito – Prova da procedência da inicial é segura – Medida aplicada apresenta-se como adequada – Houve violência a pessoa, o que, a teor do art. 122, I, do ECA, enseja a internação – O emprego de arma para o exercício da violência moral e o número de agentes conferem contornos de gravidade especial ao fato em tela e revelam, por parte do menor, conduta social desajustada e vivência infracional – Declarações da genitora indicam ausência de apoio familiar eficaz rejeitada a preliminar e apelo improvido.

Apelação Cível nº 57.373-0/3 - Comarca de Socorro - TJSP - Rel. Des. Nuevo Campos - j. 29/06/00 – v.u.

Menor - Ato infracional, equivalente a atentado violento ao pudor - Aplicada medida sócio-educativa consistente em internação em estabelecimento hospitalar psiquiátrico - Recurso - Preliminar de nulidade - Alegação de cerceamento de defesa por não ter sido instaurado o procedimento previsto nos arts. 149 e seguintes do CPP (incidente de insanidade mental) - Preliminar não procede - O incidente de insanidade mental visa à determinação da imputabilidade de réu em processo crime não se aplicando, portanto, a procedimentos relativos a menores em que pese o disposto no art. 152 do ECA (aplicação subsidiária de legislação processual, pertinente ao procedimentos do ECA) – Mérito - Alegação de insuficiência do conjunto probatório para a procedência da inicial - Declarações da vítima, que, em casos como o presente, dada clandestinidade que em regra os informa merecem atenção especial, apresentam-se coesas e encontram apoio no laudo de exame de corpo de delito - Procedência da inicial está demonstrada - Medida aplicada apresenta-se adequada, não só pela gravidade do fato em tela mas também por existir prova de comprometimento mental do representado - Preliminar rejeitada e apelo improvido.

Apelação Cível nº 44.578-0/9 – Comarca de Indaiatuba – TJSP – Relator Des. Alves Braga – j. 08/10/98.

Menor – Tentativa de estupro – Caracterização – Prevalência do depoimento da vítima que se harmoniza com o conjunto probatório – Recurso não provido.

Apelação Cível nº 43.782-0/2 – Comarca de São José dos Campos - TJSP - Rel. Des. Álvaro Lazzarini - j. 20/08/98 – v.u.

Ato Infracional - Adolescente reconhecido pela vítima, criança de sete anos, como autor de ato libidinoso praticado mediante violência presumida - Laudo técnico comprobatório da materialidade - Representação acolhida - Apelo não provido.

Apelação Cível nº 24.501-0/2 – Comarca de São Paulo – TJSP – Relator Des. Nigro Conceição – j. 07/08/97.

Menor - Atos infracionais gravíssimos - Atentado violento ao pudor e estupro, seguidos de homicídios - Representações julgadas procedentes, sendo imposta, ao adolescente, a medida sócio-educativa de internação - Apelação em que o menor postula a improcedência da representação, por insuficiência de provas subsidiariamente, pede a substituição da medida por liberdade assistida - Fatos que revelam extrema gravidade e restaram suficientemente provadas - Conversão do julgamento em diligência que apurou deficiência mental com desvio de caráter do adolescente - Necessidade de acompanhamento médico especializado para que possa almejar recuperação - Hipótese que justifica a imposição da medida prevista no artigo 101, inciso V, do ECA, a qual deverá perdurar até sua efetiva recuperação - Recurso não provido - Substituição da internação por medida protetiva.

Apelação Cível nº 34.716-0/1 – Comarca de São Paulo – TJSP – Relator Des. Cunha Bueno – j. 23/01/97.

Ato infracional - Atentado violento ao pudor - Depoimento infantil (vítima com sete anos de idade) - Corroborado a outros elementos probatórios - Hábil a comprovação da autoria - Recurso improvido.

Apelação Cível nº 33.806-0/5 – Comarca de Campinas – TJSP – Relator Des. Luís de Macedo – j. 19/12/96.

ECA - Ato infracional - Ausência de prova de autoria da infração - Improcedência da representação - Adolescente usuário de entorpecente que, sem respaldo familiar, vive nas ruas - Imposição de medida protetiva, consistente em inclusão no programa oficial de auxílio, orientação e tratamento a toxicômanos, em entidade especializada - Apelo a que se dá provimento parcial.

Apelação Cível nº 23.369-0/1 – Comarca de São Paulo – TJSP – Relator Des. Ney Almada – j. 04/05/95.

ECA, art. 122, I - Menor que pratica estupro – Internação - Recurso objetivando medida mais branda - Ausência de prova de que o infrator estude ou trabalhe - Medida adequada - Apelo desprovido.

Apelação Cível nº 20.118-0/5 – Comarca de Atibaia – TJSP – Relator Des. Dirceu de Mello – j. 09/02/95.

Ato infracional – Tentativa de estupro – Representação julgada procedente com aplicação da medida de prestação de serviços à comunidade – Recurso do adolescente provido para reconhecer ato infracional equivalente a importunação ofensiva ao pudor e aplicar medida de advertência.

1.13 ESTELIONATO

Apelação Cível nº 66.209-0/7 – Comarca de São Paulo – TJSP – Relator Des. Jesus Lofrano – j. 04/12/00.

Menor – Ato infracional – Suficiência de prova da autoria – Aplicação de medida sócio-educativa mais branda – Inadmissibilidade – A liberdade assistida cumulada com prestação de serviços à comunidade e tratamento psicológico permitirão que o adolescente receba orientação, auxílio e acompanhamento, em prol de tomada de consciência quanto ao desvalor de seus atos, tudo de forma a ressocializar-se – Recurso improvido.

1.14 AMEAÇA

Apelação Cível nº 63.748-0/4 – Comarca de Eldorado Paulista – TJSP – Relator Des. Fonseca Tavares – j. 14/12/00.

Menor – Recurso interposto para obter reforma de decisão que impôs medida sócio-educativa de internação por ameaça e desacato ou para aplicação de medida mais branda – Manifestação Ministerial no sentido de ser necessária a fixação de prazo para internação, seguida de informes que dão conta de reversão – Recurso improvido.

Apelação Cível nº 66.734-0/2 – Comarca de Guaratinguetá – TJSP – Relator Des. Nigro Conceição – j. 07/12/00.

Apelação Cível - Ato infracional equivalente a estelionato - Medida sócio-educativa de advertência - Apelação que objetiva a inversão do julgamento, sob argumento de inexistir prova suficiente para imposição de qualquer medida - Inadmissibilidade - Confissão judicial do apelante que, somada a outras provas, confere certeza quanto à autoria do ato infracional - Recurso improvido.

Apelação Cível nº 65.843-0/2 – Comarca de Socorro – TJSP – Relator Des. Fonseca Tavares – j. 07/12/00.

Apelação - Menor - Atos infracionais equiparados a estelionatos - Imposição da medida de reparação dos danos - Medida sócio-educativa adequada à espécie - Inviabilidade de localização de uma das vítimas - Incidente a ser resolvido na fase de execução - Sentença mantida - Recurso improvido.

Apelação Cível nº 37.995-0/5 – Comarca de Bragança Paulista – TJSP – Relator Des. Carlos Ortiz – j. 14/08/97.

Menor - Atos infracionais - Estelionato e tráfico de entorpecentes - Procedimentos apensados para julgamento conjunto - Representações julgadas procedentes e imposta, à adolescente, medida sócio-educativa de internação pelo prazo mínimo de seis meses - Recurso da menor que nega a internação da mercancia de drogas e pede a substituição da internação por medida mais branda - Prova dos autos que demonstra, à saciedade efetiva prática dos ilícitos imputados na representação inicial - Conveniência da imposição de medida severa à adolescente, que já havia recebido internação em procedimento diverso - Recurso não provido.

Apelação Cível nº 28.888-0/6 – Comarca de Presidente Prudente – TJSP – Relator Des. Cerqueira Leite – j. 07/11/96.

Apelação - Sentença que concedeu remissão a adolescente infratora, cumulada com medida sócio-educativa de advertência - Atos infracionais continuados equivalentes a estelionato - Medida de obrigação de reparar o dano mais adequada - Recurso provido para esse fim.

1.15 COLA DE SAPATEIRO

Apelação Cível nº 68.463-0 – São Paulo – TJSP – Rel. Des. Sérgio Gomes – j. 08/01/01 – v.u.

Menor – Ato infracional – Equivalência ao crime previsto no artigo 243 do Estatuto da Criança e do Adolescente – Fornecimento de "cola de sapateiro" a outros menores – Autoria e materialidade comprovadas – Substância que apresenta componentes passíveis de causar dependência física ou psíquica –

Imposição de medida socioeducativa de liberdade assistida cumulada, com medida protetiva de inclusão em programa de tratamento a dependentes de droga – Recurso provido.

Apelação Cível nº 1.171.909/6 – TACRIM - 7ª Câm. – Rel. Des. Corrêa de Moraes – j. 03/02/00.

Estatuto da Criança e do Adolescente – Infração do art. 243 da Lei nº 8.069/90 – Fornecimento de "cola de sapateiro" – Configuração – Admissibilidade – Crime subsidiário – Ocorrência – Inteligência do art. 243 do Estatuto da Criança e do Adolescente – O fornecimento de "cola de sapateiro" a criança ou adolescente configura a conduta punível definida no art 243 da Lei nº 8.069/90, que prevê hipótese de crime subsidiário incidente tão-só quando o produto apto a causar dependência física ou psíquica, como ocorre com a referida "cola", não vêm arrolado em determinações administrativas pertinentes à complementação da lei de Entorpecentes, pois, se vier, caracteriza-se o crime descrito no art. 12 da Lei nº 6.368/76, sendo certo que, estabelecida a inadmissível equiparação entre a "substância" deste último Diploma Legal e o "procuro" do Estatuto da Criança e do Adolescente caracterizado estaria assombroso paradoxo: se o alvo do fornecedor fosse menor, pena de detenção de até 2 anos, e, se maior, pena de reclusão de até 15 anos.

Apelação Cível nº 45.238-0/5 – Comarca de Pirajuí – TJSP – Relator Des. Álvaro Lazzarini – j. 08/10/98.

Atos infracionais de alcoólatra mãe de menores – ECA - A sentença aplicou a medida de internação para tratamento do alcoolismo - Apelação da defesa parcialmente provida, para adequar o dispositivo da sentença ao ordenamento jurídico (art. 129 - incisos II e III do ECA; artigos 9º, 10 e 11 do Decreto federal nº 24.559, de 03/7/34) e a própria dinâmica terapêutica.

Apelação Cível nº 41.322-0/0 – Comarca de São Paulo – TJSP – Relator Des. Luís de Macedo – j. 26/03/98.

Menor - Ato infracional - Menor surpreendido cheirando cola – Atipicidade - Descabimento da medida sócio-educativa - Ato, porém, que legitima a imposição de medida protetiva - Apelação provida, com determinação.

Apelação Cível nº 34.930-0 – Caçapava – TJSP – Rel. Des. Luís de Macedo – j. 20/03/97 – v.u.

ECA – Ato reprovável, menor surpreendido cheirando "cola de sapateiro" – Fato atípico – Imposição de medida protetiva, consistente em inclusão no programa oficial de auxílio, orientação e tratamento a toxicômanos – Apelo provido.

Apelação Cível nº 14.115-0/2 – Junqueirópolis – TJSP – Rel. Des. Aniceto Aliende – j. 12/03/92 – v.u.

Menor – Publicação em jornal de ato infracional de menores – Recurso não provido – A negligência do jornal ao divulgar nome, idade e endereço dos menores que foram surpreendidos aspirando cola de sapateiro é inescusável face a existência da proteção legal contra divulgação indesejada do evento (art. 27, §§ 1º e 2º do ECA) – Assim, a obtenção de dados de agentes policiais não exime o jornal de pesquisar se a notícia poderia envolver menores, assegurando-se da inexistência de óbice na divulgação.

1.16 OUTROS

Apelação Cível nº 78.869-0/0 – Comarca de Várzea Paulista - TJSP - Rel. Des. Fábio Quadros - j. 01/10/01 – v.u.

Menor infrator - Quadrilha ou bando armado - Internação decretada - Recurso pretendendo a absolvição do menor, por ausência de provas seguras - Parecer da Procuradoria Geral de Justiça pelo improvimento do apelo - Materialidade e autoria comprovadas - Menor que confessou a prática de roubo juntamente com o grupo com o qual reside no local onde foram encontradas as armas - Medida corretamente aplicada - Adolescente que demonstrou sério envolvimento com o mundo do crime - Aceno da decisão - Recurso improvido.

Apelação Cível nº 65.674-0/0 – Comarca de Amparo – TJSP – Rel. Des. Alvaro Lazzarini – j. 24/05/01 – v.u.

ECA - Menor que furtou arma da casa de magistrado aposentado e depois tentou ingressar em cadeia pública com a arma escondida, onde, segundo sua própria versão, tentaria render os carcereiros e liberar seus irmãos. medida sócio-educativa de liberdade assistida, respeitada a convicção pessoal da magistrada de primeiro grau, que colheu a prova e pode aferir o espírito e sinceridade das partes com maior acuidade, seria até mesmo branda pela gravidade dos fatos imputados e apurados durante a instrução - Recurso a que se nega provimento.

Apelação Cível nº 69.629-0/5 – Comarca de São Paulo - TJSP - Rel. Des. Jesus Lofrano - j. 12/02/01 – v.u.

Menor - Atos infracionais diversos - Preliminares - Rejeição - É irrelevante o desconhecimento da pessoa da vítima, porque é incontroverso o fato de que existiu vítima - Laudo de constatação positivo para cocaína e auto de exibição e apreensão da arma de brinquedo - Envolvimento reiterado na prática de delitos, personalidade infracional, utilização de diversos nomes, consumo de drogas e fuga da Febem - Internação - Necessidade - Recurso improvido, com recomendação.

Apelação Cível nº 68.628-0/3 – Comarca de Cunha – TJSP – Relator Des. Sérgio Gomes – j. 08/01/01.

Menor - Ato infracional equivalente a violação de domicílio - Autoria e materialidade comprovadas - Adequada na hipótese a aplicação da medida sócio educativa de semiliberdade, tendo em conta que o adolescente possui vários procedimentos perante a Vara da Infância e Juventude - Recurso parcialmente provido, com a exclusão do prazo mínimo de semiliberdade imposto.

Apelação Cível nº 68.463-0/0 - Comarca de Pilar do Sul - TJSP - Relator Des. Sérgio Gomes - j. 08/01/01.

Menores - Ato infracional equivalente ao crime previsto no art. 243 do ECA - Autoria e materialidade comprovadas - Fornecimento de substância conhecida como cola de sapateiro, com laudo pericial demonstrando a presença de componentes passíveis de causar dependência física ou psíquica, que caracteriza o ato infracional - Recurso provido, para aplicar aos apelados medida sócio-educativa de liberdade assistida, pelo prazo de seis meses, cumulada com medida protetiva de inclusão em programa de tratamento a dependentes de drogas.

Apelação Cível nº 67.639-0/6 – Comarca de Porto Feliz – TJSP – Relator Des. Sérgio Gomes – j. 08/01/01.

Menor - Medida sócio-educativa de liberdade assistida cumulada com tratamento em clínica especializada para toxicômanos - Admissibilidade - Fixação em razão do ato infracional equivalente a contravenção de vias de fato - Autoria e materialidade comprovadas - Adolescente com outras sindicâncias já instauradas - Recurso improvido.

Apelação Cível nº 65.516-0/0 – Comarca de Amparo – TJSP – Relator Des. Nuevo Campos – j. 13/11/00.

Menor - Ato infracional equivalente ao crime do art. 309 do Código de Trânsito Brasileiro – Homologada remissão como forma de exclusão do processo e aplicada, com a concordância do adolescente e de sua genitora, medida sócio-educativa consistente em prestação de serviços à comunidade – Recurso do adolescente – Pugna pela substituição do objeto da medida aplicada pela obrigação de fornecer cestas básicas – Inadmissibilidade – A prestação de serviços à comunidade, a teor do art. 117 do ECA, deve consistir em tarefas gratuitas de interesse geral – O pleito do ora recorrente, se admitido, implicaria em frustração do principal fim das medidas sócio-educativas, qual seja, propiciar ao adolescente a oportunidade de assimilar os valores necessários ao sadio convívio social para reorientar sua conduta – Pleito da digna procuradora de justiça não comporta acolhimento, pois, na realidade, não ocorreu a revogação do art. 32 da lei das contravenções penais – Apelo improvido.

Apelação Cível nº 59.517-0/6 - Comarca de Diadema - TJSP - Rel. Des. Jesus Lofrano - j. 28/08/00 – v.u.

Menor - Ato infracional - Extorsão mediante ameaça de morte e disparos contra a residência das vítimas (artigo 158, § 1º do Código Penal e artigo 10, § 1º, III, da Lei 9.437/97) - A prova permite o acolhimento da representação

- Conduta gravíssimo, o ponto de ocasionar a retirado de família do local onde vivia - Recurso improvido.

Apelação Cível nº 53.258-0/0 – Comarca de São Paulo – TJSP – Relator Des. Hermes Pinotti – j. 03/02/00.

Apelação – Nulidades formais e exame da prova – Nulidades afastadas – Prova suficiente – Medida de advertência mantida – Negado provimento ao recurso.

Apelação Cível nº 48.519-0/0 – Comarca de São Paulo – TJSP – Relator Des. Yussef Cahali – j. 18/03/99.

Menor – Medida sócio-educativa – Liberdade assistida – Condições pessoais da adolescente que autorizam sua imposição – Recurso não provido.

Apelação Cível nº 46.365-0/1 – Comarca de Sorocaba – TJSP – Relator Des. Rebouças de Carvalho – j. 25/02/99.

Menor - Atos infracionais - Imposição da medida sócio-educativa de internação - Conjunto probatório suficiente - A confissão do menor não está isolada, mas amparada em outros elementos dos autos - Recurso não provido.

Apelação Cível nº 43.180-0/5 – Comarca de São Paulo – TJSP – Relator Des. Álvaro Lazzarini – j. 12/11/98.

Fuga de menor internado na FEBEM – Auxílio prestado por terceiro - "Pessoa legalmente presa" - Expressão que abrange qualquer espécie de custódia, desde que legítima - O bem jurídico tutelado é o respeito ao que foi legitimamente ordenado - Auxílio prestado à fuga de pessoa internada na FEBEM - Caracterização da infração equivalente ao delito previsto no artigo 351 do Código Penal - Concurso de agentes e uso de arma de fogo que demonstram ação ousada e falta de freio moral a não recomendar outra medida que não a internação - Recurso a que se nega provimento.

Apelação Cível nº 43.977-0/2 – Comarca de São Bernardo do Campo – TJSP – Relator Des. Cunha Bueno – j. 29/10/98.

Ato infracional – Medida sócio-educativa que deve servir de parâmetro ao adolescente para que possa compreender o desvalor de sua conduta – Internação mantida – Recurso improvido.

Apelação Cível nº 44.773-0/9 – Comarca de Amparo – TJSP – relator Des. Cunha Bueno – j. 22/10/98.

Ato infracional – Denunciação caluniosa – Conduta grave – Adequação da medida sócio-educativa de prestação de serviços a comunidade por três meses – Recurso improvido.

Habeas Corpus nº 76.689-0 - Paraíba - STF - Relator Min. Sepúlveda Pertence - j. 22/09/98.

"Crime de Computador" - publicação de cena de sexo infanto-juvenil (ECA, art. 241), mediante inserção em rede BBS/Internet de computadores,

atribuída a menores - tipicidade - prova pericial necessária à demonstração da autoria - HC deferido em parte.

Apelação Cível nº 45.346-0/8 – Comarca de São João da Boa Vista – TJSP – Relator Des. Álvaro Lazzarini – j. 17/09/98.

Ato Infracional - Adolescente com motocicleta de seu pai - Local em que disputavam corridas, conhecidas por "racha" - Risco à segurança alheia - Medida sócio-educativa de advertência - Sentença confirmada.

Apelação Cível nº 35.426-0/5 – Comarca de São Paulo – TJSP – Relator Des. Silva Leme – j. 16/01/97.

Menor – Ato infracional – Representação julgada improcedente – Pretendida a procedência, com aplicação de medida sócio-educativa – Inadmissibilidade – Ausência de provas que caracterizam a autoria da apelada – Aplicação de medida de proteção – Recurso não provido.

Apelação Cível nº 30.491-0/4 – Comarca de São Paulo – TJSP – Relator Des. Prado de Toledo – j. 31/10/96.

Apelação Cível - Autoria de infrações graves devidamente comprovada - Antecedentes junto ao juízo - Características do adolescente que não o recomendam - Necessidade de aplicação de medida sócio-educativa mais severa - Improvimento do recurso.

Apelação Cível nº 32.067-0/4 – Comarca de São Paulo – TJSP – Relator Des. Cunha Bueno – j. 26/09/96.

Ato infracional - Negativa do adolescente que atribui o fato a terceiro, descrevendo-o bem como a destinação da res - Depoimentos de testemunhas confirmando sua autoria - Suficiência da prova - Recurso improvido.

Apelação Cível nº 29.270-0/3 – Comarca de São Simão – TJSP – Relator Des. Prado de Toledo – j. 26/09/96.

Apelação Cível - Autoria de infração grave devidamente comprovada - Antecedentes junto ao juízo local - Necessidade de aplicação de medida sócio-educativa - Improvimento do Recurso.

Apelação Cível nº 29.268-0/4 – Comarca de Rio Claro – TJSP – Relator Des. Prado de Toledo – j. 26/09/96.

Apelação Cível - Autoria de infração grave devidamente comprovada - Antecedentes junto ao juízo local - Necessidade de aplicação de medida sócio-educativa mais severa - Improvimento do recurso.

Apelação Cível nº 29.264-0/6 – Comarca de São José do Rio Preto – TJSP – Relator Des. Prado de Toledo – j. 26/09/96.

Apelação cível - Autoria de infração devidamente comprovada - Antecedente junto ao juízo local - Necessidade de aplicação de medida sócio-educativa - Improvimento do recurso.

Apelação Cível nº 27.779-0/1 – Comarca de Garça – TJSP – Relator Des. Prado de Toledo – j. 25/07/96.

Apelação Cível - Autoria de infração grave devidamente comprovada - Antecedentes diversos junto ao juízo local - Necessidade de aplicação de medida sócio-educativa mais severa - Improvimento do recurso.

Apelação Cível nº 27.812-0/3 – Comarca de Garça – TJSP – Relator Des. Prado de Toledo – j. 25/07/96.

Apelação Cível - Autoria de infração grave devidamente comprovada - Antecedentes diversos junto ao juízo local - Necessidade de aplicação de medida sócio-educativa mais severa - Improvimento do recurso.

Apelação Cível nº 27.584-0/1 – Comarca de São Paulo – TJSP – Relator Des. Prado de Toledo – j. 25/07/96.

Apelação Cível - Materialidade e autoria de infração grave devidamente comprovadas - Antecedente junto ao juízo que lhe valeu anterior internação - Necessidade de aplicação de medida sócio-educativa mais severa - Improvimento do recurso.

Apelação Cível nº 24.273-0/0 – Comarca de Itú – TJSP – Relator Des. Yussef Cahali – j. 19/10/95.

Ato infracional – Medida de advertência aplicada – Recurso do Ministério Público para a aplicação da medida de reparação do dano (Art. 112, II, ECA) - Apelo provido.

Apelação Cível nº 23.365-0/3 – Comarca de Rio Claro – TJSP – Relator Des. Yussef Cahali – j. 18/05/95.

Ato infracional – Advertência – Recurso do adolescente que alega insuficiência de prova – Apelo improvido.

2. ATOS INFRACIONAIS – QUESTÕES PROCESSUAIS

2.1 ADITAMENTO DE REPRESENTAÇÃO

Apelação Cível nº 67.473-0/8 – Comarca de Itapevi – TJSP – Relator Des. Fábio Quadros – j. 22/01/01.

Menor infrator - Roubo qualificado – Internação - Recurso apontando nulidades consistentes no aditamento da representação, para incluir nome da vítima e objetos subtraídos e aceitação do "reconhecimento negativo" (sic) feito pela vítima e, no mérito, pela absolvição ou medida mais branda - Nulidades inexistentes - Representação que, a exemplo da denúncia, pode ser retificada a qualquer tempo - Falta de dados sobre a identificação do ofendido ou ofensor que não obstam o oferecimento da representação, podendo a omissão ser posteriormente suprida - Prova idônea para a procedência - Menor que obteve progressão para o regime aberto - Preliminares rejeitadas - Recurso parcialmente prejudicado quanto ao inconformismo da aplicação da internação, mantendo, no mais a decisão recorrida.

2.2 ALEGAÇÕES FINAIS

Apelação Cível nº 65.105-0/5 – Comarca de Santos – TJSP – Relator Des. Fábio Quadros – j. 18/12/00.

Menor infrator - Porte de arma - Liberdade assistida - Recurso apontando nulidade processual porque não remetidos os autos à P.A.J. para alegações finais e, no mérito, pela reforma da decisão decretando-se a absolvição - Nulidade inexistente - Defesa que perdeu o prazo para alegações - Menor reincidente - Medidas aplicadas por roubo tentado e outro consumado e porte de drogas - Arma desmuniciada, mas apta para o uso - Facilidade para operacionalização - Crime de perigo presumido, configurando-se com o simples porte ou transporte - Acerto da decisão - Preliminar rejeitada e recurso improvido.

2.3 APELAÇÃO

2.3.1 Direito de recorrer em liberdade

Habeas Corpus nº 17.369 – São Paulo – STJ – Rel. Min. Edson Vidigal – j. 18/12/01 – v.u.

Habeas Corpus substitutivo de recurso ordinário – Estatuto da Criança e do Adolescente – Tráfico – Internação.

A internação, por se tratar de medida sócio-educativa de natureza grave, só é possível nas hipóteses taxativamente previstas pelo Estatuto da Criança e do Adolescente, art. 122.

Ordem de "Habeas Corpus" concedida para anular a decisão de 1º grau, a fim de que outra seja proferida, sendo permitido ao paciente aguardar em liberdade assistida (ECA, art. 118).

2.3.2 Efeitos

Habeas Corpus nº 18.108 – São Paulo – STJ – Rel. Min. José Arnaldo da Fonseca – j. 27/11/01 – v.u.

Habeas Corpus substitutivo – Ato infracional equiparado ao roubo qualificado – Violência ou grave ameaça a pessoa – Medida sócio-educativa de internação – Possibilidade – Apelação – Efeito.

Na forma do art. 122, inciso I, do ECA, é possível a aplicação de medida sócio-educativa de internação quando o ato infracional é cometido mediante grave ameaça ou violência à pessoa.

Consoante consignado pelo referido Estatuto (art. 198, VI), o recurso de apelação será recebido, em regra, somente em seu efeito devolutivo, sendo-lhe conferido efeito suspensivo excepcionalmente em caso de possibilidade de dano irreparável ou de difícil reparação – O risco ora alegado é o inerente a toda a apelação: a possibilidade de provimento – Precedentes – Ordem denegada.

Habeas Corpus nº 14.738 – Rio de Janeiro – STJ – Rel. Min. Jorge Scartezzini – j. 07/06/01 – v.u.

Habeas Corpus - Estatuto da Criança e do Adolescente – Aplicação subsidiária do art. 595, do CPP – Impossibilidade.

A apuração de ato infracional não visa à imposição de pena, senão apenas de medida de caráter preventivo e pedagógico. Observando-se por esse prisma, a norma insculpida no art. 595, do CPP, não deve ser aplicada aos casos regulados pelo ECA. Isto porque tal norma é de aplicação restritiva. Trata-se de santio juris cuja previsão, ainda que de natureza processual, reflete-se no campo material. Aplicar subsidiariamente tal norma estaria, em última análise, indo de encontro com a própria finalidade do Estatuto que é o de realçar a importância da família, fundamental para o aprendizado do adolescente.

Precedentes.

Ordem concedida para que seja dado seguimento à apelação.

2.3.3 Desistência

Agravo de Instrumento nº 77.471-0/7 – Comarca de São Paulo – TJSP – Rel. Des. Mohamed Amaro – j. 03/05/01 – v.u.

ECA - Ato infracional semelhante à condução de motocicleta, sem a devida habilitação - Representação julgada procedente, com a aplicação da medida sócio-educativa de advertência - Renúncia do menor e de seu responsável ao recurso - Recurso de apelação interposto pela Procuradoria de Assistência Judiciária, não recebido pelo juízo, nos termos do artigo 503 do CPC - Inadmissibilidade - Prevalece, no caso, o direito constitucional à defesa técnica, instituído pelo artigo 227, § 3º, inciso IV, da Carta de 1988, como corolário da proteção especial deferida à criança e ao adolescente - Há de ser processada a apelação - Agravo de instrumento provido.

Agravo de Instrumento nº 76.757-0/5 – Comarca de São Paulo – TJSP – Rel. Des. Alvaro Lazzarini – j. 03/05/01 – v.u.

ECA - Renúncia do agravante e de seu representante legal ao direito de recorrer - Apelo apresentado pela defensoria pública - Não recebimento com fundamento no disposto no art. 503 do CPC - Defesa técnica que pode representar benefício ao adolescente, prevalecendo sobre a renúncia manifestada - Agravo provido.

Agravo de Instrumento nº 77.629-0/9 – Comarca de São Paulo – TJSP – Rel. Des. Mohamed Amaro – j. 07/06/01 – v.u.

Agravo de Instrumento - Recurso contra decido que negou seguimento a recurso de apelação interposto pelo advogado do menor, que havia renunciado ao direito de recorrer - Hipótese onde deve prevalecer a vontade do advogado, que é dotado de conhecimentos técnicos e melhor sabe avaliar a conveniência, ou não, da interposição de recurso - Recurso provido.

Agravo de Instrumento nº 77.581-0/9 – Comarca de São Paulo – TJSP – Rel. Des. Nigro Conceição – j. 17/05/01 – v.u.

Agravo de Instrumento - Adolescente a quem se impôs advertência pela prática de ato infracional - Interposição de apelação contra a r. sentença - Indeferimento do processamento do recurso, sob justificativa de que o menor e seu representante assinaram termo de renúncia – Inadmissibilidade - Defesa técnica por advogado é garantia fundamental do infrator, de modo que entre as manifestações de vontades do menor e seu representante e o oferecimento de apelo, deve prevalecer o entendimento de quem tem capacidade postulatória, visando melhor proteção aos interesses do adolescente - Inteligência do art. 111, III, do ECA - Recurso provido.

Agravo de Instrumento nº 76.759-0/4 – Comarca de São Paulo – TJSP – Relator Des. Hermes Pinotti – j. 19/04/01.

ECA - Apelação - Defensor - A defesa técnica prevalece era detrimento da vontade do adolescente de não recorrer - Recurso conhecido e provido.

Agravo de Instrumento nº 76.758-0/0 – Comarca de São Paulo – TJSP – Relator Des. Álvaro Lazzarini – j. 05/04/01.

Menor infrator - Recurso interposto pelo Procurador de Assistência Judiciária - Não recebimento diante da vontade externada pelo adolescente de não recorrer – Ofensa à garantia de defesa técnica por advogado - Agravo provido para receber o recurso de apelação.

Agravo de Instrumento nº 77.470-0/2 – Comarca de São Paulo – TJSP – Relator Des. Nigro Conceição – j. 01/03/01.

Agravo de Instrumento - Adolescente a quem se impôs advertência pela prática de ato infracional - Interposição de Apelação contra a r. sentença -

Indeferimento do processamento do recurso, sob justificativa de que o menor e seu representante assinaram termo de renúncia - Inadmissibilidade - Defesa técnica por Advogado é garantia fundamental do infrator, de modo que entre as manifestações de vontades do menor e seu representante e o oferecimento de apelo, deve prevalecer o entendimento de quem tem capacidade postulatória, visando melhor proteção aos interesses do adolescente - Inteligência do art. 111, III, do ECA - Recurso provido.

Agravo de Instrumento nº 75.643-0/8 – Comarca de Ituverava – TJSP – Relator Des. Hermes Pinotti – j. 08/02/01.

ECA – Apelação – Defensor – A defesa técnica prevalece em detrimento da vontade do adolescente de não recorrer – A contagem do prazo recursal dar-se-á da última intimação, independentemente da ordem, pois o ato, à inteligência do artigo 190 do Estatuto da Criança e do Adolescente, só se aperfeiçoa com a dupla intimação – Recurso conhecido e provido.

2.3.4 Regime recursal

Apelação Cível nº 73.018-0/1 – Comarca de Praia Grande - TJSP - Rel. Des. Nigro Conceição - j. 19/04/01 – v.u.

Apelação Cível - Recurso ofertado pelo Ministério Público contra a sentença que impôs a menor infrator liberdade assistida, por praticar atos infracionais equiparados a roubo qualificado e cárcere privado, postulando reforma para aplicação de Internação, por prazo indeterminado - Apelo, contudo, apresentado sem suas razões, juntadas posteriormente - Inadmissibilidade - A sistemática recursal do Estatuto da Criança e do Adolescente é a do Código de Processo Cível - Há necessidade, pois, de que a apelação já venha interposta acompanhada de razões - Inteligência do art. 198, do ECA - Precedentes desta Câmara - Apelação não conhecida.

Apelação Cível nº 67.615-0/7 – Comarca de Barretos – TJSP – Relator Des. Nuevo Campos – j. 11/12/00.

Menor infrator - Ato infracional equivalente a homicídio qualificado - Aplicada medida sócio-educativa consistente em internação – Recurso do adolescente – Pugna pela improcedência da ação - Preliminar articulada pela D. Procuradora de Justiça procede – O apelo está em desacordo com o regime recursal do ECA, que é o do Código de Processo Cível – A petição de interposição de recurso não se fez acompanhar das necessárias razões, apresentadas apenas após o decurso do prazo legal – Ausência do pressuposto de admissibilidade relativo à regularidade formal – Preliminar acolhida e apelo não conhecido.

Apelação Cível nº 65.154-0/8 – Comarca de Franca – TJSP – Relator Des. Gentil Leite – j. 23/11/00.

Menor – Homicídio – Apelação visando a modificação de julgado que julgou procedente representação e aplicou aos adolescente medida sócio-educativa de internação – Alegação preliminar de nulidade do feito por vício na apreensão provisória dos menores e da sentença por ofensa ao artigo 381, II do CPP – Pedido no mérito de reconhecimento de ação em legitima defesa, ou alternativamente de aplicação de regime mais brando – Prejudicial de intempestividade de um dos apelos levantada pelo MP – Descabimento – Intenção de recorrer manifestada tempestivamente pelo adolescente – Falha do defensor dativo que não pode prejudicar o menor – Apreciação definitiva do feito que prejudica a análise da ordem de custódia provisória – Julgamento que examinou todas as teses sustentadas pela defesa – Inexistência de prejuízo aos recorrentes – Conduta dos infratores incompatível com a excludente alegada – Procedência da representação mantida – Extinção da medida relativamente a um dos infratores e fuga do outro da unidade educacional onde estava custodiado – Recursos improvidos em parte e no mais prejudicado.

Apelação Cível nº 63.956-0/3 – Comarca de Barueri – TJSP – Relator Des. Fábio Quadros – j. 16/10/00.

Menor infrator - Internação decretada - Recurso interposto sem as devidas razões recursais - Inteligência do art. 514, II, do CPC - Preclusão consumativa - Precedente desta Câmara Especial - Recurso não conhecido.

Agravo de Instrumento nº 28.544-0/7 – Comarca de São Paulo – TJSP – Relator Des. Prado de Toledo – j. 18/04/96.

Agravo de Instrumento - Pleito de internação, provisória, de adolescente - Preenchimento dos requisitos, sem exceção, para a decretação da medida - Estudo por demais superficial elaborado pela equipe técnica do juízo - Provimento do agravo.

Agravo de Instrumento nº 36.980-0/0 – Comarca de Auriflama – TJSP – Relator Des. Silva Leme – j. 09/01/97.

Recurso – Apelação – Interposição desacompanhada das respectivas razões – Inadmissibilidade – Sistema recursal do ECA que adota subsidiariamente o CPC, no qual não se admite interposição de recurso sem as razões (artigo 198 da Lei 8.069/90) – Negado provimento ao recurso.

2.3.5 Início do prazo

Apelação Cível nº 72.026-0/0 – Comarca de Bragança Paulista – TJSP – Relator Des. Sérgio Gomes – j. 09/04/01.

Menor – Ato infracional equivalente a ameaça – Acolhimento da preliminar argüida pela Procuradoria Geral de Justiça, com o não conhecimento da apelação do adolescente, posto que o recurso foi apresentado extemporaneamente – Tratando-se de imposição de medida de liberdade assistida, é suficiente a intimação do defensor, nos termos do art. 190, § 1º, do ECA – Recurso não conhecido.

2.3.6 Deserção

Apelação Cível nº 68.047-0/1 – Comarca de São Paulo – TJSP – Relator Des. Jesus Lofrano – j. 15/01/01.

Menor - Ato infracional - Roubo qualificado e evasão mediante violência contra pessoa - Preliminar de não conhecimento - Rejeição - A fuga do apelante não constitui causa de deserção do recurso, a ocasionar seu não conhecimento - Prova suficiente da autoria - Violação ao disposto no artigo 111, V, do ECA - Inocorrência, um vez que o menor foi ouvido pessoalmente pela autoridade - Muito embora o tipo do artigo 352 do Código Penal faço referência ao sujeito ativo com a pessoa presa ou internada para desconto de medida de segurança detentiva, há de entender-se que a descrição alcançou também aquele internado por força de determinação do Juízo da Infância e Juventude, pois é semelhança dos demais, está custodiado - Internação - Necessidade - Recurso improvido.

2.3.7 Legitimidade e interesse

Apelação Cível nº 26.814-0/2 – Comarca de Fernandópolis – TJSP – Relator Des. Prado de Toledo – j. 25/07/96.

Apelação cível - Intimados o adolescente infrator e seu advogado da sentença que aplicou medida sócio-educativa, ambos manifestando, inequivocadamente, o desejo de não recorrer, parte ilegítima a genitora para apresentar inconformismo - Não conhecimento do recurso.

Agravo de Instrumento nº 20.641-0/1 – Comarca de Itapeva – TJSP – Relator Des. Ney Almada – j. 23/03/95.

Recurso – Promotor de Justiça que pede absolvição de menor, decretada por sentença – Exame dos autos confiado a outro titular do "Parquet" – Interesse recursal – Preclusão que somente opera quando deflagrado o prazo de apelação – Agravo provido.

2.4 BUSCA E APREENSÃO

Agravo de Instrumento nº 48.198-0/3 – Comarca de São Paulo – TJSP – Relator Des. Álvaro Lazzarini – j. 10/05/01.

ECA – Agravo do Ministério Público contra decisão que indeferiu remessa de mandado de busca e apreensão de adolescente para cumprimento pela autoridade policial – O reforço policial para cumprimento é medida excepcional que só se justifica, quando o Oficial de Justiça se sentir ameaçado ou não puder por outro meio levar a efeito a ordem Judicial – Recurso a que se nega provimento. ECA – Ordem de apreensão de menor – Pretensão à execução por autoridade policial – A execução destas medidas de proteção à criança e adolescente, embora importem por vezes em medidas de internação, ou necessidade de busca e apreensão, não transmudam-nas em penas ou exigem, a princípio, a utilização de aparato policial para seu cumprimento – Recurso a que se nega provimento.

Agravo de Instrumento nº 45.571-0/4 – Comarca de São Paulo – TJSP – Relator Des. Álvaro Lazzarini – j. 05/08/99.

Ato infracional de adolescente - ECA - Agravo de instrumento manifestado contra decisão que, não localizado o infrator representado pela prática de tentativa de furto qualificado, apenas determinou à FEBEM que não o liberasse, no caso de nova passagem, sem autorização daquele Júízo - Alegação de afronta ao disposto no artigo 184, § 3º do ECA que procede - Agravo provido.

Agravo de Instrumento nº 45.470-0/3 – Comarca de São Paulo – TJSP – Relator Des. Álvaro Lazzarini – j. 19/11/98.

Agravo de instrumento - Não localização do menor - Pedido de busca e Arquivamento da representação – Pedido de apreensão - Notícia de novo ato cometido pelo adolescente, que compareceu à audiência de apresentação - Aplicação de liberdade assistida - Presunção de localização do menor em face das circunstâncias, a possibilitar que o procedimento retome seu curso mediante provocação, em consonância com a decisão que motivou este agravo - Recurso improvido.

Agravo de Instrumento nº 28.254-0/3 – Comarca de São Paulo – TJSP – Relator Des. Oliveira Passos – j. 27/06/96.

ECA - Menor não localizado para ser cientificado da audiência de apresentação - Mandado de busca e apreensão não expedido (art. 184, § 3º) - Existência de dois outros endereços do menor nos autos - Necessidade de designação de nova audiência, com tentativa de localização do menor naqueles outros endereços - Recurso do Ministério Público provido para esse fim.

2.5 CITAÇÃO

Ação Rescisória nº 77.074-0/5 – Comarca de São Paulo – TJSP – Relator Des. Mohamed Amaro – j. 05/04/01.

Ação Rescisória - Sentença de destituição de pátrio poder - Alegação de que o endereço do autor era conhecido pela ré - Argüição da nulidade da citação editalícia - Confissão ficta vedada em ação que trata de direito indisponível - Citação por edital precedida de diligências para localização do réu - Nomeação de Curador Especial - Contestação regularmente ofertada - Sentença rescindenda fundada em prova oral - Nulidade afastada - Autor e ré, partes vencidas da ação originária - Falta de interesse processual - Indeferimento da petição inicial - Processo extinto, sem julgamento do mérito.

Apelação Cível nº 44.538-0/7 – Comarca de São Paulo – TJSP – Relator Des. Alves Braga – j. 08/10/98.

Menor - Nulidade do processo - Inocorrência - Dispensa de citação formal em face da requisição do menor à FEBEM, onde se encontrava internado -

Desnecessidade de aplicação rigorosa dos princípios relativos ao procedimento penal - Preliminar rejeitada - Ato infracional - Autoria induvidosa em face da confissão do menor, referendada por outras provas - Internação - Aplicabilidade em razão da gravidade do ato (art. 157, § 2° do CP) e reincidência específica do infrator, que, na época da infração, estava cumprindo medida sócio-educativa de liberdade assistida.

Apelação Cível nº 29.080-0/6 – Comarca de São Paulo – TJSP – Relator Des. Pereira da Silva – j. 19/09/96.

Ato infracional equivalente ao crime de roubo com emprego de arma de fogo – Aplicação da medida de internação – Apelo com preliminar de nulidade do processo por ausência de citação – Nulidade inexistente, pois o adolescente teve pleno conhecimento da representação – Recurso improvido no mérito porque acertada a medida aplicada.

Apelação Cível nº 30.828-0/3 – Comarca de São Paulo – TJSP – Relator Des. Cunha Bueno – j. 12/09/96.

Ato infracional – Apuração – Cientificação do adolescente – Finalidade do ato deve ser atingida – Distingue-se da citação – Recurso improvido.

Apelação Cível nº 16.439-0/5 – Comarca de Campinas – TJSP – Relator Des. Weiss de Andrade – j. 23/06/94.

Menor – Ato infracional grave – recurso do adolescente – nulidade de citação argüida não reconhecida – Apelo improvido.

2.6 COMPETÊNCIA

Agravo de Instrumento nº 72.278-0/0 - Comarca de Bebedouro - TJSP - Relator Des. Hermes Pinotti - j. 30/11/00.

ECA - Pedido de Providência - Interrupção de fornecimento de água a determinadas residências, por força de inadimplemento dos consumidores - Provocação específica do Doutor Promotor de Justiça para determinar o fornecimento d'água, porquanto alguns menores atingidos foram proibidos de ingressar em sala de aula por falta de higiene - Não sendo o ponto nodal de interesse direto e imediato de menores e adolescentes, não possui o Juízo especializado competência para decidir a matéria, sendo nula a decisão que determina o fornecimento de água, "ex vi" da inteligência dos artigos 148, 208 e 209 do Estatuto da Criança e do Adolescente - Dado provimento ao recurso.

Agravo de Instrumento nº 59.216-0/2 – Comarca de Santos – TJSP – Relator Des. Oetterer Guedes – j. 14/10/99.

Menor – Agravo de instrumento – Prática de ato infracional que, em tese, caracteriza delito de fabricação falsa de papel-moeda em curso legal no país – Competência da Justiça Estadual da Infância e Juventude ainda que a conduta constitua crime cuja apuração seja da competência da Justiça Federal – Inteligência dos artigos 147 e 103 do ECA – Recurso não provido.

Agravo de Instrumento nº 13.789-0/0 – São Paulo - TJSP - Rel. Des. Garrigós Vinhaes - j. 16/01/92 – v.u.

Competência – Sindicância para apuração de ato infracional imputado a menor, em estado de abandono, surpreendido cheirando cola – Competência da Vara Especial que primeiro conheceu do problema – Agravo não provido. O art. 3º do Assento 165 do Tribunal de Justiça determinou, para adaptação da Justiça de menores às novas regras do ECA, a competência prevista no art. 148, I e II do ECA as Varas Especiais da Infância e da Juventude, e as demais a competência prevista nos incs. III a VII do mesmo art. E seu parágrafo. No caso, como o menor não tem domicílio conhecido, o que dificulta a verificação do Juízo da Infância competente, e havendo ainda alguma dúvida quanto a ilicitude do ato, melhor se fixe a competência pela prevenção, atribuindo-a ao Juízo que primeiro conheceu o problema.

2.7 CONFISSÃO

Apelação Cível nº 82.915-0/6 - Comarca de Sumaré - TJSP - Rel. Des. Fábio Quadros - j. 01/10/01 – v.u.

Pátrio poder - Destituição - Ação proposta pelo Ministério Público - Aplicação da revelia - Recurso ministerial pretendendo a anulação da decisão - Parecer da Procuradoria Geral de Justiça pelo provimento do apelo - Existência de matéria de fato a ser apreciada - Impossibilidade do julgamento antecipado – Nulidade - Recurso provido para anular a decisão e determinar o prosseguimento do feito.

2.8 DEFESA PRÉVIA

Recurso Especial nº 203.882 – Santa Catarina – STJ – Relator Min. Vicente Leal – j. 06/03/01.

Processual Penal – Alegação de nulidade – Indeferimento da defesa prévia e da inquirição das testemunhas de defesa – Oferecimento fora do prazo legal – Retirada dos autos do cartório – Cerceamento de defesa – Ocorrência – A defesa prévia prevista no art. 186, § 3º, do Estatuto da Criança e do Adolescente, como aqueloutra de que trata o art. 395, do CPP, é uma faculdade assegurada ao menor infrator, sendo certo que a omissão em oferecê-la não é susceptível de causar a nulidade do processo. Em tema de nulidades no processo penal, é dogma fundamental a assertiva de que não se declara a nulidade de ato se dele não resulta prejuízo para a acusação ou para a defesa ou se não houver influído na apuração da verdade substancial ou na decisão da causa. Ocorre cerceamento de defesa na hipótese em que o Juiz processante indefere o reconhecimento da defesa prévia e a inquirição das testemunhas nela arroladas sem que o Defensor do réu tivesse sido intimado para retirar os autos do Cartório, tendo, ainda, o depoimento das testemunhas inquiridas em Juízo influído, sobremodo, no decreto condenatório. Recurso especial conhecido e provido.

Apelação Cível nº 29.407-0/0 – Comarca de São Paulo – TJSP – Relator Des. Dirceu de Mello – j. 08/08/96.

Adolescente – Cerceamento de defesa não caracterizado – Defensor que, provocado no momento processual adequado, deixou de arrolar testemunhas – Procedência da representação com base em confissão judicial do adolescente – Possibilidade – Recurso não provido.

2.9 DETRAÇÃO

Apelação Cível nº 65.720-0/1 – Comarca de Votuporanga – TJSP – Relator Des. Nuevo Campos – j. 11/12/00.

Menor – Ato infracional equivalente a roubo duplamente agravado em razão do emprego de arma e do concurso de agentes – Aplicada medida sócio-educativa consistente em internação – Recurso do adolescente – Pretende a detração do período de internação anterior em relação ao período máximo da internação aplicada no caso em tela - Inadmissibilidade – A detração, instituto vinculado à sanção penal, não se aplica às medidas sócio-educativas que possuem natureza diversa daquela, ou seja, não possui caráter retributivo, do que decorre a impossibilidade de se falar em cumulação de medidas para fins de execução – A medida a ser aplicada ao adolescente, a teor do art. 98, III, do ECA, em que pese a vinculação à matéria fática em cada processo, tem por parâmetro a conduta do menor como um todo – Apelo improvido.

2.10 ESCUSA ABSOLUTÓRIA

Apelação Cível nº 66.282-0/9 – Comarca de Vinhedo – TJSP – Relator Des. Álvaro Lazzarini – j. 14/12/00.

Adolescente infrator - Atos infracionais equivalentes a furtos qualificados com vistas a aquisição de drogas – Conexão - Sentença que os examina conjuntamente – Possibilidade - Inaplicável às hipóteses a isenção de pena aludida no artigo 181 do Código Penal - Internação que não se compara a cumprimento de pena em regime fechado - Apelo não provido, com recomendação de submissão do paciente a tratamento anti-drogas.

2.11 EXCLUDENTE DE CULPABILIDADE

Apelação Cível nº 56.680-0/7 – Comarca de São Paulo - TJSP - Rel. Des. Jesus Lofrano - j. 15/06/00 – v.u.

Menor - Ato infracional grave - Homicídio - Não aproveita ao adolescente o tese de inexigibilidade de conduta diversa, na medida em que ele esteve envolvido no mundo dos drogas, prestando serviços à vítima, traficante, tendo conhecimento das peculiaridades e circunstâncias deste "tipo de negócio" - A extrema gravidade o atopraticado pelo jovem demanda o imposição de medida sócio-educativa e internação, o fim de que tenha consciência do desvalor de sua conduta e possa tirar proveito do fim pedagógico da medida, pois tirou a vida de semelhante sem que excludente alguma o socorresse - Recurso provido.

Apelação Cível nº 44.898-0/9 – Comarca de Leme – TJSP – Relator Des. Álvaro Lazzarini – j. 08/10/98.

ECA – Alegação de coação sob ameaça de morte – Inadmissível o reconhecimento da excludente de culpabilidade sem prova segura do constrangimento insuperável, em especial, quando este se daria à distância, permitindo ao agente a prática de ato independente para a execução do ato criminal ou infracional a ele equiparado – Recurso a que se nega provimento.

2.12 INTERNAÇÃO

2.12.1 Prazo da medida

Habeas Corpus nº 69.480 – São Paulo – STJ – Relator Min. Paulo Brossard – j. 20/10/92.

Habeas corpus - Atentado violento ao pudor - Aplicação da medida sócio-educativa de internação, privativa de liberdade, ao menor - Não há prazo fixado de internação, a teor do § 2º do art. 121 do Estatuto da Criança e do Adolescente, devendo a medida ser reavaliada a cada 6 meses - O rito especial e sumário do habeas corpus não permite o reexame profundo nem a valoração das provas - Habeas corpus conhecido, mas indeferido.

2.12.2 Internação provisória

Habeas Corpus nº 68.189-0/9 – Comarca de Diadema – TJSP – Relator Des. Yussef Cahali – j. 13/01/00.

Habeas Corpus – Impetração em virtude de excesso de prazo da internação provisória do adolescente, em procedimento que apurava a prática de ato infracional – Comprovação de que o prazo foi extrapolado em 5 dias – Excesso de prazo justificado pela demora do laudo toxicológico – Informação relevante, que poderia beneficiar o menor – Justificativa que desconfigura o constrangimento ilegal – Ordem denegada.

Agravo de Instrumento nº 58.722-0/4 – Comarca de Campinas – TJSP – Relator Des. Djalma Lofrano – j. 27/05/99.

Agravo de instrumento - Ato infracional grave - Conversão da medida sócio-educativa de internação em prestação de serviços à comunidade, sob argumento de decurso do prazo de internação provisória e demora na transferência para unidade educacional - Inadmissibilidade - Internação - Necessidade - Recurso provido.

Habeas Corpus nº 45.797-0/5 – Comarca de Guarulhos – TJSP – Relator Des. Álvaro Lazzarini – j. 26/02/98.

Menor – ECA – Internação provisória decretada – Permanência do infrator em dependência policial diante de rebelião na FEBEM – Habeas-Corpus impetrado para imediata liberação – Ausência de constrangimento ilegal – Ordem denegada.

Agravo de Instrumento nº 32.250-0/0 – Comarca de São paulo – TJSP – Relator Des. Lair Loureiro – j. 12/09/96.

Menor - Atos infracionais - Pedido de internação provisória formulado pelo Ministério Público - Indeferimento - Agravo de instrumento interposto com a mesma finalidade - Improvimento - Adolescente primário que, ao contrário do alegado, tem estrutura familiar - Periculosidade não demonstrada.

Agravo de Instrumento nº 29.049-0/5 – Comarca de São Paulo – TJSP – Relator Des. Cerqueira Leite – j. 20/06/96.

Agravo de Instrumento - Internação provisória de adolescente infrator - Admissibilidade quando presentes os requisitos do art. 108, parágrafo único, do Estatuto da Criança e do Adolescente e a medida milite em benefício deste - Recurso do Ministério Público provido.

Agravo de Instrumento nº 30.075-0/6 – Comarca de São Paulo – TJSP – Relator Des. Oliveira Passos – j. 09/05/96.

Estatuto da Criança e do Adolescente - Decisão que indeferiu pedido de internação provisória de menor infrator - Ausência de motivos autorizadores da medida - Somente gravidade do ato infracional não basta - Decisão mantida - Agravo de instrumento do Ministério Público improvido.

Agravo de Instrumento nº 29.052-0/9 – Comarca de São Paulo – TJSP – Relator Des. Prado de Toledo – j. 09/05/96.

Agravo de instrumento - Pleito de internação, provisória, de adolescente - Preenchimento dos requisitos, sem exceção, para a decretação da medida - Provimento do agravo.

Agravo de Instrumento nº 30.422-0/0 – Comarca de São Paulo – TJSP – Relator Des. Oliveira Passos – j. 09/05/96.

ECA - Agravo de instrumento contra decisão que indeferiu pedido de internação provisória de menor infrator - Assalto à mão armada em concurso com agentes, resistência à ordem legal dada por policiais e disparos de revólver contra estes - Indícios suficientes de autoria e materialidade do ato - Periculosidade evidenciada - Internação provisória imperiosa - Agravo provido.

Agravo de Instrumento nº 28.544-0/7 – Comarca de São Paulo – TJSP – Relator Des. Prado de Toledo – j. 18/04/96.

Agravo de Instrumento - Pleito de internação, provisória, de adolescente - Preenchimento dos requisitos, sem exceção, para a decretação da medida - Estudo por demais superficial elaborado pela equipe técnica do juízo - Provimento do agravo.

Agravo de Instrumento nº 23.590-0/0 – Comarca de São Paulo – TJSP – Relator Des. Nigro Conceição – j. 04/04/96.

Menor - Ato infracional - Roubo - Recurso interposto contra decisão que, sucintamente, indeferiu pedido de custódia preventiva do adolescente - Ausência de fundamentação, exigida pelo artigo 93, inciso IX, da Constituição Federal - Nulidade insanável - Recurso provido.

Agravo de Instrumento nº 18.971-0/7 – Comarca de Mauá – TJSP – Relator Des. Rebouças de Carvalho – j. 21/07/94.

Menor – Ato infracional de roubo qualificado com emprego de arma e concurso de agentes – Pedido de internação provisória indeferido – Agravo de instrumento provido para determinar a custódia.

2.13 PRINCÍPIO DA INSIGNIFICÂNCIA

Apelação Cível nº 46.384-0/8 – Comarca de Batatais – TJSP – Relator Des. Djalma Lofrano – j. 29/04/99.

Menor – Furto qualificado – Alegação de furto de bagatela – Irrelevância – O intuito do ECA é a ressocialização do menor – A medida sócio-educativa tem finalidade pedagógica – Ato infracional não se confunde com crime – manutenção da sentença, proferida de forma fundamentada – Preliminar rejeitada – Recurso improvido.

2.14 JULGAMENTO ANTECIPADO

Apelação Cível nº 73.922-0/7 – Comarca de Sumaré – TJSP – Relator Des. Sérgio Gomes – j. 14/05/01.

Menor - Ato infracional equivalente a roubo duplamente qualificado - Concurso de agentes e emprego de arma de fogo - Recurso do Ministério Público pretendendo a anulação da sentença ou alteração da medida sócio-educativa aplicada para internação - Decisão que foi prolatada na audiência de apresentação, sem a manifestação das partes e oitiva das testemunhas, suprimindo a fase instrutória do feito, é nula - Ofensa ao devido processo legal - Recurso provido, com a anulação da sentença para que o procedimento tenha regular trâmite.

Apelação Cível nº 72.005-0/5 – Comarca de Americana – TJSP – Relator Des. Gentil Leite – j. 05/04/01.

Menor – Ato infracional – Apelo contra sentença que após a apresentação do menor em juízo julgou antecipadamente o feito e aplicou ao adolescente medida sócio-educativa de liberdade assistida – Alegação de ofensa às garantias constitucionais do devido processo legal, do contraditório e da ampla defesa – cabimento – Decisão antecipada que não só subverteu as regras procedimentais contidas nos art. 186 e seguintes do ECA, mas também infringiu o direito do infrator à defesa técnica (227, § 3º, inciso IV da CF) e as garantias constitucionais acima – Recurso provido para anular o julgamento de primeira instância, para que outro seja proferido após regular processamento do feito.

Apelação Cível nº 65.693-0/7 – Comarca de Sumaré – TJSP – Relator Des. Fonseca Tavares – j. 14/12/00.

Menor - Ato infracional – Conduta descrita como tentativa de roubo – Após a audiência de apresentação do adolescente, a ele se impôs medida sócio-educativa de advertência e liberdade assistida – Ausência de advogado nomeado – Não ouvida das testemunhas indicadas pelo Ministério Público – Desobediência ao devido processo legal – Nulidade absoluta – Passível, inclusive, de concessão de habeas corpus de ofício – Recurso provido para nulificar-se o feito a partir da sentença, com ordem de nomeação de advogado e oitiva das testemunhas do parquet.

Apelação Cível nº 65.915-0/1 – Comarca de Sumaré – TJSP – Relator Des. Jesus Lofrano – j. 04/12/00.

Menor – Ato infracional – Sentença proferida logo após as declarações do adolescente, que não teve qualquer possibilidade de se defender – Desrespeito ao devido processo legal – Recurso provido para afastar a sentença, retomando o feito seu curso normal.

Apelação Cível nº 64.968-0/5 – Comarca de Sumaré – TJSP – Relator Des. Nuevo Campos – j. 13/11/00.

Menor infrator - Ato infracional equivalente a roubo duplamente agravado em razão do emprego de arma e do concurso de agentes - Aplicada medida sócio-educativa consistente em advertência cumulada com liberdade assistida - Recurso do Ministério Público - Preliminar - Nulidade da r. sentença de primeiro grau - Ofensa aos princípios do devido processo penal e do contraditório em razão do julgamento antecipado da lide - Inocorrência - Ao presente procedimento, de natureza não penal, subsidiariamente, aplicam-se, não só as normas processuais penais, mas, basicamente, as normas processuais civis, o que torna possível o julgamento antecipado da lide - Mérito - Internação - Inadmissibilidade - Em que pese a ocorrência de violência moral, há que se considerar circunstâncias reveladas pela prova e indicativas de que, observados os termos do § 2º da norma supra referida, a medida aplicada apresenta-se como adequada - O adolescente, tecnicamente, não possui antecedentes - Os relatórios técnicos não apontam como necessária a segregação do menor do convívio social - Preliminar rejeitada e apelo improvido.

Apelação Cível nº 64.249-0/4 – Comarca de Sumaré – TJSP – Relator Des. Sérgio Gomes – j. 23/10/00.

Menor – Ato infracional equivalente a roubo duplamente qualificado – Concurso de agentes e emprego de arma de fogo – Recurso do Ministério Público pretendendo a anulação da sentença ou alteração das medidas sócio-educativas aplicadas para internação – Decisão que, após audiência de apresentação e confissão do adolescente, sem a manifestação das partes e oitiva das testemunhas, suprimindo a fase instrutória do feito, é nula – Ofensa ao devido processo legal – Recurso provido, com a anulação da sentença para que o procedimento tenha regular trâmite.

Apelação Cível nº 64.052-0/5 – Comarca de Presidente Prudente – TJSP – Relator Des. Sergio Gomes – j. 23/10/00.

Menor – Ato infracional equivalente a ameaça – Sentença que recebeu representação e apenas ouviu o adolescente, concedendo, a seguir, remissão – Ausência de designação de audiência de instrução e julgamento e manifestação do Ministério Público – Inadmissibilidade – Ofensa ao devido processo legal – Recurso provido, com a anulação da sentença, para que o procedimento tenha regular trâmite.

Apelação Cível nº 64.399-0/8 – Comarca de Presidente Prudente – TJSP – Relator Des. Sergio Gomes – j. 23/10/00.

Menor – Atos infracionais equivalentes a porte ilegal de arma e tráfico de entorpecentes – Sentença que, sem receber a representação e designar audiência de apresentação do adolescente, concedeu remissão – Ausência de manifestação do Ministério Público – Inadmissibilidade – Ofensa ao devido processo legal – Recurso provido, com a anulação da sentença, para que o procedimento tenha regular trâmite.

Apelação Cível 63.416-0/0 – Comarca de Presidente Prudente – TJSP – Relator Des. Nuevo Campos – j. 09/10/00.

Menor infrator – Ato infracional equivalente a furto qualificado pelo rompimento do obstáculo – Por decisão judicial, logo após ao oferecimento da representação ministerial, foi concedida remissão ao adolescente e aplicada, cumulativamente, medida sócio-educativa consistente em advertência – Recurso do Ministério Público – Nulidade da r. sentença recorrida – Inadmissibilidade – Oferecimento da representação revelou, por parte do D. Apelante dissenso em relação à concessão da remissão, razão pela qual, neste aspecto, não se caracterizou prejuízo de modo a justificar o pronunciamento de nulidade – A não oitiva do menor, em vista de seu conformismo e da apresentação de contra-razões, também não enseja o reconhecimento de nulidade, sob pena de se caracterizar indevido prejuízo – Quanto ao mérito, embora tenha sido desenvolvida argumentação correlata, não houve pedido a respeito – Não se aplica ao caso em tela o disposto no art. 204 do ECA – Apelo improvido.

2.15 LEGÍTIMA DEFESA

Apelação Cível nº 66.324-0/1 – Comarca de Osasco – TJSP – Relator Des. Jesus Lofrano – j. 11/12/00.

Menor – Ato infracional – Latrocínio – Alegação de legítima defesa putativa – Inadmissibilidade – O adolescente não repeliu agressão injusta, pois dera causa à legítima reação da vítima – Internação – Necessidade – Recurso improvido.

2.16 MAIORIDADE

2.16.1 Possibilidade de aplicação de medida

Apelação Cível nº 74.917-0/1 – Comarca de São Paulo – TJSP – Rel. Des. Jesus Lofrano – j. 18/06/01 – v.u.

Menor - Ato infracional - Maioridade penal completada após o ato infracional - Aplicação de medida sócio-educativa - Possibilidade – Recurso provido.

O fato de o adolescente atingir os dezoito anos de idade depois da prática do ato infracional não obsta a que venha a ser inserido em qualquer das medidas a que se refere o artigo 112 do ECA.

Apelação Cível nº 73.582-0/4 – Comarca de Socorro – TJSP – Rel. Des. Jesus Lofrano – j. 21/05/01 – v.u.

Ato infracional - Adolescente que completou vinte e um anos de idade e não mais se sujeito às medidos do ECA - Recurso prejudicado.

Apelação Cível nº 44.163-0/5 – Comarca de Sorocaba – TJSP – Relator Des. Álvaro Lazzarini – j. 10/05/01.

ECA - Furto qualificado - Menor que demonstra ser dissimulado, é usuário de cocaína e maconha e tem antecedentes na prática de atos infracionais contra o patrimônio - Gravidade de conduta e atitude que não se coadunam com a medida sócio-educativa de liberdade assistida, sob pena de parecer um incentivo à prática da mesma conduta - Internação determinada, possibilitando até mesmo o tratamento psicológico adequado ao infrator para possibilitar sua futura reinserção em sociedade - Recurso a que se dá provimento alterando a medida sócio-educativa de liberdade assistida para internação - Maioridade posterior que não altera a competência do Juiz da Infância e da Juventude para aplicação da medida mais adequada ao ato infracional praticado - A prevalecer entendimento contrário, o menor que prática ato infracional equivalente a delito nos meses que antecedem sua maioridade estaria sempre isento de jurisdição, quer a nível penal, quer a nível menorista - A reprimenda é medida reeducadora ao ato infracional - praticado durante a menoridade, sendo certo que a maioridade penal posterior por si só não isenta o próprio judiciário de encontrar a medida sócio-educativa mais adequada a educá-lo à vida em sociedade.

Apelação Cível nº 71.890-0/5 – Comarca de São Paulo – TJSP – Relator Des. Nuevo Campos – j. 23/04/01.

Menor – Ato infracional equivalente a roubo duplamente agravado em razão do emprego de arma e do concurso de agentes – Aplicada medida sócio-educativa consistente em internação – Medida, no curso da execução, foi progredida para semiliberdade e, posteriormente, julgada extinta – Recurso ministerial – Pleiteia o prosseguimento da execução da medida sócio-educativa e aplicação de internação-sanção, sob o fundamento de que o representado descumpriu a medida de semiliberdade – Caracterizada hipótese de extinção do feito a ser decretada de ofício – O apelado atingiu a maioridade civil por ter completado vinte e um anos de idade – Ausência de pressuposto necessário ao desenvolvimento válido e regular do processo – Art. 267, IV, do CPC – Extinto o feito sem julgamento de mérito, prejudicado o apelo.

Apelação Cível nº 73.479-0/4 – Comarca de São Paulo – TJSP – Relator Des. Jesus Lofrano – j. 16/04/01.

Menor - Ato infracional - Maioridade penal completada após o ato infracional - Aplicação de medida sócio-educativa - Possibilidade - Recurso provido - O fato de o adolescente atingir os dezoito anos de idade depois da prática do ato infracional não obsta a que venha a ser inserido em qualquer das medidas a que se refere o artigo 112 do ECA.

Apelação Cível nº 72.523-0/9 – Comarca de Guará – TJSP – Rel. Des. Sérgio Gomes – j. 09/04/01 – v.u.

Menor - Ato infracional equivalente a roubo duplamente qualificado - Autoria e materialidade comprovadas - Sentença que determinou o arquivamento da representação, por ter o jovem atingido a maioridade penal - Inadmissibilidade - Cabível a aplicação de medida sócio-educativa à pessoa em idade entre 18 e 21 anos - Apelo do Ministério Público pretendendo o prosseguimento da execução e expedição imediata de mandado de busca e apreensão — Recurso provido, para que o procedimento tenha regular trâmite.

Apelação Cível nº 68.608-0/2 – Comarca de São Paulo – TJSP – Relator Des. Sérgio Gomes – j. 08/01/01.

Menor – Ato infracional equivalente a tráfico de entorpecente - Autoria e materialidade comprovadas – Sentença que julgou extinta a representação, por ter o jovem atingido a maioridade penal – Inadmissibilidade – Cabível a aplicação de medida sócio-educativa à pessoa em idade entre 18 e 21 anos – Apelo do Ministério Público pretendendo o prosseguimento da execução e expedição imediata de mandado de busca e apreensão – Recurso parcialmente provido, para que o procedimento tenha regular trâmite, sendo que a questão da expedição do mandado de busca e apreensão deverá ser examinada em primeira instância, ante o princípio do duplo grau de jurisdição.

Apelação Cível nº 67.024-0/0 – Comarca de Avaré – TJSP – Relator Des. Jesus Lofrano – j. 11/12/00.

Menor - Roubo qualificado - Extinção da punibilidade - Maioridade penal - Inadmissibilidade - Fato ocorrido em data anterior àquela em que o apelante fez dezoito anos - Para os efeitos do Estatuto deve ser considerada a idade do adolescente à data do fato - Inteligência do artigo 104, parágrafo único, do ECA - Recurso improvido.

Apelação Cível nº 58.002-0/9 – Comarca de Socorro – TJSP – Relator Des. Nuevo Campos – j. 11/12/00.

Menores - Ato infracional equivalente a lesão corporal grave - Aplicada medida sócio-educativa consistente em liberdade assistida - Recurso dos adolescentes e do ofendido - Preliminar - Não conhecimento do recurso do ofendido - Procede - Falta de interesse em recorrer - Mérito - Improcedência ou medida mais branda - Extinção do feito - Maioridade civil, em decorrência do fato de ambos terem completado vinte e um anos de idade - Decretação de ofício - Perecimento do objeto implica em ausência de pressuposto necessário ao desenvolvimento válido e regular do processo - Art. 267, IV, do CPC - Extinto o feito sem julgamento de mérito.

Apelação Cível nº 65.422-0/1 – Comarca de Borborema – TJSP – Relator Des. Nuevo Campos – j. 13/11/00.

Menor – Ato infracional equivalente ao crime de lesão corporal dolosa simples – Aplicada medida sócio-educativa consistente em advertência - Preliminar – Pugna pela extinção do feito por ter completado a maioridade penal – Os arts. 2º, § único, e 104, § único, do ECA, prevêem a possibilidade de aplicação de medida sócio-educativa desde que o representado não tenha completado a maioridade civil - Mérito – Prova da procedência da inicial é segura – No que concerne à medida aplicada, a r. sentença apelada não comporta qualquer reparo – Preliminar rejeitada e apelo improvido.

Apelação Cível nº 58.873-0/2 – Comarca de Bauru – TJSP – Relator Des. Sérgio Gomes – j. 21/08/00.

Ato infracional grave – Tentativa de roubo qualificado cometida por jovem quando ainda menor – Autoria e materialidade comprovadas – Condenado após a maioridade por outro roubo duplamente qualificado a cumprir pena de reclusão – Circunstância que inviabiliza a aplicação da medida sócio-educativa de internação, ante o trânsito em julgado da sentença de primeiro grau – Recurso prejudicado.

Apelação Cível nº 59.093-0/0 – Comarca de Campo Limpo Paulista - TJSP - Rel. Des. Nuevo Campos - j. 07/08/00 – v.u.

Menor infrator - Ato infracional equivalente a homicídio - Aplicada medida sócio-educativa consistente em internação - Recurso do adolescente - Prova da procedência da inicial é segura - Medida aplicada apresenta-se como adequada - O ato infracional em tela foi cometido com violência física exercida com o emprego de arma de fogo, causa da morte da vítima, o que, a teor do art 122, I, do ECA, enseja a internação – Ademais, há que se ter em conta a existência de antecedentes infracionais - Circunstâncias do fato em tela revelam conduta social desajustada e vivência infracional - O fato de ter o apelante completado vinte e um anos pouco tempo após a aplicação da medida sócio-educativa em primeiro grau não impede o conhecimento e apreciação do presente recurso, pois, para tanto, deve ser considerada a época da prolação da r. sentença apelada – Apelo improvido.

Apelação Cível nº 58.697-0/9 – Comarca de Juquiá – TJSP – Relator Des. Nuevo Campos – j. 13/07/00.

Menor infrator – Determinação de arquivamento de procedimento destinado a apuração de ato infracional por ter o adolescente atingido a maioridade penal – Recurso ministerial – Inadmissibilidade de arquivamento do feito – Possibilidade de aplicação de medida sócio-educativa a quem atingiu a maioridade penal e é menor de 21 (vinte e um) anos, desde que o fato date da época da menoridade – Art. 104 do ECA – apelo provido.

Apelação Cível nº 44.192-0/7 – Comarca de Lins – TJSP – Relator Des. Djalma Lofrano – j. 06/08/98.

Menor - Ato infracional de natureza grave - Ocorrência - Magistrado que deixou de aplicar medida sócio-educativa em razão do menor haver completado dezoito anos - Inadmissibilidade - Inteligência dos artigos 2º e seu parágrafo único, 104 parágrafo único e 121, parágrafo 5º, todos do ECA - Internação - Recurso provido.

Apelação Cível nº 24.294-0/6 – Comarca de São Paulo – TJSP – Relator Des. Yussef Cahali – j. 21/09/95.

Ato infracional equivalente a calúnia (art. 138 do CP) – Recurso interposto contra sentença que rejeitou a queixa-crime, sob o fundamento de que o adolescente é imputável, não podendo vir a ser processado pelo Juízo Criminal – Recurso improvido.

Agravo de Instrumento nº 18.071-0/0 – Comarca de São paulo – TJSP – Relator Des. Nigro Conceição – j. 06/04/95.

Ato infracional grave (roubo) – Representação oferecida – Rejeição sob o fundamento de o adolescente ter completado 18 anos e estar preso pela prática de crime – Inadmissibilidade - Recurso interposto, visando o recebimento da representação e a suspensão do processo até o julgamento de eventual ação penal instaurada – Acolhimento, em parte, para receber a representação e determinar o prosseguimento do procedimento em seus ulteriores termos, como de direito - O fato de o adolescente ter completado 18 anos e estar preso, não obsta o recebimento da representação, tendo em vista estar sujeito às medidas previstas no ECA (art. 104 e seu parágrafo único) - Mas, recebida a representação, não se justifica a paralisação do procedimento, como pretendido, devendo prosseguir normalmente e ser julgado como de direito.

2.16.2 Ao tempo dos fatos: nulidade

Apelação Cível nº 51.106-0/2 – Comarca de São Paulo – TJSP – Rel. Des. Hermes Pinotti – j. 27/01/00 – v.u.

Menor - Ato infracional – Tentativa de roubo qualificado – Representação julgada procedente e imposta, ao adolescente, medida sócio-educativa de internação sem prazo determinado – Informação incidental de que o agente era, ao tempo da ação, maior de idade – Circunstância que exige a anulação do procedimento a partir do oferecimento da representação, inclusive – Eventual responsabilização criminal que deve ser endereçada à Justiça Criminal – Procedimento anulado 'ab initio'.

2.17 NOTIFICAÇÃO

Agravo de Instrumento nº 77.714-0/7 – Comarca de Sumaré – TJSP – Relator Des. Hermes Pinotti – j. 08/03/01.

ECA – Artigo 179 – Das notificações e requisições – ônus do Ministério Público – Comando legal específico, sem margem de interpretação diversa, pois não é dado ao magistrado juízo de valor acerca das diligências, de maneira não se pode impor a prática de mero ato burocrático – Ante o inconfundível "mens legis" o ato é de integral responsabilidade do Promotor de Justiça – Recurso conhecido e não provido.

Agravo de Instrumento nº 77.821-0/5 – Comarca de Sumaré – TJSP – Relator Des. Hermes Pinotti – j. 08/03/01.

ECA – Artigo 179 – Das notificações e requisições – Ônus do Ministério Público – Comando legal específico, sem margem de interpretação diversa, pois não é dado ao magistrado juízo de valor acerca das diligências, de maneira não se pode impor a prática de mero ato burocrático – Ante o inconfundível "mens legis" o ato é de integral responsabilidade do Promotor de Justiça – Recurso conhecido e não provido.

Agravo de Instrumento nº 77.819-0/6 – Comarca de Sumaré – TJSP – Relator Des. Hermes Pinotti – j. 08/03/01.

ECA – Artigo 179 Das notificações e requisições – Ônus do Ministério Público – Comando legal específico, sem margem de interpretação diversa, pois não é dado ao magistrado juízo de valor acerca das diligências, de maneira não se pode impor a prática de mero ato burocrático – Ante o inconfundível "mens legis" o ato é de integral responsabilidade do Promotor de Justiça – Recurso conhecido e não provido.

Agravo de Instrumento nº 75.815-0/3 – Comarca de Sumaré – TJSP – Relator Des. Álvaro Lazzarini – j. 08/02/01.

Agravo de Instrumento – ECA – Recurso manifestado por Promotor de Justiça da decisão que indeferiu pedido de notificação do infrator e seus responsáveis visando sua apresentação para a oitiva informal do art. 179 do ECA. – Recurso improvido.

Agravo de Instrumento nº 77.506-0/8 – Comarca de Sumaré – TJSP – Relator Des. Nigro Conceição – j. 02/02/01.

Agravo de Instrumento – Autuação de boletim de ocorrência que comunica prática de ato infracional por adolescente – Requerimento do Ministério Público de que seja notificado judicialmente, para proceder à oitiva informal

– Indeferimento, sob argumento da providência incumbir àquele órgão – Inadmissibilidade – Interpretação do art. 179, "caput", do Estatuto da Criança e do Adolescente – Recurso provido.

Agravo de Instrumento nº 76.920-0/0 – Comarca de Sumaré – TJSP – Relator Des. Nigro Conceição – j. 02/02/01.

Agravo de Instrumento – Autuação de boletim de ocorrência que comunica prática de ato infracional por adolescente – Requerimento do Ministério Público de que seja notificado judicialmente, para proceder à oitiva informal – Indeferimento, sob argumento da providência incumbir àquele órgão – Inadmissibilidade – Interpretação do art. 179, "caput", do Estatuto da Criança e do adolescente – Recurso provido.

Agravo de Instrumento nº 76.084-0/3 – Comarca de Sumaré – TJSP – Relator Des. Nigro Conceição – j. 02/02/01.

Agravo de Instrumento – Autuação de boletim de ocorrência que comunica prática de ato infracional por adolescentes – Requerimento do Ministério Público de que sejam notificados judicialmente, para proceder à oitiva informal – Indeferimento, sob argumento da providência incumbir àquele órgão – Inadmissibilidade – Interpretação do art. 179, "caput", do Estatuto da Criança e do Adolescente – Recurso provido.

Agravo de Instrumento nº 77.891-0/3 – Comarca de Sumaré – TJSP – Relator Des. Álvaro Lazzarini – j. 02/02/01.

ECA - Noticiada a prática de ato infracional - Promotor de Justiça requer ao Juízo providências para a notificação do adolescente a fim de que seja por aquele ouvido informalmente – Indeferimento - Ato próprio e interno a ser operacionalizado pelo Ministério Público - Decisão que não comporta alterações - Agravo não provido.

Agravo de Instrumento nº 75.663-0/9 – Comarca de Sumaré – TJSP – Relator Des. Nigro Conceição – j. 28/12/00.

Agravo de Instrumento – Autuação de boletim de ocorrência que comunica prática de ato infracional por adolescente – Requerimento do Ministério Público de que seja notificado judicialmente, para proceder à oitiva informal – Indeferimento, sob argumento da providência incumbir àquele órgão – Inadmissibilidade – Interpretação do art. 179, "caput", do Estatuto da Criança e do Adolescente – Recurso provido.

Agravo de Instrumento nº 75.300.0/3 – Comarca de Sumaré – TJSP – Relator Des. Álvaro Lazzarini – j. 28/12/00.

Agravo de instrumento – ECA – Recurso manifestado por Promotor de Justiça da decisão que indeferiu pedido de notificação dos infratores e de seus responsáveis, visando à sua apresentação para a oitiva informal do art. 179 do ECA – Recurso improvido.

Agravo de Instrumento nº 72.095-0/4 – Comarca de Sumaré – TJSP – Relator Des. Fonseca Tavares – j. 23/11/00.

Agravo de Instrumento – ECA – Recurso interposto pelo Promotor de Justiça contra decisão que indeferiu pedido de notificação de menor infrator a fim de que compareça para ser ouvido informalmente em expediente destinado à apuração de sua participação em ato infracional (Art. 179 do ECA) – Recurso provido.

Agravo de Instrumento nº 73.895-0/2 – Comarca de Sumaré – TJSP – Relator Des. Gentil Leite – j. 26/10/00.

Menor – Sindicância para apuração de ato infracional – Natureza judicial do feito – Competência da autoridade judiciária para autorizar a realização de atos processuais – Aplicação dos art. 179 do ECA e 200 do CPC – Recurso provido.

Agravo de Instrumento nº 73.835.0/0 – Comarca de Sumaré – TJSP – Relator Des. Gentil Leite – j. 19/10/00.

Menor – Sindicância para apuração de ato infracional – Natureza judicial do feito – Competência da autoridade judiciária para autorizar a realização de atos processuais – Aplicação dos art. 179 do ECA e 200 do CPC – Recurso provido.

Agravo de Instrumento nº 74.921-0/0 – Comarca de Sumaré – TJSP – Relator Des. Nigro Conceição – j. 19/10/00.

Agravo de Instrumento – Autuação de boletim de ocorrência que comunica prática de ato infracional por adolescente – Requerimento do Ministério Público de que seja notificado judicialmente, para proceder à oitiva informal – Indeferimento, sob argumento da providência incumbir àquele órgão – Inadmissibilidade – Interpretação do art. 179, "caput", do Estatuto da Criança e do Adolescente – Recurso provido.

Agravo de Instrumento nº 72.019-0/9 – Comarca de Sumaré – TJSP – Relator Des. Nigro Conceição – j. 28/09/00.

Agravo de Instrumento – Autuação de boletim de ocorrência que comunica prática de ato infracional por adolescente – Requerimento do Ministério Público de que seja notificado judicialmente, para proceder à oitiva informal – Indeferimento sob argumento da providência incumbir àquele órgão – Inadmissibilidade – Interpretação do art. 179, "caput", do Estatuto da Criança e do Adolescente – Recurso provido.

Agravo de Instrumento nº 19.486-0/0 – Comarca de Atibaia – TJSP – Relator Des. Yussef Cahali – j. 28/07/94.

Agravo de Instrumento – Indeferimento de pedido de expedição de ofício ao Delegado de Polícia para oitiva de testemunhas – Diligência de atribuição direta do Ministério Público nos termos do art. 179 do ECA – Recurso improvido.

Habeas Corpus nº 363.864-9 – Comarca de Mococa – TACRIM – Relator Des. Francisco Menin.

ECA - Procedimento de apuração de ato infracional – Possibilidade de requisiçãode diligências de investigação à autoridade policial – Habeas Corpus denegado.

2.18 OITIVA DOS GENITORES

Apelação Cível nº 72.098-0/8 – Comarca de Guarulhos – TJSP – Relator Des. Fábio Quadros – j. 07/05/01.

Menor infrator - Roubo duplamente qualificado - Internação decretada - Recurso do menor pretendendo, preliminarmente, a nulidade da decisão, ante a ausência da oitiva dos genitores do adolescente e, no mérito, pugnando pela absolvição por ausência de provas convincentes - Parecer da Procuradoria Geral de Justiça pelo improvimento do apelo - Preliminar acolhida - Ausência dos genitores, não notificados e com endereço certo, que não foi suprida sequer pela nomeação de curador ao menor - Violação do § 2º do artigo 184 do ECA - Anulação do procedimento desde a audiência de apresentação, inclusive - Recurso provido.

2.19 OITIVA INFORMAL

Apelação Cível nº 28.184-0/3 – Comarca de Itú – TJSP – Relator Des. Oliveira Passos – j. 15/08/96.

Estatuto da Criança e do adolescente - Representação oferecida pelo Ministério Público sem prévia oitiva do adolescente – Inadmissibilidade - Providência obrigatória prevista no art. 179 do estatuto da Criança e do Adolescente - Rejeição da inicial mantida.

Apelação Cível nº 17.781-0/2 – Comarca de Campinas – TJSP – Relator Des. Nigro Conceição – j. 09/02/95.

Rejeição da representação pelo descumprimento do art. 179 do ECA – Recurso do Ministério Público – Improvimento.

Apelação Cível nº 20.136-0/7 – Comarca de Itú – TJSP – Relator Des. Yussef Cahali – j. 13/10/94.

Oitiva informal – Art. 179 – Representação rejeitada – Recurso – A oitiva não é pressuposto da ação – Sentença anulada.

Agravo de Instrumento nº 18.340-0/8 – Comarca de Jardinópolis – TJSP – Relator Des. Yussef Cahali – j. 28/07/94.

Agravo de Instrumento – Internação do adolescente autor de ato infracional para oitiva informal – Ônus do Ministério Público – Recurso improvido.

2.20 PRESCRIÇÃO/DECADÊNCIA

Apelação Cível nº 75.274-0/3 – Comarca de Boituva - TJSP - Rel. Des. Fábio Quadros - j. 02/07/01 – v.u.

Menor infrator. Furto. Internação. Recurso apontando a prescrição da ação e, no mérito, pugnando pela desclassificação do ato e medida mais branda. Natureza ressocializadora. Inaplicabilidade da prescrição. Inexistência de laudo para comprovar o arrombamento. Prova segura da autoria e materialidade da modalidade furto simples. Medida aplicada que não guarda observância à lei. Menor tecnicamente primário. Preliminar rejeitada. Recurso provido para alterar a natureza do ato e substituir a medida aplicada pela semi-liberdade, oficiando-se.

Apelação Cível nº 70.460-0/6 – Comarca de Peruíbe – TJSP – Relator Des. Sergio Gomes – j. 05/02/01.

Menor - Atos infracionais graves equivalentes a homicídio culposo e lesão corporal culposa – Inaplicável o instituto da prescrição prevista no Código Penal aos processos sob a égide do ECA, que visa a reeducação e ressocialização e não aplicação de pena – Autoria e materialidade comprovadas – Fixação, na época, das medidas de advertência, prestação de serviços à comunidade e reparação de danos, ante a gravidade dos fatos – Todavia, já tendo o apelante completado 21 anos, não é mais possível a aplicação de medida sócio-educativa e, no mais, improvido.

Apelação Cível nº 68.336-0/0 – Comarca de São Bento do Sapucaí – TJSP – Relator Des. Fábio Quadros – j. 22/01/01.

Menor infrator – Injúria - Liberdade assistida e medidas protetivas - Recurso apontando ocorrência de decadência e, no mérito, pugnando pela absolvição das infratoras - Inaplicabilidade da decadência e prescrição em sede de infância e juventude porque não se persegue punição e sim ressocialização - Precedentes da Câmara Especial - No mérito, restou apenas a palavra da vítima contra a das menores - Fatos que teriam ocorrido em acalorada discussão envolvendo menores, vítima e sua filha - Falta de prova que deve ser reconhecida - Preliminar rejeitada e recurso provido para absolver as menores.

Recurso Especial nº 241.477 – São Paulo – STJ – Relator Min. Felix Fischer – j. 08/06/00.

Estatuto da Criança e do Adolescente - Recurso Especial - Remissão e medida sócio-educativa – Cumulação – Prescrição. I – A remissão concedida pelo Parquet pode vir a ser acompanhada de medida sócio-educativa aplicada pelo juiz, observado o disposto no art. 127 do ECA, II - As medidas sócio-educativas perdem a razão de ser com o decurso de tempo. Conseqüentemente, a fortiori, tratando-se de menores, é de ser aplicado o instituto da prescrição. Recurso prejudicado.

Apelação Cível nº 46.066-0/7 – Comarca de Amparo – TJSP – Relator Des. Rebouças de Carvalho – j. 25/02/99.

Menor - Medidas sócio-educativas - Inaplicabilidade do instituto da prescrição - Inexistência de analogia entre a pena prevista no Código Penal e as medidas de reeducação estabelecidas pelo ECA - Impossibilidade de extinção da medida pelo simples transcurso de longo prazo entre a data de sua imposição e o início de sua execução - Recurso provido.

Apelação Cível nº 46.049-0/0 – Comarca de Amparo – TJSP – Relator Des. Rebouças de Carvalho – j. 25/02/99.

Menor - Medidas sócio-educativas - Inaplicabilidade do instituto da prescrição - Inexistência de analogia entre a pena prevista no Código Penal e as medidas de reeducação estabelecidas pelo ECA - Impossibilidade de extinção da medida pelo simples transcurso de longo prazo entre a data de sua imposição e o início de sua execução - Recurso provido.

Apelação nº 2.418-2 – Comarca de São Mateus do Sul – TJPR – Relator Des. Dilmar Kessler – j. 21/12/98.

Direito da infância e da juventude - Medida sócio-educativa - Prescrição retroativa inaplicável - Culpa demonstrada - Recurso de apelação a que se nega provimento - Extinção do procedimento por atingimento da idade limite de sujeição ao estatuto da criança e do adolescente - Inaplicáveis no Direito da Infância e da Juventude os prazos de prescrição do Código Penal, dada a diversidade da natureza de uma e outra legislação - Culpa exclusiva da vítima não demonstrada pelo apelante - Recurso a que se nega provimento - Representado que completou 21 anos de idade - Extinção do procedimento.

Apelação Cível nº 30.884-0/8 – Comarca de Porto Feliz – TJSP – Relator Des. Pereira da Silva – j. 12/12/96.

Menor – Apedrejamento de vagões da FEPASA – Aplicação das medidas sócio-educativas de prestação de serviços à comunidade e obrigação de reparar o dano – Apelante sustenta ocorrência de prescrição e precariedade de provas – Prescrição não acolhida, pois em sede da Infância e Juventude (ECA) não há pretensão punitiva ou executória do Estado – Prova da autoria do ato infracional precária – Recurso provido.

Agravo de Instrumento nº 32.387-0/4 – Comarca de Cafelândia – TJSP – Relator Des. Luis de Macedo – j. 29/08/96.

Menor - Ato infracional - Inaplicabilidade das regras do Código Penal relativas à prescrição - Improvimento do agravo.

2.21 PRESENÇA DE ADVOGADO

Apelação Cível nº 69.486-0/1 – Comarca de Mogi Guaçu – TJSP – Relator Des. Fábio Quadros – j. 22/01/01.

Menor infrator - Atentado violento ao pudor - Liberdade assistida e acompanhamento psicológico - Recurso apontando nulidade processual diante da falta de defesa técnica desde o interrogatório e, no mérito, pela absolvição diante da precariedade da prova - Presença do advogado que não é obrigatória na audiência de apresentação para a qual foram os menores e responsáveis previamente citados e notificados - Confissão que se coaduna com as palavras da vítima e demais elementos de prova - Materialidade atestada por laudo de exame de corpo de delito - Preliminar rejeitada e recurso improvido.

Apelação Cível nº 69.491-0/4 – Comarca de Mogi Guaçu – TJSP – Relator Des. Jesus Lofrano – j. 15/01/01.

Menor – Ato infracional – Porte de entorpecentes – Prestação de serviços à comunidade – Preliminares – Rejeição – Citação irregular – Inocorrência – Ausência de defensor na audiência de apresentação – Desnecessidade – Inteligência do artigo 186 do ECA – Confissão corroborada por prova testemunhal – Recurso improvido.

Apelação Cível nº 66.164-0/0 – Comarca de Bauru – TJSP – Relator Des. Jesus Lofrano – j. 04/12/00.

Menor – Ato infracional – Furto – Preliminar – Rejeição – Ausência de defensor na audiência de apresentação – Inteligência do artigo 186 do ECA – Suficiência de prova da autoria – Manutenção da sentença – Recurso improvido.

Apelação Cível nº 63.056-0/6 – Comarca de Cotia - TJSP – Relator Des. Sérgio Gomes – j. 18/09/00.

Menor – Ato infracional grave equivalente a roubo duplamente qualificado – Concurso de agentes e emprego de arma de fogo – Preliminares repelidas – Não houve a ausência de curador na fase policial e a circunstância de a advogada ter sido intimada um dia antes para audiência de instrução e julgamento, não causou nenhum prejuízo, já que compareceu ao ato, exercendo os princípios constitucionais do contraditório e ampla defesa – Autoria e materialidade comprovadas – A medida sócio-educativa deve guardar nexo de proporcionalidade com o ato infracional praticado – Necessidade de internação, com aplicação do art. 122, inc. I, do ECA – Medida já cumprida e extinta – Matéria preliminar rejeitada e recurso prejudicado no que se refere à alteração da medida sócio-educativa.

Apelação Cível nº 45.676-0/3 – Comarca de Orlândia – TJSP – Relator Des. Cunha Bueno – j. 04/03/99.

Apelação – Audiência sem presença de advogado – Desistência pelo juízo da testemunha arrolada pela Defesa – Nulidade reconhecida – Recurso provido para anular o processo, não extensivo a adolescente regularmente defendido. Apelação – Ato infracional correspondente a furto qualificado – Adolescente com antecedentes – Prestação de serviços à comunidade mantida – Recurso improvido.

Apelação Cível nº 32.150-0/3 - Comarca de Barueri - TJSP - Relator Des. Luís de Macedo - j. 10/10/96.

ECA - Ato infracional - Internação provisória do suposto infrator - Prolação de sentença antes da expiração do prazo máximo de 45 dias - Impossibilidade de a advogada constituída comparecer à audiência - Realização desse ato com a nomeação de advogado ad hoc - Testemunhas arroladas pela defesa não encontradas - Informações acerca do paradeiro das testemunhas prestadas a destempo - Prolação de sentença sem a produção de tal prova - Inocorrência de nulidade processual - Habeas corpus anteriormente denegado - Recurso improvido.

2.22 PRESENÇA DO ADOLESCENTE

Agravo de Instrumento nº 78.427-0/4 – Comarca de Santos – TJSP – Relator Des. Hermes Pinotti – j. 19/04/01.

ECA – Apuração de ato infracional – Notificado o adolescente foi ele auscultado em audiência de apresentação, tendo o adolescente se evadido da unidade onde se encontrava "a posteriori", oportunidade em que decretou-se o sobrestamento do feito para a realização da instrução – Malferimento do regramento cogente, "ex vi" da inteligência dos artigos 152, 184, parágrafo 3º, 187 e 197 do Estatuto da Criança e do Adolescente – Necessária a expedição de mandado para condução coercitiva do adolescente e sua inquirição judicial, sobrestando-se o feito até a realização da audiência de apresentação, o que já não se sucede para a instrução, por falta de previsão legal extravagante, ante a sistemática processual eleita pelo legislador – Recurso conhecido e provido.

Apelação Cível nº 70.610-0/1 – Comarca de Osasco – TJSP – Relator Des. Nigro Conceição – j. 05/04/01.

Apelação Cível – Ato infracional grave – Roubo qualificado – Preliminar de cerceamento de defesa, por não ter sido apresentado em audiência, para no mérito postular improcedência ou medida em regime aberto – Inadmissibilidade – Ausência em Juízo não decorrente de falha deste, a par de existir confissão parcial do menor, não havendo qualquer cerceamento – Imposição de medida sócio-educativa de internação – Medida proporcional ao ato praticado – Pretensão de imposição de medida mais branda prejudicada, pela progressão superveniente à interposição do recurso – Recurso a que se nega provimento quanto à preliminar de cerceamento e pedido de improcedência, ficando prejudicado no que se refere à imposição de medida em regime aberto.

Apelação Cível nº 66.261-0/3 – Comarca de Campos do Jordão – TJSP – Relator Des. Hermes Pinotti – j. 18/01/01.

ECA - Apuração de ato infracional - A sentença,, reconhecendo o recorrente como autor de crime de furto, aplicou-lhe medida de internação, sem prazo determinado - Notificado o adolescente, ora recorrente, deixou ele de comparecer na audiência de apresentação, oportunidade em que decretou-se sua revelia e, em ato contínuo, designada foi audiência de instrução, debate e julgamento - Malferimento do regramento cogente, "ex vi" da inteligência dos artigos 184, parágrafo 3º, e 187 do Estatuto da Criança e do Adolescente - Necessária a expedição de mandado para condução coercitiva do adolescente e sua inquirição judicial, sobrestando-se o feito até então - Recurso conhecido e provido para anular a sentença, determinando a condução coercitiva do recorrente e sua inquirição, seguindo regular tramitação.

Agravo de Instrumento nº 46.078-0/1 – Comarca de São Paulo – TJSP – Relator Des. Yussef Cahali – j. 19/11/98.

Adolescente não comparece à audiência de apresentação - Magistrado determina o arquivamento dos autos até eventual provocação - Aplicação da norma do artigo 184, § 3º, e 187 do ECA - Agravo provido.

Apelação Cível nº 23.850-0/7 – Comarca de Itararé – TJSP – Relator Des. Dirceu de Mello – j. 15/08/96.

Procedimento para apuração de ato infracional - Pretendida nulidade da sentença, por não haver sido determinada a condução coercitiva do adolescente, que não compareceu a audiência de instrução e julgamento - Nulidade, contudo, inexistente - Providência que somente se exige na hipótese do art. 187, da L. Fed. 8.069/90. Preliminar afastada - Procedimento para apuração de ato infracional – Imposição, aos adolescentes, da medida sócio-educativa de prestação de serviços à comunidade – Indispensabilidade de fixação do prazo de duração da medida e tempo da jornada - Recurso provido para esse fim.

2.23 PROVA

Apelação Cível nº 69.126-0/0 – Comarca de Taquaritinga – TJSP – Relator Des. Jesus Lofrano – j. 15/01/01.

Menor – Ausência de prova da materialidade do ato infracional – A não juntada do cheque aos autos não implica na falta de materialidade da infração, em razão dos princípios que norteiam o ECA, bastando à demonstração da materialidade outros dados, como auto de exibição e apreensão – A prova revela que os apelantes pretendiam mesmo passar adiante o cheque de terceiro, sabendo tratar-se de objeto furtado – Reparação de dano – Manutenção da sentença – Recurso improvido.

Apelação Cível nº 68.726-0/0 – Comarca de Santos – TJSP – Relator Des. Sérgio Gomes 0- j. 08/01/01.

Menor – Ato infracional grave equivalente a tentativa de homicídio qualificado – Prova frágil no sentido de demonstrar a autoria – Nenhuma das testemunhas presenciou os fatos, trazendo tão somente informações de terceiros desconhecidos – Apenas elementos de prova que não fornecem a segurança necessária, para a imputação à adolescente de tão grave ato – Aplicação do princípio in dubio pro reo – Recurso provido.

Apelação Cível nº 53.708-0/4 – Comarca de São Paulo - TJSP - Rel. Des. Gentil Leite - j. 10/02/00 – v.u.

Menor - Internação - Alegação de falta de provas - Crimes cometidos mediante grave ameaça - Desnecessidade de exame de corpo de delito - Confissão do adolescente - Procedência da representação mantida - Manutenção da internação em razão da gravidade do ato infracional – Recurso improvido.

Apelação Cível nº 49.588-0/0 – Comarca de São Paulo - TJSP - Rel. Des. Yussef Cahali - j. 09/12/99 – v.u.

Menor - Prática do ato infracional negada em interrogatório - Irrelevância - Participação do adolescente confirmada pelas demais provas constantes dos autos - Representação acolhida -Internação - Pretendida aplicação de medida mais branda - Inadmissibilidade - Antecedentes e ausência de apoio familiar que autorizam a manutenção da medida aplicada (artigo 122, I do ECA) - Reiteração no cometimento de outros atos infracionais - Recurso não provido.

Apelação Cível nº 46.094-0/4 – Comarca de São Paulo – TJSP – Relator Des. Cunha Bueno – j. 22/04/99.

Ato infracional – Prova controvertida – Improcedência mantida – Recurso improvido.

Apelação Cível nº 31.274-0/1 – Comarca de Campinas – TJSP – Relator Des. Cunha Bueno – j. 05/09/96.

Ato infracional – Não identificação da vítima – Não comprovação da existência do fato – Improcedência da representação – Recurso provido.

Apelação Cível nº 23.275-0/2 – Comarca de São Paulo – TJSP – Relator Des. Yussef Cahali – j. 25/05/95.

Atos infracionais graves – Representação julgada improcedente – Recurso do Ministério Público – A participação secundária do adolescente que pertence a grupo racista, radical e violento, ficou evidenciada – Os fatos não podem ser avaliados com o mesmo enfoque da Justiça Criminal – Recurso provido para a aplicação da medida de liberdade assistida, pelo prazo mínimo de seis meses.

2.24 MANUTENÇÃO DE ADOLESCENTE EM REPARTIÇÃO POLICIAL

Agravo de Instrumento nº 30.801-0/0 – Comarca de São José dos Campos – TJSP – Relator Des. Cerqueira Leite – j. 20/06/96.

Agravo de Instrumento - Liberação de adolescentes infratores custodiados em cela especial de Cadeia Pública, por motivo de desativação e falta de fornecimento de refeições - Decisão genérica, carente de fundamentação, sem atender à condição peculiar de cada adolescente - Provimento do recurso do Ministério Público.

Agravo de Instrumento nº 31.035-0/1 – Comarca de São Jose dos Campos – TJSP – Relator Des. Cerqueira Leite – j. 20/06/96.

Agravo de Instrumento – Liberação de adolescentes infratores custodiados em cela especial de Cadeia Pública, por motivo de desativação e falta de fornecimento de refeições – Decisão genérica, carente de fundamentação, sem atender a condição peculiar de cada adolescente – Provimento do recurso do Ministério Público.

2.25 REJEIÇÃO DE REPRESENTAÇÃO

Apelação Cível nº 72.833-0/3 – Comarca de Sumaré – TJSP – Relator Des. Jesus Lofrano – j. 16/04/01.

Menor – Ato infracional – Rejeição da representação – Recurso provido para receber a representação, retomando o procedimento seu curso regular.

Apelação Cível nº 71.231-0/9 – Comarca de Sumaré – TJSP – Relator Des. Jesus Lofrano – j. 16/04/01.

Menor - Ato infracional - Rejeição da representação - Recurso provido para receber a representação, retomando o procedimento seu curso regular - A representação não tem como pressuposto ou condição de procedibilidade a oitiva informal do adolescente, na medida em que pode estar amparada em outros elementos de convicção - Se o Ministério Público se vê diante de algo que o impeça de ouvir o adolescente, cabe ao Judiciário, diante das circunstâncias que se apresentarem, dar ao procedimento o necessário equilíbrio, possibilitando que ele se desenvolva regularmente, a fim de viabilizar a apuração dos fatos em prol dos interesses do jovem e da sociedade.

Apelação Cível nº 71.410-0/6 – Comarca de Sumaré – TJSP – Relator Des. Fábio Quadros – j. 02/04/01.

Menor infrator - Rejeição da representação por ausência de oitiva informal da menor perante o representante do Ministério Público - Parecer da Procuradoria Geral de Justiça opinando pelo provimento do recurso - Oitiva que não é requisito para o oferecimento da representação - Recurso provido, dando-se prosseguimento ao feito.

Apelação Cível nº 70.819-0/5 – Comarca de Atibaia – TJSP – Relator Des. Fábio Quadros – j. 19/02/01.

Menor - Ato infracional equivalente à contravenção do art. 32 da LCP - Coexistência da contravenção com as novas disposições do Código Brasileiro de Trânsito (Lei 9.503/97) - Contravenção que indica ação voluntária (mera conduta) e possibilidade de dano, enquanto que o delito tratado no art. 309 do CBT exige a ocorrência de risco efetivo de dano - Recurso pretendendo a reforma da decisão de rejeição liminar da representação embasada na argumentação de que a conduta descrita apenas reflete infração administrativa - Duas ordens distintas de responsabilidade, a administrativa e a penal - Recurso provido para afastar a rejeição pelas razões nele expostas, prosseguindo o feito em seus regulares termos.

Apelação Cível nº 70.016-0/0 – Comarca de Sumaré – TJSP – Relator Des. Fábio Quadros – j. 19/02/01.

Menor infrator - Rejeição da representação - Ausência de oitiva informal do menor perante o representante do Ministério Público – Desnecessidade - Oitiva que não é requisito para o oferecimento da representação - Recurso provido, dando-se prosseguimento ao feito.

Apelação Cível nº 68.162-0/6 – Comarca de Palmeira D'Oeste – TJSP – Relator Des. Fábio Quadros – j. 22/01/01.

Menor infrator - Representação que cuida de ato infracional já apreciado e decidido em anterior procedimento verificatório - Decisão de rejeição da representação com fulcro no artigo 43, inciso II do Código de Processo Penal - Recurso pretendendo reforma sob a luz do artigo 409 do mesmo estatuto processual – Inadmissibilidade - Aplicação subsidiária permitida pelo Estatuto da Criança e do Adolescente das normas processuais que se revistam de caráter geral (artigo 152) e não especial como é o caso do artigo 409 do Código de Processo Penal, que está na competência dos processos do Júri - Acerto da decisão - Recurso improvido.

Apelação Cível nº 67.253-0/4 – Comarca de Sumaré – TJSP – Relator Des. Sérgio Gomes – j. 08/01/01.

Menor – Ato infracional grave equivalente a atentado violento ao pudor – Jovem encontra-se em lugar incerto e não sabido – Sentença que rejeitou representação , por não ter sido realizada a oitiva informal do adolescente – Inadmissibilidade – O Ministério Público pode oferecer representação sem a realização da oitiva informal, já que não foi localizado, fundamentando-se nos demais elementos de prova que tem à sua disposição – Recurso provido, para que a representação seja recebida e o procedimento tenha regular trâmite.

Apelação Cível nº 48.595-0/5 – Comarca de Amparo – TJSP – Relator Des. Oetterer Guedes – j. 02/09/99.

Menor - Ato infracional – Porte ilegal de drogas – Rejeição da representação oferecida pelo Promotor de Justiça pela falta do laudo de constatação que, entretanto, foi juntado aos autos logo após – Interpretação do artigo 182, § 2º, do ECA – Desnecessidade de prova completa da materialidade para oferecimento de representação – Formalismo excessivo que prejudica o direito que o adolescente tem de ver prontamente apuradas as acusações contra ele efetuadas – Recurso provido.

Apelação Cível nº 36.054-0/4 – Comarca de Santos – TJSP – Relator Des. Cuba dos Santos – j. 08/05/97.

Ato Infracional – Representação – Indeferimento por falta de requisitos formais – Inteligência do artigo 194 do ECA, que dispensa a exigência de rigorismo formal – Identificação pessoal dos representantes legais da representada e atribuição de valor à causa que não podem ser exigidos – Peça que especifica a natureza e as circunstâncias da infração – Recurso provido.

Apelação Cível nº 28.103-0/5 – Comarca de Itú – TJSP – Relator Des. Carlos Ortiz – j. 05/09/96.

Menor - Ato infracional - Rejeição de representação por falta de justa causa - Adolescente surpreendido acompanhando pessoa que portava espingarda de pressão - Inocorrência de disparos ou danos - Menor que sequer figurou como averiguado no boletim de ocorrência policial lavrado por ocasião dos fatos, mas como testemunha - Ausência sequer de indícios da prática de ato infracional. - Hipótese de rejeição - Recurso não provido.

Apelação Cível nº 27.768-0/1 – Comarca de São Paulo – TJSP – Relator Des. Luís de Macedo – j. 25/07/96.

Apelação Cível – Ato infracional – Não recebimento da representação, sob o fundamento de ser inepta, além de que o fato já se tornou "corriqueiro"- Inadmissibilidade – Provimento do recurso.

Apelação Cível nº 27.921-0/0 – Comarca de São Paulo – TJSP – Relator Des. Oliveira Passos – j. 18/07/96.

Menor surpreendido dirigindo veículo automotor - Representação rejeitada porque não há consenso popular quanto à ilicitude do ato; porque não demonstrada a imperícia do menor; porque a apreensão do veículo e encaminhamento do menor à Delegacia de Polícia já lhe serviram de lição; porque insignificante o ato – Inadmissibilidade - Conduta que em tese caracteriza ato infracional - Apelação provida para recebimento da representação.

Apelação Cível nº 25.704-0/6 – Comarca de São Paulo – TJSP – Relator Des. Dirceu de Mello – j. 28/03/96.

Menor - Ato infracional - Não recebimento de representação, sob o fundamento de que o fato já se tornou "corriqueiro" – Inadmissibilidade - Recurso provido.

Apelação Cível nº 23.682-0/0 – Comarca de São Paulo – TJSP – Relator Des. Lair Loureiro – j. 25/05/95.

Menor - Ato infracional - Direção de veículo sem habilitação - Não recebimento da representação sob fundamento de que tal conduta tornou-se corriqueira e perdeu o caráter ilícito no consenso popular, desaparecendo desta forma a punibilidade - Inadmissibilidade - O cometimento reiterado de uma conduta prevista em lei como infração penal não a legitima, eis que costume não é fonte de direito penal, não podendo ser utilizado na sua aplicação – RP.

Apelação Cível nº 17.743-0/0 – Comarca de Campinas – TJSP – Relator Des. Lair Loureiro – j. 20/05/93.

Representação rejeitada em razão de ausência de oitiva preliminar – Recurso do Ministério Público – Processo anulado para que sejam integralmente cumpridos os artigos 179 e 180 do ECA.

2.26 REMISSÃO

Apelação Cível nº 72.961-0/7 – Comarca de São Paulo – TJSP – Relator Des. Jesus Lofrano – j. 16/04/01.

Menor - Ato infracional - Receptação - Remissão - Concessão prematura - Recurso provido. O fato de o apelado já estar inserido em liberdade assistida decorrente de outro procedimento não possui o condão de obstar a imposição de nova medida pela prática de ato infracional diverso. O ato infracional equivalente a receptação e os antecedentes do adolescente recomendavam sua oitiva e a realização da audiência em continuação, a fim de possibilitar que o procedimento se desenvolvesse em toda sua amplitude, de molde a permitir a colheita de mais dados em prol de julgamento justo, respeitado o interesse da sociedade e o do menor.

Apelação Cível nº 72.528-0/1 – Comarca de São Paulo – TJSP – Relator Des. Sérgio Gomes – j. 09/04/01.

Menor – Ato infracional equivalente ao artigo 309 do CTB – Sentença que, sem a oitiva judicial do adolescente, concedeu remissão cumulada com advertência – Inadmissibilidade – Ofensa ao devido processo legal – Parecer da procuradoria Geral de Justiça é pelo provimento – Recurso provido, com a anulação da sentença, para que o procedimento tenha regular trâmite.

Apelação Cível nº 71.717-0/7 – Comarca de São Paulo – TJSP – Relator Des. Nuevo Campos – j. 26/03/01.

Menor – Ato infracional equivalente ao crime de porte ilegal de arma de fogo – Concedida a remissão por se encontrar o adolescente inserido em regime de liberdade assistida em decorrência de execução de decisão proferida em outro processo – Recurso do Ministério Público. Preliminar – Nulidade – Inobservância do devido processo legal, ou seja, não realização de audiência de apresentação e prévia oitiva do Ministério Público – Ausência de fundamentação quanto à concessão da remissão – Inocorrência por ausência de prejuízo e por ter sido declinada a fundamentação quanto à remissão – A não realização da audiência de apresentação não pode ser considerada, sequer, como causa de cerceamento de defesa, pois a solução do feito foi favorável ao apresentado – A oferta de representação, por parte do d. representante do Ministério Público, evidenciou seu posicionamento contrário à concessão da remissão – A fundamentação da r. sentença apelada consistiu em reconhecer a inoportunidade de aplicação de nova medida sócio-educativa ao adolescente. Mérito – Ausência dos pressupostos necessários à concessão da remissão – Procede o inconformismo ministerial

– Remissão, por implicar em perdão ou mitigação dos efeitos da prática infracional, exige circunstâncias favoráveis ao adolescente, o que não ocorre no caso em tela – O menor, ao cometer o grave ato infracional gerador do presente processo, estava sendo submetido à execução de medida sócio-educativa decorrente de envolvimento anterior em grave ato infracional – Em que pese não estar caracterizada, tecnicamente, a existência de antecedente, por ausência de definitividade da decisão anterior, não é o caso de concessão da remissão – Impõe-se a rescisão do r. decisório de primeiro grau para continuidade do feito – Matéria preliminar rejeitada e apelo provido.

Apelação Cível nº 71.353-0/5 – Comarca de São Paulo – TJSP – Relator Des. Nuevo Campos – j. 26/03/01.

Menor – Ato infracional equivalente ao crime de roubo duplamente agravado em razão do emprego de arma e do concurso de agentes – Concedida a remissão sob o fundamento de que, em outro feito, o menor já se encontra inserido em regime de internação – Recurso do Ministério Público – Pugna pela continuidade do processo – Admissibilidade – Remissão como forma de extinção ou de suspensão do processo tem natureza de perdão ou mitigação das conseqüências da prática infracional – Incabível, portanto, sua concessão sob o fundamento declinado – Ademais a r. decisão que em outro processo aplicou ao adolescente medida sócio-educativa de internação ainda não é definitiva – Apelo provido.

Apelação Cível nº 70.237-0/9 – Comarca de São Paulo – TJSP – Relator Des. Sérgio Gomes – j. 05/02/01.

Menor – Ato infracional equivalente a roubo duplamente qualificado – Sentença que, sem a realização da oitiva judicial do adolescente, concedeu remissão – Ausência também de manifestação do Ministério Público – Inadmissibilidade – Ofensa ao devido processo legal – Recurso provido, com a anulação da sentença, para que o procedimento tenha regular trâmite.

Apelação Cível nº 68.444-0/3 – Comarca de Cubatão – TJSP – Relator Des. Nuevo Campos – j. 29/01/01.

Menor – Ato infracional equivalente ao crime de lesão corporal dolosa – Homologada remissão concedida pelo doutor Promotor de Justiça, e, em atendimento a pleito ministerial, foi aplicada, cumulativamente, medida sócio-educativa consistente em advertência – Recurso do adolescente – Pugna pelo reconhecimento de que não participou da prática infracional em tela – Procede o inconformismo – A remissão, como forma de exclusão do processo, tem natureza de perdão e, a teor do art. 126 do ECA, pressupõe a existência de evidência de que o menor tenha incidido em prática infracional, pressuposto que, no entanto, não se faz presente – A solução, portanto, que se apresenta como adequada à presente espécie, é o arquivamento dos autos nos termos do art. 180, I, do ECA – Apelo provido para determinar o arquivamento dos autos em relação ao apelante.

Apelação Cível nº 69.378-0/9 - Comarca de São Paulo - TJSP - Relator Des. Fábio Quadros - j. 22/01/01.

Menor infrator - Remissão concedida, sem a oitiva do Ministério Público, do menor e de seu representante, antes da realização da audiência de representação - Recurso ministerial pretendendo a reforma da decisão, determinando-se o prosseguimento do feito - Violação do artigo 186, § 1º do ECA - Nulidade da decisão - Recurso provido.

Apelação Cível nº 68.354-0/2 – Comarca de Presidente Prudente – TJSP – Relator Des. Jesus Lofrano – j. 15/01/01.

Menor – Ato infracional – Remissão – Adolescentes que apresentam extenso rol de antecedentes, envolvidos na prática de atos correspondentes a delitos contra o patrimônio, demonstrando grande envolvimento no meio infracional – Era caso de prosseguimento do feito, colhendo-se novas provas, a fim de possibilitar que o procedimento se desenvolvesse em toda sua amplitude, de molde a auxiliar o julgador na aferição da medida mais adequada na espécie – Remissão concedida de maneira prematura, sem que no processo existissem indicadores evidentes a justificá-la – Recurso provido para afastar a sentença, retomando o feito seu curso regular.

Apelação Cível nº 66.229-0/8 – Comarca de São Paulo – TJSP – Relator Des. Jesus Lofrano – j. 04/12/00.

Menor – Ato infracional – Roubo qualificado – Suficiência de prova da autoria em relação a T. – Aplicação de medida sócio-educativa mais branda – Inadmissibilidade – A remissão não remanesce em relação a R., no sentido de que pode ser aplicada em qualquer fase do procedimento, mas antes da sentença – Inteligência do art. 188 do ECA – Recurso parcialmente provido.

Apelação Cível nº 65.982-0/6 – Comarca de Presidente Prudente – TJSP – Relator Des. Jesus Lofrano – j. 04/12/00.

Menor – Ato infracional – Tentativa de furto – Remissão – O magistrado não se dissociou do escopo ressocializador do Estatuto, pois já surtia efeito sobre o jovem liberdade assistida aplicada aproximadamente um mês antes da sentença – Viabilidade do desfecho dado à causa, pois o que o julgador deve verificar é se o adolescente necessita de outra medida consentânea – Recurso improvido.

Apelação Cível nº 64.489-0/9 – Comarca de Presidente Prudente – TJSP – Relator Des. Fábio Quadros – j. 20/11/00.

Menor infrator – Remissão concedida pelo magistrado antes da apresentação dos menores e de ouvir o Ministério Público – Ofensa ao devido processo legal – Decisão anulada – Recurso ministerial provido para tanto.

Apelação Cível nº 64.381-0/6 – Comarca de Presidente Prudente – TJSP – Relator Des. Sérgio Gomes – j. 23/10/00.

Menor – Ato infracional equivalente a furto – Sentença que, sem receber a representação e designar audiência de apresentação do adolescente, concedeu remissão – Ausência de manifestação do Ministério Público – Inadmissibilidade – Ofensa ao devido processo legal – Recurso provido, com a anulação da sentença, para que o procedimento tenha regular trâmite.

Apelação Cível nº 59.860-0/0 – Comarca de Atibaia – TJSP – Relator Des. Fonseca Tavares – j. 05/10/00.

Menor – Apelação do Ministério Público – Sentença que não homologou remissão ministerial, nem aplicou medida sócio-educativa – Prática do artigo 32 da LCP – Dirigir veículo sem habilitação e sem causa efetivo perigo de dano – conduta penalmente típica – Não derrogação do art. 32 da LCP pelo art. 309 do novo Código de Trânsito Brasileiro – Possibilidade de cumulação de remissão – medida sócio-educativa de advertência – Sentença reformada – Recurso provido.

Apelação Cível nº 55.925-0/9 – Comarca de São Paulo – TJSP – Relator Des. Hermes Pinotti – j. 10/08/00.

Ato infracional de adolescente – Remissão concedida pelo Magistrado após recebimento da representação e antes da audiência de apresentação – Impossibilidade de incidência da remissão judicial antes da audiência primeira – Cabe a remissão em qualquer momento antes da sentença (art. 188 do ECA), mas sempre após a audiência de apresentação, em conformidade com o disposto no artigo 186, "caput" e § 1º, do ECA – Provido o recurso para anular a sentença.

Apelação Cível nº 57.804-0/1 – Comarca de Botucatu – TJSP – Relator Des. Nigro Conceição – j. 13/07/00.

Apelação – Ato infracional equiparado a homicídio doloso – Sentença em que, após instrução e produzidos memoriais de alegações finais, aplica remissão cumulada com liberdade assistida – Apelação em que objetiva anulação da decisão, por não ter sido ouvido previamente o Ministério Público – Admissibilidade – Inteligência dos arts. 126, parágrafo único, 186, § 1º, 188 e 204, do Estatuto da Criança e do Adolescente – Sentença anulada – Apelação provida.

Recurso Especial nº 221.337 – São Paulo – STJ – Relator Min. Vicente Leal – j. 23/05/00.

Estatuto da criança e do Adolescente - Recurso Especial - Remissão e medida sócio-educativa – Cumulação – Possibilidade - Não há porque entender incompatíveis entre si a remissão concedida pelo Ministério Público e a aplicação de medida sócio-educativa aplicada pelo juiz, vez que plenamente constitucional o disposto no art. 127 da Lei 8.069/90 - Precedentes do Superior Tribunal de Justiça. - Recurso especial conhecido e provido.

Recurso Especial nº 191.175 – São Paulo – STJ – Relator Min. Fernando Gonçalves – j. 14/09/99.

Penal - Estatuto da Criança e do Adolescente (Lei 8.069/90) - Art. 127 –

Remissão - Medida sócio-educativa – Cumulação – Ausência - Constrangimento Ilegal.
1 – Não há falar em constrangimento ilegal decorrente da homologação pelo Juiz de remissão concedida pelo Ministério Público, simultaneamente à aplicação de medida sócio-educativa – Prestação de serviços à comunidade, ante a possibilidade de sua cumulação, ex vi do art. 127 do Estatuto da Criança e do Adolescente - Precedentes.
2- Recurso especial não conhecido.

Recurso Especial nº 175.793 – São Paulo – STJ – Relator Min. José Arnaldo da Fonseca – j. 02/09/99.

Estatuto da Criança e do Adolescente – Remissão - Momento próprio - Representação (arts. 182, 184, 186, par. 1º, e 188 do ECA).

A remissão, uma vez oferecida a representação, pode ser concedida a qualquer tempo antes da sentença, mas sempre após a audiência de apresentação, ouvido o ministério público - Recurso conhecido e provido.

Apelação Cível nº 46.958-0/8 – Comarca de São Paulo – TJSP – Relator Des. Álvaro Lazzarini – j. 19/08/99.

Ato infracional de adolescente – Remissão concedida na mesma decisão que recebe a representação ofertada pelo Ministério Público, com aplicação da medida de advertência. Ofensa ao "due process of Law" configurada - Cientificação do menor, seus pais ou responsável, audiência de apresentação e oitiva do Ministério Público, que não podem ser dispensadas. A cientificação do teor da representação e a apresentação do menor idealizada pelo legislador se mostram indispensáveis para assegurar àquele a presença do Estado-Juiz, cuja proximidade com seus jurisdicionados deve ser sempre incentivada, e importa em garantia constitucional que não pode ser afastada - Precedentes desta Câmara Especial - Apelação do Ministério Público a que se dá provimento.

Apelação Cível nº 47.846-0/4 – Comarca de São Paulo – TJSP – Relator Des. Álvaro Lazzarini – j. 22/04/99.

Ato infracional de adolescente – ECA – Remissão do artigo 186 § 1º do ECA concedida pelo Juiz da própria formação do procedimento – Impossibilidade – Sentença nula – Apelação do Ministério Público a que se dá provimento, para que outra sentença seja proferida, depois de observado o devido processo legal.

Apelação Cível nº 47.571-0/9 – Comarca de Praia Grande – TJSP – Relator Des. Rebouças de Carvalho – j. 25/02/99.

Menor – Apelação interposta pela vítima contra decisão que homologa remissão concedida pelo Ministério Público – Possibilidade – Aplicação no ECA do sistema recursal previsto no CPC que admite o recurso de terceiro interessado – Remissão – concessão cabível – Observância dos princípios contidos no artigo 126 do ECA – Recurso conhecido, mas improvido.

Apelação Cível nº 45.761-0/1 – Comarca de São Paulo – TJSP – Relator Des. Djalma Lofrano – j. 19/11/98.

Nulidade – Ato infracional – Tráfico de entorpecentes – Concessão de remissão após o recebimento da representação – Medida que pode ser concedida pelo magistrado em qualquer fase do procedimento – Inteligência dos artigos 127 e 188, do ECA – Recurso não provido – Nulidade – Inobservância do devido processo legal – Ministério Público que não tem interesse de suscitar vício que não lhe aproveita – Menor interessado que deve pleitear o reconhecimento de eventual nulidade – Recurso improvido.

Apelação Cível nº 45.554-0/7 – Comarca de São Paulo – TJSP – Relator Des. Oetterer Guedes – j. 19/11/98.

Menores – Ato infracional – Lesão Corporal – Concessão de remissão após recebimento da representação – Decisão revestida das formalidades necessárias – Medida que pode ser aplicada pelo magistrado em qualquer fase do procedimento, antes da sentença – Artigo 188 do ECA – Preliminar rejeitada – Recurso não provido.

Apelação Cível nº 45.552-0/8 – Comarca de São Paulo – TJSP – Relator Des. Djalma Lofrano – j. 12/11/98.

Nulidade – Sentença – Ausência dos requisitos – Inocorrência – Decisão sucinta que concedeu a remissão e não abordou o mérito, revestindo-se das formalidades necessárias – Preliminar rejeitada – Nulidade – Falta de intervenção do Ministério Público – Inocorrência – Promotor de Justiça que ofereceu representação ao invés de propor a remissão – Opção por uma das hipóteses do art. 180, do ECA – Preliminar rejeitada – Menor – Ato infracional – Uso pretérito de entorpecente – Concessão de remissão após o recebimento da representação – Medida que pode ser concedida pelo magistrado em qualquer fase do procedimento – Inteligência dos artigos 127 e 188, do ECA – Recurso não provido.

Apelação Cível nº 44.011-0/2 – Comarca de Santo Anastácio – TJSP – Relator Des. Oetterer Guedes – j. 01/10/98.

Menor – Ato infracional – Furto – Remissão concedida pelo Ministério Público com proposta de cumulação com medida sócio-educativa de advertência – Decisão que homologou tão somente a remissão, entendendo inadmissível tal cumulação – Recurso do Ministério Público – Respeito ao devido processo legal verificado – Ausência de irregularidade na cumulação de medida, que pode ser concedida segundo previsão legal – Inteligência do artigo 127 do ECA – Hipótese dos autos que recomenda a cumulação – Personalidade do adolescente, que trabalha, está integrado à sua família e não apresenta qualquer antecedente infracional aponta a suficiência da advertência como medida a ser aplicada – Recurso provido.

Apelação Cível nº 45.247-0/6 – Comarca de São Paulo – TJSP – Relator Des. Álvaro Lazzarini – j. 24/09/98.

Ato infracional de adolescente – ECA – Remissão do artigo 186 § 1º do ECA concedida pelo Juiz antes da própria formação do procedimento – Impossibilidade – Sentença nula – Apelação do Ministério Público a que se dá provimento, para que outra sentença seja proferida, depois de observado o devido processo legal.

Apelação Cível nº 44.537-0/2 – Comarca de Águas de Lindóia – TJSP – Relator Des. Alves Braga – j. 20/08/98.

Menor – Remissão – Possibilidade de sua concessão pelo magistrado, cumulativamente com medida sócio-educativa de prestação de serviços à comunidade – Inexistência de ofensa ao princípio constitucional do devido processo legal – Exegese dos art. 127 e 188 do ECA – Recurso provido.

Apelação nº 45-3/98 – Comarca de Ponta Grossa – TJPR – Relator Des. Newton Luz – j. 06/04/98.

Remissão concedida pelo Ministério Público com medida sócio-protetiva acordada – Sentença homologatória que a substitui – Recurso provido – A remissão não se caracteriza pela imposição, mas, pelo ajuste, com aceitação voluntária, de medida de proteção ou sócio-educativa. Logo, assim concedida, sua homologação não pode inovar, impondo medida diferente daquela acordada.

Apelação Cível nº 38.242-0/7 – Comarca de Guarulhos – TJSP – Relator Des. Carlos Ortiz – j. 31/07/97.

Menores - Ato infracional grave - Roubo qualificado - Remissão concedida no curso da instrução em virtude dos infratores terem atingido a maioridade - Recurso do Ministério Público - Descabimento da remissão no caso presente ante a gravidade do ato praticado - Possibilidade do cumprimento de medida que eventualmente venha a ser imposta - Conveniência da realização da instrução - Recurso provido.

Recurso Especial nº 122.193 – São Paulo – STJ – Relator Min. Felix Fischer – j. 23/06/97.

Estatuto da Criança e do Adolescente – Remissão – Momento próprio – Representação (arts. 182, 184, 186, § 1º, e 188 do ECA) – A remissão, uma vez oferecida a representação, pode ser concedida a qualquer tempo antes da sentença, mas sempre após a audiência de apresentação, ouvido o Ministério Público – Recurso conhecido e provido.

Apelação Cível nº 31.482-0/0 – Comarca de São Joaquim da Barra – TJSP – Relator Des. Prado de Toledo – j. 26/12/96.

Apelação Cível – Autoria de infração devidamente comprovada – Remissão concedida com necessidade de aplicação cumulativa de medida sócio-educativa – Improvimento do recurso.

Apelação Cível nº 30.542-0/8 – Comarca de São Paulo – TJSP – Relator Des. Oliveira Passos – j. 12/09/96.

Menor – Prática de ato infracional – Remissão concedida pelo magistrado antes da audiência de apresentação – Inadmissibilidade – Apelação do Ministério Público provida.

Apelação Cível nº 22.016-0/4 – Comarca de Mairiporã – TJSP – Relator Des. Sabino Neto – j. 19/01/95.

Remissão cumulada com advertência concedida pelo Ministério Público – Juiz concede remissão com exclusão da medida – Recurso do Promotor de Justiça com pedido de homologação do ato por ele praticado – Provimento do recurso para homologar a remissão.

2.27 REPRESENTAÇÃO DO OFENDIDO

Apelação Cível nº 66.140-0/1 – Comarca de São Bento do Sapucaí – TJSP – Relator Des. Nuevo Campos – j. 11/12/00.

Menores - Ato infracional equivalente, ao crime de ameaça - Aplicada medida sócio-educativa consistente em liberdade assistida - Recurso das adolescentes - Pugnam, preliminarmente, pela extinção do feito por ter ocorrido a decadência do direito de representação - Em relação ao mérito, pugnam pela improcedência do pedido inicial - Preliminar levantada pela Doutora Procuradora de Justiça - Conversão do julgamento em diligência para cumprimento do disposto no art. 198, VII, do ECA - Desnecessidade - Manutenção da r. sentença recorrida está implícita no r. despacho de remessa dos autos a este Eg. Tribunal de Justiça - Preliminar levantada pela defesa - Extinção do feito por verificação da decadência do direito de representação - Aplicação das normas processuais penais ao presente procedimento é de natureza subsidiária e desde que compatíveis com sua natureza jurídica - Trata-se o presente de ação sócio-educativa pública, de caráter não penal, destinada a apurar ato infracional e aplicar, se o caso, medida sócio-educativa, medida está voltada à defesa social e à reinserção do menor no convívio do processo penal, destinam-se a impor limites ao exercício do direito de punir estatal, institutos incompatíveis, portanto, com a ação sócio-educativa pública - Mérito - Prova insuficiente para a procedência da inicial - Há nos autos, tão somente, as versões contraditórias das adolescentes e da vítima - Rejeitadas as preliminares, apelo provido.

Apelação Cível nº 34.490-0/9 – Comarca de Santos – TJSP – Relator Des. Luís de Macedo – j. 12/12/96.

Agravo retido - Objetivo contido nas próprias razões de apelação - Recurso inócuo, de que não se toma conhecimento - Menor - Prática de ato infracional correspondente a crime em relação ao qual se exige representação da vítima - Não aplicação do princípio em razão da diversidade de enfoques entre crime e contravenção, de um lado, e ato infracional, de outro - Argüição de nulidade rejeitada - Menor - Cumulação de remissão com medida sócio-educativa de prestação de serviços à comunidade – Possibilidade - Afronta ao princípio da ampla defesa não caracterizada - Ato infracional de mera conduta, admitida esta pelo apelante - Estado de necessidade não configurado - Recurso a que se nega provimento.

Apelação Cível nº 28.943-0/8 – Comarca de Osasco – TJSP – Relator Des. Pereira da Silva – j. 19/09/96.

Ato infracional equivalente ao crime de ameaça e tentativa de furto – Apuração independe de representação do ofendido – Preliminar rejeitada – Medida sócio-educativa de internação aplicada corretamente em razão do envolvimento em outros atos infracionais e descumprimento de liberdade assistida anteriormente imposta.

Apelação Cível nº 15.648-0/1 – Comarca de Ribeirão Bonito – TJSP – Relator Des. Cunha Camargo – j. 03/12/92.

Ato infracional equivalente ao crime de dano – Rejeição da representação por entender o Magistrado ser o dano delito de ação privada – O ECA não estabelece distinção e o objetivo é apurar a prática do ato infracional em si – Apelo provido para receber a representação do Ministério Público.

Habeas Corpus nº 15.163-0/8 – Comarca de São Paulo – TJSP – Relator Des. Onei Raphael – j. 23/04/92.

Menor – Medida sócio-educativa – Legitimidade do Ministério Público para requerer sua aplicação, independente de representação do ofendido – Inteligência dos arts. 181, III, e 182, § 1º, da Lei 8.069/90.

2.28 SEGREDO DE JUSTIÇA

Mandado de Segurança nº 71.321-0/0 – Comarca de São Paulo – TJSP – Rel. Des. Fonseca Tavares – j. 11/05/00 – v.u.

Mandado de Segurança – Sigilo de ato em procedimento judicial relativo a adolescente – Possibilidade de extração de cópias para instruir autos de processo criminal em que se apura o mesmo fato – Legitimidade e interesse do órgão do Ministério Público em solicitar cópias – Interpretação dos artigos 143 e 144 do ECA – Segurança concedida.

2.29 TESTEMUNHAS

Apelação Cível nº 29.599-0/4 – Comarca de São Paulo – TJSP – Relator Des. Prado de Toledo – j. 26/09/96.

Apelação cível - Cerceamento de defesa - Manifestação da defesa, na primeira oportunidade, solicitando a oitiva das testemunhas e vítima, em audiência de continuação, expondo os motivos ensejadores de seu pedido - De ter-se como se as tivesse arrolado - Indeferimento e prolação de sentença – Impossibilidade - Necessidade de respeito aos princípios da ampla defesa e do contraditório, consagrados na carta magna. provimento do recurso para anular a decisão.

2.30 DIVERSOS

Apelação Cível nº 67.476-0/1 – Comarca de São Paulo – TJSP – Relator Des. Sérgio Gomes – j. 08/01/01.

Menor - Ato infracional grave equivalente a roubo duplamente qualificado – Concurso de agentes e emprego de arma de fogo – Preliminar de nulidade da sentença repelida, pois não foi comprovado efetivo prejuízo e o magistrado não está vinculado às conclusões do relatório informativo da assistente social da FEBEM, já que formada convicção suficiente para o julgamento – Autoria e materialidade comprovadas – A medida sócio-educativa deve guardar nexo de proporcionalidade com a gravidade do ato infracional praticado – Necessidade, na época, de internação – Todavia, consta dos autos que houve a progressão para liberdade assistida, a qual foi cumprida e julgada extinta – Matéria preliminar rejeitada e recurso prejudicado em parte, no que se refere à alteração da medida sócio-educativa e, no mais, improvido.

Agravo de Instrumento nº 75.816-0/8 – Comarca de Sumaré – TJSP – Relator Des. Gentil Leite – j. 14/12/00.

Menor – Sindicância para apuração de ato infracional – Natureza judicial do feito – Competência da autoridade judiciária para autorizar a realização de atos processuais – Aplicação dos art. 179 do ECA e 200 do CPC – Recurso provido.

Apelação Cível nº 66.144-0/0 – Comarca de Socorro – TJSP – Relator Des. Nuevo Campos – j. 11/12/00.

Menor - Atos infracionais equivalentes ao crime de lesão corporal culposa e à contravenção penal consistente em falta de habilitação para dirigir veículo automotor - Aplicada medida sócio-educativa consistente na obrigação de reparar os danos decorrentes do fato em tela, o acidente automobilístico, no prazo de no prazo de seis, após o qual, se não cumprida, será substituída por liberdade assistida por um ano - Recurso do adolescente - Pugna pela concessão de remissão, sob o fundamento de que não concorreu com culpa para o acidente e de que não tem condições de suportar a medida aplicada - Inadmissibilidade - Procedência da inicial está demonstrada - Não estão presentes os pressupostos para a concessão da remissão - A impossibilidade de cumprimento da medida aplicada deve ser aferida quando da liquidação da r. sentença apelada - Apelo improvido.

Apelação Cível nº 65.848-0/5 – Comarca de Itanhaém – TJSP – Relator Des. Jesus Lofrano – j. 04/12/00.

Menor - Ato infracional - Roubo qualificado - Cerceamento de defesa - Inocorrência - O adolescente recebeu assistência de curadora nos atos judiciais em que esteve presente e exerceu em sua plenitude seu direito de defesa - Suficiência de prova da autoria - Reconhecimento pela vítima - A alegação de insuficiência da avaliação técnica não constitui motivo bastante a ocasionar desfecho contrário àquele dado à causa - Internação - Necessidade - Recurso improvido.

Apelação Cível nº 65.154-0/8 – Comarca de Franca – TJSP – Relator Des. Gentil Leite – j. 23/11/00.

Menor – Homicídio – Apelação visando a modificação de julgado que julgou procedente representação e aplicou aos adolescente medida sócio-educativa de internação – Alegação preliminar de nulidade do feito por vício na apreensão provisória dos menores e da sentença por ofensa ao artigo 381, II do CPP – Pedido no mérito de reconhecimento de ação em legitima defesa, ou alternativamente de aplicação de regime mais brando – Prejudicial de intempestividade de um dos apelos levantada pelo MP – Descabimento – Intenção de recorrer manifestada tempestivamente pelo adolescente – Falha do defensor dativo que não pode prejudicar o menor – Apreciação definitiva do feito que prejudica a análise da ordem de custódia provisória – Julgamento que examinou todas as teses sustentadas pela defesa – Inexistência de prejuízo aos recorrentes – Conduta dos infratores incompatível com a excludente alegada – Procedência da representação mantida – Extinção da medida relativamente a um dos infratores e fuga do outro da unidade educacional onde estava custodiado – Recursos improvidos em parte e no mais prejudicado.

Apelação Cível nº 59.223-0/4 – Comarca de Jarinu – TJSP – Relator Des. Fábio Quadros – j. 11/09/00.

Menor - Ato infracional equivalente à contravenção do art. 32 da LCP - Coexistência da contravenção com as novas disposições do Código Brasileiro de Trânsito (Lei 9.503/97) - Contravenção que indica ação voluntária (mera conduta) e possibilidade de dano, enquanto que o delito tratado no art. 309 do CBT exige a ocorrência de risco efetivo de dano - Recurso pretendendo a reforma da decisão de rejeição liminar da representação embasada na argumentação de que a conduta descrita apenas reflete infração administrativa - Duas ordens distintas de responsabilidade, a administrativa e a penal - Recurso provido para afastar a rejeição pelas razões nele expostas, prosseguindo o feito em seus regulares termos.

Agravo de Instrumento nº 68.700-0/2 – Comarca de São Paulo – TJSP – Relator Des. Álvaro Lazzarini – j. 27/04/00.

Menor - Remoção de adolescente cumprindo internação para instalações do Centro de Observação Criminológica (COC), destinado a maiores - Situação emergencial resultante de motim e destruição de unidade da FEBEM - Determinação judicial para remoção no prazo de 15 dias - Agravo provido para estendê-lo para 135 dias que é aquele necessário para ter a disposição novas instalações da FEBEM.

Apelação Cível nº 45.548-0/0 – Comarca de Guararapes – TJSP – Relator Des. Oetterer Guedes – j. 12/11/98.

Menor – Ato infracional grave – Homicídio – Representação julgada procedente e imposta, ao adolescente, medida sócio-educativa de internação

– Recurso do Ministério Público – Falta de interesse recursal – Sucumbência inexistente – Estabelecimento de local para o cumprimento da internação constitui incidente a ser resolvido por ocasião da execução da medida, para o que não se presta o presente recurso de apelação – Sentença que estabeleceu prazo indeterminado para a duração da internação, tal como almejado pelo "parquet" – Recurso não conhecido.

Apelação Cível nº 32.845-0/5 – Comarca de Santos – TJSP – Relator Des. Cunha Bueno – j. 26/09/96.

Ato Infracional - Medida sócio-educativa imposta mais rigorosa que a requerida pelo Ministério Público em debates - Inexistência de julgamento "ultra petita" - O Juiz não está adstrito ao requerimento do Ministério Público quando da fixação da medida adequada ao adolescente.

Apelação Cível nº 25.562-0/7 – Comarca de São Paulo – TJSP – Relator Des. Luís de Macedo – j. 22/02/96.

ECA - Jovem infrator - Supressão de fase processual - Falta de argüição da nulidade pela defesa - Vício sanado - Infração grave - Liberdade assistida compatível, porém, com as condições pessoais do infrator - Recurso desprovido.

3. EXECUÇÃO DE MEDIDAS SÓCIO-EDUCATIVAS

Reclamação nº 80.750-0/8 – São Paulo – TJSP – Rel. Des. Nigro Conceição – j. 19/12/01 – m.v.

Reclamação – Representação oferecida contra menor pela prática de atos infracionais equiparados aos crimes de estupro e atentado violento ao pudor – Absolvição em primeiro grau – Recurso acolhido pela Câmara Especial que impôs ao menor a medida sócio educativa de liberdade assistida – Decisão posterior do magistrado, ao receber os autos do Tribunal, substituindo a medida por advertência – Inadmissibilidade – A substituição permitida pelo ECA (artigo 99) tem como pressuposto necessário a ocorrência de algum fato ou circunstância que recomendam esta medida, não a justificando o simples decurso do tempo antes do início de seu cumprimento – Reclamação acolhida.

Agravo de Instrumento nº 78.665-0/0 – Comarca de Franco da Rocha - TJSP - Rel. Des. Gentil Leite - j. 23/08/01 – v.u.

Menor – Agravo contra decisão que deferiu progressão de internação para liberdade assistida – Recurso visando a reinternação do infrator – Descabimento – Gravidade do ato infracional que por si só, não obsta a concessão da medida aberta – Benefício que se justifica quando após certo período de internação o infrator revela condições de retornar ao convívio social – Adolescente que ademais vem se conduzindo adequadamente no meio aberto – Inconveniência de sua prolongada custódia - Recurso improvido.

Apelação Cível nº 73.946.0/6 – Comarca de Matão – TJSP – Rel. Des. Nuevo Campos – j. 25/06/01 – v.u.

Menor - Extinção de duas medidas sócio-educativas de prestação de serviços à comunidade em razão do representado ter atingido a maioridade penal e por estar preso provisoriamente no aguardo de julgamento em plenário do Tribunal do Júri - Recurso ministerial - Pugna pela reforma da decisão - A provisoriedade da situação do menor não enseja, quer hipótese de extinção da medida sócio-educativa, quer a conversão da medida em outra mais gravosa - Impõe-se, assim, o sobrestamento do feito a que seja possível dar-se continuidade á execução ou que venha a se caracterizar alguma hipótese de extinção da medida aplicada apelo provido, oficiando-se.

Apelação Cível nº 74.917-0/1 – Comarca de São Paulo – TJSP – Rel. Des. Jesus Lofrano – j. 18/06/01 – v.u.

Menor - Ato infracional - Maioridade penal completada após o ato infracional - Aplicação de medida sócio-educativa - Possibilidade – Recurso provido.
O fato de o adolescente atingir os dezoito anos de idade depois da prática do ato infracional não obsta a que venha a ser inserido em qualquer das medidas a que se refere o artigo 112 do ECA.

Agravo de Instrumento nº 63.556.0/8 – Comarca de São Paulo – TJSP – Rel. Des. Alvaro Lazzarini – j. 07/06/01 – v.u.

ECA - Desinternação e progressão para liberdade assistida - Recurso do Ministério Público - Ambiente familiar, grau de arrependimento, chances de desenvolvimento e maturidade que recomendam a mudança - Recurso a que se nega provimento.

Agravo de Instrumento nº 57.797-0/8 – Comarca de Campinas – TJSP – Rel. Des. Alvaro Lazzarini – j. 17/05/01 – v.u.

ECA - Agravo do Ministério Público contra decisão que determinou a conversão da medida de internação em prestação de serviços à comunidade porque não se encontrava vaga para cumprimento da internação - Liminar concedida a princípio e depois revogada porque já encontrou a menor cumprindo a nova medida há seis meses, com controle do departamento de apoio à família da criança e do adolescente da Prefeitura de Campinas, afirmando ter ela apresentado excelente comportamento, responsabilidade e interesse em apreender e colaborar, além de estabelecer vínculos significativos de afeto e respeito com os outros funcionários. diante dos novos fatos, não há como negar o seu efeito benéfico - Agravo a que se nega provimento.

Agravo de Instrumento nº 77.472-0/1 – Comarca de São Paulo – TJSP – Relator Des. Gentil Leite – j. 10/05/01.

Menor - Agravo contra decisão que indeferia progressão do regime de internação para o de liberdade assistida - Magistrado não adstrito as conclusões da equipe técnica do FEBEM, podendo lastrear seu julgamento em outros elementos de convicção - Condições pessoais do infrator que não autorizam o deferimento do pedido - Recurso não provido.

Apelação Cível nº 72.523-0/9 – Comarca de Guará – TJSP – Rel. Des. Sérgio Gomes – j. 09/04/01 – v.u.

Menor - Ato infracional equivalente a roubo duplamente qualificado - Autoria e materialidade comprovadas - Sentença que determinou o arquivamento da representação, por ter o jovem atingido a maioridade penal - Inadmissibilidade - Cabível a aplicação de medida sócio-educativa à pessoa em idade entre 18 e 21 anos - Apelo do Ministério Público pretendendo o prosseguimento da execução e expedição imediata de mandado de busca e apreensão - Recurso provido, para que o procedimento tenha regular trâmite.

Apelação Cível nº 73.034-0/4 – Comarca de Matão – TJSP – Relator Des. Gentil Leite – j. 05/04/01.

Menor - Ato infracional - Representação acolhida com imposição de medida sócio-educativa - Adolescente que no curso da execução da medida alcança a maioridade penal e é condenado a pena corporal em razão da prática de crime, por sentença pendente de recurso, com conseqüente extinção da medida pelo magistrado responsável pela execução - Impossibilidade - Ação sócio-educativa passível de aplicação até 21 anos de idade - Ausência de trânsito em julgado da condenação criminal ademais, que em tese não torna incompatível a futura execução da medida - Recurso provido para determinar a suspensão da execução da medida até a apreciação final da sentença penal condenatória.

Agravo de Instrumento nº 77.312-0/2 – Comarca de São José do Rio Preto – TJSP – Relator Des. Gentil Leite – j. 29/03/01.

Menor - Agravo contra decisão que indeferiu progressão do regime de internação para o de liberdade assistida - Recurso lastreado na presença de pareceres técnicos favoráveis - Magistrado não adstrito as conclusões da equipe técnica da FEBEM, podendo lastrear seu julgamento em outros elementos de convicção - Condições pessoais do infrator que não autorizam o deferimento do pedido - Recurso improvido.

Agravo de Instrumento nº 74.690-0/4 – Comarca de São Paulo – TJSP – Relator Des. Nigro Conceição – j. 29/03/01.

Agravo de Instrumento – Interposição em favor de menor, contra decisão que lhe impôs medida de internação-sanção, pelo descumprimento de medida de prestação de serviços à comunidade anteriormente aplicada – Possibilidade, independentemente de prévia oitiva do menor – Aplicação dos artigo 99, 113 e 122, III do ECA – Recurso improvido.

Habeas Corpus nº 14.930 – São Paulo – STJ – Relator Min. Gilson Dipp – j. 15/02/01.

Criminal – HC – ECA - Substituição de medida sócio-educativa de liberdade assistida por internação - Ausência de oitiva do menor - Constrangimento ilegal – Configurado - Ordem concedida.

Apelação Cível nº 70.765-0/8 – Comarca de São Paulo – TJSP – Relator Des. Sergio Gomes – j. 05/02/01.

Menor - Ato infracional equivalente a roubo qualificado – Sentença que extinguiu execução da medida sócio-educativa de semiliberdade, posto que o jovem está em local incerto e não sabido – Recurso provido, para que o procedimento tenha regular trâmite, porquanto a extinção da aplicação da medida sócio-educativa somente se opera aos 21 anos, sendo de rigor, antes dessa data, que o juízo constate concretamente a inadequação ou desnecessidade da medida.

Agravo de Instrumento nº 74.154-0/9 – Comarca de São Paulo – TJSP – Relator Des. Gentil Leite – j. 02/02/01.

Menor - Agravo contra decisão que indeferiu progressão do regime de internação para o de liberdade assistida - Magistrado não adstrito as conclusões da equipe técnica da FEBEM, podendo lastrear seu julgamento em outros elementos de convicção - Condições pessoais do infrator que não autorizam o deferimento do pedido - Recurso não provido.

Agravo de Instrumento nº 70.922-0/5 – Comarca de São Paulo – TJSP – Relator Des. Mohamed Amaro – j. 02/02/01.

Agravo de Instrumento – Adolescente infrator inicialmente inserido no regime de semiliberdade, pela prática de ato assemelhado a furto e porte para uso de substância entorpecente – Não cumprimento reiterado da medida sócio-educativa – A aplicação da reversão da medida, transmudada em internação-sanção, que prescinde da prévia ouvida pessoal do menor, mas que ocorrerá após a sua apreensão – Recurso não provido.

Apelação Cível nº 66.035-0/2 – Comarca de Praia Grande – TJSP – Relator Des. Fábio Quadros – j. 18/12/00.

Menor infrator - Porte de arma - Internação decretada - Recurso pretendendo medida mais branda - Ato infracional que não se insere dentro da taxatividade do artigo 122 do ECA - Recurso prejudicado diante da conversão da internação para a liberdade assistida.

Apelação Cível nº 65.718-0/2 – Comarca de Birigui – TJSP – Relator Des. Fábio Quadros – j. 18/12/00.

Menores infratores – Ato equivalente ao furto – Internação – Recurso pretendendo medida mais branda – Ausência de um dos menores à audiência de apresentação – Desistência da apresentação do menor em juízo pela defesa – Processo sentenciado – Nulidade – Obrigatoriedade da realização da audiência de apresentação – Aplicação do artigo 187 do ECA – Anulação do feito a partir da audiência de apresentação, com relação ao menor V. – Medida sócio educativa corretamente aplicada em relação ao outro menor – Materialidade e autoria devidamente comprovadas – Vasta folha de antecedentes – Inteligência do artigo 122, I do E.C.A. – Recurso prejudicado em relação ao menor V. que obteve a conversão da internação para a liberdade assistida e parcialmente provido para anular o feito em relação ao menor V., a partir da audiência de apresentação.

Apelação Cível nº 65.563-0/4 – Comarca de Presidente Prudente – TJSP – Relator Des. Fábio Quadros – j. 18/12/00.

Menor infrator – Execução da medida sócio-educativa – Falta de intimação do Ministério Público da designação de audiência de justificação de descumprimento da medida de liberdade assistida que culminou com a substituição para a advertência – Nulidade da decisão – Recurso provido para tanto.

Apelação Cível nº 66.207-0/8 – Comarca de Sumaré – TJSP – Relator Des. Nuevo Campos – j. 11/12/00.

Menor - Ato infracional equivalente a roubo duplamente agravado pelo emprego de arma e pelo concurso de agentes - Aplicada medida sócio-educativa consistente em semiliberdade - Recurso do ministério público - Preliminares - Nulidade do feito por ofensa aos princípios do devido processo legal formal, do contraditório e da ampla defesa - Mérito - Aplicação de medida sócio-educativa consistente em internação - Preliminar articulada pela D. Procuradoria de Justiça - Conversão do julgamento em diligência para regularização da intimação pessoal do apelado - Pleito acolhido - Extinção do feito sem julgamento de mérito - Prejudicado o recurso - Representado atingiu a maioridade penal e encontra-se preso por roubo - Pereceu o objeto do presente feito, qual seja, a verificação da necessidade de aplicação de medida sócio-educativa, medida de natureza não retributiva destinada à defesa da sociedade e à reinserção social do adolescente - Ausente pressuposto necessário ao desenvolvimento válido e regular do processo - Art. 267, IV, e § 3º, CPC - Decretado, de ofício, a extinção do feito sem julgamento de mérito.

Apelação Cível nº 65.992-0/1 – Comarca de Jaboticabal – TJSP – Relator Des. Nuevo Campos – j. 11/12/00.

Menores – Ato infracional equivalente ao crime de porte de entorpecente – Concedida a remissão em razão de ter sido aplicada medida sócio-educativa às adolescentes em outro processo – Recurso ministerial - Preliminar – Reiteração dos termos de agravo retido – Pleito de nulidade do feito, por ter a D. Autoridade Judiciária de primeiro grau, ao vislumbrar a possibilidade de concessão da remissão, dispensado a oitiva das testemunhas arroladas na inicial e remetido os autos para manifestação do Ministério Público – Inocorrência – A Autoridade Judiciária, em qualquer momento do processo anterior à sentença, poderá conceder a remissão e, para tanto, deverá promover, apenas, prévia manifestação do Ministério Público – Arts. 126, § único, 186, § 1º e 188, do ECA - Mérito – Não deve prevalecer o entendimento de que, por ter sido aplicada medida sócio-educativa ao adolescente num determinado procedimento, restam prejudicados, por falta de objeto, os demais em andamento – Em cada procedimento deve ser apurada a matéria fática apontada na inicial, razão pela qual não pode ser outra a motivação da decisão final – No que concerne à determinação da medida sócio-educativa a ser aplicada no presente caso concreto, como esta espécie de medida, de natureza diversa da sanção penal, objetiva a defesa da sociedade e a reinserção social do menor e não possui caráter punitivo ou retributivo, não há que se falar em execução cumulativa das medidas aplicadas em relação a todos os atos infracionais cometidos pelas adolescentes – A determinação da medida sócio-educativa aplicável em cada caso, a teor do art. 98, III, do ECA, deve ter como parâmetro a natureza da conduta do adolescente como um todo – O menor, portanto, poderá ser inserido em regime já estabelecido, a medida em execução poderá ser substituída por outra mais rigorosa, ou, ainda, em sendo o caso para sua recuperação, é possível a cumulação de medidas de naturezas diversas – Preliminar rejeitada e apelo provido nos termos ora deduzidos.

Agravo de Instrumento nº 71.521-0/2 – Comarca de São Paulo – TJSP – Relator Des. Fonseca Tavares – j. 07/12/00.

Menor – Incidente na execução de medida sócio-educativa imposta por sentença proferida em procedimento instaurado para apuração da prática de ato infracional – Imposição da chamada "internação-sanção" – Medida expressamente prevista em lei – Regularidade em sua aplicação – Conveniência da apresentação imediata do adolescente em juízo tão logo seja apreendido, aliás, conforme já determinado – Recurso não provido.

Recurso em Habeas Corpus nº 9.985 – São Paulo – STJ – Relator Min. Vicente Leal – j. 21/11/00.

Habeas Corpus - Estatuto da criança e do Adolescente - Medida Sócio-educativa – Regressão - Prévia audiência do menor.

Agravo de Instrumento nº 69.246-0/7 – Comarca de São Paulo – TJSP – Relator Des. Gentil Leite – j. 19/10/00.

Menor – Agravo contra decisão que determinou a custódia sanção de adolescente, em face do não cumprimento de medida sócio-educativa de liberdade assistida – Descabimento – Inteligência do disposto nos artigos 99 e 113 do ECA – Recurso improvido.

Apelação Cível nº 63.521-0/9 – Comarca de Piratininga – TJSP – Relator Des. Fábio Quadros – j. 16/10/00.

Menor infrator - Descumprimento reiterado de medida de prestação de serviços à comunidade que lhe foi anteriormente aplicada em razão do cometimento de ato infracional equivalente ao furto qualificado - Advertências em juízo - Adolescente que afirma não cumprir a medida porque "não gosta" - Aplicação de internação-sanção - Recurso pretendendo substituí-la por liberdade assistida - Vontade deliberada de descumprimento que justifica a sanção - Eventual maioridade que não dispensa do cumprimento, porque o ato foi cometido ainda quando inimputável - Recurso improvido.

Agravo de Instrumento nº 68.477-0/3 – Comarca de São Paulo – TJSP – Relator Des. Fonseca Tavares – j. 05/10/00.

Agravo de Instrumento - Adolescente infrator inicialmente inscrito no regime de internação e que fez jus à progressão (semiliberdade) – Não cumprimento reiterado da nova medida sócio-educativo – Aplicação da reversão da medida, transmudada em internação – Sanção, prescinde da prévia ouvida pessoal do menor – Recurso não provido.

Agravo de Instrumento nº 68.458-0/7 – Comarca de São Paulo – TJSP – Relator Des. Fonseca Tavares – j. 05/10/00.

Menor – Agravo de Instrumento – descumprimento da medida de semiliberdade – Duas evasões da Unidade Educacional – Imposição de internação-sanção, por três meses – Medida permitida pelo ECA diante da inadaptabilidade do adolescente infrator à medida sócio-educativa mais branda – Oitiva do menor quando de sua apreensão – Recurso não provido.

Agravo de Instrumento nº 70.405-0/6 – Comarca de São Paulo – TJSP – Relator Des. Fonseca Tavares – j. 14/09/00.

Menor – Incidente na execução de medida sócio-educativa imposta por sentença proferida em procedimento instaurado para apuração da prática de ato infracional – Imposição da chamada "internação-sanção" – Medida expressamente prevista em lei – Regularidade em sua aplicação – Conveniência da apresentação imediata do adolescente em juízo tão logo seja apreendido, aliás, conforme já determinado – Recurso não provido.

Agravo de Instrumento nº 70.404-0/1 – Comarca de São Paulo – TJSP – Relator Des. Hermes Pinotti – j. 14/09/00.

Agravo de Instrumento – adolescente submetido, em procedimento judicial regular, à medida sócio-educativa de liberdade assistida – O adolescente, entretanto, deliberadamente não cumpre tal medida, razão pela qual decretou-se do artigo 122, III, do ECA – Ausência de ilegalidade.

Habeas Corpus nº 13.150 – São Paulo – STJ – Relator Min. Gilson Dipp – j. 22/08/00.

Criminal – HC – ECA - Regressão de medida sem a oitiva do menor infrator - Necessidade de sua intimação - Ordem concedida.

Agravo de Instrumento nº 66.990-0/0 – Comarca de São Paulo – TJSP – Relator Des. Álvaro Lazzarini – j. 06/07/00.

ECA – Apelo do Ministério Público contra sentença extintiva de execução de medida de liberdade assistida – Juízo de retratação antes de ser dada vista à parte interessada – Impossibilidade – Exegese do art. 198, VII, ECA – Agravo provido.

Agravo de Instrumento nº 63.831-0/3 – Comarca de São Paulo – TJSP – Relator Des. Álvaro Lazzarini – j. 16/03/00.

ECA - Regressão à medida de internação originalmente imposta, por descumprimento de Semiliberdade - Possibilidade a qualquer tempo - Inteligência dos artigos 99, 100 e 113 do ECA, observado o pressuposto contido na primeira parte do artigo 114 do mesmo estatuto - Menor que abandonou unidade no dia seguinte em que foi inserido no regime mais brando e não mais retornou - Conduta que demonstra inadequação do menor ao regime a que submetido, autorizando a substituição, por medida sócio-educativa de internação, por prazo indeterminado - A substituição por medida mais rigorosa, observada a premissa constante no artigo 114 do E.C.A., ainda que não imposta na sentença originária, leva em conta as necessidades pedagógicas e protetivas ao próprio desenvolvimento do menor como membro de unidade familiar e de sua comunidade, não lhe sendo de nenhuma ajuda a ignorância pelo Estado de circunstância grave, como o envolvimento com drogas e armas de fogo, com situação familiar incapaz de modificá-lo, a pretexto de manter uma aparente liberdade, que coloca em risco o próprio menor e a sociedade onde inserido - Recurso de agravo a que se nega provimento.

Agravo de Instrumento nº 58.254-0/8 – Comarca de Campinas – TJSP – Relator Des. Álvaro Lazzarini – j. 24/02/00.

ECA - Desinternação e conversão para Prestação de Serviços à Comunidade, sob pretexto de não liberação de vagas para o menor, por mais de 45 dias - Menor internado em unidade provisória - Inexistência de irregularidade que justificasse a conversão - Prazo de 45 dias do artigo 183 do ECA que se refere a instrução para apuração de prática infracional, sem aplicação para a fase de execução, cuja internação eventualmente determinada já tem natureza definitiva - Reincidência por roubo com emprego de arma de fogo - Medida de internação determinada em sentença que, de forma adequada, considerou as circunstâncias pedagógicas e protetivas ao próprio desenvolvimento do menor como membro de unidade familiar e de sua comunidade, não lhe sendo de nenhuma ajuda a ignorância pelo Estado de circunstância grave, como o envolvimento com drogas e armas de fogo, com situação familiar incapaz de modificá-lo, a pretexto de manter uma aparente liberdade, que coloca em risco o próprio menor e a sociedade onde inserido - Menor mal se impõe à sociedade e ao menor, deixando-o por mais algum tempo, até a liberação da vaga, em unidade de atendimento provisório - Recurso a que se dá provimento.

Agravo de Instrumento nº 64.299-0/1 – Comarca de São Paulo – TJSP – Relator Des. Gentil Leite – j. 13/01/00.

Menor – Agravo contra decisão que recebeu somente no efeito devolutivo, apelação interposta contra sentença que extinguiu medida sócio-educativa de semiliberdade, em razão de seu descumprimento pelo adolescente e a impossibilidade de sua posterior apreensão pela autoridade policial – Admissibilidade – Riscos de danos irreparáveis ao infrator e à sociedade presentes, em face da expressa determinação contida no artigo 122, inciso III do ECA – Recurso provido.

Agravo de Instrumento nº 58.037-0/8 – Comarca de São Paulo – TJSP – Relator Des. Yussef Cahali – j. 13/01/00.

Agravo de instrumento – Recurso contra decisão que em fase de execução de medida sócio-educativa de internação, indeferiu a progressão para a medida de semiliberdade – Realização de relatórios posteriores à interposição do recurso, conclusivos quanto à ausência de respaldo familiar e necessidade da manutenção da institucionalização do adolescente – O juiz não está adstrito a deferir a progressão tão somente pela apresentação de laudo favorável, podendo determinar a realização de quantos relatórios entender necessários à formação de seu convencimento – Recurso improvido.

Agravo de Instrumento nº 59.976-0/0 – Comarca de São Paulo – TJSP – Relator Des. Oetterer Guedes – j. 28/10/99.

Menor – Incidente na execução de medida sócio-educativa imposta por sentença proferida em procedimento destinado à apuração da prática de ato infracional – Pedido de reversão da internação denegado em virtude das condições pessoais do adolescente infrator e diante da superficialidade do relatório apresentado pela equipe técnica da Febem – Hipótese onde a liberação do menor pode não representar a medida que mais atenda aos seus superiores interesses – Recurso não provido.

Agravo de Instrumento nº 53.571-0/8 – Comarca de São Paulo – TJSP – Relator Des. Oetterer Guedes – j. 21/10/99.

Menor – Incidente na execução de medida sócio-educativa – Recurso interposto contra decisão que reverteu a semiliberdade para internação – Possibilidade jurídica da medida – Inteligência dos artigos 113 c/c 99 e 100, do ECA – Hipótese dos autos onde as condições pessoais do menor demonstram a ineficácia da imposição de medida branda, recomendando a substituição daquela inicialmente aplicada por internação sem prazo determinado – Recurso não provido.

Agravo de Instrumento nº 59.609-0/6 – Comarca de Campinas – TJSP – Relator Des. Álvaro Lazzarini – j. 23/09/99.

Adolescente infrator - Conversão da medida de internação em prestação de serviços à comunidade por falta de vagas em Unidade Educacional - Circunstâncias pessoais do agravado e tempo decorrido que não aconselham o provimento do recurso - Agravo não provido.

Agravo de Instrumento nº 59.634-0/0 – Comarca de São Paulo – TJSP – Relator Des. Djalma Lofrano – j. 05/08/99.

Menor - Agravo de instrumento - Pedido de progressão de medida de internação - Indeferimento - Determinação para que o infrator se submeta antes a avaliação pela equipe técnica do juízo - Natureza grave da infração (art. 121, § 2º, I e IV c.c. art. 14, II do CP) e motivação para sua prática que recomendam maior cautela para a concessão de autorização para que o adolescente possa retornar ao convívio social - Improvimento do recurso.

Agravo de Instrumento nº 52.045-0/0 – Comarca de São Paulo – TJSP – Relator Des. Cunha Bueno – j. 29/07/99.

Agravo de instrumento – Internação – Sanção – Possibilidade de sua decretação na hipótese de descumprimento reiterado pelo adolescente de medida sócio-educativa de liberdade-assistida – Inteligência no artigo 122, inciso III da Lei nº 8.069/90 - Recurso improvido.

Agravo de Instrumento nº 57.872-0/0 – Comarca de São Paulo – TJSP – Relator Des. Yussef Cahali – j. 01/07/99.

Menor – Conversão de medida sócio-educativa de liberdade assistida em internação por seu descumprimento – Possibilidade independentemente da prévia oitiva do menor – Aplicação do artigo 113 c.c. 99 do ECA – Recurso não provido.

Agravo de Instrumento nº 48.187-0/3 – Comarca de São Paulo – TJSP – Relator Des. Cunha Bueno – j. 11/03/99.

Medida sócio-educativa - Internação - Progressão - Não está o Júizo adstrito aos pareceres e relatórios da FEBEM - Recurso improvido.

Apelação Cível nº 46.072-0/4 – Comarca de São Paulo – Relator Des. Djalma Lofrano – j. 11/03/99.

Apelação – Menor – Internação – Prazo mínimo de reavaliação – Manutenção da medida sócio-educativa, que deve ser reavaliada no máximo a cada seis meses – Inteligência do disposto no artigo 121, § 2º, do ECA – Provimento parcial do recurso.

Apelação Cível nº 48.257-0/3 – Comarca de São Paulo – TJSP – Relator Des. Yussef Cahali – j. 04/03/99.

Menor - Apelação interposta contra decisão que julgou extinto o processo em face da demora da localização do menor e em face da sua maioridade - Inadmissibilidade - A lei não estabeleceu prazo para a execução da medida - Recurso provido.

Agravo de Instrumento nº 47.926-0/0 – Comarca de São Paulo – TJSP – Relator Des. Djalma Lofrano – j. 25/02/99.

Agravo de Instrumento - Adolescente que já completou 18 anos de idade - Progressão de internação para liberdade assistida - Equipe técnica do juízo sugere a desinternação do menor - A gravidade da conduta demonstrada no ato infracional, por si só, não obsta a progressão para liberdade assistida, a qual deve ser deferida na hipótese em que o menor, depois de certo período de internação, revela condições de retornar ao convívio social - Recurso improvido.

Agravo de Instrumento nº 47.592-0/4 – Comarca de São Paulo – TJSP – Relator Des. Rebouças de Carvalho – j. 25/02/99.

Menor - Agravo contra decisão que indeferiu progressão do regime de internação para liberdade assistida - Condições pessoais do infrator que não autorizam o deferimento do pedido - Recurso não provido.

Agravo de Instrumento nº 45.881-0/9 – Comarca de São Paulo – TJSP – Relator Des. Oetterer Guedes – j. 11/02/99.

Menor - Ato Infracional grave - Tentativa de Latrocínio - Execução de Medida sócio-educativa imposta por sentença - Recurso do Promotor de Justiça contra a concessão de liberdade assistida em substituição à internação a que o adolescente infrator estava submetido - Personalidade do adolescente exige prova segura de sua recuperação antes de sua liberação - Internação que guarda caráter educativo, e não punitivo - Recurso provido.

Agravo de Instrumento nº 47.045-0/9 – Comarca de São Paulo – TJSP – Relator Des. Oetterer Guedes – j. 10/12/98.

Menor - Internação - Execução de medida sócio-educativa - Indeferimento de progressão - Adolescente infrator que deve permanecer custodiado até que haja demonstração inequívoca de que se encontra reabilitado - Relatório apresentado pela equipe técnica da Febem que se mostra excessivamente superficial - Antecedentes do infrator, que já havia descumprido medida anteriormente fixada, exigem cautela em sua avaliação - Conveniência do menor ser também avaliado pela equipe técnica do Juízo antes de sua recondução à vida social - Recurso não provido.

Agravo de Instrumento nº 45.852-0/7 – Comarca de São Paulo – TJSP – Relator Des. Álvaro Lazzarini – j. 03/12/98.

Menor infrator - Aplicação de medida sócio-educativa de liberdade assistida - Cumprimento que se estendeu mesmo após completar o infrator 18 anos de idade - Agravo contra a decisão que pretendia vê-la revogada não conhecido diante do cumprimento da mesma.

Agravo de Instrumento nº 47.892-0/3 – Comarca de São Paulo – TJSP – Relator Des. Álvaro Lazzarini – j. 26/11/98.

Menor infrator - Pretendida progressão do interno para a liberdade assistida - Precariedade do relatório da instituição de forma a não estabelecer o perfil psicológico do adolescente e sua ressocialização - Agravo contra decisão denegatória improvido.

Agravo de Instrumento nº 48.202-0/3 – Comarca de São Paulo –TJSP – Relator Des. Yussef Cahali – j. 19/11/98.

Menor - Agravo contra decisão que deferiu progressão de regime de internação para liberdade assistida - Condições pessoais do infrator que não autorizam o deferimento do pedido - Recurso provido.

Agravo de Instrumento nº 45.573-0/3 – Comarca de São Paulo – TJSP – Relator Des. Alves Braga – j. 24/09/98.

Menor - Agravo contra decisão que determinou a elaboração de laudo psiquiátrico antes da apreciação de pedido de progressão do regime de internação para liberdade assistida - Despacho de mero expediente que não comporta recurso - O Magistrado não está vinculado as conclusões dos expertos da FEBEM, podendo valer-se de outros pareceres técnicos para formar sua convicção - Recurso não provido.

Agravo de Instrumento nº 40.479-0/8 – Comarca de São Paulo – TJSP – Relator Des. Djalma Lofrano – j. 03/09/98.

Agravo de instrumento – Recurso contra decisão que indeferiu participação em atividades externas – Ato infracional gravíssimo – Ausência de avaliação técnica – Falta de elementos a possibilitar a aferição do pedido – Agravo não provido.

Agravo de Instrumento nº 46.963-0/0 – Comarca de São Paulo – TJSP – relator Des. Cunha Bueno – j. 13/08/98.

Agravo de Instrumento – Cabe ao Juízo a análise dos relatórios recebidos da

FEBEM, acolhendo-os ou não, de forma fundamentada, não estando também adstrito a mero requerimento para realização de novo relatório – Recurso Improvido.

Agravo de Instrumento nº 45.132-0/1 – Comarca de São Paulo – TJSP – Relator Des. Cunha Bueno – j. 06/08/98.

Agravo de Instrumento – Juiz não está adstrito aos pareceres dos técnicos quando da reavaliação da medida sócio-educativa desinternação – Recurso improvido.

Apelação Cível nº 46.173-0/5 – Comarca de Amparo – TJSP – Relator Des. Yussef Cahali – j. 14/01/98.

Menor - Apelação interposta contra decisão que julgou extinta medida sócio-educativa de prestação de serviços à comunidade em face da demora de sua execução - Recurso ofertado sem o exame do caso concreto, apenas com o intuito de sustentar tese - Inadmissibilidade - Restauração da medida que mostra inútil pela perda de seu caráter pedagógico e ante a maioridade penal alcançada pela recorrido - Recurso não provido.

Agravo de Instrumento nº 39.153-0/8 – Comarca de São Jose do Rio Preto – TJSP – Relator Des. Cunha Bueno – j. 21/08/97.

Remissão - Descumprimento de medida sócio-educativa imposta por ocasião da homologação da remissão pré-processual - Incabível conversão a internação - Inobservância do artigo 110 do Estatuto da Criança e do Adolescente - Principio do devido processo legal - Recurso improvido.

Agravo de Instrumento nº 38.399-0/2 – Comarca de São Jose do Rio Preto – TJSP – Relator Des. Silva Leme – j. 21/08/97.

Menor – Concessão de remissão com medida sócio-educativa de prestação de serviço à comunidade – Não cumprimento desta – Pretensão de substituição por internação – Inadmissibilidade no caso concreto – Não incidência do artigo 99 da Lei 8.069/90.

Habeas Corpus nº 74.715 – São Paulo – STF – Relator Min. Maurício Correa – j. 18/03/97.

Regime de semiliberdade – Descumprimento - Fuga do Adolescente - Ausência do requisito da reiteração - Inaplicabilidade da medida de internação - Decisão ultra petita.

Apelação Cível nº 32.042-0/0 – Comarca de São Paulo – TJSP – Relator Des. Oliveira Passos – j. 19/12/96.

Menor – Furto – Aplicação de medida de semiliberdade - Adolescente que cumpria idêntica medida - Fuga da unidade educacional - Apelação do Ministério Público a que se dá provimento para inserir o menor em regime de internação (ECA, art. 122, II e III).

Apelação Cível nº 29.704-0/5 – Comarca de São Paulo – TJSP – Relator Des. Prado de Toledo – j. 31/10/96.

Apelação Cível - Pleito de aplicação de medida sócio-educativa de liberdade assistida, já em fase de execução, haja vista desinternação de adolescente com tal recomendação pelo setor técnico - Juiz que após desinternar julga extinta a medida e extingue o procedimento – Impossibilidade - Necessidade de complementação do acompanhamento que o caso requer - Provimento do recurso.

Apelação Cível nº 25.640-0/3 – Comarca de São Paulo – TJSP – Relator Des. Rebouças de Carvalho – j. 26/09/96.

Medida sócio-educativa - Cumprimento - Extinção operada - Impossibilidade de aplicação de medida sócio-educativa de internação, ainda que grave o fato noticiado - Perda de objeto - Recurso prejudicado - Ainda que os fatos tenham sido graves, uma vez imposta medida sócio-educativa de liberdade assistida, a qual foi devidamente cumprida, operando-se sua extinção, com trânsito em julgado, impossível a aplicação de medida sócio-educativa de internação.

Apelação Cível nº 29.910-0/5 – Comarca de Campos do Jordão – TJSP – Relator Des. Oliveira Passos – j. 12/09/96.

Menor - Prática de furto qualificado - Aplicação de medida de liberdade assistida - Adolescente prestando serviço militar - Fato que não o isenta do cumprimento da medida - Sentença mantida.

Agravo de Instrumento nº 25.676-0/7 – Comarca de São Paulo – TJSP – Relator Des. Dirceu de Mello – j. 22/08/96.

Menor - Procedimento para apuração de ato infracional - Fase de execução - Regressão à medida sócio-educativa imposta na sentença – Admissibilidade - Providência regulada pelo art. 99, c.c. o art. 113, da L. Fed. 8.069/90 - Recurso improvido.

Agravo de Instrumento nº 27.551-0/1 – Comarca de São Paulo – TJSP – Relator Des. Dirceu de Mello – j. 15/08/96.

Menor - Procedimento para apuração de ato infracional - Fase de execução de medida sócio-educativa - Regressão à medida aplicada na sentença – Admissibilidade - Necessidade, contudo, de reverência à garantia assegurada ao adolescente de igualdade na relação processual - Decisão anulada.

Agravo de Instrumento nº 25.240-0/8 – Comarca de São Paulo – TJSP – Relator Des. Dirceu de Mello – j. 01/08/96.

Menor - Execução de medida sócio-educativa - Substituição da medida imposta na sentença, por outra mais grave - Providência regulada pelo art. 99, c.c. o art. 113, da L. Fed. 8.069/90 - Necessidade, no entanto, de reverência à garantia constitucional assegurada ao adolescente, de igualdade na relação processual.

Agravo de Instrumento nº 28.891-0/0 – Comarca de São Paulo – TJSP – Relator Des. Oliveira Passos – j. 27/06/96.

Menor infrator - Descumprimento da medida de semiliberdade - Pedido de internação feito pelo Ministério Público - Não aplicação das hipóteses do art. 121, incisos I e II - Hipótese do inciso III não demonstrado ainda - Necessidade abriu-se oportunidade ao menor de apresentar justificação - Agravo de instrumento do Ministério Público provido parcialmente.

Agravo de Instrumento nº 25.996-0/7 – Comarca de Votuporanga – TJSP – Relator Des. Dirceu de Mello – j. 20/06/96.

Menor – Agravo de Instrumento - Conversão da medida sócio-educativa de liberdade assistida, em internação, diante do paradeiro desconhecido do adolescente e da prática de outros atos infracionais – Admissibilidade - Recurso improvido.

Agravo de Instrumento nº 31.161-0/6 – Comarca de São Paulo – TJSP – Relator Des. Prado de Toledo – j. 09/05/96.

Agravo de instrumento - Aplicação da fungibilidade dos recurso - Apelação interposta ao invés de agravo de instrumento - Recurso dentro do prazo - Possibilidade de regressão com relação a adolescente que mostrou inadequação ao regime de semiliberdade imposto - Inteligência dos artigos 99 e 113 do Estatuto da Criança e do Adolescente - Conseqüência do ato infracional realizado - Incidente da execução - Improvimento do recurso.

Agravo de Instrumento nº 28.510-0/2 – Comarca de Santos – TJSP – Relator Des. Prado de Toledo – j. 18/04/96.

Agravo de Instrumento - medida que busca aplicação do art. 122, inc. III, da Lei nº 8.069/90, haja vista descumprimento de medida de liberdade assistida por parte de adolescente - Recurso prejudicado em virtude de haver o jovem completado 21 (vinte e um) anos de idade - Ocorrência da prescrição da ação sócio-educativa pública.

Agravo de Instrumento nº 28.458-0/4 – Comarca de São Paulo – TJSP – Relator Des. Prado de Toledo – j. 18/04/96.

Agravo de instrumento - Medida que busca a mantença de internação de adolescente por delito considerado grave - Diversas outras passagens infracionais - Inconformismo com a concessão de medida de semiliberdade baseada em laudos técnicos superficiais - Provimento do recurso.

Apelação Cível nº 24.316-0/8 – Comarca de São Paulo – TJSP – Relator Des. Nigro Conceição – j. 04/04/96.

Menor - Ato infracional - Tentativa de furto - Decisão julgando extinto o processo e determinando o arquivamento dos autos - Inadmissibilidade - Recurso provido - Se a representação foi recebida regularmente, o procedimento deve ter normal prosseguimento com o julgamento do mérito, ou concessão de remissão, não sendo admissível a sua extinção e arquivamento.

Agravo de Instrumento nº 25.095-0/5 – Comarca de São Paulo – TJSP – Relator Des. Nigro Conceição – j. 14/03/96.

Menor - Ato Infracional - Furto qualificado - Adolescente que descumpriu medida sócio-educativa de semiliberdade, em que estava inserido por força de reversão - Reiteração no descumprimento da medida e personalidade do menor justificam a regressão para a medida inicialmente aplicada, de internação, sem prazo determinado, com fundamento no artigo 113, c/c artigo 99, do ECA - Recurso provido.

Agravo de Instrumento nº 25.567-0/0 – Comarca de São Paulo – TJSP – Relator Des. Cunha Bueno – j. 29/02/96.

Menor infrator - Descumprimento de medida imposta de semiliberdade - Possibilidade de substituição por medida de internação, mas severa - Previsão legal dos artigos 113 c.c. os artigos 99 e 100 do Estatuto da Criança e do Adolescente - Recurso Provido.

Agravo de Instrumento nº 25.515-0/3 – Comarca de São Paulo – TJSP – Relator Des. Cunha Bueno – j. 08/02/96.

Medida sócio-educativa - Descumprimento de semiliberdade pelo adolescente - Conversão em medida sócio-educativa mais severa - Recurso provido para prosseguimento do procedimento que havia sido extinto.

Agravo de Instrumento nº 25.323-0/7 – da Comarca de São Paulo – TJSP – Relator Des. Lair Loureiro – j. 07/12/95.

Menor - Medida Sócio-educativa: semiliberdade - Descumprimento, com a ausência e rumo ignorado - Medida declarada extinta - Provimento do recurso, dada a irrelevância do desaparecimento do infrator e de haver completado dezoito anos de idade - Sobrestamento do procedimento como solução adequada à espécie.

Agravo de Instrumento nº 25.214-0/0 – Comarca de São Paulo – TJSP – Relator Des. Lair Loureiro – j. 30/11/95.

Menor - Medida sócio-educativa - Internação convertida em semiliberdade - Agravo interposto contra tal decisão - Medida descumprida, com prática de nova infração - Agravo provido com a reinternação do adolescente.

Agravo de Instrumento nº 23.373-0/0 – Comarca de São Paulo – TJSP – Relator Des. Yussef Cahali – j. 06/07/95.

Menor – Conversão de medida sócio-educativa – Recurso interposto pelo Ministério Público contra decisão que converteu a medida de internação pela de semiliberdade – Possibilidade jurídica da medida – Inteligência dos artigos 113 c/c 99 e 100, do ECA – Condições pessoais do menor demonstram eficácia na conversão – Recurso improvido.

Agravo de Instrumento nº 23.257-0/0 – Comarca de São Paulo – TJSP – Relator Des. Ney Almada – j. 01/06/95.

ECA - Menor infrator - Liberdade assistida imposta - Desatendimento às convocações judiciais - Maioridade penal atingida – Irrelevância - Prorrogação da medida cabível - Extinção afastada - Recurso conhecido como apelação - Fungibilidade recursal reconhecida - Provimento do apelo.

Agravo de Instrumento nº 23.332-0/3 – Comarca de São Paulo –TJSP – Relator Des. Ney Almada – j. 11/05/95.

Liberdade assistida julgada extinta - Infrator que adquire maioridade civil - Irrelevância do fato, ante o disposto no Estatuto da Criança e do Adolescente - Medida suscetível restaurada - Agravo provido.

4. MEDIDAS DE PROTEÇÃO

Apelação Cível nº 77.777-0/3 – Comarca de Sumaré – TJSP – Rel. Des. Sérgio Gomes – j. 14/05/01 – v.u.

Menor sujeita a maus-tratos, violência psicológica e sexual, conforme relatório da Coordenadoria de Bem Estar Social da Prefeitura de Hortolândia - Sentença que extinguiu o processo, sem julgamento do mérito, por ausência de interesse de agir, sob o argumento de que o Conselho Tutelar tem atribuições para aplicação de medidas adequadas - Inadmissibilidade - Não é lícito à autoridade judiciária permanecer inerte na averiguação dos graves fatos apontados, tendo em conta a doutrina da proteção integral acolhida pelo ECA e o previsto, principalmente, nos seus artigos 4º e 153 - Providências que deveriam ter sido tomadas até de ofício pela autoridade judiciária - Recurso provido, com a reforma da sentença para instauração de procedimento verificatório e aplicação das medidas protetivas necessárias.

Apelação Cível nº 71.183-0/9 – Comarca de Mogi Guaçu – TJSP – Relator Des. Fábio Quadros – j. 02/04/01.

Criança - Ato infracional - Aplicação de medida protetiva – Recurso - Decisão que atinge direitos do destinatário – Cabimento - Procedimento sem forma ou figura de juízo que procura avaliar a conduta da criança e não sua culpa ou dolo - Rejeitada preliminar de não conhecimento - Recurso improvido.

Apelação Cível nº 32.664-0/9 – Comarca de Sorocaba – TJSP – Relator Des. Dirceu de Mello – j. 03/04/97.

Adolescente - Medida de orientação aplicada ao pai ou responsável prevista no artigo 129, IV, do ECA - Possibilidade ante os problemas de relacionamento verificados nos autos - Necessidade de preservação da estabilidade familiar com ênfase à proteção dos interesses dos adolescentes - Desprovido o recurso de apelação.

Apelação Cível nº 35.267-0/9 – Comarca de Caçapava – TJSP – Relator Des. Luis de Macedo – j. 23/01/97.

ECA - Pedido de providências para aferição da condição familiar da criança - Arquivamento sem ulteriores avaliações quanto à efetividade das medidas adotadas – Inadmissibilidade - Recurso provido.

Apelação Cível nº 25.331-0/3 – Comarca de Marília – TJSP – Relator Des. Ney Almada – j. 28/03/96.

Adolescente que desacata professor e funcionários do educandário em que estuda - Pleito de assistência pela equipe técnica do Juizado da Infância e Juventude – Descabimento - Conduta não infracional - Inaplicabilidade da norma prevista no ECA, art. 98, III - Recurso desprovido.

Apelação Cível nº 25.355-0/2 – Comarca de Presidente Prudente – TJSP – Relator Des. Ney Almada – j. 15/02/96.

ECA, art. 129, III - Tratamento psicoterápico imposto à apelante - Genitora acusada de procurar o entibiamento da relação paterno-filial do filho, estando ela separada do marido e pai - Ausência de base fática a justificar a medida - Recurso provido.

Apelação Cível nº 25.210-0/1 – Comarca de Marília – TJSP – Relator Des. Dirceu de Mello – j. 08/02/96.

Menor - Procedimento verificatório - Denúncia de abuso sexual envolvendo criança - Necessidade de aprofundamento do caso, antes de determinar-se o arquivamento dos autos - Recurso provido.

Apelação Cível nº 22.935-0/8 – Comarca de Jaú – TJSP – Relator Des. Yussef Cahali – j. 06/04/95.

Apelação – Apelante requer a aplicação aos menores das medidas de matrícula e freqüência obrigatória (ECA, art. 101, III) e aos pais, a medida do art. 129, V, do mesmo Estatuto – Proteção integral ao menor, independentemente de estar inserido em ambiente familiar – Recurso provido.

Agravo de Instrumento nº 19.467-0/4 – Comarca de Atibaia – TJSP – Relator Des. Dirceu de Mello – j. 09/03/95.

Procedimento verificatório – Abrigamento de crianças – Acompanhamento técnico – Arquivamento determinado pelo Juízo – Agravo provido para determinar o prosseguimento do procedimento que só pode ser encerrado depois de alcançada solução para o caso.

Agravo de Instrumento nº 19.235-0/6 – Comarca de Atibaia – TJSP – Relator Des. Dirceu de Mello – j. 16/02/95.

Agravo de instrumento interposto da decisão que determinou o arquivamento de procedimento verificatório – A suspeita da vitimização de uma criança exige acompanhamento técnico sistemático e o arquivamento somente se justifica se houver elementos firmes de convicção no sentido da não ocorrência de maus-tratos – Agravo provido.

5. DESTITUIÇÃO DE PÁTRIO-PODER

Apelação Cível nº 81.064-0/4 - Comarca de Sumaré - TJSP - Rel. Des. Fábio Quadros - j. 01/10/01 – v.u.

Pátrio Poder. Destituição. Ação proposta pelo Ministério Público. Aplicação da revelia. Existência de matéria de fato a ser apreciada. Direito indisponível que não autoriza a presunção de veracidade. Ofensa aos princípios do devido processo legal, contraditório e ampla defesa. Recurso provido para anular a decisão, remetendo-se os autos ao juízo de origem.

Apelação Cível nº 82.509-0/3 – Comarca de São Paulo - TJSP - Rel. Des. Sérgio Gomes - j. 10/09/01 – v.u.

Menor - Ação de destituição do pátrio poder julgada procedente - Apelação da mãe pleiteando a reforma - Genitora que entregou a menor a terceiros nos primeiros dias de vida - Consta ter grave comprometimento de sua saúde mental, sendo portadora de psicose e que não possui as mínimas condições sócio econômicas nem estruturais para assumir a maternidade - Criança em situação abandono material e moral - Estudos técnicos neste sentido - Infringência aos arts. 22 e 24, ambos do ECA, c.c. art.395, incs. II, do Código Cível - Recurso improvido.

Apelação Cível nº 82.263-0/0 – Comarca de Paraguaçu Paulista - TJSP - Rel. Des. Fábio Quadros - j. 03/09/01 – v.u.

Destituição de pátrio poder cumulada com adoção - Recurso dos pais biológicos pretendendo a reforma da decisão - Parecer da Procuradoria Geral de Justiça pelo improvimento - Ausência de contestação - Falta de produção de prova oral - Ofensa ao contraditório - Questão de estado que não comporta presunção de veracidade - Recurso provido para anular a decisão.

Apelação Cível nº 46.319-0/2 - Comarca de Tupã - TJSP - Rel. Des. Álvaro Lazzarini - j. 05/07/01 – v.u.

Menor. Pátrio poder. Destituição. Abandono comprovado. Subseqüente deferimento de adoção, ao casal requerente que há anos oferece lar substituto saudável à criança. Decisão correta. Recurso do pai biológico improvido.

Apelação Cível nº 77.007.0/0 – Comarca de Laranjal Paulista – TJSP – Rel. Des. Nuevo Campos – j. 28/05/01 – v.u.

Adoção - Deferimento aos requerentes com conseqüente extinção do pátrio poder da genitora biológica - Recurso da requerida - Busca a improcedência da inicial.

O pedido inicial foi formulado diretamente pelos requerentes, que não possuem capacidade postulatória – Posteriormente, foi-lhes nomeado procurador, que ratificou os termos da inicial – Inexistência de prejuízo para a requerida, em vista, inclusive, dos termos da contestação, ou seja, houve

observância dos princípios do contraditório e da ampla defesa – Princípio da instrumentalidade das formas – Ausência de prejuízo e princípio da proteção integral afastam a possibilidade de pronunciamento de nulidade.
Mérito – A pretensão da requerida não merece acolhida – Provas de ordem oral e técnica indicam a procedência da inicial como a solução que atende aos interesses da menor – Abandono material e moral caracterizado – Acompanhamento e orientação da genitora não apresentaram resultados positivos – Demonstrada a inexistência de vínculos afetivos entre a recorrente e a adotanda – Presentes os pressupostos ao deferimento da adoção – Medida atende aos superiores interesses da criança – Apelo improvido.

Apelação Cível nº 80.121-0/8 - Comarca de Valparaíso - TJSP - Rel. Des. Jesus Lofrano - j. 18/06/01 – v.u.

Destituição do pátrio poder - Prática de atos contrários à moral e aos bons costumes – Procedência - Recurso improvido.
O genitor cumpre pena por tráfico de entorpecentes e porte de arma e está sendo processado pela prática de diversos delitos, situação que, aliada à informação de que pessoas ligadas ao tráfico de drogas e à prostituição freqüentavam a moradia da família, permite a conclusão quanto à prática de ato contrário à moral e aos bons costumes.

Apelação Cível nº 77.875-0/0 – Comarca de Sumaré – TJSP – Relator Des. Fábio Quadros – j. 04/06/01.

Pátrio Poder – Destituição - Ação proposta pelo Ministério Público - Aplicação da revelia - Contestações tempestivas - Matéria de fato a ser apreciada - Legitimidade do órgão ministerial para recorrer - Ofensa aos princípios do devido processo legal, contraditório e ampla defesa - Recurso provido - Decisão anulada.

Apelação Cível nº 78.868-0/6 - Comarca de Campinas - TJSP - Rel. Des. Fábio Quadros - j. 04/06/01 – v.u.

Menor. Pátrio poder. Destituição. Falta de interesse dos progenitores em melhorar as precárias condições que oferecem à prole, mesmo diante da ajuda e orientação de instituições assistenciais. Progenitor que introduziu dois dos filhos no mundo das drogas e no uso de bebidas alcoólicas. Crianças abrigadas. Recurso pela progenitora procurando reverter a decisão improvido.

Apelação Cível nº 77.239-0/9 – Comarca de São Manoel – TJSP – Relator Des. Fábio Quadros – j. 07/05/01.

Pátrio poder – Destituição - Progenitora que efetivamente abandonou o filho menor - Existência de três outros, todos sob guarda de terceiros - Falta de trabalho certo, consumo imoderado de álcool e referência a uso de drogas - Envolvimentos vários em ocorrências policiais - Família desestruturada - Estória de mendicância utilizando-se de filho recém-nascido - Recurso pretendendo reforma da decisão improvido.

Apelação Cível nº 76.748-0/4 – Comarca de Iguape – TJSP – Relator Des. Jesus Lofrano – j. 16/04/01.

Destituição e suspensão do pátrio poder - Descumprimento pelos genitores dos deveres e obrigações decorrentes do pátrio poder - Recurso improvido.

Apelação Cível nº 76.499-0/7 – Comarca de São Joaquim da Barra – TJSP – Relator Des. Sergio Gomes – j. 09/04/01.

Menor - Ação de destituição do pátrio poder julgada procedente - Apelação da mãe pleiteando a reforma - Preliminar rejeita, posto que tendo sido a citação pessoal, não há previsão legal para a nomeação de curador especial (art. 9º do CPC) - A nomeação de dativo, com base no art. 159 do ECA, depende de requerimento do interessado, o que não ocorreu - Genitora que entregou as crianças aos cuidados de terceiros, desde os primeiros meses de vida, negligenciando e abandonando seus deveres de mãe - Inexistência de vínculo afetivo entre a mãe e os filhos - Indícios também de que a genitora ainda se dedica a prostituição - Infringência aos artigos 22 c.c. 24, ambos do ECA, c.c. art. 395, inc. II e III do CC - Matéria preliminar repelida e, no mérito, recurso improvido.

Apelação Cível nº 78.175-0/3 – Comarca de Sorocaba – TJSP – Relator Des. Sérgio Gomes – j. 09/04/01.

Destituição de pátrio poder – Admissibilidade – Mãe com diversas passagens por hospitais psiquiátricos e que não demonstra ter condições de exercer os deveres maternos, mesmo porque não dá seguimento aos tratamentos médicos necessários – Criança em situação de abandono e mal cuidada – Pai e avó materna que também não têm condições de criá-la e suprir suas necessidades, não se opondo ao pedido – Adotantes que estão com a posse da menor desde os primeiros dias do nascimento, comprovando que possuem condições materiais e afetivas de bem cuidá-la – Recurso improvido.

Apelação Cível nº 78.189-0/7 – Comarca de Ibitinga – TJSP – Relator Des. Fábio Quadros – j. 02/04/01.

Pátrio poder - Destituição e deferimento de adoção de criança que conta com mais de seis anos e meio de vida e desde os dois meses se encontra sob a guarda dos adotantes - Recurso dos pais biológicos - Desnecessidade de prévia destituição que veio cumulada com o pedido de adoção - Amplitude da lide que abarca questão relativa à guarda requerida em outro feito pelos genitores - Falta de consentimento que impulsionou o contraditório, plenamente atendido nestes autos. Pais que abandonaram a criança que declarou sua intenção de permanecer com os adotantes - Decisão que bem analisou as provas - Preliminares afastadas e recurso improvido.

Apelação Cível nº 75.697-0/3 – Comarca de Sorocaba – TJSP – Relator Des. Fábio Quadros – j. 02/04/01.

Menor - Adoção cumulada com destituição de pátrio poder - Recurso da genitora apontando nulidades e, no mérito, pugnando pela improcedência da ação - Parecer da Procuradoria Geral de Justiça pelo provimento parcial do recurso - Alegação de suspeição da magistrada que não prospera - Inexistência de causa a ensejar a destituição - Preliminares rejeitadas e recurso parcialmente provido para julgar improcedentes os pedidos de destituição e de adoção e manter o casal apelado com a guarda da menor.

Apelação Cível nº 76.392-0/9 – Comarca de Santos – TJSP – Relator Des. Fábio Quadros – j. 02/04/01.

Pátrio poder – Destituição - Recurso pretendendo reverter a decisão - Abandono material e moral caracterizados - Mãe que é dependente de drogas, ameaçada de morte por traficantes, que vive nas ruas e comete furtos para financiar o vício - Origem em família desestruturada - Recurso improvido.

Apelação Cível nº 76.639-0/7 – Comarca de São Paulo – TJSP – Relator Des. Fábio Quadros – j. 02/04/01.

Pátrio poder – Destituição - Mãe que nunca visitou a filha recém-nascida, desde a alta hospitalar, há mais de três anos - Distúrbios psiquiátricos ligadas ao puerpério que não a impediam de fazê-lo, conforme laudos, não só da equipe multidisciplinar do juízo, como do próprio IMESC - Acerto da decisão - Recurso, pretendendo reverter a decisão, improvido.

Apelação Cível nº 76.198-0/3 – Comarca de Guarujá – TJSP – Relator Des. Fábio Quadros – j. 02/04/01.

Pátrio poder – Destituição - Recurso pretendendo reverter a procedência - Companheiros que descuram dos mínimos cuidados as crianças - Doença mental da progenitora que a impulsionou a agressões contra os filhos - Alcoolismo do progenitor - Situação de risco à integridade física dos infantes - Recurso improvido.

Apelação Cível nº 77.985-0/2 – Comarca de Iguape – TJSP – Relator Des. Nuevo Campos – j. 26/03/01.

Destituição do pátrio poder e adoção – Deferimento – Recurso da genitora biológica – Alegação de que não se configurou situação de abandono – A prova demonstrou violação dos deveres inerentes ao exercício do pátrio poder e entrega voluntária da filha aos cuidados exclusivos dos requerentes – Abandono caracterizado pressupostos da adoção presentes – Apelo improvido.

Apelação Cível nº 78.273-0/0 – Comarca de Rancharia – TJSP – Relator Des. Nuevo Campos – j. 26/03/01.

Destituição do pátrio poder e adoção – Deferimento – Recurso do genitor – Busca a improcedência da ação – Alegação de que não se configurou situação de abandono e que não violou nenhum dos deveres inerentes ao pátrio poder – Inadmissibilidade – A prova demonstrou que, em virtude do alcoolismo, incidiu em conduta desidiosa e não adotou qualquer providência concreta para reassumir a responsabilidade pelos filhos – Houve rompimento dos laços afetivos – Abandono material e moral caracterizados, inclusive, por desinteresse em relação à criança e educação dos filhos – Menores encontram-se satisfatoriamente inseridos no núcleo familiar dos requerentes, onde encontram apoio material e moral – Deferimento da adoção atende aos superiores interesses das crianças – Apelo improvido.

Agravo de Instrumento nº 72.864-0/4 – Comarca de Sorocaba – TJSP – Relator Des. Hermes Pinotti – j. 08/03/01.

Agravo de Instrumento – Decisão interlocutória, em processo voltado à destituição do pátrio-poder exercido pelos ora agravantes, que indeferiu pedido de visitas, formulado por estes – Preliminar de vício formal rejeitada – Necessidade de preservar o interesse da criança – Existência de estudos sociais que indicam ser nociva a medida pretendida – Agravo rejeitado.

Apelação Cível nº 76.362-0/2 – Comarca de Sumaré – TJSP – Relator Des. Nuevo Campos – j. 29/01/01.

Pátrio poder – Destituição decretada e extinção do feito com apreciação de mérito – Julgamento antecipado da lide – Recurso ministerial – Pugna pelo reconhecimento da nulidade da r. sentença de primeiro grau e pelo prosseguimento da ação – Alega impossibilidade de se verificar os efeitos da revelia e o conseqüente julgamento antecipado da lide, em vista do caráter indisponível do pátrio poder – Inocorrência de nulidade – Julgamento antecipado da lide é previsto pelo art. 161 do ECA – Procedimento específico para perda do pátrio poder não prevê a necessidade de nomeação de curador especial no caso de revelia – A r. sentença apelada não comporta reparo – Em que pese a consideração do pátrio poder como direito disponível com o conseqüente reconhecimento da verificação dos efeitos da revelia, o r. decisório de primeiro grau também está apoiado em prova pré-constituída e em prova técnica produzida em breve cognição probatória – Pátrio poder constitui direito indisponível – Normas processuais civis têm aplicação subsidiária ao presente procedimento especial – Abandono caracterizado – Apelo improvido.

Apelação Cível nº 76.369-0/4 – Comarca de Ipuã – TJSP – Relator Des. Fábio Quadros – j. 22/01/01.

Pátrio poder - Destituição que é pressuposto lógico da adoção - Demonstração, através da prova oral e técnica, da ofensa aos deveres a ele relativos pelo progenitor - Decisão de procedência - Recurso pretendendo reverter o resultado improvido.

Apelação Cível nº 75.375-0/4 – Comarca de Cotia – TJSP – Relator Des. Fábio Quadros – j. 22/01/01.

Pátrio poder – Destituição - Recurso da progenitora da criança, através de seu curador especial, pretendendo reverter a decisão de procedência - Abandono devidamente comprovado - Distanciamento da figura materna diante do escasso contato entre a criança e sua progenitora - Guardiã que proporciona ambiente saudável ao menor - Recurso improvido.

Apelação Cível nº 75.845-0/0 – Comarca de Amparo – TJSP – Relator Des. Gentil Leite – j. 18/01/01.

Menor – Destituição de pátrio-poder – Medida inadequada para resguardar os interesses dos menores, a despeito da conduta inadequada dos genitores – Prevalência do interesse e bem-estar das crianças, impondo apenas a suspensão do pátrio-poder – Manutenção das crianças em abrigo – Recurso parcialmente provido.

Apelação Cível nº 75.376-0/9 – Comarca de Indaiatuba – TJSP – Relator Des. Jesus Lofrano – j. 15/01/01.

Destituição do pátrio poder – Desinteresse da genitora, envolvida precocemente com drogas e prostituição, em assumir a criação e educação do filho – Avó materna também viciada e sem capacidade de exercer a guarda – Manutenção da sentença – Recurso improvido.

Apelação Cível nº 75.363-0/0 – Comarca de São Jose do Rio Preto – TJSP – Relator Des. Sergio Gomes – j. 08/01/01.

Menores - Ação de destituição do pátrio poder julgada procedente - Apelação dos genitores, pleiteando a reforma - Crianças em situação de abandono material a moral - Genitores que denotam limitações que os impedem de garantir o desenvolvimento global dos filhos, não possuindo as mínimas condições para exercer adequadamente seus deveres - Mãe que sofre de problemas mentais e pai que tem entendimento rebaixado, além de fazer uso imoderado de bebidas alcoólicas - Casal que não apresenta vida produtiva, vivendo, exclusivamente, de favores e mendicância - Estudos técnicos neste sentido - Crianças bem adaptadas com as famílias substitutas, as quais estão suprindo suas necessidades afetivas o materiais - Infringência aos artigos 22 cc 24, ambos do ECA, c.c. art. 395, inc. II, do Código Cível - Recurso improvido.

Apelação Cível nº 75.787-0/4 – Comarca de Salto – TJSP – Relator Des. Sérgio Gomes – j. 08/01/01.

Menor – Ação de destituição do pátrio poder julgada procedente – Apelação da genitora pleiteando a reforma – Pai alcoólatra e que não demonstra propósito em abandonar o vício e mãe que apresenta indícios de deficiência mental – Criança em situação de abandono material e moral, sendo que há evidências de que vivia perambulando pelas ruas e pedindo esmolas, razão pela qual foi institucionalizada, assim como outros filhos do casal – Infante adaptada à família substituta, que tem suprido todas as suas necessidades – Estudos técnicos neste sentido – Infringência aos artigos 22 e 24, ambos do ECA, c.c. art. 395, inc. II, do Código Cível – Recurso improvido.

Apelação Cível nº 77.121-0/0 – Comarca de Fernandópolis – TJSP – Relator Des. Gentil Leite – j. 04/01/01.

Menor - Pedidos de destituição de pátrio poder e de adoção - Pretensões acolhidas por sentença - Apelo visando a reforma do julgado - Preliminar de carência do pedido de adoção por falta de estágio de convivência - Alegação no mérito de que a genitora natural superou suas dificuldades passadas e que dispõe agora de condições para bem cuidar de sem filho - Descabimento – Questão prejudicial já suscitada anteriormente e rejeitada em primeiro grau sem a interposição de recurso, circunstância que ocasionou sua preclusão - Mãe biológica que desde o nascimento deixou sem filho voluntariamente sob a guarda de terceiros, não demonstrando interesse sequer em efetivar o registro de sem nascimento - Criança que hoje está perfeitamente integrada à família guardiã - Arrependimento posterior ineficaz - Prevalência do interesse e bem-estar do menor, especialmente quando a mãe natural não comprova reunir condições para adequadamente educá-lo - Recurso não provido.

Apelação Cível nº 72.876-0/9 – Comarca de São Paulo – TJSP – Relator Des. Fábio Quadros – j. 18/12/00.

Pátrio poder – Destituição - Abandono resultante da negligência da progenitora - Condição econômica-financeira extremamente desfavorável à entidade familiar - Crianças institucionalizadas - Mãe que sempre se mostrou acomodada, apática, procurando na comiseração alheia meios para sustentar a prole - O único filho que se encontra sob sua guarda, com 14 anos de idade, não obstante deficiência intelectual, continua analfabeto, solto nas ruas - Comprovada situação de risco que vem sendo acompanhada há sete anos pelas equipes técnicas sem progresso pela requerida - Recurso pretendendo reforma da decisão, sob argumento de não poder unicamente a carência de recursos econômicos motivar a perda do pátrio poder - Histórico que desautoriza tal conclusão - Recurso improvido.

Apelação Cível nº 75.387-0/9 – Comarca de Pilar do Sul – TJSP – Relator Des. Fábio Quadros – j. 18/12/00.

Menor - Pátrio poder – Destituição - Recurso pretendendo reforma da decisão - Pais alcoólatras, há muito tempo acompanhados pelos órgãos públicos e que se mostram avessos à qualquer tentativa de reconduzi-los a vida normal - Criança que padece da falta de higiene e cuidados com sua formação moral e psíquica - Recurso improvido.

Apelação Cível nº 74.084-0/9 – Comarca de Lençóis Paulista – TJSP – Relator Des. Nuevo Campos – j. 11/12/00.

Adoção e destituição do pátrio poder - Pedidos cumulativos - Indeferimento por não ter sido reconhecida hipótese de perda de pátrio poder - Requerente é irmã da requerida - Interessados na adoção encontram-se no exercício da guarda da menor - Recurso dos requerentes - Pugnam pela procedência da inicial - Inadmissibilidade - Prova trouxe notícias de que a entrega da menor aos cuidados exclusivos dos requerentes decorreu, não de desinteresse por parte da requerida, mas sim de hipossuficiência econômica e problemas de saúde da genitora - Não estão demonstrados os pressupostos necessários ao deferimento da adoção - Apelo improvido.

Apelação Cível nº 75.365-0/9 – Comarca de Cajuru – TJSP – Relator Des. Nuevo Campos – j. 11/12/00.

Adoção – Destituição de pátrio poder de ambos genitores e deferimento da adoção aos requerentes – Recurso da genitora – Improcedência da ação – Inadmissibilidade – Prova demonstrou situação de abandono do menor, inclusive por desinteresse em acompanhar sua criação e educação após abrigamento – Menor encontra-se satisfatoriamente inserido no lar dos requerentes, há anos – Deferimento da destituição do pátrio poder e da adoção atende aos interesses do adotando menor – Apelo improvido.

Apelação Cível nº 73.685-0/4 – Comarca de Araraquara – TJSP – Relator Des. Fábio Quadros – j. 20/11/00.

Menor - Pátrio poder - Situação de abandono a que foram relegadas três crianças constatada por longo período - Progenitor e familiares que não apresentam as mínimas condições materiais, pessoais e psicológicas para garantir a subsistência dos menores - Absoluta falta de higiene e mínimos cuidados médicos - Ociosidade, embriaguez e até prostituição - Decisão de procedência da ação de destituição, promovida pelo Ministério Público - Recurso pretendendo revertê-la improvido.

Apelação Cível nº 73.131-0/7 – Comarca de Franca – TJSP – Relator Des. Nuevo Campos – j. 13/11/00.

Destituição do pátrio poder – Pedido formulado pelo ministério público – Inicial julgada parcialmente procedente, apenas em relação ao genitor – Recursos do Ministério Público e do genitor – Requerido pleiteia a improcedência da ação – O D. Representante do Ministério Público pugna pela procedência da inicial também em relação à genitora – Procede o inconformismo ministerial – Demonstrada hipótese de perda do pátrio poder, por parte dos genitores, em razão de abandono material e moral e prática de atos contrários à moral e aos bons costumes – Procedência da inicial atende aos interesses das menores – Provido o apelo ministerial e improvido o recurso do genitor.

Apelação Cível nº 73.427-0/8 – Comarca de São Joaquim da Barra – TJSP – Relator Des. Nuevo Campos – j. 13/11/00.

Adoção – Pedidos de destituição do pátrio poder e de adoção julgados procedentes – Recurso do genitor – Embora a entrega da filha aos cuidados exclusivos dos requerentes, de início, tenha sido determinada por hipossuficiência econômica, posteriormente, caracterizou-se situação de abandono material e moral decorrente de desinteresse por sua criação e educação – Pressupostos da adoção estão presentes – A menor, há anos, encontra-se satisfatoriamente inserida no núcleo familiar dos requerentes, com apoio material e moral, bem como fortes laços afetivos – Apelo improvido.

Apelação Cível nº 74.241-0/6 – Comarca de São José do Rio Pardo – TJSP – Relator Des. Nuevo Campos – j. 13/11/00.

Pátrio poder – Destituição decretada – Abusos sexuais contra filha menor – Recurso do genitor – Alegação de insuficiência de provas – A prova em relação às práticas sexuais, dada a clandestinidade, que, via de regra, informa a execução desta espécie de ato, é indireta – As declarações da vítima, assim, possuem importância diferenciada – A medida decretada atende aos interesses superiores das menores – Apelo improvido.

Apelação Cível nº 73.025-0/3 – Comarca de Cotia – TJSP – Relator Des. Sérgio Gomes – j. 23/10/00.

Menor – Ação de destituição do pátrio poder julgada procedente – Apelação do genitor, pleiteando a reforma – Criança em situação de abandono material e moral e que vivia perambulando pelas ruas em situação de mendicância – Mãe que possui dez filhos, sendo que somente dois constam estar sob seus cuidados, sendo que os demais se encontram com terceiros – Família que o deixou em instituição e mudou-se para local incerto e não sabido e nunca o visitou – Infringência aos artigos 22 c.c 24, ambos do ECA, c.c. art. 395, incs. I e II, do Código Cível – Recurso improvido.

Apelação Cível nº 73.202-0/1 – Comarca de Sorocaba – TJSP – Relator Des. Sérgio Gomes – j. 23/10/00.

Menores - Ação de destituição do pátrio poder julgada procedente - Apelação dos genitores pleiteando a reforma - Pais alcoólatras e que não demonstram propósito em abandonar o vício - Crianças em situação de abandono material e moral - Estudos técnicos neste sentido - Infringência aos artigos 22 e 24, ambos do ECA, c.c. art. 395, incs. II e III, do Código Cível - Recurso improvido.

Apelação Cível nº 73.126-0/4 – Comarca de Guararema – TJSP – Relator Des. Fábio Quadros – j. 16/10/00.

Pátrio-poder - Criança submetida ao mais completo abandono pela mãe - Família desestruturada - Progenitora e familiares avessos a todos os esforços da comunidade e do poder público para garantir melhores condições de vida a seus integrantes, inclusive as crianças - Internações hospitalares seguidas, por broncopneumonia, anemia e suboclusão intestinal causada por vermes - Perigo de vida atestado por médico - Desnutrição, falta de higiene - Procedência da ação de destituição do pátrio-poder promovida pelo Ministério Público, que contou com laudos multidisciplinares que indicavam a necessidade de tal providência - Recurso, contra tal decisão, improvido.

Apelação Cível nº 68.461-0/0 – Comarca de São Paulo – TJSP – Relator Des. Nuevo Campos – j. 09/10/00.

Pátrio poder – Perda decretada - Recurso da genitora – Preliminar de nulidade por cerceamento de defesa, sob o fundamento de que o abrigamento de seus filhos deu-se de forma irregular – O abrigamento determinado como medida provisória e urgente destinada à proteção dos menores, a teor dos arts. 99 e 100, § único do ECA, prescinde de formalidades processualísticas de modo a evitar a frustração da medida – Não se demonstrou que o abrigamento, medida inquinada de irregular e determinada em procedimento preliminar anterior ao início do presente processo, tenha implicado em alguma espécie de prejuízo para a defesa – Mérito – Situação de abandono material e moral demonstrada – Não se vislumbra que a apelante possa vir a ter condições de reassumir a guarda dos filhos – Hipótese de perda do pátrio poder caracterizada – Não assimilou as orientações recebidas – Restaram infrutíferas, inclusive, ajudas comunitária e material recebidas – Não justifica a conduta desidiosa da genitora sua hipossuficiência econômica – Preliminar rejeitada e apelo improvido.

Apelação Cível nº 82.093-0/3 - Comarca de Sorocaba - TJSP - Rel. Des. Nuevo Campos - j. 24/09/01 – v.u.

Menor - Pátrio poder – Destituição decretada - Recurso dos genitores - Pugnam pela improcedência da inicial - Inadmissibilidade – Demonstrada a caracterização de abandono material e moral, inclusive, por desinteresse pela criação e educação da filha - Apelo improvido.

Apelação Cível nº 72.286-0/6 - Comarca de Franca - TJSP - Rel. Des. Sérgio Gomes - j. 21/08/00 – v.u.

Pátrio poder - Destituição - Admissibilidade – Pais com prática de atos contrários à moral e aos bons costumes e também condenados por tráfico de drogas - Mãe viciada em crack e pai alcoólatra, com extensa folha de antecedentes criminais - Criança em situação de abandono e sujeita a mendicância – Recurso improvido.

Apelação Cível nº 70.204-0/9 - Comarca de Franca - TJSP - Rel. Des. Nuevo Campos - j. 29/06/00 – v.u.

Pátrio poder – Perda decretada – Recurso da genitora – Situação de abandono material e moral demonstrada – Não se vislumbra que a apelante possa vir a ter condições de reassumir a guarda do filho – Hipótese de perda do pátrio poder caracterizada – Não justificam a conduta desidiosa da genitora sua hipossuficiência econômica, a falta de amparo familiar ou mesmo sua condição de adolescente – Apelo improvido.

Apelação Cível nº 78.316-0/8 – Comarca de São Paulo - TJSP - Rel. Des. Sérgio Gomes - j. 11/06/01 – v.u.

Menor – Ação de destituição do pátrio poder julgada procedente – Apelação da mãe pleiteando a reforma – Criança institucionalizada há quase seis anos

– Genitora que negligenciou e abandonou seus deveres de mãe e não tem condições materiais de bem cuidá-la, mantendo vida desregrada e vivendo em conflito com seus próprios familiares – Inexistência também de vínculo afetivo entre a mãe o filho – Estudos técnicos neste sentido – Infringência aos artigos 22 c.c. 24, ambos do ECA, c.c. art. 395, inc. II, do CC – Recurso improvido.

Apelação Cível nº 41.355-0/0 – Comarca de São Paulo - TJSP - Rel. Des. Djalma Lofrano - j. 10/06/99 – v.u.

Destituição de pátrio poder - Improcedência - Psicóloga sugere permanência das crianças com guardiães, sem que haja no momento destituição da genitora - Necessidade em face das circunstâncias - Recurso improvido.

Apelação Cível nº 68.437-0/1 - Comarca de Jundiaí - TJSP - Rel. Des. Hermes Pinotti - j. 08/06/00 – v.u.

Sentença que destituiu o pátrio poder do apelante, em relação a seus filhos - Fundamento controvertido - Falta de provas para a destituição - Apelo provido.

Apelação Cível nº 60.386-0/0 - Comarca de Jundiaí - TJSP - Rel. Des. Hermes Pinotti - j. 08/06/00 – v.u.

Destituição de pátrio poder – Mãe surpreendida, com filho de cinco meses, em ponto de prostituição – Não comprovados maus tratos ou qualquer outro motivo que fundamente a perda do pátrio poder - Apelação provida.

Apelação Cível nº 62.887-0/0 - Comarca de Guarulhos - TJSP - Rel. Des. Álvaro Lazzarini - j. 07/06/01 – v.u.

Menor. Ação de destituição de pátrio poder c.c. adoção. Prova robusta denotando que a menor está bem amparada na família substituta e que os pais sempre negligenciaram o amparo material e moral que lhe seria devido. Mãe com doenças psicológicas que tornam improvável a assunção da responsabilidade pelo desenvolvimento da menor e pai, que dado ao vício de bebidas alcoólicas, não fornece amparo necessário. Recurso a que se nega provimento.

Apelação Cível nº 79.107-0/1 - Comarca de Sorocaba - TJSP - Rel. Des. Fábio Quadros - j. 04/06/01 – v.u.

Pátrio poder – Destituição - Inobservância do princípio do contraditório - Decisão lançada sem ouvir os requeridos e a criança, que tem idade suficiente para poder exprimir-se (ECA, art. 161, § 2º) - Procedimento verificatório anterior que não é prova pré-constituída - Envolve apreciação dos fatos ou emprestada diante da ausência do contraditório - Recurso provido para anular a decisão.

Apelação Cível nº 71.585-0/3 – Comarca de São Paulo - TJSP - Rel. Des. Jesus Lofrano - j. 01/06/00 – v.u.

Destituição do pátrio poder – O menor chegou fisicamente bem à instituição, sem vestígios de negligências, estando atualizadas as vacinas – Recomendação da assistente social no sentido da reaproximação entre o genitor e o infante - Iniciativas do apelante a demonstrar que desejava e tudo faria para manter o filho consigo, apresentando alternativas viáveis para atender suas necessidades, como colocá-lo em creche e sob os cuidados de "tomadeira de conta"- Existência de vínculos afetivos que devem ser preservados, considerando ainda que nada se comprovou contra o apelante - Recurso provido.

Apelação Cível nº 69.596-0/3 – Comarca de São Paulo - TJSP - Rel. Des. Jesus Lofrano - j. 01/06/00 – v.u.

Destituição do pátrio poder – Ato libidinoso – A filha mais velha teria presenciado o pai tocar as partes íntimas da mais nova, que se queixou posteriormente à mãe de forte ardor na região vaginal - Insegurança da prova quanto aos fatos descritos na inicial, de forma o a inviabilizar a adoção da medida drástica de destituição – Conclusão técnica de restabelecimento dos vínculos entre genitor e filhas, com a recomendação de que as visitas sejam feitas por ora em "contexto protegido" – Recurso improvido.

Apelação Cível nº 49.356-0/2 – Comarca de São Paulo - TJSP - Rel. Des. Álvaro Lazzarini - j. 20/05/99 – v.u.

Pátrio Poder. Destituição. Ação proposta pelo Ministério Público contra mãe de menor. Procedência. Apelo pretendendo ver revertido o resultado. Prova bem analisada pela sentenciante. Abandono moral e material. Recurso improvido.

Apelação Cível nº 70.605-0/9 - Comarca de Piedade - TJSP - Rel. Des. Nuevo Campos - j. 11/05/00 – v.u.

Pátrio poder - Perda decreta em primeiro grau - Genitora falecida - Recurso do pai - Situação de abandono material e moral caracterizada e confessada pelo genitor – A responsabilidade pela criação e educação da menor, desde os primeiros meses de vida, ficou relegada aos avós maternos, que, no entanto, não reuniam condições para tanto, negligenciando os cuidados básicos para com a menor – O genitor não tem condições de reassumir a guarda da filha - A prova técnica constatou que o genitor na realidade, não tem intenção de ter a menor sob sua responsabilidade - Apelo improvido.

Apelação Cível nº 69.327-0/7 - Comarca de Sorocaba - TJSP - Rel. Des. Nuevo Campos - j. 11/05/00 – v.u.

Pátrio poder - Perda decretada – Apelação da genitora - Preliminar de nulidade rejeitada - Não está demonstrado que a apelante possua deficiência mental de modo a ser considerada como incapaz – Nada foi alegado quando do oferecimento da contestação - Pelo que se infere das alegações finais e razões de recurso, verifica-se que forneceu os meios necessários à promoção da defesa de seus interesses - Mérito - Carência moral das menores demonstrada – A prova revelou sérios indícios de que as menores eram submetidas a práticas sexuais diversas da conjunção carnal - A prova oral noticiou que as duas filhas mais velhas, em vista da conduta desidiosa da genitora, passaram a conviver fora de casa com pessoas de conduta inadequada - Apelo improvido.

Apelação Cível nº 67.403-0/0 – Comarca de São Vicente - TJSP - Rel. Des. Nuevo Campos - j. 11/05/00 – v.u.

Pátrio poder - Perda decretada – Abandono caracterizado - Menor, abandonada aos cuidados de uma vizinha, acabou por ser institucionalizada - Genitores não possuem condições morais e materiais para reassumir a guarda da filha - A medida decretada, que guarda caráter de excepcionalidade, atende a os interesses da menor - Apelo improvido.

Apelação Cível nº 53.480-0/2 – Comarca de São Paulo - TJSP - Rel. Des. Álvaro Lazzarini - j. 11/05/00 – v.u.

Destituição de Pátrio Poder - Procedimento instaurado após entrevista realizada por psicólogo e comissário com a genitora, esta desacompanhada de advogado - Necessidade de ficar assegurado à genitora a possibilidade de se fazer representar em Juízo para, no prazo legal, manifestar-se a respeito da pretensão de adoção e destituição do pátrio poder - Ofensa ao devido processo legal - Apelo provido.

Apelação Cível nº 70.138-0/7 - Comarca de Matão - TJSP - Rel. Des. Nuevo Campos - j. 11/05/00 – v.u.

Pátrio poder - Perda decretada em relação a ambos os genitores - Recurso da genitora - Situação de abandono material e moral caracterizada - O fato do menor encontrar-se sob a guarda do pai não a exime de responsabilidade pelo abandono do filho, pois mantendo-se afastada, inclusive durante o período de internação do filho, não consta ter adotado qualquer providência concreta para resgatar a regularidade da situação do menor - Ficou patente, por parte de ambos, a falta de interesse pela criação e educação do filho - Apelo improvido.

Apelação Cível nº 70.784-0/4 – Comarca de São Paulo - TJSP - Rel. Des. Jesus Lofrano - j. 04/05/00 – v.u.

Destituição do pátrio poder – Não se colhe da prova outro fato senão o temor da apelante decorrente da conduta do apelado, que teria praticado homicídio, sem que haja demonstração de que assim agindo colocou mesmo em risco a vida de seus filhos, de molde a perder o pátrio poder que sobre eles exerce – O fato de encontrar-se foragido não implica necessariamente no reconhecimento de abandono, na medida em que a apelante, após o mencionado crime, foi abrigada com os filhos no CONVIDA, da polícia civil, e mesmo quando dali se retirou, manteve seu endereço em sigilo, de forma a impedir o contato do apelado com a família – Recurso improvido.

Apelação Cível nº 59.626-0/3 - Comarca de Sorocaba - TJSP - Rel. Des. Nuevo Campos - j. 06/04/00 – v.u.

Menor - Destituição do pátrio poder dos genitores deferida – Recurso – Preliminar rejeitada – Não se caracterizou cerceamento de defesa, pois a avaliação psicológica a que forma submetidos os requeridos atendeu ao fim por eles perseguido – Demonstração de grave violação dos deveres inerentes ao pátrio poder - Mutilação de parte da língua da menor – Hipótese de perda do pátrio poder configurada – Apelo improvido.

Apelação Cível nº 57.264-0/6 – Comarca de Itapecerica da Serra - TJSP - Rel. Des. Nigro Conceição - j. 04/05/00 – v.u.

Apelação - Recurso interposto contra decisão que indeferiu pedido de adoção, sob argumento de que não se provou abandono da criança pela genitora, que não é concordante, havendo, ainda, laudo psicológico desfavorável – Alegação de que houve cerceamento de defesa, por não se possibilitar aos apelantes aditamento da petição inicial e prova dos fatos ensejadores da adoção, sem se ter nomeado curador especial para a genitora, que é doente mental - Pretensão de nulidade do processo a partir do momento em que se caracterizou cerceamento de defesa ou de reforma no mérito - Inadmissibilidade - Procedimento que não foi iniciado por petição inicial assinada por advogado devidamente habilitado, transformado em contraditório apenas quando manifestada a discordância da genitora - Processo de guarda deferida aos apelantes em apenso, no qual já haviam indícios de que a genitora da menor é incapaz de validamente manifestar sua vontade - A adoção, na hipótese, não pode ser requerida em conseqüência de destituição de pátrio poder, que pressupõe culpa dos genitores, de que não pode ser acusada aquela que, eventualmente, é portadora de doença mental - Caso em que deve ser decretada a nulidade de todo o feito, com recomendação de que o Juízo providencie investigação sobre a capacidade da genitora, mantendo-se a guarda da criança com os tios maternos em razão de seus superiores interesses.

Apelação Cível nº 53.983-0/8 – TJSP – Relator Des. Djalma Lofrano.

Pátrio-poder – Destituição – Prova de que os pais biológicos estão envolvidos com o tráfico de entorpecentes – Conduta que justifica a perda do pátrio-poder – Aplicação dos arts. 395, III do CC e 19, última parte do ECA – Recurso não provido – Sentença mantida – Recurso não provido.

Apelação Cível nº 66.321-0/8 – Comarca de São Paulo – TJSP – Relator Des. Hermes Pinotti – j. 27/04/00.

Destituição do pátrio poder em razão da concordância da genitora com a adoção do filho – Recurso do Ministério Público que invoca ser o pátrio poder indisponível e a necessidade de procedimento contraditório – Recurso improvido.

Apelação Cível nº 63.371-0/3 – Comarca de Franca – TJSP – Relator Des. Nuevo Campos – j. 06/04/00.

Pátrio poder - Perda decretada - Recurso dos genitores - Situação de abandono material e moral decorrente de desinteresse em promover condições para adequado desenvolvimento da prole - Relacionamento altamente conflituoso redundou em procedimento desidioso em relação aos filhos - Resistência no presente processo destina-se a atender interesses próprios e não do menor - Criança inserida em condições favoráveis no núcleo familiar substituto, com vínculos afetivos, desde época anterior aos dois anos de idade, contando, hoje, com seis anos - Situação de aparente normalidade atual não implica em desconsideração do proceder desidioso que caracterizou o abandono - Apelo improvido.

Apelação Cível nº 66.322-0/2 – Comarca de Ribeirão Preto - TJSP - Rel. Des. Nigro Conceição - j. 30/03/00 – v.u.

Apelação - Interposição contra decisão monocrática que julgou improcedente pedido de adoção cumulado com guarda provisória - Alegação de que as provas colhidas durante instrução demonstram ter o apelado abandonado a filha, e que foi obrigado a pagar alimentos para a mesma - Ademais, a guarda de fato viria a ser exercida pelos avós paternos, havendo problemas de relacionamento entre a neta e a avó - Apelantes que possuem melhor condição de garantir, sustento e criação da menor, com quem conviveram em face de guarda provisória - Pedido alternativo, em sede recursal, de guarda permanente - Inadmissibilidade deste, por supressão de grau de jurisdição - Provas técnicas que alicerçam entendimento no sentido de que devem ser preservados os laços afetivos entre genitor e filha, com prestígio à família natural - Prova oral, ademais, que não é firme no que pertine à perda do pátrio-poder - Interesses superiores da menor – Recurso improvido.

Apelação Cível nº 62.082-0/7 – Comarca de Itatiba – TJSP - Relator Des. Jesus Lofrano – j. 30/03/00.

Destituição do pátrio poder - Procedência - Julgamento antecipado - Alegação de cerceamento de defesa - Reconhecimento - Se não bastasse a necessidade de produção de provas na espécie, sobretudo a técnica, uma vez que o prévio estudo social é superficial, dada a natureza excepcional de que se reveste a ação de destituição do pátrio poder, a demandar amplitude de limites na instrução, a apelante não pode demonstrar as alegações que deduziu na contestação, em face do julgamento antecipado da lide, que implicou cerceamento de defesa - Recurso provido.

Apelação Cível nº 82.093-0/3 - Comarca de Sorocaba - TJSP - Rel. Des. Nuevo Campos - j. 24/09/01 – v.u.

Menor - Pátrio poder – Destituição decretada - Recurso dos genitores - Pugnam pela improcedência da inicial - Inadmissibilidade – Demonstrada a caracterização de abandono material e moral, inclusive, por desinteresse pela criação e educação da filha - Apelo improvido.

Apelação Cível nº 63.498-0/2 – Comarca de São Paulo - TJSP - Rel. Des. Hermes Pinotti - j. 10/02/00 – v.u.

Destituição do pátrio poder - Filha dos réus entregue pela mãe, sem discordância do pai, a terceiros, na época do nascimento - Arrependimento posterior - Abandono caracterizado - Sentença confirmada.

Apelação Cível nº 53.830-0/0 – Comarca de São Paulo - TJSP - Rel. Des. Hermes Pinotti - j. 10/02/00 – v.u.

Destituição de Pátrio Poder - Prova de abandono evidente, no mínimo por negligência dos pais biológicos, ante o que constatado foi nos pareceres psicológicos e sociais, reveladores de ausência de conceitos morais no seio familiar, o que se conjuga com a prova da debilidade física do infante e das lesões corporais sofridas, inclusive por brasa de cigarro - Situação que recomendava a destituição do pátrio poder - Apelação da genitora a que se nega provimento.

Apelação Cível nº 66.141-0/6 - Comarca de Sumaré - TJSP - Rel. Des. Yussef Cahali - j. 13/01/00 – v.u.

Adoção - Procedência - Recurso de apelação interposto pelo Ministério Publico - Dispensabilidade de maior dilação probatória quanto ao abandono da criança, efetivamente comprovado, à saciedade, nos autos - Manifesto desinteresse da genitora que, ao entregar a filha, nunca mais retornou ao Juízo em busca de notícias da mesma - Genitora moradora de rua - Impossibilidade de realização da citação pessoal, em virtude do desconhecimento de seu paradeiro - Validade da citação ficta - Improvimento do recurso.

Apelação Cível nº 66.705-0/0 - Comarca de Tatuí - TJSP - Rel. Des. Djalma Lofrano - j. 16/12/99 – v.u.

Adoção e destituição do pátrio-poder – Procedência dos pedidos – Apelação – Negativa do abandono material e alegação de interesse pela criança – Suficiência da prova, a demonstrar que a adoção apresenta reais vantagens para o adotando – Inteligência do disposto no artigo 43 do ECA – Recurso improvido.

Apelação Cível nº 54.274-0/0 - Comarca de Mairiporã - TJSP - Rel. Des. Oetterer Guedes - j. 16/12/99 – v.u.

Adoção comutada com destituição do pátrio poder - Abandono moral dos genitores negligentes no cumprimento das obrigações inerentes ao pátrio poder – Recurso improvido.

Apelação Cível nº 63.384-0/2 – Comarca de São Jose do Rio Preto - TJSP - Rel. Des. Oetterer Guedes - j. 09/12/99 – v.u.

Adoção – Abandono moral e afetivo da genitora – Entrega a terceiros - Rompimento do vínculo afetivo - Improvimento do apelo da genitora.

Apelação Cível nº 59.861-0/5 - Comarca de Carapicuíba - TJSP - Rel. Des. Djalma Lofrano - j. 09/12/99 – v.u.

Destituição de pátrio poder e adoção - Estado de abandono moral e material caracterizado - Conjunto probatório que recomenda a continuidade da guarda da criança pelo casal substituto - Necessidade de garantir o bem-estar e proteger os interesses do menor - Sentença mantida - Recurso não provido.

Agravo de Instrumento nº 59.235-0/9 - Comarca de Agudos - TJSP - Relator Des. Álvaro Lazzarini - j. 02/12/99.

Solicitação de antecipação de tutela para fins de guarda provisória, sem indicação do nome do casal interessado, com vistas a posterior adoção - Entranhamento aos autos de ação de destituição do pátrio-poder - Embora necessária a identificação do casal interessado na criança em procedimento visando a guarda provisória, admissível é a separação completa dos feitos para o resguardo do sigilo objetivado - Agravo acolhido em parte.

Apelação Cível nº 50.901-0/3 - Comarca de Mairiporã - TJSP - Rel. Des. Oetterer Guedes - j. 11/11/99 – v.u.

Adoção e destituição do pátrio poder – Hipótese dos autos onde a genitora abandonou o convívio de sua filha, que foi deixada sob os cuidados de quem não reúne as mínimas condições psicológicas e financeiras para proporcionar a criação e educação da menor – Adoção que constitui medida benéfica ao desenvolvimento físico e mental da petiz, atendendo aos seus superiores interesses – Relatórios apresentados pelos técnicos do Juízo que atestam a inconveniência na manutenção da menor sob a guarda de qualquer de seus parentes – Casal adotante que evidencia condições morais e financeiras suficientes para o sucesso da adoção – Integração da criança no lar substituto demonstra o acerto da decisão atacada – Recurso não provido.

Apelação Cível nº 50.508-0/0 – Comarca de São Paulo - TJSP - Rel. Des. Cunha Bueno - j. 26/08/99 – v.u.

Destituição do Pátrio Poder - pais que abrigam os filhos por falta de recursos financeiros - posterior abandono moral e afetivo dos menores na instituição - rompimento do vínculo - abandono caracterizado - Recurso provido para destituir os genitores do pátrio poder dos menores.

Apelação Cível nº 49.182-0/8 – Comarca de São Paulo - TJSP - Rel. Des. Djalma Lofrano - j. 15/07/99 – v.u.

Criança e Adolescente – Homologação de pedido de destituição de pátio poder sem a instauração de contraditório – Genitora que manifesta vontade à equipe técnica do Juízo e por termo, em audiência, na presença do magistrado e da Promotora de Justiça quanto à destituição do pátrio poder e à educação de seu filho por terceiro – Possibilidade – Recurso improvido.

Apelação Cível nº 48.030-0/8 – Comarca de Campos do Jordão – TJSP – Relator Des. Oetterer Guedes – j. 01/07/99.

Menor – Pedido de restituição do pátrio poder – Menor que voltou a viver em companhia do genitor, destituído por ocasião do pedido de tutela – Possibilidade jurídica do pedido – Distinção entre perda e extinção do pátrio poder – Recurso provido.

Apelação Cível nº 47.842-0/6 – Comarca de Jundiaí – TJSP – Relator Des. Oetterer Guedes – j. 24/06/99.

Menores - Destituição do pátrio poder - Hipótese dos autos onde não ficou demonstrada infração aos deveres inerentes ao pátrio poder - O fato das crianças, esporadicamente, pedirem esmola, por si, não basta para justificar a procedência do pedido - A inclusão da família em programa assistencial pode resolver a situação das menores, que se encontram com idade em que dificilmente seriam aceitas em adoção - Recurso provido.

Apelação Cível nº 48.039-0/9 – Comarca de Lins – TJSP – Relator Des. Oetterer Guedes – j. 24/06/99.

Menores - Destituição do pátrio poder - Genitores que infringiram os deveres inerentes ao pátrio poder, não apresentando as condições mínimas necessárias para promover a criação e educação de sua prole - Tentativa de orientação que se mostrou infrutífera - Hipótese onde a precária situação financeira do casal não constitui motivo para a decisão - Apelantes que se mostram refratários a qualquer tipo de ajuda - Recurso não provido.

Apelação Cível nº 45.556-0/6 – Comarca de São Paulo – TJSP – Relator Des. Cunha Bueno – j. 15/04/99.

Destituição do Pátrio Poder – necessidade de procedimento contraditório ou conseqüência da adoção da criança, na hipótese de concordância da genitora – Recurso provido para anulação da sentença.

Recurso Especial nº 158.920 – São Paulo – STJ – relator Min. Sálvio de Figueiredo – j. 23/03/99.

Direito Cível - Pátrio poder - Dever irrenunciável e indelegável - Hipóteses específicas - Art. 392 do Código Cível – Contraditório - Necessidade arrependimento posterior – Adoção - Situação de fato consolidada segurança jurídica - Interesses do menor - Orientação da Turma - Precedentes parcialmente provido. I - O pátrio poder, por ser um conjunto de obrigações, a cargo dos pais, no tocante à pessoas e bens dos filhos menores é irrenunciável e indelegável. Em outras palavras, por se tratar de ônus, não pode ser objeto de renúncia. II – As hipóteses de extensão do pátrio poder estão previstas no art. 392 do Código Cível e as de destituição no 395, sendo certo que são estas exaustivas, a dependerem de procedimento próprio, previsto nos arts. 153/163 do Estatuto da Criança e do Adolescente, consoante dispõe o art. 24 do mesmo diploma. III – A entrega do filho pela mãe pode ensejar futura adoção (art. 45 do Estatuto), e, conseqüentemente, a extinção do pátrio poder, mas jamais pode constituir causa para a sua destituição, sabido, ademais, que a falta ou a carência de recursos materiais não constitui motivo suficiente para a perda ou a suspensão do pátrio poder (art. 23 do mesmo diploma). IV – Na linha de precedente desta Corte, a legislação que dispõe sobre a proteção à criança e ao adolescente proclama enfaticamente a especial atenção que se deve dar aos seus direitos e interesses e à hermenêutica valorativa e teleológica na sua exegese. V – Situação de fato consolidada enseja o provimento do recurso a fim de que prevaleçam os superiores interesses do menor.

Apelação Cível nº 46.321-0/1 – Comarca de Santa Rosa de Viterbo – TJSP – Relator Des. Rebouças de Carvalho – j. 25/02/99.

Pátrio-poder - Destituição - Prova razoável de que a mãe biológica é consumidora de "crack", fazendo uso deste em sua residência e na presença de seu filho menor - Conduta que justifica a perda do pátrio-poder - Aplicação dos arts. 395, III do CC e 19, última parte do ECA - Recurso não provido.

Apelação Cível nº 45.792-0/2 – Comarca de São Vicente - TJSP - Rel. Des. Álvaro Lazzarini - j. 17/12/98 – v.u.

Destituição de Pátrio Poder - Abandono de criança que motivou o seu acolhimento em estabelecimento assistencial e acompanhamento pelo Juízo. Inexistência de condições materiais e psicológica por parte dos genitores. Frágil alegação de possibilidade de criar e educar a criança em condições que permitam o seu desenvolvimento satisfatório, diante das circunstâncias constatadas. Sentença de destituição confirmada.

Apelação Cível nº 42.194-0/1 - Comarca de Amparo - TJSP - Rel. Des. Álvaro Lazzarini - j. 10/12/98 – v.u.

Menor. Ação de destituição de pátrio poder. Genitora que possui retardamento mental comprovado que a impossibilita de providenciar os cuidados necessários à educação da menor, encontrada anteriormente com péssimo aspecto físico, coberta de escabiose, com piolhos e lêndeas, além de feridas purulentas na região vaginal. Sentença que destitui a genitora do pátrio poder confirmada.

Apelação Cível nº 43.298-0/3 – Comarca de Leme – TJSP – Relator Des. Cunha Bueno – j. 12/11/98.

Destituição do Pátrio Poder – Necessidade de procedimento contraditório ou conseqüência da adoção da criança, na hipótese de concordância da genitora – Recurso provido para anulação da sentença.

Apelação Cível nº 44.826-0/1 – Comarca de São Paulo - TJSP - Rel. Des. Oetterer Guedes - j. 29/10/98 – v.u.

Destituição do pátrio poder - Pedido julgado procedente - Recurso da genitora que entende reunir condições para promover a criação e educação de sua prole - Prova dos autos demonstra, à saciedade, efetiva infração aos deveres inerentes ao pátrio poder - Recurso não provido.

Apelação Cível nº 41.819-0/8 - Comarca de Marília - TJSP - Rel. Des. Oetterer Guedes - j. 22/10/98 – v.u.

Destituição do pátrio poder - Genitora que utilizava o filho para mendicância, ingeria bebidas alcoólicas e desinteressou-se pela criação e educação de sua prole – Prova dos autos que demonstra evidente desrespeito aos deveres inerentes ao pátrio poder - Manutenção íntegra da sentença é medida que mais atende aos superiores interesses do menor – Recurso provido.

Apelação Cível nº 42.587-0/5 - Comarca de Capivari - TJSP - Rel. Des. Oetterer Guedes - j. 15/10/98 – v.u.

Menor - Adoção e destituição do pátrio poder - Sentença que julgou procedente os pedidos - Recurso da genitora que entende não ter dado motivos para a destituição e pede o indeferimento da adoção – Prova dos autos que demonstra, à saciedade, grave infração aos deveres inerentes ao pátio poder - Conveniência da manutenção íntegra da sentença atacada, que atende aos superiores interesses da menor - Recurso não provido.

Apelação Cível nº 44.857-0/2 - Comarca de Amparo - TJSP - Rel. Des. Alves Braga - j. 08/10/98 – v.u.

Pátrio-Poder - Destituição - Procedência - Mãe solteira, levando vida promíscua e de duvidosa sanidade mental, não tem recursos e condições de manter o filho menor, deixando-o ao abandono moral e material - Pelas mesmas razões perdeu o pátrio poder sobre sua filha - Não é recomendável, no interesse do infante, permaneça com a mãe natural - Recurso não provido.

Apelação Cível nº 44.810-0/9 – Comarca de São Vicente - TJSP - Rel. Des. Álvaro Lazzarini - j. 08/10/98 – v.u.

Pátrio-Poder e Destituição proposta pelo Ministério Público contra os genitores de menor relegada ao absoluto abandono - Sentença que deu pela procedência - Apelos contra a mesma inconsistentes - Decisão mantida.

Agravo de Instrumento nº 44.096-0/9 - Comarca de Suzano - TJSP - Relator Des. Oetterer Guedes - j. 08/10/98.

Menor - Destituição do Pátrio Poder - Recurso tirado contra decisão que julgou intempestiva apelação interposta contra sentença que deferiu o pedido inicial - Advogada que não se enquadra na previsão da Lei nº 1.060/50, que só contempla a contagem em dobro do prazo de resposta quanto a parte for representada por profissional de assistência judiciária organizada e mantida pelo Estado, que não é a hipótese dos autos - Aumento do prazo que leva em conta a qualidade do profissional, e não da parte - Recurso não provido.

Apelação Cível nº 44.115-0/7 – Comarca de Capão Bonito – TJSP – Relator Des. Oetterer Guedes – j. 01/10/98.

Destituição do Pátrio Poder – Alegação de maus tratos – Deficiência na instrução – Hipótese de anulação do procedimento a partir da citação, inclusive – Cerceamento de defesa configurado – Recurso provido em parte.

Apelação Cível nº 43.780-0/3 – Comarca de Sorocaba - TJSP - Rel. Des. Alves Braga - j. 27/08/98 – v.u.

Pátrio poder - Destituição e adoção - Menor encontra-se sob a guarda de um casal que cuida dele como verdadeiros pais - A apelante e seu amásio abandonaram três crianças, conforme Boletim de Ocorrência lavrado por vizinhos - Foi concedido, pelo Tribunal, uma oportunidade para a mãe biológica, ficando provado a incompatibilidade de comportamento em relação aos filhos - Abandono caracterizado - Recurso não provido.

Apelação Cível nº 43.609-0/4 – Comarca de São Paulo - TJSP - Rel. Des. Alves Braga - j. 20/08/98 – v.u.

Pátrio poder – Destituição – Menores à disposição de parentes - Exploração da caridade pública em companhia da mãe e da avó - Abandono material e moral caracterizado - Recurso não provido.

Apelação Cível nº 41.468-0/5 – Comarca de São Paulo - TJSP - Rel. Des. Cunha Bueno - j. 13/08/98 – v.u.

Destituição do Pátrio Poder - abandono moral da genitora - descumprimento das obrigações previstos no artigo 22 da Lei nº 8.069/90 - Recurso Improvido.

Apelação Cível nº 43.141-0/8 – Comarca de Araraquara – TJSP – Rel. Des. Cunha Bueno - j. 13/08/98 – v.u.

Destituição do Pátrio Poder – Menor abandonado pela genitora que espontaneamente o entrega, e posteriormente desaparece - Descumprimento das obrigações inerentes ao pátrio poder - Artigo 22 do ECA - Recurso improvido.

Apelação Cível nº 42.596-0/6 – Comarca de São Paulo - TJSP - Rel. Des. Alves Braga - j. 06/08/98 – v.u.

Pátrio-poder - Destituição - Menor recém nascido foi entregue aos adotantes - Mãe pediu a criança de volta após um mês, mas tomou rumo ignorado, deixando a criança em uma instituição protetora - Abandono caracterizado - Menor sob a guarda dos apelantes de quem recebe carinho e afeto - Recurso não provido.

Apelação Cível nº 41.838-0/4 - Comarca de Promissão - TJSP - Rel. Des. Alves Braga - j. 06/08/98 – v.u.

Pátrio-poder - Destituição - Menor sob a guarda e responsabilidade dos tios - Mãe biológica e seu novo companheiro são alcoólatras – A apelante já entregou a terceiros três filhos por causa do alcoolismo, que é a tônica na sua família - Não cuidava como devia da criança - Recurso não provido.

Apelação Cível nº 35.052-0/8 – Comarca de Santa Bárbara D'Oeste – TJSP – Relator Des. Carlos Ortiz – j. 06/03/97.

Destituição do pátrio poder - Ação julgada procedente - Concordância incidental do Ministério Público com a suspensão do pátrio poder não inviabiliza eventual procedência do pedido, tal como proposto na peça vestibular - Inocorrência de vício na instrução já que o Promotor de Justiça desistiu da oitiva das testemunhas que arrolou e a requerida não requereu produção de prova oral - Constatação de que a infração aos deveres e obrigações inerentes ao pátrio poder foi decorrente de distúrbios mentais da genitora que, se tratada adequadamente, poderá obter recuperação - Hipótese que exige a suspensão do pátrio poder, e não sua extinção - Recurso parcialmente provido.

Apelação Cível nº 33.946-0/3 – Comarca de Dracena – TJSP – Relator Des. Pereira da Silva – j. 06/03/97.

Sentença que declara a perda do pátrio poder em face da declaração da genitora, com assistência de sua representante legal, da vontade de entregar o filho para adoção – Posterior recurso da genitora com alegação de arrependimento – Ilegitimidade da parte para recorrer – Recurso não conhecido.

Apelação Cível nº 35.346-0/0 – Comarca de Marília – TJSP – Relator Des. Silva Leme – j. 16/01/97.

Pátrio poder - Destituição - Menores que sofreram privações em virtude do alcoolismo do pai, sem emprego fixo, e do problema mental da mãe - Alegação de que inexistirem motivos graves que justifiquem a destituição do pátrio poder - Inadmissibilidade - Medida que não se consubstancia em mera sanção a atos graves praticados pelos pais, mas providência a ser tomada no interesse dos menores, que deve prevalecer - Negado provimento ao recurso.

Apelação Cível nº 29.320-0/2 – Comarca de Capivari – TJSP – Relator Des. Cerqueira Leite – j. 05/12/96.

Apelação - Destituição de pátrio poder da mãe em relação às filhas - Medida extrema, incompatível com o caso concreto - Provimento parcial para o fim de ser decretada a suspensão do pátrio poder.

Apelação Cível nº 30.456-0/5 – Comarca de Cotia – TJSP – Relator Des. Oliveira Passos – j. 14/11/96.

Destituição do pátrio poder - Mãe biológica, jovem ainda na puberdade, que escondeu a gravidez da família, por medo - Insistência em ter o filho de volta já no primeiro dia ao do nascimento da criança - Avós maternos que também a querem - Comportamento da mãe que não configura abandono - Infante há tempos com família substituta - Apelação julgada procedente, mantida porém a guarda, com fixação de regime de visitas da mãe ao filho.

Apelação Cível nº 30.271-0/0 – Comarca de São Paulo – TJSP – Relator Des. Oliveira Passos – j. 12/09/96.

Perda do pátrio poder - Maus-tratos, falta de higiene, abandono, diarréia, desnutrição, castigos imoderados e prática de atos contrários à moral e aos bons costumes - Tentativa de morte contra uma das filhas - Mãe com distúrbio psiquiátrico - Pai que não trabalha e que é dado ao vício da embriaguez - Sentença mantida.

Apelação Cível nº 31.241-0/1 – Comarca de São Paulo – TJSP – Relator Des. Cunha Bueno – j. 29/08/96.

Destituição do pátrio poder - Permanência da criança institucionalizada, indefinidamente sem visitas da genitora - Artigo 395, inciso II do Código Cível - Abandono caracterizado - Recurso improvido.

Apelação Cível nº 31.197-0/0 – Comarca de Sertãozinho – TJSP – Relator Des. Cunha Bueno – j. 29/08/96.

Destituição do Pátrio Poder – genitor – Ajuizamento pelos menores, representados por sua genitora – legitimidade de parte e interesse processual – Deram provimento para anular a sentença, prosseguindo-se na ação.

Apelação Cível nº 23.895-0/1 – Comarca de São Paulo – TJSP – Relator Des. Nigro Conceição – j. 15/08/96.

Menor – Destituição de pátrio poder – Genitora que entregou seu filho a casal estranho, deixando de lhe proporcionar o sustento, desinteressando-se por sua educação – Pedido julgado procedente – Recurso que suscita, em preliminar, o cerceamento de defesa, por falta de intimação da parte e do defensor para a audiência – Preliminar acolhida, por violação do princípio do contraditório – Procedimento anulado a partir da audiência, inclusive – Recurso provido. Recomendação para que a criança permaneça na companhia do casal em cuja família se encontra até o julgamento final do pedido.

Apelação Cível nº 27.362-0/9 – Comarca de Jaboticabal – TJSP – Relator Des. Dirceu de Mello – j. 15/08/96.

Menor - Pedido da genitora da criança, de reassunção da posse e guarda da filha - Ausência de motivos que autorizariam, nos termos do art. 395, do Código Cível, ou nos termos do artigo 24, c. c. o artigo 22, da L. Fed. 8.069/90, a suspensão ou a destituição da genitora do pátrio poder - Acolhimento do pedido, portanto, que era inafastável - Recurso improvido.

Apelação Cível nº 28.006-0/2 – Comarca de São Paulo – TJSP – Relator Des. Prado de Toledo – j. 25/07/96.

Apelação cível - Destituição do pátrio poder - Comprovação satisfatória do descumprimento injustificado dos deveres inerentes ao pátrio poder - Causa à situação de abandono dos filhos - Conduta delitiva do pai que ocasionou a separação e conseqüente internação em entidade de abrigo das crianças - Permanência em situação de absoluto desamparo - Inexistência de vínculo afetivo entre os infantes e o pai - Questões que nada dizem com a situação financeira dos genitores - Improvimento do recurso.

Agravo de Instrumento nº 31.259-0/3 – Comarca de Tupã – TJSP – Relator Des. Dirceu de Mello – j. 20/06/96.

Menor – O Ministério Público tem legitimidade para ajuizar ação de destituição de pátrio poder, independentemente da existência de outros interessados – Inteligência dos artigos 155 e 201, VI, do Estatuto da Criança e do Adolescente.

Apelação Cível nº 28.954-0/8 – Comarca de São Paulo – TJSP – Relator Des. Ney Almada – j. 15/02/96.

Pátrio poder – Abandono da filha menor positivado nos autos – Genitora que, voluntariamente, entrega a infante, de pouco mais de um mês, aos guardiães – Restituição após quase dezoito anos, não atendendo aos interesses da menor, já por inteiro adaptada ao lar substituto – Vontade da petiz merecedora de validade – Destituição mantida – Apelo desprovido.

Apelação Cível nº 28.993-0/5 – Comarca de Campinas – TJSP – Relator Des. Ney Almada – j. 15/02/96.

Pátrio Poder - Abandono do filho não caracterizado - Ausência de descarte voluntário e culposo das responsabilidades maternas - Carência de recursos que não acarreta a perda - Recomendação de inserção da mãe em programa de apoio - Destituição afastada - Apelo desprovido.

Apelação Cível nº 20.704-0/0 – Comarca de Campinas – TJSP – Relator Des. Sabino Neto – j. 01/02/96.

Pátrio poder – Ação julgada improcedente em relação à genitora – Recurso do Ministério Público – Inexistência de motivos legais para a aplicação da extrema medida – Sentença mantida.

Apelação Cível nº 23.872-0/7 – Comarca de Campinas – TJSP – Relator Des. Yussef Cahali – j. 18/01/96.

Destituição do pátrio poder por ter a genitora concorrido para a prática de homicídio doloso e não ter demonstrado esforço para reestruturar sua vida, apesar da consistente orientação e acompanhamento técnico – Recurso da genitora – Acerto da decisão de primeiro grau que não merece reparo.

Apelação Cível nº 28.082-0/8 – Comarca de Osasco – TJSP – Relator Des. Ney Almada – j. 11/01/96.

Pátrio poder - Arrependimento da genitora quanto à entrega do filho para adoção - Abandono não configurado - Carência de recursos que não serve de justificativa para a destituição - Inteligência dos arts. 19 e 23 do ECA - Apelo provido.

Apelação Cível nº 22.894-0/0 – Comarca de Jundiaí – TJSP – Relator Des. Dirceu de Mello – j. 26/11/95.

Destituição do pátrio poder - Total falta de condições pessoais da genitora, para prover ao filho recém-nascido o mínimo indispensável que não se confunde com mera carência de recursos materiais - Sentença mantida.

Apelação Cível nº 28.279-0/7 – Comarca de Santo André – TJSP – Relator Des. Yussef Cahali – j. 09/11/95.

Pedidos de destituição de pátrio poder e de adoção – Pretensões não acolhidas por sentença – Apelo visando a reforma do julgado – Alegação de que a genitora é portadora de doença mental e portanto não tem condições para cuidar de sua filha – Descabimento – Instrução probatória não recomenda a destituição do pátrio poder, por não estar presente os pressupostos legais autorizados para se impor tal medida (art. 24 do ECA e art. 395 da Legislação Cível) – Recurso não provido.

Apelação Cível nº 28.271-0/0 – Comarca de São Vicente – TJSP – Relator Des. Ney Almada – j. 28/09/95.

ECA - Destituição do pátrio poder - Pedido relativamente prejudicial à adoção - Competência do juízo especializado - Abandono do menor caracterizado - Omissão paterna quanto à assistência moral do filho - Encontros casuais e não visitas propriamente ditas - Pareceres técnicos em favor da adoção - Situação fática que perdura há mais de cinco anos - Apelo desprovido.

Apelação Cível nº 22.458-0/0 – Comarca de Fartura – TJSP – Relator Des. Dirceu de Mello – j. 28/09/95.

Destituição do pátrio poder - Situação de carência econômica que não justifica o desleixo e o descaso a que relegados os filhos da recorrente - Abandono configurado - Sentença mantida.

Apelação Cível nº 24.291-0/2 – Comarca de Buritama – TJSP – Relator Des. Nigro Conceição – j. 21/09/95.

Menor - Adoção - Destituição do pátrio poder - Pedido de alteração de guarda efetuado pela genitora - Manutenção implícita da sentença, tendo-se por cumprido o artigo 198, inciso VII, do ECA - Criança que foi entregue aos requerentes com tenra idade - Infração injustificada, pela genitora, dos deveres inerentes ao pátrio poder - Abandono moral - Recurso não provido.

Apelação Cível nº 27.363-0/3 – Comarca de São Vicente – TJSP – Relator Des. Carlos Ortiz – j. 14/09/95.

Menor - Pátrio poder - Criança deixada pela mãe com guardiões - Destituição, ante o descumprimento dos deveres do art. 22 do E.C.A. - Prevalecimento dos interesses da criança - Apelação não provida.

Apelação Cível nº 25.860-0/7 – Comarca de Atibaia - TJSP – Relator Des. Carlos Ortiz – j. 14/09/95.

Pátrio poder - Pedido de destituição - Inutilidade da medida, quando não haja possibilidade de integrar-se o menor em família substituta, sendo arredio à recuperação em unidades especializadas - Subsistência somente do vínculo com os pais - Apelação não provida.

Apelação Cível nº 24.498-0/7 – Comarca de São Paulo – TJSP – Relator Des. Yussef Cahali – j. 13/07/95.

Destituição do pátrio poder – Apelante presa em flagrante delito oito dias após dar à luz ao menor – Recurso sustenta a inocorrência da situação de abandono, pugnando pela improcedência da ação por falta de amparo jurídico e doutrinário (art. 24 ECA) – Provimento parcial para apenas suspender o pátrio poder da genitora, estabelecendo-se regime de visitas, a fim de se restabelecer a afetividade entre ambos.

Agravo de Instrumento nº 25.336-0/6 – Comarca de Franca – TJSP – Relator Des. Ney Almada – j. 13/07/95.

Promotor de Justiça que recusa a iniciativa do ajuizamento de pedido de destituição do pátrio poder – Solicitação à Proc. Ger. Just. de outro órgão do Ministério Público para tal mister – Analogia em relação ao CPP, art. 28 e ECA, art. 181, § 2º - Agravo desprovido.

Apelação Cível nº 22.139-0/5 – Comarca de José Bonifácio – TJSP – Relator Des. Ney Almada – j. 09/03/95.

Destituição do pátrio poder - ECA, art. 157 - Genitora que, entregue à prostituição e desidiosa no lar, causa sério dano à higidez física e moral dos filhos - Hipótese caracterizada - Recurso desprovido.

Apelação Cível nº 20.978-0/9 – Comarca de São Paulo – TJSP – Relator Des. Lair Loureiro – j. 12/01/95.

Destituição do pátrio poder – Ação ajuizada por curador especial nomeado pelo Juiz – Ilegitimidade ativa reconhecida – Recurso provido para decretar-se a carência da ação, com extinção do processo sem julgamento de mérito.

Apelação Cível nº 21.004-0/2 – Comarca de São Sebastião – TJSP – Relator Des. Ney Almada – j. 01/12/94.

Destituição do pátrio poder – Julgamento antecipado – Apelação dos genitores provida para que seja assegurada a produção de provas.

6. RESTITUIÇÃO DO PÁTRIO PODER

Apelação Cível nº 77.857-0/9 – Comarca de Várzea Paulista - TJSP - Rel. Des. Nuevo Campos - j. 25/06/01 – v.u.

Restituição do pátrio poder - Pedido formulado pelos genitores - Deferimento - Recurso ministerial - Pugna pelo indeferimento da inicial, sob o fundamento de que a situação e as circunstâncias que ensejaram a destituição não se alteraram - Inadmissibilidade - Prova, embora contraditória, é constituída, prevalentemente, por elementos indicativos de que a procedência é a melhor solução para o caso em tela - Apelo improvido.

7. SUSPENSÃO DE PÁTRIO PODER

Agravo de Instrumento nº 76.534-0/8 – Comarca de Santos – TJSP – Relator Des. Hermes Pinotti – j. 03/05/01.

Agravo de Instrumento – Decisão que suspendeu liminarmente o pátrio poder exercido sobre filha menor impúbere pela agravante – Existência de indícios suficiente de que necessária a medida extrema – Recurso improvido.

Apelação Cível nº 77.233-0/1 – Comarca de Franca – TJSP – Relator Des. Sérgio Gomes – j. 09/04/01.

Menor – Sentença que decretou a suspensão do pátrio poder, concedendo a tutela à bisavó – Apelação da genitora, pleiteando a reforma – Criança que está sob os cuidados da apelada desde os primeiros meses de vida – Infante que se encontra perfeitamente adaptada à família em que vive, recebendo todos os cuidados necessários para o seu desenvolvimento – Evidências de que a mãe fez uso de drogas, o que a impediu de exercer adequadamente seus deveres – Estudos técnicos neste sentido – Recurso improvido.

Apelação Cível nº 75.099-0/4 – Comarca de Marília – TJSP – Relator Des. Nuevo Campos – j. 11/12/00.

Pátrio poder – Suspensão decretada – Recursos do Ministério Público e dos genitores – Requeridos pleiteiam a improcedência da ação – Pugna, o D. Representante do Ministério Público pela destituição do pátrio poder – Procede o inconformismo ministerial – Relação conflituosa dos requeridos relegou o filho a segundo plano – Abandono material e moral caracterizado – Ficou demonstrado, ainda, que o menor era submetido a maus-tratos – Alcoolismo do genitor e agressividade da genitora revelam incompatibilidade, por parte de ambos, com o regular exercício do pátrio poder – Acompanhamento restou infrutífero – Casal não assimilou as orientações recebidas e não se vislumbra possibilidade de alteração da situação atual – Nega-se provimento ao apelo dos requeridos e dá-se provimento ao apelo ministerial.

Apelação Cível nº 72.941-0/6 – Comarca de Catanduva – TJSP – Relator Des. Fábio Quadros – j. 16/10/00.

Menor - Pedido de guarda cumulado com suspensão do pátrio-poder - Indeferimento de plano pelo mérito - Inobservância do devido processo legal - Procedimento apropriado que deve ser seguido - Recurso provido para anular a decisão.

Agravo de Instrumento nº 72.793-0/0 – Comarca de Franca – TJSP – Relator Des. Gentil Leite – j. 05/10/00.

Menor – Pedido de providências – Agravo contra decisão que suspendeu o pátrio poder exercido pela genitora e determinou a entrega da guarda provisória da filha aos avós paternos, em razão de supostos maus tratos –

Cabimento parcial – Suspensão do pátrio poder condicionada a procedimento contraditório, com resguardo do princípio da ampla defesa, não observado na hipótese dos autos – Dúvida entretanto quanto a capacidade da mãe natural para continuar cuidando da criança, que não recomenda a alteração do julgado no tocante a guarda da menor – Recurso provido em parte, apenas para revogar a ordem de suspensão do pátrio poder.

Apelação Cível nº 71.346-0/3 - Comarca de Franca - TJSP - Rel. Des. Nuevo Campos - j. 25/05/00 – v.u.

Pátrio poder – Suspensão decretada em relação à genitora – Recurso da genitora – Exercício irregular do pátrio poder caracterizado - Os menores encontram-se há anos sob os cuidados exclusivos da requerente - Nesse período, em virtude de insuficientes contatos com a genitora houve reflexos negativos a nível de vínculos afetivos - Menores, no que concerne a genitora, encontram-se em situação de carência moral e afetiva - Não houve qualquer providência concreta, quer para solidificar os vínculos afetivos, quer para reassumir a guarda dos filhos - Apelo improvido.

Apelação Cível nº 71.181-0/0 - Comarca de Franca - TJSP - Rel. Des. Nuevo Campos - j. 11/05/00 – v.u.

Pátrio poder – Destituição decretada em relação ao genitor – Genitora falecida – Recurso - Situação de abandono não caracterizada - Entrega do menor aos cuidados dos requerentes foi motivada por hipossuficiência econômica – Genitor, no entanto, em razão do alcoolismo, não tem como assumir a guarda do filho - Parcial provimento do apelo para decretar a suspensão do pátrio poder, recomendando-se a manutenção da guarda do menor pelos atuais guardiães.

Apelação Cível nº 70.450-0/0 - Comarca de Campinas - TJSP - Rel. Des. Nuevo Campos - j. 11/05/00 – v.u.

Adoção unilateral consensual e destituição do pátrio poder – Pedidos, que implicam em procedimentos de natureza diversa, voluntária e contenciosa, formulados no mesmo processo, o primeiro pelo ministério público e o segundo pelo interessado na adoção - Normas processuais civis atinentes à espécie devem ser consideradas à luz do princípio da proteção integral acolhido pelo ECA, corolário da simplificação procedimental da adoção consensual, e das particularidades do caso em tela - Assim sendo, gravada a excepcionalidade da presente espécie e os prejuízos que poderão advir ao menor, não há que se falar em nulidade do processo ou extinção do feito sem julgamento de mérito - Pedido de destituição do pátrio poder procede – Situação de abandono material e moral, causa de perda do pátrio poder, está demonstrada - Genitor afastou-se por completo do filho, deixando-o sob a responsabilidade material e moral da genitora - Não mais se aproximou sequer para manutenção de vínculos afetivos, tanto que o menor com quem conviveu apenas em seus primeiros meses de vida, sequer o conhece como pai - Resistência do genitor no presente processo visa atender à interesses pessoais e não aos superiores do menor – Pressupostos da adoção estão presentes – Apelo improvido.

Agravo de Instrumento nº 46.265-0/5 – Comarca de Serra Negra – TJSP – Relator Des. Cunha Bueno – j. 11/03/99.

Agravo de Instrumento – Suspensão do pátrio poder de ofício, inexistente o procedimento próprio – Provimento para anular a r. decisão no que tange a suspensão do pátrio poder.

Apelação Cível nº 45.254-0/8 - Comarca de Amparo - TJSP - Rel. Des. Djalma Lofrano - j. 17/09/98 – v.u.

Destituição de pátrio poder – Procedência parcial com suspensão do pátrio poder – Inadmissibilidade – Revelia dos apelados, a demonstrar desinteresse pela menor – Genitores que descuidaram dos deveres básicos em relação à criança – Sentença reformada – Recurso provido.

Apelação Cível nº 31.451-0/0 – Comarca de São Paulo – TJSP – Relator Des. Oliveira Passos – j. 19/12/96.

ECA - Mãe que declara em Juízo querer entregar filho menor para adoção - Destituição do pátrio poder decretada - Criança confiada à guarda de terceiros - Apelação da mãe alegando arrependimento, pretendendo o filho de volta e desrespeito ao contraditório - Mãe que declarou não querer a filha, mesmo advertida das conseqüências da declaração - Apelante que nunca aceitou a gravidez e que até tentou abortar - Hipótese, porém, de suspensão do pátrio poder, ex vi do art. 157, c.c. os arts. 22, 24 e 166, parágrafo único a 169 do Estatuto da Criança e do adolescente - Apelação provida em parte para cancelar a destituição e para suspender a apelante do pátrio poder, mantida a guarda com terceiros.

Agravo de Instrumento nº 20.518-0/0 – Comarca de Conchas – TJSP – Relator Des. Yussef Cahali – j. 03/11/94.

Agravo de Instrumento – Suspensão do pátrio poder até o julgamento definitivo da causa – ECA, art. 157 – Os agravantes alegam não serem alcoólatras e que a negligência aos cuidados necessários aos menores, se deve a situação de pobreza que se encontram - Improcede – Recurso improvido.

8. ADOÇÃO

Apelação Cível nº 79.258-0/0 – Comarca de Araraquara – TJSP – Rel. Des. Fábio Quadros – j. 04/06/01 – v.u.

Inscrição em cadastro de adotantes. Indeferimento. Avaliação psico-social superficial. Questões meramente econômico-financeiras que não podem, por si só, impedir eventual futura adoção. Registro que, isoladamente, não autoriza a adoção. Recurso provido para deferir a inscrição dos recorrentes no cadastro de adotantes da comarca.

Apelação Cível nº 79.665-0/7 – Comarca de São Paulo – TJSP – Relator Des. Fábio Quadros – j. 04/06/01.

Adoção - Ausência de apresentação da menor em juízo que levou o magistrado a extinguir a ação sem julgamento do mérito - Inaplicabilidade do § 2º do art. 45 do ECA – Processo de convivência iniciado há longo tempo, com perfeita adaptação ao lar substituto - Interpretação harmônica do artigo 45, § 2º com o artigo 46, § 1º do Estatuto - Necessidade de resguardar a menor de informações que possam lhe trazer prejuízos - Recurso provido para afastar a extinção do processo e determinar o prosseguimento do feito.

Apelação Cível nº 79.768-0/7 – Comarca de São Manuel – TJSP – Rel. Des. Nuevo Campos – j. 28/05/01 – v.u.

Guarda - Indeferimento - Recurso do interessado e da genitora biológica - Pugnam pelo deferimento - Admissibilidade - Hipótese de união estável - Possibilidade de guarda conjunta para efetividade da guarda - Regularização de situação de fato – Apelo provido.

Apelação Cível nº 78.008-0/2 – Comarca de São Bento do Sapucaí - TJSP - Rel. Des. Sérgio Gomes - j. 14/05/01 – v.u.

Adoção - Criança em situação de abandono material e afetivo por parte da mãe e que está sob a guarda dos adotantes desde os primeiros dias de vida - Mãe que compareceu em cartório e concordou com o pedido de guarda e nunca mais foi localizada ou procurou visitar ou reaver a filha - Pai biológico já falecido - Infringência aos artigos 22 c.c. 24, ambos do ECA, cc. art. 395, inc. II, do Código Cível - Infante integrada à família dos apelados, com laços afetivos já estabelecidos – Estudo técnico neste sentido – Recurso improvido.

Apelação Cível nº 79.627-0/4 – Comarca de São Paulo – TJSP – Relator Des. Hermes Pinotti – j. 03/05/01.

Adoção – Entrega de criança pela mãe biológica para adoção aos apelantes – Decisão que os pretere em detrimento de outro casal, inscrito no cadastro de adotantes da Comarca, dano-os como inaptos à adoção, posteriormente reformada – Criança que, durante o trâmite desse processo, foi entregue aos apelados, para adoção, e com eles convive desde tenra idade – Disputa entre os dois casais de adotantes – Solução que há de ser dada de forma a beneficiar os interesses da criança, porque ambos os casais possuem plenas condições para a pretendida adoção – Sentença que adotou esse posicionamento – Apelo improvido.

Apelação Cível nº 77.790-0/2 – Comarca de Itapira – TJSP – Relator Des. Gentil Leite – j. 03/05/01.

Menor - Guarda - Criança órfã - Mãe biológica assassinada pelo pai natural, que posteriormente veio igualmente a ser morto por terceiro estranho à relação familiar -Disputa entre os avós maternos e a avó paterna - Drama pessoal da menor agravado pelo litígio entre seus únicos parentes remanescentes - Controvérsia que apenas atende aos interesses pessoais dos demandantes - Necessidade de convergência dos esforços para a recuperação da saúde psicológica da menor já tão afetada pelos infaustas acontecimentos de que foi vítima -Inexistência de situação de risco que autorize a modificação da situação vigente - Contato da avó paterna com a neta ademais, que se encontra assegurado pelo direito de visita já regulado pela decisão apelada - Recurso improvido.

Apelação Cível nº 79.037-0/1 – Comarca de Santos – TJSP – Relator Des. Sérgio Gomes – j. 09/04/01.

Adoção – Extinção do processo sem julgamento do mérito, posto que o casal não possui os requisitos necessários ao acolhimento de sua pretensão, notadamente aqueles previstos no artigo 29 do ECA – Precariedade de recursos emocionais, sociais e materiais dos pretendentes – Estudos técnicos, social e psicológico, neste sentido – Recurso improvido.

Apelação Cível nº 79.022-0/3 – Comarca de Presidente Prudente – TJSP – Relator Des. Fábio Quadros – j. 02/04/01.

Adoção - Decisão que deferiu o pedido que não contou com a concordância dos pais biológicos - Inexistência de prévia destituição do pátrio poder ou de pedido cumulativo - Sentença que foi além do pedido e dispôs sobre a destituição - Recurso provido para anular a decisão.

Apelação Cível nº 78.101-0/7 – Comarca de Araraquara – TJSP – Relator Des. Fábio Quadros – j. 02/04/01.

Adoção – Inscrição no registro de pessoas interessadas em seu domicílio - Nova inscrição em comarca diversa que não pode ser restringida - Inteligência do artigo 50 do ECA - Cadastro centralizado que tem a finalidade de fornecer ao juízo maiores e melhores elementos sobre os pretendentes, não de dificultar a colocação em lar substituto - Recurso improvido.

Apelação Cível nº 74.319-0/2 – Comarca de São Vicente – TJSP – Relator Des. Fábio Quadros – j. 19/02/01.

Menor – Adoção – Indeferimento - Recurso apontando nulidade processual diante do cerceamento de realização de prova pericial e, no mérito pela reforma do julgado para o fim de deferir-se a adoção aos recorrentes - Inexistência de nulidades - Procedimento específico tratado pelo estatuto que prevê realização de prova técnica através das equipes multidisciplinares - Compilação, ademais, dos referidos estudos com a oitiva da criança - Inadaptação do adotando à família substituta, após longo estágio de convivência - Preservação de bem estar e felicidade da criança - Preliminar rejeitada - Recurso improvido.

Apelação Cível nº 77.161-0/2 – Comarca de Olímpia – TJSP – Relator Des. Nuevo Campos – j. 29/01/01.

Adoção – Pedido formulado pelo tio-avô – Anuência da genitora – Indeferimento – Recurso do requerente – Pugna pela procedência – Inadmissibilidade – A guarda, já conferida ao interessado na adoção, atende às necessidades da menor – Não foi demonstrada qualquer violação dos deveres inerentes ao pátrio poder ou que o deferimento da adoção seja necessário ao atendimento dos superiores interesses da adotanda – A genitora biológica, em que pese sua hipossuficiência econômica, não violou os deveres inerentes ao pátrio poder e deixou claro que não pretende afastar-se da filha – Alegada insanidade mental da genitora biológica também não restou comprovada – Quanto à pretensão do apelante de constituir a menor sua herdeira ou de lhe conferir seu patrimônio, há instrumentos jurídicos, diversos da adoção que permitem sua efetivação – Apelo improvido.

Apelação Cível nº 72.738-0/0 – Comarca de Iguape – TJSP – Relator Des. Sérgio Gomes – j. 08/01/01.

Adoção – Indeferimento da exordial e extinção do processo sem julgamento do mérito, posto que não atendida determinação judicial para que figurassem no pólo passivo da demanda os pais biológicos – emenda à exordial necessária, já que não consta a aquiescência dos mesmos com o pedido, sendo processo contencioso que tem como conseqüência a perda do pátrio poder – Recurso improvido.

Apelação Cível nº 76.361-0/8 – Comarca de Araçatuba – TJSP – Relator Des. Sérgio Gomes – j. 08/01/01.

Adoção – Sentença que indeferiu a petição inicial por ilegitimidade ativa e porque não havia sido o pedido cumulado com destituição de pátrio poder e, ainda, falta de interesse de agir – Recurso provido para reformar a sentença, a fim de que o procedimento tenha regular trâmite, posto que a petição inicial preenche os requisitos legais, podendo a guardiã e a mãe, que concorda com o pedido, figurar no pólo ativo, em litisconsórcio facultativo – A destituição do pátrio poder é decorrência da adoção (art. 392, inc. IV, do CC) – O interesse de agir também existe, porquanto a pretensão deverá ser alcançada, através da ação, consoante o art. 47 do ECA.

Apelação Cível nº 76.496-0/3 – Comarca de Brotas – TJSP – Relator Des. Sergio Gomes – j. 08/01/01.

Adoção - Sentença que julgou improcedente ação - Pai biológico que abandonou o lar e nunca prestou qualquer tipo de assistência à criança - Menor que já conta com dez anos de idade e somente conheceu o pai na audiência, não se recordando dele - Inexistência de qualquer vínculo afetivo entre ambos - Genitora do menor que contraiu núpcias com o adotante o com o qual já teve uma filha - Infante bem adaptado ao lar, sendo supridas todas as suas necessidades materiais e efetivas - Estudos técnicos neste sentido - Infringência aos artigos 22 e 24, ambos do ECA, cc. art.395, inc. II, do Código Cível - Recurso provido, para deferir a adoção pleiteada, destituindo-se o genitor do pátrio poder.

Apelação Cível nº 74.897-0/9 – Comarca de São Paulo – TJSP – Relator Des. Fábio Quadros – j. 18/12/00.

Menor - Pátrio poder - Crianças abandonadas pela mãe, moradora de rua - Regular citação editalícia após encetadas todas as tentativas de localização pessoal - Progenitora que somente compareceu uma vez ao Amparo Maternal após o parto, e com posterior contato telefônico - Ausência de qualquer outro contato nos meses que se seguiram até o ajuizamento - Procedência da ação diante do abandono - Rejeitada preliminar de nulidade de citação e improvimento do recurso que pretendia ver julgada improcedente a ação.

Apelação Cível nº 73.717-0/1 – Comarca de Piraju – TJSP - Relator Des. Álvaro Lazzarini – j. 14/12/00.

ECA - Pedido de adoção - Casal não cadastrado em Juízo recebe criança diretamente da genitora - Sentença de extinção do feito sem o conhecimento do mérito com determinação de busca e apreensão da criança - Agravo recebido no efeito também suspensivo enseja a permanência da criança com os apelantes - Tempo decorrido que aconselha a manutenção da guarda com os apelantes independentemente da inicial falta de cadastramento - Sentença reformada para o prosseguimento do feito e posterior apreciação do pedido de adoção - Apelo em parte provido.

Apelação Cível nº 73.997-0/8 – Comarca de Santos – TJSP – Relator Des. Nuevo Campos – j. 11/12/00.

Adoção – Pedido de adoção consensual formulado pelos guardiães da menor – Anuência da genitora – Improcedência do pedido de adoção e destituição do pátrio poder da genitora – Genitor reconheceu a paternidade no curso do processo e manifestou desejo de exercer a guarda da filha – Recursos dos requerentes e da genitora. Extinção do feito sem julgamento de mérito – Não concordância com o pedido de adoção, por parte do genitor biológico, implica em se reconhecer a ausência de pressuposto necessário ao desenvolvimento regular processo – Art. 267, IV, e § 3º, do CPC – Prejudicados os apelos, de ofício, extingue-se o presente feito sem julgamento de mérito.

Apelação Cível nº 76.149-0/0 – Comarca de Ferraz de Vasconcelos – TJSP – Relator Des. Jesus Lofrano – j. 11/12/00.

Adoção – A genitora biológica concordou expressamente com a colocação dois filhos em família substituta, declarando estar ciente da conseqüência de seu ato – Menores bem cuidados e perfeitamente integrados à família substituta, com quem constituíram forte vínculo e de quem recebem orientação e afeto – Recurso improvido.

Apelação Cível nº 66.876-0/0 – Comarca de Ribeirão Preto – TJSP – Relator Des. Jesus Lofrano – j. 11/12/00.

Adoção – A mãe, envolvida no mundo das drogas, deixou as filhas de tenra idade aos cuidados de terceiros, em atitude passiva, não colabora na manutenção, mantém contatos esporádicos, deixou de exercer há muito os deveres e obrigações decorrentes do pátrio poder e está satisfeita com a educação recebida pelas crianças – Carência de afeto e responsabilidade constituem motivos suficientes à destituição – Menores bem integradas à família que as acolheu – Deferimento do pedido de adoção, com a conseqüente extinção do pátrio poder – Recurso provido para esse fim.

Apelação Cível nº 74.817-0/5 – Comarca de Santos – TJSP – Relator Des. Nuevo Campos – j. 11/12/00.

Adoção – Indeferimento – Recurso do requerente – A guarda, já conferia ao interessado na adoção - Atende às necessidades do menor, mesmo sob o aspecto previdenciário – O menor, como demonstrado na instrução do presente feito, tem plena consciência de sua situação no núcleo familiar no qual se encontra inserido e ao qual pertence sua genitora biológica – Eventual alteração, portanto, apresenta-se como desnecessária e até mesmo como possivelmente prejudicial – Não foi demonstrada qualquer violação dos deveres inerentes ao pátrio poder – A genitora biológica, por problemas de ordem psicológica, não tem condições de assumir a responsabilidade pelo filho – Apelo improvido.

Apelação Cível nº 76.125-0/1 – Comarca de Lucélia – TJSP – Relator Des. Nuevo Campos – j. 11/12/00.

Adoção – Pedido de inscrição no cadastro de pessoas interessadas em adoção – Deferimento – Recurso ministerial – Pugna pelo indeferimento do pedido sob o fundamento de que o laudo psicológico, embora favorável, fez algumas restrições à possível adoção, pelo fato da requerente não ter estabelecido convivência matrimonial com ninguém - Inadmissibilidade – Relatórios social e psicológico são favoráveis a pretensão da requerente – Apelo improvido.

Apelação Cível nº 74.991-0/8 – Comarca de Campos do Jordão – TJSP – Relator Des. Fábio Quadros – j. 20/11/00.

Menor – Adoção - Desnecessidade de expressa cumulação de pedido de destituição do pátrio poder quando implicitamente conste da finalidade da adoção - Inicial que se refere aos fatos e fundamentos do pedido - Inexistência de nulidade da decisão - Criança que está há mais de dez anos com o casal adotante - Progenitora que autorizou a guarda e não mais se importou com o filho, motivo suficiente para entender como abandono sua conduta - Inclusão indevida do indigitado pai na relação processual porque não ostenta a criança em seu registro referência paterna - Rejeição de preliminar de nulidade com extinção parcial do processo com relação ao indigitado pai, mantida, no mais, a decisão, improvido o recurso ministerial.

Apelação Cível nº 75.887-0/0 – Comarca de Espírito Santo do Pinhal – TJSP – Relator Des. Nuevo Campos – j. 13/11/00.

Adoção - Deferimento - Desnecessidade de pedido específico em relação à destituição do pátrio poder. Pressuposto lógico da adoção - Houve referência na inicial a respeito do exercício irregular do pátrio poder por parte da requerida - Prova demonstrou desinteresse da genitora em acompanhar o desenvolvimento e criação da menor - Caracterizada, portanto, situação de abandono, causa de perda do pátrio poder - Deferimento da adoção atende aos superiores interesses da adotanda - Apelo improvido.

Apelação Cível nº 74.589-0/3 – Comarca de São Paulo – TJSP – Relator Des. Nuevo Campos – j. 13/11/00.

Adoção – Pedido deferido – Recurso ministerial - Preliminar de nulidade – Inocorrência – Não se demonstrou ser a requerida incapaz para os atos da vida civil – Constatou-se, tão somente, distúrbios psíquicos que não recomendam venha a assumir em definitivo a responsabilidade pelo filho – A citação pessoal foi efetivada e da respectiva certidão não se infere não tivesse a requerida condições de ser citada (art. 218 e § 1º CPC) - Mérito – Pressupostos para a destituição do pátrio e para o deferimento da adoção estão presentes – É a situação que melhor atende aos superiores interesses do adotando – Matéria preliminar rejeitada e apelo improvido.

Apelação Cível nº 74.828-0/5 – Comarca de Capivari – TJSP – Relator Des. Sérgio Gomes – j. 23/10/00.

Adoção - Preliminar de intempestividade do recurso repelida - Criança em situação de abandono material e afetivo por parte da mãe e que está sob a guarda dos adotantes, seus tios, desde os primeiros dias de vida - Mãe que desapareceu e retomou raras vezes para ver o filho - Não demonstração de vínculo afetivo entre a mãe biológica e a criança - Infringência aos artigos 22 c.c.24, ambos do ECA, c.c. art. 395, inc. II, do Código Cível - Infante bem adaptado com os apelados, que suprem todas as suas necessidades materiais e afetivas - Matéria preliminar rejeitada e, no mérito, recurso improvido.

Apelação Cível nº 74.327-0/9 – Comarca de Limeira – TJSP – Relator Des. Fábio Quadros – j. 16/10/00.

Adoção - Julgamento antecipado indeferindo o pedido - Recurso acenando com preliminar de nulidade em razão da não nomeação de curador especial à ré e de cerceamento de defesa; no mérito, pretensão à reforma da decisão - Curatela especial destinada aos citados por edital ou hora certa, hipóteses que não ocorrem nos autos - Criança que não é parte e sim a principal destinatária da atenção do Estado - Preliminar rejeitada - Antecipação do julgado que se impôs diante dos elementos constantes nos autos - Convivência que não atendia aos interesses da menor, nem lhe oferecia vantagens - Avaliações psicossociais que levaram o magistrado à acertada decisão - Parecer da Procuradoria Geral de Justiça pelo desacolhimento - Recurso improvido.

Agravo de Instrumento nº 71.876-0/1 – Comarca de Brotas – TJSP – Relator Des. Gentil Leite – j. 05/10/00.

Menor – Adoção – Agravo contra decisão que determinou a expedição de carta rogatória para citação da mãe natural, desprezando manifestação judicial anterior da genitora concordando com a pretensão – Cabimento – Manifestação que não constitui renúncia ao pátrio poder, mas aquiescência com o pedido – Aplicação do artigo 45 do ECA – Recurso provido.

Apelação Cível nº 64.288-0/1 – Comarca de Ribeirão Preto – TJSP – Rel. Des. Oetterer Guedes – j. 16/12/99 – v.u.

Menor - Adoção - Pedido efetuado pela tia da criança - Inexistência de óbice legal para sua concessão - Hipótese onde o deferimento da medida, mantendo a criança no lar que a vem abrigando desde logo após o nascimento, atende aos seus superiores interesses - sentença que não se fundou em presunção de veracidade dos fatos em virtude da revelia da mãe natural, mas nas provas dos autos - Recurso não provido.

Apelação Cível nº 66.885-0/0 – Comarca de Guararapes – TJSP – Rel. Des. Hermes Pinotti – j. 08/12/00 – v.u.

Adoção deferida por sentença aos recorridos, sem oposição da mãe biológica, que foi destituída do pátrio poder - Oposição ajuizada pela avó da criança, pretendendo sua guarda, julgada improcedente - Apelo da avó, que não possui condições para tanto - Sentença confirmada.

Apelação Cível nº 53.881-0/2 – Comarca de São Paulo – TJSP – Rel. Des. Hermes Pinotti – j. 27/01/00 – v.u.

Adoção - Casal sem condições de criar a menor - Pedido indeferido com base em pareceres desfavoráveis - Sentença confirmada.

Apelação Cível nº 43.685-0/0 – Comarca de São José do Rio Preto - TJSP - Rel. Des. Yussef Cahali - j. 11/11/99 – v.u.

Adoção - deferida à família substituta que, segundo estudos sociais realizados pelo juízo, cuida satisfatoriamente da criança, tratando-a como filha natural - Interposição de recurso de apelação pela genitora da criança e por sua avó materna, visando a reforma da r. sentença guerreada, com julgamento de improcedência da adoção - Notícia superveniente da situação da menor - Inviabilidade do provimento requerido pelas recorrentes após realização de estudo social atualizado - A criança vem sendo cuidada com todo o carinho e afeto necessários ao seu pleno desenvolvimento - Manutenção da r. sentença proferida - Improvimento dos recursos.

Apelação Cível nº 72.958-0/3 – Comarca de Ribeirão Preto – TJSP – Relator Des. Sérgio Gomes – j. 18/09/00.

Adoção – Admissibilidade – Mãe com diversas passagens por hospitais psiquiátricos e que demonstra não ter mais qualquer relacionamento afetivo com a criança e possibilidade exercer os deveres maternos – Pai desconhecido – Avós maternos que também não tem condições de criá-la e suprir suas necessidades, concordando com o pedido – Adotantes que estão com a posse do menor desde os primeiros dias do nascimento, comprovando que possuem condições materiais e afetivas de bem cuidá-lo – Recurso improvido.

Apelação Cível nº 72.052-0/9 – Comarca de São Paulo – TJSP – Relator Des. Fábio Quadros – j. 11/09/00.

Adoção – Expressa concordância da mãe biológico - Extinção do pátrio poder que decorre como conseqüência lógica da adoção - Criança entregue aos adotantes, que preenchem os requisitos formais e exercem a guarda de fato desde os primeiros meses de vida - Decisão indeferitória que tem por base exclusivamente laudo psicológico contrário à pretensão - Avaliação, contudo, alicerçada em meras elucubrações e hipóteses - Recurso dos adotante provido para deferir a adoção, com a extinção do pátrio poder e imediata entrega da criança que se encontra abrigada.

Agravo de Instrumento nº 70.310-0/2 – Comarca de Diadema – TJSP – Rel. Des. Nigro Conceição – j. 29/06/00 – m.v.

Agravo de instrumento – Interposição contra decisão que determina busca e apreensão de menor que estava sob guarda dos agravantes, não inscritos no cadastro local de pretendentes de adoção – Pretensão de revogação do despacho agravado, sob argumento de inexistir motivo para retirada da criança da guarda dos agravantes, que querem adotá-la e da inexistência de previsão legal acerca do cadastro – Admissibilidade – Circunstâncias especiais que recomendam solução diversa, evitando-se a institucionalização do menor – Prova, ademais, de que os agravantes dispensam ao menor todo carinho, afeto e respaldo material possíveis, não se justificando, pois, sua institucionalização – Agravo provido.

Recurso Especial nº 127.541 – Rio Grande do Sul – STJ – Relator Min. Eduardo Ribeiro – j. 10/04/00.

Adoção – Investigação de paternidade – Possibilidade - Admitir-se o reconhecimento do vínculo biológico de paternidade não envolve qualquer desconsideração ao disposto no artigo 48 da Lei 8.069/90 - A adoção subsiste inalterada - A Lei determina o desaparecimento dos vínculos jurídicos com pais e parentes, mas, evidentemente, persistem os naturais, daí a ressalva quanto aos impedimentos matrimoniais - Possibilidade de existir, ainda, respeitável necessidade psicológica de se conhecer os verdadeiros pais - Inexistência, em nosso direito, de norma proibitiva, prevalecendo o disposto no artigo 27 do ECA.

Apelação Cível nº 67.828-0/9 – Comarca de Franca – TJSP – Relator Des. Jesus Lofrano – j. 02/03/00.

Adoção – Improcedência – Menor de aproximadamente seis anos de idade, criada pela autora desde o nascimento, havendo fortes laços com toda a família – Laudo psicossocial favorável – A guardiã explora chácara de prostituição em local distinto da residência onde mora a adotanda – Prova suficiente a demonstrar que a menor não sofre qualquer influência da atividade profissional da adotante, que além de preservar sua vida pessoal, tem-se mostrado boa mãe, suprindo de forma sadia as necessidades daqueles que a rodeiam – Recurso provido.

Apelação Cível nº 58.744-0/4 - Comarca de Itápolis - TJSP - Rel. Des. Oetterer Guedes - j. 16/12/99 – v.u.

Adoção - Menor - Indeferimento do pedido - Hipótese onde o deferimento da adoção aos requerentes não constituiria medida vantajosa à criança - Inocorrência de qualquer fato que justificasse a destituição do pátrio poder da genitora - Recurso não provido.

Apelação Cível nº 57.813-0/2 - Comarca de Piraju - TJSP - Rel. Des. Oetterer Guedes - j. 16/12/99 – v.u.

Apelação – Adoção – Genitora que entrega a criança espontaneamente após o parto e que durante a gestação já havia externado a vontade de entregar a criança – Vida desregrada e instabilidade emocional – Recurso improvido.

Apelação Cível nº 55.894-0/6 – Rio Claro - TJSP - Rel. Des. Oetterer Guedes - j. 16/12/99 – v.u.

Menor - Adoção e Destituição do Pátrio Poder - Pedido deferido após regular instrução - Mãe que entregou a filha voluntariamente aos requerentes - Desinteresse em acompanhar seu desenvolvimento e criação evidenciado - Adoção que surge como a medida que mais atende aos superiores interesses da menor - Conveniência da manutenção íntegra da sentença - Recurso não provido.

Apelação Cível nº 51.111-0/5 – Comarca de Taubaté – TJSP – Relator Des. Oetterer Guedes – j. 11/11/99.

Adoção – Pedido efetuado por pessoa solteira com a concordância da mãe natural – Possibilidade – Hipótese onde os relatórios social e psicológico comprovam condições morais e materiais da requerente para assumir o mister, a despeito de ser homossexual – Circunstância que, por si só, não impede a adoção que, no caso presente, constitui medida que atende aos superiores interesses da criança, que já se encontra sob os cuidados da adotante há mais de 3 (três) anos – Recurso não provido.

Apelação Cível nº 51.605-0/0 – Comarca de Embu – TJSP – Relator Des. Djalma Lofrano – j. 11/11/99.

Adoção – Pais naturais falecidos – Pedido formulado por família substituta – Impugnação apresentada por irmã mais velha da adotanda, que tem interesse e condições de criar a menor – Necessidade de preservação do vínculo familiar, que se extinguiria com o acolhimento da pretensão – Situação não recomendável, pois contrária aos interesses da criança – Recurso provido.

Apelação Cível nº 46.171-0/6 – Comarca de Junqueirópolis – TJSP – Relator Des. Djalma Lofrano – j. 15/04/99.

Pedido de adoção – Indeferimento por ausência do consentimento da genitora biológica e da existência do pátrio poder que impede a adoção como medida imediata – Sentença mantida – Inteligência do artigo 45 e parágrafo único do ECA – Recurso improvido.

Apelação Cível nº 46.523-0/3 – Comarca de Araçatuba – TJSP – Relator Des. Álvaro Lazzarini – j. 08/04/99.

Menor – Adoção – Processo extinto sem julgamento do mérito, porque não cumulado pedido de destituição do pátrio poder – Recurso acolhido para afastar o decreto de extinção para que pelo mérito fosse decidida a questão.

Apelação Cível nº 46.523-0/3 – Comarca de Araçatuba – TJSP – Relator Des. Álvaro Lazzarini – j. 08/04/99.

Menor – Adoção – Processo extinto sem julgamento do mérito, porque não cumulado pedido de destituição do pátrio poder – Recurso acolhido para afastar o decreto de extinção para que pelo mérito fosse decidida a questão.

Agravo de Instrumento nº 53.873-0/6 – Comarca de Osasco – TJSP – Relator Des. Djalma Lofrano – j. 18/03/99.

Agravo de Instrumento - Pedido de adoção - Improcedência - Oferecimento de recurso - Decisão que deixou de receber apelação porque interposta fora do prazo - Inadmissibilidade - Recurso tempestivo - Indeferimento de pedido de visita formulado pela avó materna - Inadmissibilidade – Equipe técnica verificou a existência de bom vínculo entre a menor e a avó - Agravo provido.

Apelação Cível nº 43.683-0/0 – Comarca de Itapecerica da Serra – TJSP – Relator Des. Cunha Bueno – j. 04/03/99.

Apelação – Adoção indeferida – Adotante não inscrita no cadastro, escolhida pela genitora – Estudo social desfavorável – Recurso improvido.

Apelação Cível nº 40.969-0/4 – Comarca de São Roque – TJSP – Relator Des. Djalma Lofrano – j. 18/02/99.

Adoção - Pedido feito com a concordância do pai biológico - Sentença de procedência - Recurso do genitor que demonstrou arrependimento e noticiou que a guarda da adotanda fora-lhe entregue pelos autores da ação, ora apelados - Laudo a revelar que a guarda da adotanda com o pai biológico atende ao bem estar da menor - Concordância dos apelados - Circunstâncias a demonstrar a manutenção da situação de fato - Recurso provido.

Apelação Cível nº 44.829-0/5 – Comarca de Osasco – TJSP – Relator Des. Djalma Lofrano – j. 05/11/98.

Adoção – Pedido formulado pelo avós paternos, cujo filho não reconhecera em vida o adotando – Impossibilidade – Inteligência do disposto no artigo 42, § 1º, do Estatuto da Criança e do Adolescente – Recurso não provido.

Apelação Cível nº 41.638-0/1 – Comarca de Tupã – TJSP – Relator Des. Álvaro Lazzarini – j. 05/11/98.

Adoção por ascendentes - Hipótese atualmente expressamente excluída pelo ECA – Artigo 42, § 1º - Situação de parentesco, todavia, ainda não devidamente esclarecida - Apelo provido para anular a sentença, suspendendo o procedimento de adoção e determinando a notificação do suposto pai para se manifestar sobre a paternidade atribuída e em caso de não assunção espontânea, a extração de cópias com remessa ao Ministério Público, para a promoção da competente investigação de paternidade, nos termos do § 4º do artigo 2º da Lei nº 8.560/92.

Apelação Cível nº 43.614-0/7 – Comarca de Garça – TJSP – Relator Des. Oetterer Guedes – j. 22/10/98.

Menor – Adoção – Pedido julgado procedente – Recurso da genitora – Procedimento que foi iniciado por petição absolutamente inepta, que não pede a destituição do pátrio poder, não descreve o motivo ou seu fundamento e sequer contém a assinatura de um dos requerentes – Caracterização do cerceamento de defesa – Hipótese de acolhimento da preliminar e anulação do feito "ab initio"- Recomendação para que a criança permaneça sob a guarda do casal requerente até final decisão – Recurso provido.

Apelação Cível nº 44.038-0/5 – Comarca de Suzano – TJSP – Relator Des. Djalma Lofrano – j. 08/10/98.

Adoção – Procedência parcial – Inadmissibilidade – Adotandos irmãos consangüíneos, desde 1988 sob a guarda do requerente, que é casado com a mãe biológica dos membros há mais de quatorze anos – Pai biológico destituído do pátrio poder – Vantagens aos adotandos e motivos legítimos – Recurso provido. Adoção – Inexistência do lapso de dezesseis anos entre o adotante e dois dos adotandos – Artigo 42, § 3º do ECA – Irrelevância – Interpretação da lei que deve ser feita em favor dos interesses dos adotandos (artigo 5º da LICC e 6º da Lei 8.069/90).

Agravo de Instrumento nº 40.685–0/8 – Comarca de São Paulo – TJSP – Rel. Des. Oetterer Guedes – j. 25/06/98 – v.u.

Adoção – Menor - Inexigibilidade de prévia consulta ao cadastro central de casais brasileiros pretendentes à adoção - Medida que se destina exclusivamente a serviço de apoio aos Juizes da Infância e Juventude, sem qualquer interferência, prévia ou posterior, nas colocações feitas - Inteligência do artigo 2º, do provimento CG nº 12/95 - Recurso não provido.

Apelação Cível nº 31.296-0/1 – Comarca de Santos – TJSP – Relator Des. Prado de Toledo – j. 10/04/97.

Apelação cível - Pleito de adoção - Inviabilidade da revogação da destituição de pátrio poder com relação à mãe da criança, uma vez que processada e decidida em feito autônomo - Ilegitimidade de parte para recorrer dessa decisão - Desistência oportuna do pedido de adoção - Criança que não mais se conduz ao agrado dos pretendentes; pelo contrário, mostra-se agressiva e dada à prática de infrações - Possibilidade de desistência - Anulação da adoção concedida - Provimento do Recurso.

Apelação Cível nº 34.933-0/1 – Comarca de Osasco – TJSP – Relator Des. Carlos Ortiz – j. 06/03/97.

Menor - Adoção e Destituição de pátrio poder - Pedido deferido após regular instrução - Genitora que entregou a filha voluntariamente, logo após seu nascimento – Desinteresse em acompanhar seu desenvolvimento e criação evidenciados - Adoção que surge como a medida que mais atende aos superiores interesses da menor - Conveniência da manutenção íntegra da sentença - Recurso não provido.

Apelação Cível nº 38.224-0/5 – Comarca de São Paulo – TJSP – Relator Des. Dirceu de Mello – j. 13/02/97.

Adoção - Inexistência de qualquer desrespeito ao ordenamento jurídico, no processo de colocação da criança no lar substituto dos apelados - Recurso improvido.

Apelação Cível nº 32.695-0/0 – Comarca de São Paulo – TJSP – Relator Des. Oliveira Passos – j. 19/12/96.

Pedido de inclusão no cadastro de interessados em adotar - Pedido indeferido porque não preenchidos os requisitos exigidos - Requerente interessada em adotar criança já adotada por outro casal - Sentença mantida.

Apelação Cível nº 30.932-0/8 – Comarca de Andradina – TJSP – Relator Des. Pereira da Silva – j. 12/12/96.

Adoção – Entrega espontânea da filha pela genitora que depois alegou arrependimento – Vida instável e sem responsabilidade com a prole – Arrependimento ineficaz – Adoção mantida.

Apelação Cível nº 28.508-0/3 – Comarca de Mauá – TJSP – Relator Des. Dirceu de Mello – j. 07/11/96.

Adolescente – Adoção consentimento da genitora, menor púbere, sem assistência dos pais ou representantes legais – Vício caracterizador de nulidade relativa – Falta de interesse recursal do Ministério Público para reconhecer judicialmente tal nulidade – Recurso não provido

Apelação Cível nº 28.223-0/2 – Comarca de Pirajuí – TJSP – Relator Des. Cerqueira Leite – j. 10/10/96.

Apelação – Sentença que julgou extinto, sem o exame do mérito, processo com pedido de adoção – Criança cujo assento de nascimento foi lavrado com falsidade quanto à filiação – Condições da ação presentes – Recurso provido e revogação da r. sentença.

Apelação Cível nº 29.015-0/0 – Comarca de São Paulo – TJSP – Relator Des. Pereira da Silva – j. 19/09/96.

Adoção – Apelantes sustentam que a "virago" preenche todos os requisitos legais para adotar o menor, assim busca o deferimento da adoção – Sentença mantida – Laudos informam que o casal apresenta uma união instável e que a pretendente entregou uma filha aos cuidados de sua filha mais velha – Contraria o artigo 43 do ECA – Improvido o recurso.

Apelação Cível nº 29.911-0/0 – Comarca de Mauá – TJSP – Relator Des. Oliveira Passos – j. 12/09/96.

Menor – Adoção - Criança órfã de mãe - Falecimento desta após o parto - Criança entregue em seguida à adotante - Ausência de consentimento do pai biológico - Indeferimento que não representou prejuízo aos interesses do menor - Ausência de motivos autorizadores da perda do pátrio poder - Pai que sempre demonstrou interesse em ter o filho consigo - Pedido de guarda deferido ao pai - Sentença mantida.

Apelação Cível nº 30.608-0 – Comarca de São Paulo – TJSP – Relator Des. Luis de Macedo – j. 18/07/96.

Adoção – Póstuma – Requisito – Manifestação inequívoca da vontade, escrita ou verbal, em procedimento instaurado – Artigo 42, § 5º, do Estatuto da Criança e do Adolescente – Inocorrência – Indeferimento do pedido – Recurso não provido.

Apelação Cível nº 28.589-0/1 – Comarca de Avaré – TJSP – Relator Des. Cunha Bueno – j. 11/07/96.

Adoção – Interesse exclusivo da criança – Características do adotante devem ser observadas de modo a avaliar-se o benefício que trará a criança - Recurso improvido.

Apelação Cível nº 29.604-0/9 – Comarca de Mauá – TJSP – Relator Des. Nigro Conceição – j. 11/07/96.

Menor – Adoção – Consentimento dado por genitora, menor púbere, sem assistência de pais ou representante legal, mas confirmado em juízo, na presença do magistrado e do Promotor de Justiça – ECA, art. 45 – Nulidade relativa que deve ser argüida unicamente pela parte interessada – Ilegitimidade do Ministério Público para a argüição – Recurso não provido.

Apelação Cível nº 27.790-0/1 – Comarca de Mogi Mirim – TJSP – Relator Des. Dirceu de Mello – j. 11/01/96.

Adoção - Indeferimento, por existir casal anteriormente inscrito no cadastro da comarca, para o mesmo fim - Possibilidade de desconsideração da ordem de inscrição, se as circunstâncias do caso recomendarem esse proceder - Improvimento, contudo, do recurso, à vista da situação fática já definitivamente estabelecida.

Apelação Cível nº 27.510-0/5 – Comarca de São Paulo – TJSP – Relator Des. Yussef Cahali – j. 05/10/95.

Cadastro – Indeferimento de pedido de inscrição de casal em razão da idade avançada – Recurso dos interessados – Não existe no ECA disciplina da idade máxima do adotante, ficando à critério do Juiz a análise do caso concreto – Recurso provido.

Agravo de Instrumento nº 23.752-0/0 – Comarca de Oswaldo Cruz – TJSP – Relator Ney Almada – j. 21/09/95.

Adoção – Destituição prévia do pátrio poder prescindível ante a anuência dos pais - Ratificação judicial cabível - Inteligência do art. 166, parágrafo único do Estatuto da Criança e do Adolescente - Exigência legal inarredável - Documento particular impotente a supri-la - Ofensa à forma prescrita em lei - Agravo desprovido.

Apelação Cível nº 26.033-0/0 – Comarca de Jaú – TJSP – Relator Des. Yussef Cahali – j. 21/09/95.

Adoção – Pedido formulado pelos avós paternos com concordância da genitora – Adoção deferida diante da ausência de prova documental do parentesco – Recurso do Ministério Público que invoca a proibição expressa contida no ECA (art. 42, § 1º) – Recurso provido.

Agravo de Instrumento nº 27.607-0/8 – Comarca de São Paulo – TJSP – Relator Des. Ney Almada – j. 21/09/95.

Adoção - Decisão terminativa do processo – Apelabilidade - Inabilitação dos adotantes, fundada porém em parecer técnico inconclusivo - Comissão interprofissional ou atribuição orientadora (ECA, art. 151) - Institucionalização que se revela prematura e traumática, sendo de melhor efeito a guarda provisória - Vínculos afetivos imperantes - Apelo provido.

Apelação Cível nº 28.080-0/9 – Comarca de Mauá – TJSP – Relator Des. Carlos Ortiz – j. 14/09/95.

Menor – Adoção – Consentimento dado por genitora menor púbere, sem assistência de pais ou representantes legais. Art. 45 do ECA – Nulidade relativa – Ilegitimidade do Ministério Público. Menor – Adoção – art. 45 do ECA – Validade da aquiescência material - Pode consentir a mãe menor púbere, desde que confirme o ato em presença do Juiz e do representante do Ministério Público.

Apelação Cível nº 21.166-0/0 – Comarca de Penápolis – TJSP – Relator Des. Nigro Conceição – j. 24/08/95.

Adoção – Pedido formulado por concubinos, instruído com declaração da genitora, com 20 anos de idade, concordando com a adoção – Pedido acolhido, com o deferimento da adoção, sendo a genitora destituída do pátrio poder – Arrependimento posterior – Recurso interposto, visando à reforma integral da sentença e o retorno da menor á companhia materna – Recurso acolhido. O Estatuto da Criança e do Adolescente não é inconstitucional por permitir no art. 42, § 2º, a adoção por concubinos - Ao contrário, ao assim dispor, ajusta-se ao texto da Lei Maior que prescreve ser a união estável entidade familiar. Se a concordância manifestada pela genitor não observou os requisitos legais para sua validade (ECA, art. 142; Código Cível, art. 384, inciso V), em face da sua menoridade e de não estar devidamente assistida por seu responsável, não pode subsistir, impondo-se a sua anulação. Por outro lado, se é inválido o seu consentimento, não prevalece a destituição do pátrio poder, tendo em vista que esta deve ser precedida de procedimento contraditório em que seja imputado à genitora a prática de qualquer ato que esteja expressamente enumerado no art. 395 do Código Cível, ou que, segundo dispõe o art. 24 do ECA, implique o descumprimento injustificado dos deveres e obrigações enumerados no art. 22. Não tendo sido imputado à apelante a prática de qualquer ato que possa se enquadrar em alguma das hipóteses legais, impõe-se o provimento do recurso, devendo a criança retornar à sua companhia.

Apelação Cível nº 26.159-0/5 – Comarca de Santos – TJSP – Relator Des. Lair Loureiro – j. 29/06/95.

Adoção – Pedido formulado pelos avós biológicos – Impossibilidade (artigo 42, § 1º do ECA) – Criança abandonada pelos genitores – Conversão do pedido em tutela – Medida que assegura a proteção da criança – Recurso provido em parte.

Apelação Cível nº 24.490-0/0 – Comarca de Itú – TJSP – Relator Des. Lair Loureiro – j. 22/06/95.

Adoção – Procedimento irregular – Petição inicial inepta – Sentença "extra petita", com a decretação da destituição do pátrio poder, não constante do pedido – Extinção do processo sem exame do mérito.

Agravo de Instrumento nº 20.673-0/7 – Comarca de Lins – TJSP – Relator Des. Nigro Conceição – j. 01/06/95.

Adoção – Pedido ajuizado – Requerimento formulado pelo Dr. Promotor de Justiça de citação da progenitora da criança – Indeferimento pelo magistrado sob o fundamento de que a destituição do pátrio poder deve ser postulada em procedimento autônomo – Agravo interposto – Provimento. Embora o ECA não exija, expressamente, a citação dos pais em pedido de adoção, também não a proíbe - Se a adoção pode ser concedida, com a concordância destes ou o representante legal do menor, nada obsta à citação da progenitora – Único ascendente conhecido – Para que se manifeste sobre o pedido, pois a sua concordância, no caso, dispensará o ajuizamento do pedido de destituição, realizando-se a adoção nos termos do art. 45 e seus parágrafos do ECA. Por outro lado, manifestando-se contrariamente, justifica-se o pedido de destituição do pátrio poder, que poderá ser formulado nos próprios autos da adoção.

Agravo de Instrumento nº 21.804-0/3 – Comarca de São Paulo – TJSP – Relator Des. Sabino Neto – j. 29/09/94.

Ação de conversão de adoção civil (escritura pública) em adoção regida pelo ECA – Dúvida quanto à necessidade de citação dos pais biológicos – Recurso não conhecido pela Câmara Especial.

Apelação Cível nº 17.747-9 – TJPR – Relator Des. Negi Calixto – j. 11/03/92.

Adoção – Adotado maior de 20 anos – Admissibilidade – Inaplicabilidade do Estatuto da Criança e do Adolescente – Hipótese em que esta nova lei estabelecendo disposições gerais ou especiais sobre o instituto, não revoga ou modifica a adoção civil prevista no art. 368 do CC – Requisitos legais preenchidos – Pedido de lavratura da escritura pública deferido – Aplicação do art. 375 do CC.

Apelação Cível nº 66.153 – São João Del Rei – TJMG – Relator Des. Márcio Sollero – j. 25/02/86.

Adoção – Interesse do menor adotado – Revogação – Contrato familiar de trato sucessivo – Cláusula REBUS SIC STANTIBUS - A adoção é contrato familiar de trato sucessivo, e sua vigência, como ocorre no direito das obrigações, com maior razão se dará no Direito de Família e, então, há de condicionar-se à prevalência das circunstâncias que o teriam determinado - De fato, sendo a adoção uma fictio juris, não se compreende sustentá-la ao arrepio dos interesses maiores do menor adotado - Se, por amor à letra da lei, a escritura de adoção deveria perdurar, alicerçada estará a conclusão de ser possível desconstitui-la ou revogá-la, lastreado no salutar princípio da equidade, que se finca na aplicável cláusula conhecida como rebus sic stantibus, mormente se inocorre qualquer impedimento quanto à parte então outorgante.

Apelação Cível nº 59.297-0/0 – Comarca de Santos – TJSP – Relator Des. Oetterer Guedes.

Adoção - Pedido efetuado pelo rito do artigo 166 do ECA diante da expressa concordância da genitora – Arrependimento posterior à decisão que se mostra inócua diante da inexistência de vício no consentimento – Idoneidade e aptidão do casal pretendente constatadas – Manutenção íntegra da decisão que atende aos superiores interesses da criança – Recurso não provido.

8.1 ADOÇÃO À BRASILEIRA

Recurso Especial nº 140.579 – Acre – STJ – Rel. Min. Waldemar Zveiter – j. 18/08/98 – v.u.

Cível e Processual – Anulação de Registro de Nascimento

I – Não se cuidando no caso de ação negatória de paternidade e sim de ação declaratória de inexistência de filiação legítima, por comprovada falsidade ideológica, é ela suscetível de ser intentada não só pelo suposto filho, mas também por outros legítimos interessados.

II – Recurso conhecido e provido.

8.2 ADOÇÃO INTERNACIONAL

Agravo de Instrumento nº 75.804-0/3 – Comarca de Mogi das Cruzes – TJSP – Relator Des. Hermes Pinotti – j. 19/04/01.

Agravo de Instrumento – Decisão que, em demanda visando adoção e destituição de pátrio poder, determina sejam providenciados os documentos exigidos pelo artigo 51 do ECA – Situação de fato na qual a adotanda reside, em companhia do adotante e sua mãe, que com ele contraiu núpcias, no Japão – Necessidade de observância dos requisitos ali previstos, que não são, em sua maioria, incompatíveis com a situação de fato – Decisão mantida

Correição Parcial nº 74.686-0/6 – Comarca de Campinas – TJSP – Relator Des. Mohamed Amaro – j. 29/03/01.

Correição Parcial – Alegação de inversão tumultuária dos atos do Processo em desrespeito à legalidade – Requerentes que buscam obter adoção e pretendem a reunião do feito ao procedimento instaurado para destituição do pátrio poder dos genitores, do procedimento instaurado para ingresso no cadastro de adotantes e do processo de adoção internacional, para trâmite conjunto – Trânsito em julgado da sentença que deferiu a adoção das crianças a casal estrangeiro prejudica o exame do mérito da presente interposição – Correição Parcial julgada prejudicada.

Agravo de Instrumento nº 39.063-0/9 - Comarca de São Paulo – TJSP – Relator Des. Carlos Ortiz.

Menores - Adoção - Obrigatoriedade de consulta ao cadastro central de pretendentes brasileiros à adoção - Inteligência do artigo 31 do ECA - Por se tratar de medida excepcional, a adoção de crianças brasileiras por estrangeiros deve ser precedida de ampla tentativa de manutenção dos menores em território nacional - Recurso provido.

Recurso Especial nº 202.295 – São Paulo – STJ – Relator Min. Ruy Rosado de Aguiar – j. 18/05/99.

Adoção internacional - Cadastro central de adotantes - Necessidade de sua consulta - A adoção por estrangeiros é medida excepcional - Precedente (Resp nº 196.406-SP) - Situação de fato superveniente, com o deferimento da guarda do menor a casal nacional, estando em curso o estágio de convivência - Perda do objeto - Recurso especial não conhecido.

Recurso Especial nº 196.406 – São Paulo – STJ – Relator Min. Ruy Rosado de Aguiar – j. 09/03/99.

Adoção Internacional - Cadastro central de adotantes - Necessidade de sua consulta - Questão de fato não impugnada - A adoção por estrangeiros é medida excepcional que, além dos cuidados próprios que merece, deve ser deferida somente depois de esgotados os meios para a adoção por brasileiros - Existindo no Estado de São Paulo o Cadastro Central de Adotantes, impõe-se ao Juiz consultá-lo antes de deferir a adoção internacional - Situação de fato da criança, que persiste há mais de dois anos, a recomendar a manutenção do statu quo - Recurso não conhecido, por esta última razão.

Agravo de Instrumento nº 40.704-0/6 – Comarca de São paulo – TJSP – Relator Des. Cunha Bueno – j. 28/05/98.

Adoção por estrangeiros – Consulta prévia aos cadastros central e de outras comarcas pelo magistrado na tentativa de localização de casais nacionais dispostos a adoção – Inexistência de dispositivo legal que determine a obrigatoriedade da consulta – Recurso de agravo improvido.

Recurso Especial nº 27.901-3 – Minas Gerais – STJ – Relator Min. Barros Monteiro – j. 04/03/97.

Adoção de menor por casal estrangeiro – Excepcionalidade – Art. 31 da Lei nº 8069, de 13/07/90 – Matéria probatória – Fundamento suficiente da decisão recorrida não impugnado.

8.3 ADOÇÃO UNILATERAL

Agravo de Instrumento nº 75.960-0/4 – Comarca de Jaboticabal – TJSP – Relator Des. Nigro Conceição – j. 24/05/01.

Agravo de Instrumento – Adoção de criança pretendida pelo marido da mãe biológica, com concordância desta – Avaliação psicológica que não recomenda o deferimento do pedido – Determinação de estágio de convivência por um ano – Inconformismo diante de manifestação favorável de psicóloga que acompanha o tratamento da adotanda – Caso em que o estágio de convivência se mostra desnecessário, bastando que o Juízo aprecie, no momento oportuno, a adaptação da menor e sua aceitação com relação ao adotante, determinando a produção de provas para tanto – Agravo provido.

Apelação Cível nº 77.989-0/0 – Comarca de Garça – TJSP – Relator Des. Nuevo Campos – j. 26/03/01.

Adoção unilateral – Ação julgada improcedente – Recurso do requerente – Pugna pela procedência da inicial – Admissibilidade – Enumeração do art. 45 do ECA não é exaustiva – É possível o deferimento da adoção nas hipóteses em que tal constitua estrita observância dos superiores interesses do adotando (ECA, art. 43) – Genitor biológico não possui qualquer espécie de vínculo com o filho há mais de dez anos – Desnecessária a prévia destituição do pátrio poder, pois tal constitui pressuposto lógico para a adoção – Foram observados os princípios do contraditório e da ampla defesa – O contestado o pedido inicial, foi ouvido – Deferimento da adoção, com observância das providências correlatas, é de rigor – Apelo provido.

Apelação Cível nº 72.942-0/0 – Comarca de São Paulo – TJSP – Relator Des. Fábio Quadros – j. 18/12/00.

Menor - Adoção pelo companheiro da progenitora que mantém união estável há mais de três anos com prole própria – Deferimento - Recurso ministerial pretendendo ver primeiramente desfeito vínculo matrimonial entre progenitora e terceiro - Parecer da Procuradoria Geral da Justiça pelo improvimento - Exigência que não encontra respaldo em lei - Recurso improvido.

Apelação Cível nº 73.870-0/9 – Comarca de São Jose do Rio Preto – TJSP – Relator Des. Nuevo Campos – j. 13/11/00.

Ação Unilateral – Pedido formulado pela progenitora materna – Indeferimento – Recurso da requerente – Pugna pela procedência da inicial sob o fundamento de que a adoção beneficiaria as menores – Inadmissibilidade – Em que pese a requerente já exercer a guarda das adolescentes e ser casada com o respectivo genitor adotivo, não se pode desconsiderar a vedação legal ao deferimento de adoção aos ascendentes – Tal vedação, à evidência, busca os resguardo dos interesses do menor, tanto para evitar confusões de parentesco, como de ordem patrimonial – Hipótese de decretação de ofício da extinção do feito sem julgamento de mérito, por inépcia da inicial em decorrência da impossibilidade jurídica do pedido – Decretada, de ofício, a extinção do feito sem julgamento de mérito.

Apelação Cível nº 44.830-0/0 – Comarca de São Paulo – TJSP – Relator Des. Cunha Bueno – j. 04/03/99.

Apelação – Genitora que subscreve pedido de adoção de sua filha ao concubino – Ausência de oitiva – Pátrio poder que permanece com a mãe – Nulidade não reconhecida – Recurso improvido.

Apelação Cível nº 44.566-0/4 – Comarca de São Paulo – TJSP – Relator Des. Oetterer Guedes – j. 12/11/98.

Adoção Unilateral – Pedido efetuado pelo marido da genitora – Pretensão julgada procedente – Recurso do Ministério Público que entende ter havido nulidade em virtude da falta de oitiva da genitora e da adotanda – Inexistência de irregularidade, já que ambas foram ouvidas expressamente sobre a adoção por ocasião de pedido incidental de destituição do pátrio poder do genitor, processado em apenso – Recurso não provido.

Apelação Cível nº 24.293-0/1 – Comarca de Ourinhos – TJSP – Relator Des. Yussef Cahali – j. 23/03/95.

Ação de adoção unilateral julgada procedente, com extinção do pátrio poder – Recurso do genitor biológico que alega não ter exercido o "munus" de pai por culpa exclusiva da genitora – Abandono material e afetivo caracterizado – Recurso improvido.

Apelação Cível nº 14.179-0 – Comarca de São Paulo – TJSP – Relator Des. Sabino Neto – j. 12/03/92.

Adoção – Pedido formulado por padrasto – Admissibilidade – Artigo 41, § 2º, do Estatuto da Criança e do Adolescente – Consentimento apenas pelo cônjuge sobrevivente – Validade – Recurso não provido.

8.4 LIMITAÇÃO ETÁRIA

Apelação Cível nº 80.891-0/0 – Comarca de Barretos - TJSP - Rel. Des. Jesus Lofrano - j. 17/09/01 – v.u.

Adoção – Extinção (CPC 267 VI) – Limitação etária (ECA 2º § único) – Recurso improvido.

Ao ajuizar o pedido de adoção o apelante já possuía vinte e cinco anos de idade, pormenor que o impedia de obter, com fundamento na Lei nº 8.069/90, a prestação jurisdicional que pleiteou.

Apelação Cível nº 71.674-0/0 – Comarca de São Bernardo do Campo - TJSP - Rel. Des. Jesus Lofrano - j. 01/06/00 – v.u.

Adoção – Extinção da ação – Falta de interesse processual – Adoção de pessoa que atingiu a maioridade civil antes do ajuizamento da ação – Afastamento da competência do Juízo da Infância e Juventude para apreciação e julgamento da causa – Recurso improvido.

8.5 CADASTRO DE ADOTANTES E DE CRIANÇAS E ADOLESCENTES EM CONDIÇÕES DE SEREM ADOTADAS

Mandado de Segurança nº 93.340-0/7 – São José do Rio Preto – TJSP – Rel. Des. Denser de Sá – j. 22/07/02 – v.u.

Menor – Mandado de Segurança impetrado contra decisão do CEJAI que indeferiu consulta ao cadastro de adotantes por não estar a criança interessada disponível para adoção, assim como contra decisão do Juízo da Infância e da Juventude, que nos autos do Procedimento Verificatório instaurado para apuração da situação da mesma criança, indeferiu a suspensão do feito até a apreciação de pedido liminar requerido em recurso de agravo de instrumento interposto contra decisão análoga, envolvendo outro menor – Descabimento – Direitos líquidos e certos inexistentes – Decisão do CEJAI que deu razoável interpretação à lei – Pleito de suspensão do feito, de outro turno, que não encontra respaldo em qualquer das hipóteses do art. 256 do CPC – Ordem denegada.

9. GUARDA

Apelação cível nº 78.067-0/0 – Comarca de Santa Rita do Passa Quatro – TJSP – Rel. Des. Fábio Quadros – j. 01/10/01 – v.u.

Guarda - Pedido pelo progenitor - Criança que se encontra com os avós - Decisão que indeferiu a inicial e determinou o arquivamento dos autos - Recurso pretendendo a reforma da decisão - Parecer da Procuradoria Geral de Justiça pelo provimento do apelo - Correta postulação do progenitor - Instituto da guarda que é precário, mas que pode ser deferido por tempo indeterminado - Recurso provido para afastar a extinção do feito.

Apelação Cível nº 81.787-0/3 – Comarca de Itapira - TJSP - Rel. Des. Sérgio Gomes - j. 10/09/01 – v.u.

Guarda – Sentença que extinguiu o pedido, por falta de interesse processual – Inadmissibilidade, pois trata-se de regularização de situação de fato, com fundamento no § 2º, art. 33 do ECA – Ademais, ante o princípio da proteção integral do ECA, a questão deve ser decidida de forma a resguardar os superiores interesses da criança – A apelante, juntamente com seu marido, responde pelo amparo material da menor e colabora com efetividade no apoio de ordem moral – Apelo provido, com a reforma da sentença.

Apelação Cível nº 81.016-0/6 – Comarca de Itapetininga – TJSP – Rel. Des. Fábio Quadros – j. 06/08/01 – v.u.

Guarda. Concessão. Recurso da mãe biológica pretendendo a improcedência da ação, alegando ter condições de criar o filho. Parecer da Procuradoria Geral de Justiça pelo improvimento do apelo. Decisão que privilegia o princípio da proteção total do interesse da criança que é feliz com os guardiães. Recurso improvido.

Apelação Cível nº 80.593-0/0 – Comarca de Jales – TJSP – Rel. Des. Fábio Quadros – j. 06/08/01 – v.u.

Pedido de guarda formulado pelos tios paternos. Concessão. Recurso dos pais biológicos pretendendo a reforma da decisão, alegando preliminar de nulidade da decisão e a inexistência de abandono ou maus tratos. Sentença que atende a todos os requisitos legais. Criança que se encontra desde os primeiros dias de vida sob a proteção de família guardiã. Perfeita adaptação. Situação que deve ser preservada no interesse superior do menor. Preliminar rejeitada. Recurso improvido.

Apelação Cível nº 53.449-0/1 – Comarca de Praia Grande – TJSP – Rel. Des. Gentil Leite – j. 19/07/01 – v.u.

Menor - Guarda - Apelo interposto pela mãe natural contra sentença que conservou a posse de sua filha com os atuais guardiões - Guarda que lhes foi conferida espontaneamente pela genitora biológica desde o nascimento da infante - Menor bem adaptada à família substituta - Provisoriedade da medida e prevalência do bem-estar da criança que recomendam a manutenção do "status quo" - Recurso improvido.

Apelação Cível nº 79.707-0/0 – Comarca de Lençóis Paulista - TJSP - Rel. Des. Nuevo Campos - j. 25/06/01 – v.u.

Guarda – Deferimento ao progenitor paterno para regularização da situação de fato – Recurso da genitora – Busca a improcedência da inicial – Inadmissibilidade – Busca o requerente, tão somente, a regularização de situação de fato, (ECA, art. 33, § 1º, primeira parte) – Apelante estava no exterior e deixou o filho aos cuidados do genitor, que veio a falecer – A guarda passou a ser exercida pelos progenitores paternos – A manutenção da situação atual, segundo a prova, atende aos superiores interesses do menor e é necessária para que a guarda possa ser exercida com efetividade – A guarda tem natureza provisória e, em sendo necessário e conveniente, poderá vir a ser alterada – Apelo improvido.

Apelação Cível nº 80.538-0/0 – Comarca de Guaratinguetá – TJSP – Rel. Des. Jesus Lofrano – j. 18/06/01 – v.u.

Guarda solicitada pelos avôs matemos - Improcedência - Preliminar - Rejeição - Regularização de situação de fato - Recurso provido.

A situação fática está inserida nos limites do que dispõe o artigo 33 do ECA, dada a assistência prestada pelos avós à neta e, em face dessa circunstância peculiar, é possível e também recomendável o deferimento da guarda aos apelantes, que já assistem a menina em todos os aspectos de sua vida.

Apelação Cível nº 80.070-0/4 – Comarca de São José do Rio Preto - TJSP - Rel. Des. Nuevo Campos - j. 28/05/01 – v.u.

Guarda – Deferimento – Recurso da genitora – Pugna pelo indeferimento do pedido, sob o fundamento de que tem condições de assumir a guarda da filha – Inadmissibilidade – A adolescente, que, atualmente, conta com 15 anos de idade, encontra-se inserida no núcleo familiar da requerente desde os dois meses de vida, onde conta com fortes laços afetivos e apoio material e moral – O guardião, esposo da requerente, veio a falecer, o que tornou necessária a regularização da guarda – Nada recomenda a alteração da situação atual – Apelo improvido.

Apelação Cível nº 79.786-0/9 – Comarca de Ribeirão Preto – TJSP – Rel. Des. Nuevo Campos – j. 28/05/01 – v.u.

Adoção - Deferimento - Recurso ministerial - Pugna pelo reconhecimento de impossibilidade jurídica de se deferir adoção em relação a órfão – Inadmissibilidade - Possibilidade jurídica do pedido (ECA, arts. 28 e 166) - Pressupostos da adoção, em especial os previstos pelo art. 43 do ECA, estão presentes – Apelo improvido.

Apelação Cível nº 78.779-0/0 – Comarca de Mirassol - TJSP - Rel. Des. Sérgio Gomes - j. 14/05/01 – v.u.

Guarda de menor – Apelação visando a modificação – Criança bem adaptada com a guardiã, sua tia materna, com quem convive desde pequena e que tem prestado os cuidados necessários ao seu crescimento e desenvolvimento – Não apresenta afinidade ou vínculo afetivo com o pai – Estudos técnicos neste sentido – Mudança que seria prejudicial à infante – Recurso improvido.

Apelação Cível nº 72.701-0/1 – Comarca de Arujá - TJSP - Rel. Des. Nuevo Campos - j. 07/08/00 – v.u.

Guarda – Deferimento aos interesados – Recurso da genitora – Improcedência – Inadmissibilidade – Buscam os requerentes, tão somente, regularização de situação de fato, pretensão que encontra guarida no art. 33, § 1º, primeira parte, do ECA – A manutenção da situação atual, segundo a prova, atende aos superiores interesses dos menores, sendo necessária para que a guarda possa ser exercida com efetividade – Não é o caso de se discutir sobre a regularidade do exercício do pátrio poder pela genitora – A guarda é provisória e, em sendo necessário, poderá vir a ser alterada – Apelo improvido.

Apelação Cível nº 72.587-0/0 – Comarca de Cerquilho - TJSP - Rel. Des. Jesus Lofrano - j. 31/07/00 – v.u.

Guarda – Pedido que visa a regularizar situação de fato – Inteligência do artigo 33 e parágrafos do ECA – Pedido juridicamente possível – Apreciação do mérito a ser feita pelo magistrado – Recurso provido para afastar a extinção, prosseguindo a lide seu curso normal.

Apelação Cível nº 70.362-0/9 – Comarca de Campinas - TJSP - Rel. Des. Jesus Lofrano - j. 01/06/00 – v.u.

Guarda – Deferimento sem oitiva do genitor biológico – Possibilidade – O requerente mantém união estável com a genitora da menor há mais de três anos e visa a regularização de situação de fato, havendo concordância da genitora – Recurso improvido.

Apelação Cível nº 50.826-0/0 – Comarca de Presidente Prudente - TJSP - Rel. Des. Cunha Bueno - j. 16/09/99 – v.u.

Guarda – Artigo 33 paragrafo 2º da Lei nº 8.069/90 – Necessidade de concordância dos genitores ou respectiva citação – Recurso provido para anular a sentença prosseguindo-se no processamento do pedido.

Agravo de Instrumento nº 46.463-0/9 – Comarca de São Paulo – TJSP – Rel. Des. Yussef Cahali – j. 13/05/99 – v.u.

Guarda de Menor - Agravo contra decisão que rejeitou pedido de guarda formulado pela avó paterna - Criança sob a guarda provisória de família substituta, que vem cuidando adequadamente do infante - Inconveniência do deferimento da pretensão até o julgamento final da lide - Modificação precipitada do "status quo" que pode ser prejudicial à criança, pela desestabilização de sua vida afetiva - Recurso não provido.

Agravo de Instrumento nº 76.930-0/5 – Comarca de São Paulo – TJSP – Relator Des. Hermes Pinotti – j. 10/05/01.

Agravos de Instrumento relativos a decisões tomadas em processos de guarda envolvendo a mesma criança – Recurso da Promotora de Justiça contra decisão que deferiu guarda provisória da criança a casal, inscrito no Cadastro de Adotantes, logo após revogada a guarda concedida anteriormente, decisão conta que recorre o interessado, também, cadastrado para adoção, porque essa guarda poderia ser revogada – Insurgência contra a decisão que revogou a primeira guarda fundamentada na ausência de motivos para tanto – Guardião que viajou, logo após obter a guarda, a trabalho e férias – Estudos sociais realizados em decorrência desse fato que apuraram o despreparo do guardião para adotar – Decisão mantida – Segundo agravo, interposto contra a decisão que deferiu a guarda a outros pretendentes à adoção, rejeitado.

Apelação Cível nº 77.770-0/1 – Comarca de Pindamonhangaba – TJSP – Relator Des. Fábio Quadros – j. 07/05/01.

Menor – Guarda- Pretensão pelo avós paternos para garantir situação de dependente visando obter cobertura em convênio médico - Desvirtuamento do instituto - Inexistência de motivo apontado por peculiar pelo ECA - Possibilidade dos avós, com situação financeira estável em pagar plano individual - Decisão indeferitória mantida - Recurso improvido.

Apelação Cível nº 62.921-0/7 – Comarca de Caçapava - TJSP - Rel. Des. Jesus Lofrano - j. 04/05/00 – v.u.

Guarda – Requerente casado com a mãe da menor, estando a família sob o mesmo teto, possuindo condições de oferecer-lhe meios em prol de seu bem estar – Regularização de posse de fato – Recurso provido.

Apelação Cível nº 78.663-0/0 – Comarca de Franca – TJSP – Relator Des. Jesus Lofrano – j. 16/04/01.

Guarda de menor - Manutenção da sentença - Recurso improvido - As crianças estão com os guardiães há aproximadamente um ano e nove meses e embora não ligadas por laços consangüíneos a eles, compõem outra família com os que as rodeiam.

Apelação Cível nº 76.937-0/7 - Comarca de Espírito Santo do Pinhal - TJSP - Relator Des. Sérgio Gomes - j. 09/04/01.

Guarda de menor concedida a família substituta - Apelação dos pais biológicos visando reaver sua filha - Admissibilidade - O conjunto probatório evidencia a existência, em tese, do crime previsto no art. 238, caput e § único, do ECA, porquanto a criança foi entregue, mediante o pagamento das despesas médicas e hospitalares da mãe, até para cirurgia de laqueadura -

Casal pretendente que omitiu fatos relevantes na exordial, dizendo que os pais estavam desaparecidos e a criança havia sido deixada na porta de sua residência - Aplicação na sentença, inclusive, de multa por dolo processual - Genitores conscientes de sua atitude indevida e que demonstraram efetivo interesse em reaver a filha, tendo condições de acolhê-la - Estudo técnico neste sentido - Recurso provido, com a reforma da decisão, para que a infante seja entregue aos pais.

Apelação Cível nº 77.048-0/7 – Comarca de Indaiatuba – TJSP – Relator Des. Sérgio Gomes – j. 09/04/01.

Guarda de menor – Pedido indeferido, sob os fundamentos de que a mãe biológica não tem plena capacidade civil; que foi ajuizada ação de destituição de pátrio poder e que não pode ser alterada a ordem de escolha de famílias substitutas, que deve ser obedecida rigorosamente – Não obstante estes argumentos, pelo exame do conjunto probatório, constata-se que a permanência da criança sob a guarda dos apelantes é a que melhor se adequa aos seus reais e superiores interesses, mesmo porque o julgamento deve se encaminhar, basicamente, no sentido de garantir-lhe, tanto quanto possível, tranqüilidade e bem-estar – Permanência do menor em família substituta é mais conveniente do que confiá-lo a uma instituição – Parecer psicológico favorável a manutenção da guarda – Inexistência de prova de incapacidade civil por parte da genitora e o ajuizamento de ação de destituição de pátrio poder, ainda não julgada, não é impeditiva da manifestação de vontade dos pais – Infante que já conta com quase cinco anos e que ficou instituicionalizado longo período, sem a comprovação de que outra família tenha se interessado por ele, não ficando, portanto, demonstrada desobediência à ordem de escolha de pretendentes – Recurso provido.

Apelação Cível nº 76.850-0/0 – Comarca de Mirandópolis – TJSP – Relator Des. Fábio Quadros – j. 02/04/01.

Guarda – Modificação- Entrega à genitora determinada por sentença - Recurso dos guardiães pretendendo a reforma da decisão para a obtenção da guarda definitiva da menor, com quem já convivem há mais de quatro anos - Parecer da Procuradoria Geral de Justiça opinando pelo improvimento - Laudos sociais indicando que ambas as famílias apresentam condições de criar a menor - Indemonstração de fatos que desabonem a conduta da genitora que demonstrou querer a companhia de sua filha - Recurso improvido.

Agravo de Instrumento nº 77.738-0/6 – Comarca de Santos – TJSP – Relator Des. Gentil Leite – j. 29/03/01.

Menor - Pedido de guarda - Agravo de instrumento contra decisão que determinou a redistribuição do feito à outra comarca em razão da alteração do domicílio do guardião no curso do processo - Alegação de intempestividade do inconformismo - Prejudicial rejeitada - Prazo inicial balizado pelo pedido de reconsideração se não demonstrado que o agravante foi antes intimado da decisão recorrida - Acolhimento quanto ao mérito - Feito com instrução já concluído - Aspectos formais que não podem sobrepujar os interesses maiores da criança que exigem solução rápida do pedido - Possibilidade de aplicação "in casu" do princípio da "perpetuado jurisdictionis" - Recurso provido.

Apelação Cível nº 76.747-0/0 – Comarca de Campinas – TJSP – Relator Des. Nuevo Campos – j. 26/03/01.

Modificação de guarda pleiteada pela progenitora paterna - Indeferimento - Recurso da requerente - Embora não haja prova inequívoca a respeito da matéria fática articulada na inicial, há sérios indícios nesse sentido, razão pela qual, também considerado o tempo decorrido durante a tramitação do presente recurso, impõe-se a manutenção da guarda materna - Determina-se a imediata instauração de acompanhamento para verificação da conveniência de se manter o menor sob a guarda da mãe - Apelo improvido, com determinação.

Agravo de Instrumento nº 78.094-0/3 – Comarca de Sorocaba – TJSP – Relator Des. Gentil Leite – j. 22/03/01.

Menor – Agravo contra decisão que em ação de guarda indeferiu prejudicial suscitada pelo pai biológico de impossibilidade jurídica do pedido por falta de cumulação de pedido de extinção do pátrio-poder – Descabimento – natureza provisória da guarda que não se confunde com os institutos da tutela ou da adoção, pelo que seu deferimento não acarreta a perda do pátrio-poder dos genitores naturais – Recurso improvido.

Agravo de Instrumento nº 73.464-0/6 – Comarca de São paulo – TJSP – Relator Des. Gentil Leite – j. 01/03/01.

Menor – Pedido de providências – Agravo contra decisão que autorizou a separação de quatro irmãs abrigadas em instituição de apoio, concedendo a guarda de três delas para casais distintos com vista à futura adoção – Alegação de nulidade da decisão por infringência ao art. 202 do ECA e de prejuízo às menores – Nulidade inexistente – Disposição legal que não impõe a obrigatoriedade de manifestação anterior do "parquet" – Superveniência de alteração da situação de fato no curso do processamento do inconformismo – Entrega de todas as irmãs a guardiães ligados por laços de parentesco, ou forte amizade – Desaparecimento dos riscos de danos apontados pelo "parquet" – Recurso prejudicado.

Apelação Cível nº 74.841-0/4 – Comarca de Santa Rita do Passa Quatro – TJSP – Relator Des. Sergio Gomes – j. 05/02/01.

Guarda de menor – Apelo do Ministério Público pleiteando anulação da decisão que prorrogou, por tempo indeterminado, a guarda do infante em favor dos apelados – Criança bem adaptada com os guardiães, seus avós, com quem está desde os primeiros dias de vida e que têm prestado os cuidados necessários ao seu crescimento e desenvolvimento – Estudo social neste sentido – Mãe biológica que concorda com a manutenção da guarda – Recurso improvido.

Agravo de Instrumento nº 75.752-0/5 – Comarca de Santa Bárbara D'Oeste – TJSP - Relator Des. Gentil Leite – j. 02/02/01.

Menor – Agravo contra decisão que revogou guarda provisória e determinou o abrigamento da menor visando sua futura adoção – Criança entregue pela mãe biológica diretamente à família substituta – Pretensão de guarda que não encontra apoio no artigo 33 do ECA – Procedimento inadequado ademais, para argüição da suspeição da Promotora de Justiça e Magistrada que preside o feito – Recurso improvido.

Apelação Cível nº 76.315-0/9 – Comarca de Candido Mota – TJSP – Relator Des. Nuevo Campos – j. 29/01/01.

Guarda – Deferimento aos progenitores maternos para regularização da situação de fato – Recurso do genitor – Improcedência – Inadmissibilidade – Buscam os requerentes, tão somente, regularização de situação de fato, pretensão que encontra guarida no art. 33, § 1º, primeira parte, do ECA – A manutenção da situação atual, segundo a prova, atende aos superiores interesses dos menores, sendo necessária para que a guarda possa ser exercida com efetividade – Não é o caso de se discutir sobre a regularidade do exercício do pátrio poder pelo genitor – A guarda tem natureza provisória e, em sendo necessário, poderá vir a ser alterada – Apelo improvido.

Apelação Cível nº 75.981-0/0 – Comarca de Fernandópolis – TJSP – Relator Des. Nuevo Campos – j. 29/01/01.

Guarda – Indeferimento da pretensão da progenitora, sob o fundamento de que, na realidade, não se pretende o exercício da guarda, mas proporcionar assistência médica – Recurso da requerente – Pugna pelo deferimento – O inconformismo procede – Ficou demonstrado que a menor e sua genitora biológica, menor púbere e sem atividade remunerada, encontram-se sob a responsabilidade exclusiva da requerente, que é, respectivamente, progenitora e genitora daquelas – Em atenção ao princípio da proteção integral, impõe-se a regularização de tal situação de fato – Apelo provido.

Apelação Cível nº 76.091-0/5 – Comarca de Ibitinga – TJSP – Relator Des. Fábio Quadros – j. 22/01/01.

Menor – Guarda - Deferimento à avó paterna, que mantém a criança sob seus cuidados desde os primeiros dias - Progenitor que pretende restabelecer a guarda - Defeitos e virtudes pessoais que, em tese, não o afastam de tal possibilidade - Bem estar atual e felicidade da criança, no entanto, que orientaram o sentenciante a manter a criança com a guardiã - Providencial referência a instituição de regime de visitas do pai à criança para restabelecimento dos laços - Recurso do progenitor pretendendo reverter a decisão improvido.

Apelação Cível nº 75.590-0/5 – Comarca de Santa Rita do Passa Quatro – TJSP – Relator Des. Fábio Quadros – j. 22/01/01.

Menor – Guarda - Pedido formulado pela avó paterna anteriormente deferido inicialmente e prorrogado - Concordância expressa dos pais - Decisão que vem sucintamente fundamentada e atende aos requisitos da lei processual - Desnecessidade de quaisquer outras formalidades para deferimento de nova prorrogação - Recurso ministerial improvido.

Apelação Cível nº 75.789-0/3 – Comarca de Piquete – TJSP – Relator Des. Fábio Quadros – j. 22/01/01.

Menor – Guarda - Deferimento a casal que acolhe a criança em seu lar, propiciando saudável ambiente e condições superiores para formação de sua personalidade - Recurso manifestado pela progenitora pretendendo reverter a decisão e obter novamente a guarda do filho - Dependência ao álcool que retirou dos progenitores a guarda de todos os filhos - Curto período que se desenvolveu desde o pretenso afastamento do vício e reorganização da vida da progenitora - Situação de fato que deve ser mantida - Recurso improvido.

Apelação Cível nº 76.102-0/7 – Comarca de Registro – TJSP – Relator Des. Jesus Lofrano – j. 15/01/01.

Guarda de menor - Preliminar de nulidade - Ausência de citação do genitora biológica - Rejeição - Guarda que se destina apenas a regularizar posse de fato - Estando o matéria regido pelo Estatuto da Criança e do Adolescente, tratando-se de modalidade de colocação em família substituta, não há necessidade de instauração do contraditório - Circunstâncias que recomendam o manutenção, por ora, da situação atual concernente à guarda - A divergência da genitora biológica poderá ser exercido mediante ação própria, respeitado o contraditório, com ampla produção de prova, sabido que a guarda o que se refere a hipótese pode ser revogado a qualquer tempo, dado seu caráter provisório - Recurso improvido.

Apelação Cível nº 76.058-0/5 – Comarca de Ituverava – TJSP – Relator Des. Jesus Lofrano – j. 15/01/01.

Guarda – Pedido que visa a regularizar situação de fato – Inteligência do artigo 33 e parágrafos do ECA – Pedido juridicamente possível – Apreciação do mérito a ser feita pelo magistrado – Recurso provido para afastar a extinção, prosseguindo a lide seu curso normal.

Apelação Cível nº 76.088-0/1 – Comarca de Caçapava – TJSP – Relator Des. Jesus Lofrano – j. 15/01/01.

Guarda requerida pela tia-avó da criança - Improcedência - Estando a menor sob a guarda de sua mãe, que aufere rendimentos provenientes de atividade profissional, havendo notícia de pagamento de pensão alimentícia pelo pai da menina P., não me parece que o caso comporte enquadramento na hipótese legal, sobretudo porque não há prova a demonstrar que a apelante supra as necessidade materiais da infante - Recurso improvido.

Apelação Cível nº 75.782-0/1 – Comarca de Novo Horizonte – TJSP – Relator Des. Jesus Lofrano – j. 15/01/01.

Guarda de menor - Cerceamento de defesa – Rejeição – O magistrado tomou as cautelas que o caso requeira, de molde a instruir o feito com regularidade, a possibilitar o julgamento, sem que houvesse desrespeito do devido processo legal – A guarda encerra caráter provisório, pois passível de modificação a qualquer tempo, constituindo o pedido mera regularização de situação de fato – As circunstâncias recomendam por ora a manutenção da situação atual, em prol do bem estar da criança – Manutenção da sentença – Recursos improvidos.

Apelação Cível nº 76.166-0/8 – Comarca de Santos – TJSP – Relator Des. Sergio Gomes – j. 08/01/01.

Guarda de menor requerida pelos avós - Impossibilidade, uma vez que a criança está sob pátrio poder e posse direta da mão - Inexistência de situação de fato a ser regularizada - Pedido que demonstra intuito de inclusão em benefício previdenciário o convênio médico - Recurso improvido.

Agravo de Instrumento nº 75.999-0/1 – Comarca de Itapeva – TJSP – Relator Des. Hermes Pinotti – j. 21/12/00.

Agravo de Instrumento – Competência – Demanda objetivando a guarda de criança, ajuizada pelo pai biológico, que pretende regularizar a guarda em vista de sua separação de fato da mãe biológica – Hipótese não é de situação irregular, como descrito pelo artigo 98, inciso II, do Estatuto da Criança e do Adolescente – Competência do Juízo Cível – Agravo provido.

Apelação Cível nº 74.763-0/8 – Comarca de Potirendaba – TJSP – Relator Des. Fábio Quadros – j. 18/12/00.

Menor - Guarda requerida por tio paterno - Concordância dos progenitores – Deferimento - Recurso ministerial pretendendo ver reconhecida a incompetência do juízo da infância e juventude, a falta de capacidade postulatória do requerente, a impossibilidade do julgamento antecipado da lide e a nulidade pela falta de observância ao parágrafo único do artigo 164 do ECA - Competência que se extrai do teor do artigo 28 do ECA - Capacidade postulatória do requerente à luz do artigo 166 caput do Estatuto - Ausência, contudo, da oitiva pessoal dos interessados pelo magistrado, com a presença do representante do Ministério Público - Nulidade da decisão - Recurso acolhido para decretar a nulidade e observância ao parágrafo único do artigo 166 do Estatuto.

Apelação Cível nº 74.975-0/5 – Comarca de Catanduva – TJSP – Relator Des. Fábio Quadros – j. 18/12/00.

Menor – Guarda – Falecimento da progenitora – Deferimento à avó materna e seu esposo – Recurso do progenitor pretendendo ver respeitado seu direito a ter a guarda da filha como resultante do pátrio poder – Decisão que observou o princípio da proteção integral reconhecendo que assim estaria atendido o bem estar e a felicidade da criança – Providencial disposição sobre regime de visitas pelo pai e sua nova família – Acerto da decisão – Recurso improvido.

Apelação Cível nº 73.083-0/7 – Comarca de Santo André – TJSP – Relator Des. Fábio Quadros – j. 18/12/00.

Menor – Guarda - Pedido feito por avó materna - Progenitora que mantém o pátrio poder e a guarda da criança residindo ambos com a requerente - Deferimento de guarda temporária em razão das peculiaridades e para atender a determinada situação - Razões que convencem do acerto da decisão - Recurso pretendendo a guarda por tempo indeterminado improvido.

Apelação Cível nº 75.377-0/3 – Comarca de Ibitinga – TJSP – Relator Des. Jesus Lofrano – j. 11/12/00.

Guarda de menor - Procedência - Criança que passou a conviver com os apelados quando possuía aproximadamente um mês de idade e com eles estabeleceu vínculo afetivo e sentimentos de confiança e segurança - A guarda, por sua própria natureza encerra caráter provisório, pois passível de modificação a qualquer tempo, dependendo das circunstâncias - Manutenção da sentença - Recurso improvido.

Apelação Cível nº 74.816-0/0 – Comarca de Bragança Paulista – TJSP – Relator Des. Sergio Gomes – j. 27/11/00.

Guarda de menor - Criança bem adaptada com os guardiães, com quem está desde os nove meses de vida e que tem prestado os cuidados necessários ao seu crescimento e desenvolvimento - Estudos técnicos neste sentido - Mudança abrupta que seria prejudicial à infante e poderia causar enorme trauma psicológico, decorrente de eventual alteração de guarda, tendo em vista que se encontra perfeitamente adaptada ao novo lar - Inexistência de prova de que a mãe tenha condições de cuidar de mais uma criança e, no período em que a menor esteve com ela, correu sérios riscos, já que adoeceu, ante a ausência dos cuidados necessários e péssimas condições de higiene - Recurso improvido.

Apelação Cível nº 74.909-0/5 – Comarca de Franca – TJSP – Relator Des. Nuevo Campos – j. 13/11/00.

Guarda - Pedido formulado em conjunto pela interessada na guarda, madrinha, e pela genitora biológica - Primeira requerente, madrinha da menor, pretende seja esta inserida em seu plano de saúde e possa estudar na escola particular onde trabalha - Indeferimento por não estar presente hipótese legal de deferimento da guarda - Recurso interposto pela primeira requerente - Preliminar - Alegação de nulidade por ausência de fundamentação da R. sentença de primeiro grau - Inocorrência - O indeferimento foi devidamente fundamentado - Mérito - Genitora exerce regularmente a guarda da menor - Não se encontra a menor em situação de risco a demandar aplicação de medida de proteção prevista no ECA - A condição de dependente para fins previdenciários é efeito da guarda e não hipótese de concessão - Preliminar rejeitada e apelo improvido.

Apelação Cível nº 74.982-0/7 - Comarca de Porto Ferreira – TJSP – Relator Des. Nuevo Campos – j. 13/11/00.

Guarda – Pedido formulado por intermédio do D. Representante do Ministério Público em primeiro grau – Deferimento ao tio do menor – Genitor desconhecido – Recurso da genitora – Situação atende aos superiores interesses do menor – Genitora não apresenta condições materiais e psicológicas para reassumir satisfatoriamente a guarda do filho, o que, no entanto, poderá ocorrer no futuro, caso demonstre estar apta a tanto – Apelo improvido.

Apelação Cível nº 73.027-0/2 - Comarca de Itaquaquecetuba - TJSP - Relator Des. Sérgio Gomes - j. 23/10/00.

Guarda de Menor - Pedido indeferido - Preliminar de nulidade do processo acolhida, posto que não houve a intimação do advogado dos requerentes dos atos processuais - Infringência aos artigos 206 do ECA c.c. art. 238 do CPC - Desobediência ao princípio do contraditório e ampla defesa - Recurso provido, com a anulação da sentença, para que o procedimento tenha regular trâmite.

Apelação Cível nº 74.250-0/7 – Comarca de Barueri – TJSP – Relator Des. Sérgio Gomes – j. 23/10/00.

Guarda de menor requerida por casal – Pedido indeferido – Matéria preliminar de nulidade da sentença repelida, posto que, apesar de concisa, na decisão constataram os motivos da determinação do arquivamento do pedido – Ademais, não comprovado efetivo prejuízo – Casal que não reúne condição emocional para se responsabilizar por uma criança, sendo que foram inabilitados à adoção em mais de uma comarca – Inexistência de vínculos afetivos entre o casal – Estudos técnicos nesse sentido – Matéria Preliminar rejeitada e, no mérito, recurso improvido.

Apelação Cível nº 74.355-0/6 – Comarca de Lençóis Paulista – TJSP – Relator Des. Sérgio Gomes – j. 3/10/00.

Guarda de menor - Pedido indeferido - Casal que já possui quatro filhos biológicos e não reúne condição de bem criar a criança - inexistência de condições satisfatórias para seu acolhimento - Estudo técnico neste sentido - Existência de cadastro na comarca com pessoas interessadas na adoção do menor - Recurso improvido.

Apelação Cível nº 73.476-0/0 – Comarca de Novo Horizonte – TJSP – Relator Des. Sergio Gomes – j. 23/10/00.

Guarda de menor requerido pelo pai - Pedido Indeferido - Criança bem adaptada com sua mãe, que tem prestado os cuidados necessários ao seu crescimento e desenvolvimento - Mudança que seria prejudicial ao infante, que está habituada à dinâmica de seu cotidiano, permanecendo com avó no período em que a mãe trabalha - Recurso improvido.

Apelação Cível nº 73.480-0/9 – Comarca de Arujá – TJSP – Relator Des. Sergio Gomes – j. 23/10/00.

Busca e apreensão e pedido de guarda de menor – Criança que deve permanecer com o pai, o qual detém o pátrio poder e possui, naturalmente, preferência sobre os avós no que se refere à guarda da filha – Pai que exerce atividade remunerada e possui plena capacidade de educar e fornecer os meios necessários ao pleno desenvolvimento da menor – Estudo social neste sentido – Recurso improvido.

Apelação Cível nº 74.370-0/4 – Comarca de Sertãozinho – TJSP – Relator Des. Sergio Gomes – j. 23/10/00.

Guarda - Deferimento ao atual cônjuge da mãe biológica - Não se trata de pedido com fins providenciarias, mas sim de regularização de situação de fato - O apelante responde pelo amparo maternal da criança e colabora com efetividade no apoio de ordem moral - Para o exercício da guarda não basta, tão somente, a titularidade do pátrio poder e a condição fática de ter o filho consigo, mas em prover-lhe o necessário suporte material e moral - Apelo provido.

Apelação Cível nº 74.179-0/2 – Comarca de Novo Horizonte – TJSP – Relator Des. Sergio Gomes – j. 18/09/00.

Guarda de menor – Criança bem adaptada com a guardiã, sua tia, com quem está desde os primeiros anos de vida e que tem prestado os cuidados necessários ao seu crescimento e desenvolvimento – Mudança que seria prejudicial à infante – Inexistência de prova inequívoca de que a mãe tenha condições de bem cuidar da criança – Estudos sociais e psicológicos neste sentido – Recurso improvido.

Apelação Cível nº 73.662-0/0 – Comarca de Bauru – TJSP – Relator Des. Sergio Gomes – j. 18/09/00.

Guarda de menor - Apelação visando a modificação - Criança bem adaptada com a guardiã, sua avó, com quem está desde os primeiros anos de vida e que tem prestado os cuidados necessários ao seu crescimento e desenvolvimento - Mudança abrupta que seria prejudicial ao infante - Pai, ademais, que não apresenta condições emocionais e materiais de mantê-la - Estudos técnicos neste sentido - Preservado o direito do pai de convívio com a filha e regulamentação de visitas - Recurso improvido.

Apelação Cível nº 62.333.0/3 – Comarca de São Paulo – TJSP – Rel. Des. Nuevo Campos – j. 11/05/00 – v.u.

Guarda – Deferimento - Recurso do Ministério Público - Procedimento, para regularização de situação de fato, é o de jurisdição voluntária, que, a teor dos arts. 33, § 1º, e 153, ambos do ECA, prescinde de capacidade postulatória do requerente e de procedimento contencioso e contraditório - Determinada a intimação da genitora – Apelo improvido.

Apelação Cível nº 62.303-0/7 – Comarca de São Paulo – TJSP – Rel. Des. Nuevo Campos – j. 11/05/00 – v.u.

Guarda - Deferimento - Recurso do Ministério Público - Alegação de nulidade da r. sentença de primeiro grau, por inobservância das normas procedimentais atinentes à espécie, com violação dos princípios contraditório e da ampla defesa - Desnecessidade de procedimento contencioso e contraditório - Trata-se de procedimento de jurisdição voluntária destinado, tão somente, à regularização de situação de fato - Interpretação dos arts. 33, § 1º, e 153, ambos do ECA - Manutenção do menor sob a guarda progenitora atende aos seus interesses - Apelo improvido.

Agravo de Instrumento nº 65.357-0/4 – Comarca de Ilha Solteira - TJSP - Rel. Des. Gentil Leite - j. 02/03/00 – v.u.

Menor - Agravo contra decisão que em ação de guarda promovida pela avó paterna, indeferiu pedida de tutela antecipada - Criança entregue à família substituta por omissão dos pais biológicos dos deveres inerentes ao pátrio poder - Criança bem amparada pelos guardiães provisórios - "Periculum in mora" ausente - Recurso improvido.

Apelação Cível nº 57.960-0/2 – Comarca de Santa Cruz do Rio Pardo - TJSP - Rel. Des. Álvaro Lazzarini - j. 17/02/00 – v.u.

Modificação de guarda - Ausência de provas de que a genitora não reúna condições de permanecer com a guarda da filha, a despeito das condições satisfatórias dos avós - Sentença mantida - Apelo não provido.

Apelação Cível nº 55.698-0/1 – Comarca de Bragança Paulista - TJSP - Rel. Des. Álvaro Lazzarini - j. 17/02/00 – v.u.

Menor - Morte da mãe - Pedido de guarda dos tios e reconvenção do pai - Procedência da última - Família materna que não aceitou o envolvimento da mãe do menor com o pai e cuja rejeição impede a passagem de uma figura paterna positiva para a criança - Ainda que a pretexto de preservar a criança de sofrimentos com o pai que julgavam e julgam inadequado, com isso a família materna interferiu e vem interferindo no desenvolvimento afetivo-emocional da criança - Multa por perturbação sonora ocorrida, há mais de uma década, quando o pai residia em república e direção sem habilitação, constituem "in casu" situação isoladas, que não podem obstar a guarda natural do pai, que reside em lar estruturado e repleto de afetividade - Recurso a que se dá provimento.

Apelação Cível nº 59.120-0/4 – Comarca de Santo Anastácio - TJSP - Rel. Des. Hermes Pinotti - j. 27/01/00 – v.u.

Apelação Cível - Guarda - Pedido genérico - Fatos norteadores do pleito não caracterizados - Sentença de improcedência - Recurso não provido.

Apelação Cível nº 57.765-0/2 - Comarca de Piracicaba - TJSP - Rel. Des. Yussef Cahali - j. 13/01/00 – v.u.

Guarda de menores - Pedido indeferido - Inúmeros estudos sociais realizados no feito, conclusivos quanto ao indeferimento do pedido - A Lei 8.069/90 embora proteja a manutenção da criança e do adolescente junto ao seio de sua família natural, visa, essencialmente, a situação mais satisfatória e, in casu, as crianças terão melhores protegidos os seus interesses em família substituta - Embora insatisfatória a concessão da guarda aos requerentes, há que se conferir aos mesmos o poder de exercer o direito de visitas aos netos, segundo regulamentação à cargo do Magistrado "a quo" - Recurso parcialmente provido.

Apelação Cível nº 53.811-0/4 – Comarca de Carapicuíba – TJSP – Relator Des. Yussef Cahali – j. 13/01/00.

Guarda de menor – Sentença que defere a guarda provisória à avó materna da criança em situação irregular – Apelo Ministerial – Preliminar de incompetência absoluta da Vara da Infância e da Juventude afastada – Situação irregular da infante caracterizada – Recurso parcialmente provido, apenas para o fim de possibilitar a dilação probatória, com a citação dos pais biológicos – Feito processado perante o juízo competente – Inteligência do artigo 98, II do ECA – Apelo Ministerial parcialmente provido.

Apelação Cível nº 55.304-0/5 – Comarca de Santo André - TJSP - Rel. Des. Yussef Cahali - j. 13/01/00 – v.u.

Pedido de guarda - Adolescente expulsa de sua casa, pelo companheiro de sua genitora - Ambiente familiar marcado por brigas e desentendimentos, somados ao autoritarismo do padrasto e total submissão de sua mãe - Inúmeros estudos sociais realizados, conclusivos no tocante à inviabilidade do retorno da adolescente ao convívio familiar - Ademais, a própria adolescente, atualmente com 18 anos, declara expressamente a vontade inequívoca de continuar morando com a guardiã - Improvimento do recurso.

Agravo de Instrumento nº 46.268-0/9 - Comarca de Barueri - TJSP - Rel. Des. Yussef Cahali - j. 16/09/99 – v.u.

Menor - Guarda - Agravo oposto contra decisão que indeferia pedido formulado por suposto pai biológico da criança, ante a morte do mãe natural, com quem vivia em concubinato - Consideração, para tanto, de que a irmã da genitora possui melhor condições para cuidar de seu sobrinho -Descabimento - Aplicação do art 19 do ECA que garante a criança o direito de ser criada e educada no seio de sua família natural - Inexistência, ademais, de demonstração de que o pai não possui meios para responsabilizar-se pela guarda de sem filho - Recurso provido.

Apelação Cível nº 44.779-0/6 – Comarca de Santa Bárbara D'Oeste – TJSP – Relator Des. Cunha Bueno – j. 14/01/99.

Apelação - Genitores concordes com guarda temporária, divergindo de guarda definitiva conferida aos tios - Guarda definitiva inexistente, que deve ser tido por prazo indeterminado, passível de alteração com mudança de situação fática - Recurso improvido.

Apelação Cível nº 44.228-0/2 – Comarca de Sorocaba – TJSP – Relator Des. Cunha Bueno – j. 29/10/98.

Guarda - Manutenção das visitas da genitora - Não havendo situação de suspensão ou destituição do pátrio poder deve-se garantir a permanência do vínculo entre genitora e criança - Recurso improvido.

Apelação Cível nº 44.296-0/1 – Comarca de Avaré – TJSP – Rel. Des. Djalma Lofrano – j. 15/10/98 – v.u.

Guarda de menor - Pedido da avó materna - Indeferimento de plano - Existência comprovada de relação incestuosa entre a mãe da criança e seu padrasto, marido da apelante - Laudos psicossociais desfavoráveis ao pedido - Quebra da estrutura familiar - Sentença mantida - Solução que melhor atende ao bem estar da menor - Recurso não provido.

Apelação Cível nº 42.517-0/7 - Comarca de Guararapes - TJSP - Rel. Des. Alves Braga - j. 27/08/98 – v.u.

Menores - Guarda - A circunstância de ser pobre a mãe biológica do menor não impede venha a reconquistar a guarda do filho menor, que por circunstâncias alheias à sua vontade, concordou com a entrega da criança à guarda de terceiros - Não Importa tenha este melhor condições econômico-financeira em relação à mãe natural - Recurso não provido.

Embargos Infringentes nº 265.053.1/0 – Comarca de São Paulo – TJSP – Relator Des. Ruiter Oliva – j. 19/08/97.

Guarda – Pretensão do pai – Mãe que está em melhores condições – Guarda deferida a esta – Inexistência de elemento contido em prova idônea sobre relacionamento homossexual da mãe do menor com outra mulher, na casa de quem mora – Ademais, desde que recatada a vida decorrente dessa espécie de união, esse ato na consciência atual da sociedade já não se considera atentatório à moral ou revelador de deficiência ética – Embargos providos - Estando a mãe em melhores condições do que o pai, defere-se a ela a guarda do filho - Um eventual relacionamento homossexual da mãe não se constitui em óbice à essa guarda, pois esse tipo de relacionamento, na consciência atual da sociedade, já não se considera atentatório a moral ou revelador de deficiência ética - Ademais, não se produziu prova convincente acerca da existência desse tipo de relacionamento.

Apelação Cível nº 35.466-0/7 – Comarca de Osasco – TJSP – Relator Des. Dirceu de Mello – j. 31/07/97.

Menor - Deferimento de guarda de criança a homossexual - Circunstância que, por ora, não é obstáculo à medida - Natureza provisória da guarda que pode ser revogada a qualquer momento ante a constatação de desvirtuamento na formação psicológica da criança - Apelo desprovido

Apelação Cível nº 33.990-0/3 – Comarca de Matão – TJSP – Relator Des. Oliveira Passos – j. 09/01/97.

ECA - Menores sob a guarda do avô materno - Revogação e retorno da guarda ao pai - Avô que vive em ambiente nocivo à criação dos menores - Pai que reúne melhores condições de cuidar dos filhos - Decisão mantida.

Apelação Cível nº 32.149-0/9 – Comarca de Itararé – TJSP – Relator Des. Oliveira Passos – j. 09/01/97.

Ação de modificação de guarda de menor julgada procedente - Criança que retornou à guarda da mãe - Guarda com os apelantes por somente cinco meses - Criança hoje com 4 anos e 7 meses de idade e que se encontra bem no seio da família natural - Inteligência dos arts. 19 e 33, §§ 1º e 2º do ECA - Sentença mantida.

Apelação Cível nº 31.694-0/8 – Comarca de Dois Córregos – TJSP – Relator Des. Luís de Macedo – j. 31/10/96.

Menor - Pedido de guarda de infantes indeferido ante a conclusão contrária do estudo social - Desnecessidade de observância do princípio do contraditório e de ampla produção de provas - Superveniência, de resto, de sentença de adoção definitiva por terceiros - Recurso a que se nega provimento.

Apelação Cível nº 29.254-0/0 – Comarca de Itararé – TJSP – Relator Des. Pereira da Silva – j. 24/10/96.

Apelação – Guarda de menor requerida pela mãe biológica – Pedido indeferido – Criança bem adaptada com seus guardiães, estes, lhes prestando os cuidados necessários ao seu desenvolvimento e crescimento – Mudança de lar prejudicial ao infante – Recurso improvido.

Apelação Cível nº 31.163-0/5 – Comarca de Araçatuba – TJSP – Relator Des. Luis de Macedo – j. 24/10/96.

Menor - Colocação em família substituta sob guarda. Processo que se desenvolveu com a participação dos pais biológicos, observando-se o princípio do contraditório - Provas convincentes acerca da inconveniência da permanência da criança com os pais biológicos, usuários de tóxicos, envolvidos em delitos patrimoniais, sem condições morais e materiais para criar e educarem-no - Sentença que concedeu a guarda do infante a terceiros mantida.

Agravo de Instrumento nº 24.182-0/5 – Comarca de São Sebastião – TJSP – Relator Des. Dirceu de Mello – j. 11/07/96.

Menor – Agravo de instrumento – Pretendida revogação de guarda de criança brasileira concedida a casal estrangeiro – Circunstâncias do caso concreto que não recomendam a providência alvitrada – Recurso improvido.

Apelação Cível nº 24.335-0/4 – Comarca de Aparecida – TJSP – Relator Des. Dirceu de Mello – j. 07/03/96.

Menor - Pedido de guarda - Situação peculiar a que alude o § 2º, do art. 33, da L. Fed. 8.069/90 configurada - Pedido procedente - Recurso provido.

Apelação Cível nº 24.754-0/6 – Comarca de São Jose do Rio Preto – TJSP – Relator Des. Dirceu de Mello – j. 29/02/96.

Menor - Perda da guarda do genitor da criança, decretada em procedimento meramente verificatório – Inadmissibilidade - Nulidade da sentença reconhecida - Recurso provido.

Apelação Cível nº 27.778-0/7 – Comarca de Santos – TJSP – Relator Des. Ney Almada – j. 16/10/95.

ECA - Guarda de menor - Ambiente familiar que deve ser prestigiado - Situação excepcional inconfigurada, não se dando o caso de, para fins de assistência previdenciária, justificar-se a colocação em lar substituto - Recurso provido.

Apelação Cível nº 26.085-0/7 – Comarca de São Vicente – TJSP – Relator Des. Yussef Cahali – j. 20/07/95.

Concessão de guarda pelo Juízo da Infância – Posterior reconhecimento da paternidade pelo guardião – Revogação da guarda é medida correta pois a discussão é agora afeta à Vara da Família.

Apelação Cível nº 593151350 – Tupanciretã – TJRS – Relator Des. João Andrades Carvalho – j. 10/02/94.

Guarda de adolescente - Impossibilidade de ser deferida a terceiro enquanto os pais estiverem no exercício do pátrio poder - Impossibilidade de concessão de guarda para fins exclusivamente previdenciários - Guarda de Adolescentes - Pátrio Poder - Sendo direito fundamental da criança e do adolescente o de ser criado no seio de sua família, não podem eles ser postos sob a guarda de outrem, enquanto seus pais estiverem no exercício do pátrio poder.

Apelação Cível nº 50.758-0/0 – Comarca de Santos – TJSP – Relator Des. Oetterer Guedes.

Guarda de Menor - Pedido efetuado com a concordância da genitora - Situação que dispensa a representação por advogado - Preliminar rejeitada - Reconhecimento de falta de interesse processual indevido - Eventual desinteresse quanto à própria guarda pretendida pode ensejar a improcedência do pedido, nunca a extinção do feito sem julgamento do mérito - Matéria de ordem pública que, portanto, pode ser reconhecida de ofício - Hipótese de anulação da sentença, para que outra seja proferida, desta feita com o exame do mérito - Recurso provido para esse fim.

9.1 GUARDA PREVIDENCIÁRIA

Apelação Cível nº 80.725-0/4 – Comarca de Araçatuba - TJSP - Rel. Des. Nuevo Campos - j. 23/07/01 – v.u.

Guarda – Pedido formulado pelos avós paternos com anuência dos genitores – Fins previdenciários – Indeferimento por não estar presente hipótese legal de deferimento da inicial sob o fundamento de que o pleito encontra guarida no princípio da proteção integral, dada a hipossuficiência dos genitores biológicos – Inadmissibilidade – Genitores exercem regularmente a guarda do menor e este não se encontra em situação de risco a demandar aplicação de medida protetiva – A condição de dependente para fins previdenciários é efeito da guarda e não hipótese de concessão – Apelo improvido.

Apelação Cível nº 81.648-0/0 – Comarca de Araraquara - TJSP - Rel. Des. Sérgio Gomes - j. 16/07/01 – v.u.

Guarda de menor requerida pelo avô materno – Impossibilidade, uma vez que a criança está sob pátrio poder e posse direta dos genitores – Inexistência de situação de fato a ser regularizada – Pedido que demonstra intuito de inclusão em benefício previdenciário – Recurso do Ministério Público.

Apelação Cível nº 80.345-0/0 – Comarca de Orlândia - TJSP - Rel. Des. Fábio Quadros - j. 02/07/01 – v.u.

Menor – Guarda – Pretensão pelo avô materno com fins previdenciários – Desvirtuamento do instituto – Inexistência de motivos apontados pelo ECA – Possibilidade do avô, com situação financeira estável, de pagar plano individual para a criança – Decisão mantida – Recurso improvido.

Apelação Cível nº 77.874-0/6 – Comarca de São Paulo – TJSP – Rel. Des. Sérgio Gomes – j. 14/05/01 – v.u.

Guarda de menor requerida pelos avós paternos - Impossibilidade, uma vez que a criança está sob pátrio poder e posse direta dos genitores - Inexistência de situação de fato a ser regularizada - Pedido que demonstra intuito de inclusão em benefício previdenciário – Recurso improvido.

Apelação Cível nº 75.383-0/0 – Comarca de Araçatuba – TJSP – Relator Des. Fábio Quadros – j. 18/12/00.

Menor - Guarda para efeitos meramente previdenciários de natureza privada - Inexistência de situação de fato a ser regularizada – Menor que reside e está sob o pátrio poder da progenitora - Possibilidade econômica da requerente, tia paterna, em continuar a prestar toda a dedicação e carinho ao sobrinho arcando com sua inscrição em plano de saúde - Recurso contra decisão indeferitória da guarda improvido.

Apelação Cível nº 58.730-0/0 - Comarca de São Paulo - TJSP - Rel. Des. Djalma Lofrano - j. 16/12/99 – v.u.

Menor – Pedido de guarda formulado por irmã, em face da impossibilidade de oferecimento da adequada assistência médica pela mãe biológica – Impossibilidade – Situação excepcional não configurada, já que não se objetiva efetivamente a colocação do menor em lar substituto, nem sua retirada do convívio com a genitora natural – Recurso não provido.

Apelação Cível nº 49.580-0/4 – Comarca de Pereira Barreto - TJSP - Rel. Des. Yussef Cahali - j. 26/08/99 – v.u.

Guarda de menor – Pedido formulado pelos avós maternos com o intuito único de torná-lo beneficiário de futura pensão beneficiária – Impossibilidade – Menor que está sob a guarda da mãe biológica e não vive sob a dependência econômica dos requerentes – Recurso improvido.

Recurso Especial nº 82.474 – Rio de Janeiro – STJ – Relator Min. Antônio de Pádua Ribeiro – j. 09/02/98.

Guarda de menor pela avó - Fins previdenciários - Desvio de finalidade - Precedente da Corte - Na esteira de precedente da Corte, a "conveniência de garantir benefício previdenciário ao neto não caracteriza a situação excepcional que justifica, nos termos do ECA (art. 33, parágrafo 2º), o deferimento de guarda à avó" - Recurso conhecido e improvido.

Recurso Especial nº 116.456 – Rio de Janeiro – STJ – Relator Min. Carlos Alberto Menezes Direito – j. 07/10/97.

Guarda de menor pela avó - Fins previdenciários - Desvio de finalidade - Precedente da Corte - Na esteira de precedente da Corte, a "conveniência de garantir benefício previdenciário ao neto não caracteriza a situação excepcional que justifica, nos termos do ECA (art. 33, parágrafo 2º), o deferimento de guarda à avó" - Recurso não conhecido.

Recurso Especial nº 122.478 – Rio de Janeiro – STJ – Relator Min. Carlos Alberto Menezes Direito – j. 07/10/97.

Guarda de menor pela avó - Fins previdenciários - Desvio de finalidade - Precedente da Corte - Na esteira de precedente da Corte, a "conveniência de garantir benefício previdenciário ao neto não caracteriza a situação excepcional que justifica, nos termos do ECA (art. 33, parágrafo 2º), o deferimento de guarda à avó" - Recurso não conhecido.

Apelação Cível nº 22.349-0/3 – Comarca de Santos – Relator Des. Yussef Cahali – j. 09/02/95.

Guarda para fins previdenciários – Impossibilidade de sua concessão.

9.2 GUARDA PROVISÓRIA

Agravo de Instrumento nº 80.352-0/1 – Comarca de Mogi das Cruzes - TJSP – Rel. Des. Hermes Pinotti – j. 05/07/01 – v.u.

Agravo de instrumento - Decisão que indefere pedido de guarda provisória e determina a busca e apreensão da criança, que se encontrava com a guardiã de fato, para que fosse entregue à mãe biológica - Ausentes fundamentos para destituição ou suspendo do pátrio poder - Recurso improvido.

Agravo de Instrumento nº 76.577-0/3 – Comarca de Capão Bonito –TJSP – Relator Des. Mohamed Amaro – j. 10/05/01.

Menor - Guarda provisória concedida pelo Juízo da Comarca de Itararé, residência dos pais biológicos - Guardiães residentes em município pertencente à Comarca de Capão Bonito - Pedido de adoção cumulado com destituição do pátrio-poder formulado perante a Comarca de Capão Bonito - Remessa dos autos do pedido de guarda para Capão Bonito, com apensamento aos autos da adoção - Desapensamento e devolução dos autos a Itararé determinados - Agravo de Instrumento - Pretensão dos guardiães a que os pedidos de guarda e de adoção tenham trâmite perante o Juízo de sua residência - Deslocamento da competência, para o domicílio dos guardiães, com o deferimento da guarda provisória - Pedidos continentes - Pedido de guarda contido no pedido de adoção - Recurso provido.

Agravo de Instrumento nº 75.862-0/7 – Comarca de Sumaré – TJSP – Relator Des. Álvaro Lazzarini – j. 03/05/01.

ECA - Guarda provisória de filhos deferida à avó paterna - Irresignação do agravante, pai das crianças, sob a alegação de que possui condições de permanecer com a guarda de seus filhos, conforme conclusão de trabalho efetuado pelo Conselho Tutelar de Sumaré - Sinais de maus tratos comprovados por laudo de exame de corpo de delito - Questão que demanda esclarecimento em instrução probatória para aferição da real situação das partes e das crianças - Agravo não provido.

Agravo de Instrumento nº 77.737-0/1 – Comarca de Piedade – TJSP – Relator Des. Mohamed Amaro – j. 29/03/01.

Menor – Agravo de instrumento – Guarda provisória – Consulta ao cadastro não obrigatória – Insubsistência de tal exigência como condição para o exercício do direito de ação por absoluta falta de previsão legal – Adoção "intuitu personae" que não pode ser ignorada – Condições pessoais dos adotantes que podem ser apuradas durante a instrução do feito, não existindo, por ora, nada que os desabone – Recurso provido.

Agravo de Instrumento nº 75.161-0/8 – TJSP – Relator Des. Hermes Pinotti – j. 08/03/01.

Guarda provisória – Pedido indeferido, porque efetuado por casal interessado na adoção de criança ainda nem nascida – Decisão correta – Recurso a que se nega provimento.

Agravo de Instrumento nº 75.161-0/8 – Comarca de Mairiporã – TJSP – Relator Des. Hermes Pinotti – j. 08/03/01.

Guarda Provisória – Pedido indeferido, porque efetuado por casal interessado na adoção de criança ainda nem nascida – Decisão correta – Recurso a que se nega provimento.

Agravo de Instrumento nº 74.848-0/6 – Comarca de Ituverava – TJSP – Relator Des. Mohamed Amaro – j. 02/02/01.

Menor - Agravo de Instrumento - Pedido de guarda provisória - Concessão mesmo na ausência de indicação de ação principal a ser aforada - Possibilidade em caráter excepcional, pela condição peculiar da criança - Recurso provido.

Agravo de Instrumento nº 73.586-0/2 – Comarca de Poá – TJSP – Relator Des. Gentil Leite – j. 19/10/00.

Menor - Agravo contra decisão que deferiu guarda provisória de criança ao companheiro da mãe biológica, para fim de recebimento de assistência médica - Descabimento - Decisão que apenas confirma posse de fato e não afeta igual direito materno - Pretensão que encontra respaldo no artigo 33, § 2º do ECA - Recurso improvido.

Agravo de Instrumento nº 63.628-0/7 – Comarca de Ribeirão Preto - TJSP - Rel. Des. Álvaro Lazzarini - j. 02/03/00 – v.u.

Guarda provisória para fins de adoção. Conclusão de estudo psicológico e social adotada como fundamento para a busca e apreensão da criança e entrega a sua genitora. Inconsistência da alegação de falta de provocação das partes e de fundamentação da decisão recorrida. Bem estar da criança que se sobrepõe aos interesses dos agravantes. Agravo não acolhido.

Apelação Cível nº 54.363-0/6 – Comarca de Regente Feijó - TJSP - Rel. Des. Fonseca Tavares - j. 13/01/00 – v.u.

Menor – Guarda provisória – Indeferimento – Ausência de elementos probatórios justificadores da medida – A falta do pai, diante de encarceramento só por si não autoriza a colocação em família substituta – Decisão mantida.

Apelação Cível nº 35.250-0/1 – Comarca de Votuporanga – TJSP – Relator Des. Silva Leme – j. 09/01/97.

Menor - Guarda provisória deferida em favor dos tios paternos - Revogação - Cessação dos motivos que a determinaram - Admissibilidade - Recurso não provido.

Apelação Cível nº 31.697-0/1 – Comarca de Cachoeira Paulista – TJSP – Relator Des. Nigro Conceição – j. 05/09/96.

Menor - Guarda provisória - Tio que pretende a guarda do sobrinho unicamente para incluí-lo em convênio médico - Inadmissibilidade da medida - Genitores que reúnem condições de proporcionar assistência médica ao menor - Situação que não encontra amparo no art. 33 do ECA - Recurso não provido.

Apelação Cível nº 25.250-0/3 – Comarca de São Paulo – TJSP – Relator Des. Nigro Conceição – j. 05/09/96.

Menor - Guarda Provisória - Medida deferida para resolver situação provisória – Genitora que, momentaneamente, não reunia condições de proporcionar a criação e a educação da filha – Estruturação material e psicológica constatada no curso do procedimento – Condições favoráveis para o retorno da menor ao convívio materno – Decisão que revogou a guarda provisória que encontra respaldo nos relatórios apresentados pela equipe técnica do juízo – interesse da criança que deve prevalecer por ser superior ao das partes - Recurso não provido.

Apelação Cível nº 26.441-0/2 – Comarca de Jundiaí – TJSP – Relator Des. Carlos Ortiz – j. 20/07/95.

Menor - Guarda Provisória - Havendo lide entre os guardiães e os responsáveis, é indispensável a realização de instrução, assegurado o direito ao contraditório - Deve ser anulada decisão que decidiu liminarmente o pedido, sem sequer ouvir a parte contrária - Recurso provido.

Apelação Cível nº 24.238-0/1 – Comarca de Tietê – TJSP – Relator Des. Lair Loureiro – j. 13/07/95.

Menor - Guarda para fim de suprimento da ausência temporária dos pais (artigo 33, § 2º do ECA) - Concessão provisória, mediante anuência expressa da mãe - Desnecessidade de citação do pai (artigo 380 do CC). RNP.

9.3 DIREITO DE VISITA

Agravo de Instrumento nº 70002412328 – Canoas - TJRS - Rel. Desª. Maria Berenice Dias - j. 09/05/01 – v.u.)

Guarda de menor – Direito de Visita – Desimporta a existência de vínculo biológico para o estabelecimento do direito de visita se presente vínculo afetivo – Mostrando-se salutar a convivência, há que se atender prioritariamente o interesse do menor – Agravo provido em parte.

Apelação Cível nº 140440-1/7 – 5ª Câm. Civil - TJSP – Rel. Des. Matheus Fontes – j. 01/08/91 – v.u.

Direito de Visita – Concessão a outros parentes que não os pais e pessoas estranhas ao parentesco – Admissibilidade, em casos especiais, ainda que inexistente expressa previsão legal – Necessidade apenas de que o interesse sentimental e moral do menor esteja a indicar o deferimento.

A circunstância de a legislação brasileira referir-se, no tocante ao direito de visita, apenas aos pais, não implica em recusá-lo, em casos especiais, a outros parentes e mesmo a estranhos ao parentesco, sendo necessário, porém, que o interesse sentimental e moral do menor esteja a indicar o deferimento do direito.

10. TUTELA

Apelação Cível nº 81.515-0/3 – Comarca de Avaré – TJSP – Rel. Des. Jesus Lofrano – j. 17/09/01 – v.u.

Tutela – Extinção (CPC 267 III e § único) – Doutrina da proteção integral – Superior interesse da menor – Anulação de ofício da sentença a fim de que a lide tenha prosseguimento regular

A hipótese comporta determinação de ofício para a anulação da sentença, em prol do superior interesse da menor, observada sobretudo a doutrina da proteção integral a que se refere o Estatuto da Criança e do Adolescente (ECA 1º).

Os princípios da informalidade e da celeridade processual que norteiam o ECA recomendam o aproveitamento dos atos já realizados, em benefício do rápido desfecho da causa.

Apelação Cível nº 82.145-0/1 – Comarca de Penápolis - TJSP - Rel. Des. Sérgio Gomes - j. 13/08/01 – v.u.

Tutela de menor requerida pelos avós – Necessidade de prévia destituição do pátrio poder – Aplicação do § único, artigo 36 do ECA – Recurso improvido.

Apelação Cível nº 76.325-0/4 – Comarca de Cubatão – TJSP – Relator Des. Fábio Quadros – j. 02/04/01.

Menor - Tutela deferida aos avos maternos com a suspensão do pátrio poder quanto ao progenitor que recorreu pretendendo vê-lo restabelecido - Ausência de qualquer das hipóteses legais para a suspensão (artigo 395, Código Cível) - Parecer do Ministério Público, em ambos os graus, pelo provimento - Irresignação que se acolhe para restabelecer o pátrio poder e alterar a tutela para guarda - Recurso provido.

Apelação Cível nº 74.863-0/4 – Comarca de Tupã – TJSP – Relator Des. Nuevo Campos – j. 13/11/00.

Tutela – Prestação de contas decorrente da gerência do numerário no exercício da tutela – Procedência – Recurso do requerido – Pugna pela improcedência da inicial, sob o fundamento da regular administração dos interesses da pupila - Preliminar articulada pelo d. representante do Ministério Público em segundo grau, no sentido da desnecessidade de sua intervenção, por ter a requerente atingido a maioridade, causa de extinção da tutela – Matéria preliminar não procede, pois a prestação de contas deriva do exercício da tutela - Mérito – O pedido inicial é improcedente – A prova oral merece acolhida e apresenta-se como suficiente a sustentar os termos da contestação, dadas as características do caso em tela – O valor do alegado débito por parte do requerido não é elevado e, ademais, todos os envolvidos na presente questão, partes e testemunhas, possuem laços de parentesco – Em que pese o disposto nos arts. 401 do CPC e § único do art. 144 do CC, há que se ter em conta que não se apresenta como razoável, na presente espécie, a exigência de prova documental – Rejeitada preliminar e apelo provido.

Apelação Cível nº 72.817-0/0 – Comarca de Piracaia - TJSP - Rel. Des. Nuevo Campos - j. 07/08/00 – v.u.

Tutela e suspensao do patrio poder – Pedidos formulados pelos avós maternos e paternos – Os progenitores maternos apresentaram, cumulativamente, pedido de suspensão do pátrio poder do genitor – Genitora da falecida – Foi decretada a suspensão do pátrio poder do genitor e a ação foi julgada procedente em favor dos progenitores maternos – Recurso dos avós paternos e do genitor.

Preliminar – Julgamento antecipado da lide – Admissibilidade – Matéria de direito e de fato que independe de prova em audiência – Para demonstração da hipótese de suspensão do pátrio poder prevista no art. 394, § único, do Cód. Cível, qual seja, condenação criminal, a pena superior a dois anos, basta prova documental – A prova oral requerida pelo genitor não se apresentava como necessária.

Mérito – Suspensão do pátrio poder – Certidão criminal e cálculo de liquidação das penas demonstraram ter sido o genitor condenado a penas privativas de liberdade superiores a dois anos, estando o término do cumprimento de suas penas previsto para 12.10.2009 – Tutela – Prova demonstrou atender aos superiores interesses da menor o deferimento aos progenitores maternos – Ordem legal dos parentes consangüíneos para fins de tutela prevista pelo art. 409 do Cód. Cível não é absoluta, impondo-se a observância do princípio da proteção integral – Rejeitada a matéria preliminar, apelo improvido.

Apelação Cível nº 68.062-0/0 – Comarca de Vicente de Carvalho – TJSP – Relator Des. Jesus Lofrano – j. 06/07/00.

Tutela – Procedência, com dispensa da especialização da hipoteca legal e determinação de depósito em juízo de percentual de oitenta por cento referente ao valor da indenização, utilizados os vinte por cento remanescentes para despesas de manutenção e educação – Decisão que teve por escopo preservar os bens dos tutelandos – Recurso prejudicado em relação a um dos menores, que atingiu a maioridade - Recurso improvido.

Agravo de Instrumento nº 71.573-0/9 – Comarca de Ourinhos – TJSP – Relator Des. Gentil Leite – j. 29/06/00.

Menor – Tutela deferida – Especialização de hipoteca legal – Dispensa pelo magistrado – Possibilidade, presentes os requisitos exigidos pelo art. 37 do ECA – Recurso improvido.

Apelação Cível nº 57.901-0/4 – Comarca de Oswaldo Cruz – TJSP – Relator Des. Jesus Lofrano – j. 01/06/00.

Tutela – Dispensa da especialização da hipoteca legal – Possibilidade – A tutela, por si só, é munus exercido de maneira gratuita e, portanto, quando não se vislumbra a ocorrência de eventual prejuízo ao menor, o encargo pode sofrer abrandamento com a isenção da oneração do patrimônio do tutor – Há que se considerar a idoneidade do tutor e a ausência de prova quanto ao que teria direito a adolescente, sabido ainda que certos bens não podem ser alienados a não ser por ordem judicial, o que já representa garantia em favor do tutelado – Recurso provido.

Agravo de Instrumento nº 43.462-0/2 – Comarca de Santos – TJSP – Relator Des. Carlos Ortiz.

Tutela – Menores, cujos pais faleceram – Hipótese que, por si só, não constitui situação irregular – Pedido efetuado pela irmã maior de idade – Competência da Vara da Família que, na Comarca, pertence à Vara Cível – Circunstância que não revela abandono do menor e, portanto, não desloca a competência para à Vara da Infância e Juventude – Recurso provido.

Apelação Cível nº 50.907-0/0 – Comarca de Presidente Prudente - TJSP - Rel. Des. Djalma Lofrano - j. 23/09/99 – v.u.

Menor – Guarda de fato exercida há vários anos – Regularização de situação de fato – Ausência de citação dos pais – Desnecessidade – Deferimento do pedido – A guarda pode ser revogada a qualquer tempo – Recurso improvido.

Apelação Cível nº 50.582-0/6 – Comarca de Itapeva - TJSP - Rel. Des. Djalma Lofrano - j. 09/09/99 – v.u.

Menor – Guarda pleiteada pela avó materna do menor com a concordância da genitora biológica da criança – Pedido indeferido – Situação peculiar – Menor reside com a requerente desde o nascimento – Situação peculiar a que se refere o artigo 33, § 2º, do ECA – Deferimento – Possibilidade – Recurso provido.

Agravo de Instrumento nº 49.946-0/5 – Comarca de São Paulo - TJSP - Rel. Des. Álvaro Lazzarini - j. 02/09/99 – v.u.

ECA – Agravo interposto para recebimento de apelação não recebida contra decisão que em processo extinto em que concedida a tutela de menor ao ora recorrente, indeferiu a extinção do vínculo – Notícia de animosidade reinante entre tutor e tutelada que recomenda, segundo o poder cautelar do juiz, presente também em segundo grau, o afastamento da questão processual e o acolhimento do recurso para extinguir a tutela, deferindo a guarda provisória a pessoa que já mostrou disposição para assunção de tal encargo – Recurso provido.

Apelação Cível nº 45.212-0/7 – Comarca de São Bernardo do Campo – TJSP – Relator Des. Cunha Bueno – j. 18/02/99.

Apelação – Tutela judicial indeferida – Existência de tutela testamentária que prefere à judicial – Extinção do feito mantida – Recurso improvido.

Apelação Cível nº 43.184-0/3 – Comarca de São Bernardo do Campo - TJSP - Rel. Des. Oetterer Guedes - j. 15/10/98 – v.u.

Menores – Tutela e destituição do pátrio poder – Pedidos julgados parcialmente procedentes com a suspensão do pátrio poder dos genitores e deferimento da tutela aos requerentes – Recurso da genitora – Prova dos autos que demonstra, à saciedade, efetiva omissão dos genitores em relação à criação e educação dos menores – Manutenção íntegra da sentença atende aos superiores interesses das crianças – Suspensão do pátrio poder que viabiliza futuro contato dos genitores com seus filhos – Recurso não provido.

Apelação Cível nº 42.080-0/1 – Comarca de Teodoro Sampaio - TJSP - Rel. Des. Djalma Lofrano - j. 01/10/98 – v.u.

Destituição do pátrio poder cumulada com tutela - Pedido formulado por avô paterno que detém a guarda judicial dos menores - Prova insuficiente – Improcedência - Sentença confirmada - Recurso improvido.

Apelação Cível nº 29.637-0/9 – Comarca de Santos – TJSP – Relator Des. Cerqueira Leite – j. 05/12/96.

Apelação - Sentença que julgou extinto o processo cujo objeto era pedido de tutela de adolescente, por motivo de inércia do requerente - Advento da maioridade plena do tutelando - Perda do objeto do pedido e do recurso - Recurso prejudicado.

Apelação Cível nº 27.776-0/8 – Comarca de Piracicaba – TJSP – Relator Des. Lair Loureiro – j. 26/10/95.

Tutela - Pretensão da avó materna sobre as netas - Invocação da ordem prevista no artigo 409, I, do Código Cível - Regra abrandada pelo artigo 29, § 2º do ECA - Convivência da criança com os tios, nomeados para o encargo - Solução adequada à situação existente desde a morte dos pais - Sentença mantida.

Apelação Cível nº 22.012-0/6 – Comarca de Campinas – TJSP – Relator Des. Ney Almada – j. 18/05/95.

Tutela - Não coexistência com a vigência do pátrio poder - Genitor pronunciado, mas sem condenação definitiva - Abandono do menor configurado - Falta de justa causa para suspensão ou destituição do pátrio poder - Pedido indeferido pelo Juiz - Guarda do menor recomendável - Recurso em parte provido.

11. ENTIDADES DE ATENDIMENTO

Apelação Cível nº 93.187-0/8 – São Paulo – TJSP – Rel. Des. Luís de Macedo – j. 10/06/02 – v.u.

Apelação Cível - FEBEM – Advertência à Instituição e ao Diretor da Divisão - Aplicação do art. 191, § 4º do ECA - Afastamento definitivo da Diretora - Responsabilidades caracterizadas - Negado provimento aos recursos.

Apelação Cível nº 83.292-0/9 – Comarca de São Paulo - TJSP - Rel. Des. Borelli Machado – j 29/04/02 – v.u..

Apelação – Imposição da medida de fechamento a entidade de atendimento governamental – Admissibilidade – Juízo da Infância e Juventude investido do poder de fiscalização das entidades de atendimento governamentais e não governamentais – Medida de fechamento da unidade expressamente prevista por lei – Compatibilidade com o poder discricionário de que é investido o Poder Público – Violação do princípio da Independência dos Poderes não configurada – Irregularidades bem demonstradas – Concessão de prazo para o seu saneamento antes da cominação da medida aflitiva – Recurso provido em parte.

Apelação Cível nº 81.672-0/9 – Comarca de São Paulo – Relator Des. Álvaro Lazzarini – j. 07/01/02.

FEBEM – Procedimento administrativo que fixou pena de advertência à FEBEM e impôs a três administradores o afastamento definitivo de qualquer cargo de direção no âmbito da FEBEM. Sentença muito bem fundamentada e em consonância com a prova produzida, demonstrando que mesmo com observações realizadas em visitas pela magistrada e por membros do Ministério Público, nenhuma melhora foi providenciada na Unidade. Alegação de caso fortuito, em razão de rebelião, que não é capaz de justificar nove meses de completa inércia, em que pese, frise-se, mais uma vez, os apelos da magistrada e dos membros do Ministério Público. Recursos a que se nega provimento.

Agravo de Instrumento nº 71.574-0/3 – São Paulo – TJSP – Rel. Des. Nigro Conceição – j. 27/12/01 – v.u.

Agravo de Instrumento – Recurso contra despacho que vedou retorno de infrator à Unidade Educacional em que estava internado, porque alegou estar sendo torturado após participar de rebeliões – Argumento de que a ordem judicial compromete a independência entre os Poderes, pois competiria apenas à agravante decidir sobre a remoção do interno, comunicando o fato posteriormente a juízo – Inadmissibilidade – Caso em que compete ao Judiciário conhecer de lesão a direito individual, não ferindo o princípio constitucional de independência entre os Poderes determinação que põe a salvo a vida de adolescente infrator – Ademais, a remoção de internos pode ser determinada a qualquer tempo pelo juiz, ouvido o Ministério Público, o que efetivamente ocorreu – Recurso improvido.

Suspensão de Liminar nº 82.522-0/2 – Comarca de São Paulo – Relator Des. Márcio Bonilha – j. 18/06/01.

Entidade de atendimento – Liminar concedida em mandado de segurança para determinar o registro da impetrante no CMDCA – Suspensão da liminar requerida pelo Ministério Público deferida em razão do reconhecimento da existência de grave risco ao erário e ao atendimento dos menores.

Agravo de Instrumento nº 76.151-0/0 – Comarca de São Paulo – TJSP – Rel. Des. Nigro Conceição – j. 24/05/01 – v.u.

Agravo de Instrumento - Despacho que reinsere a FEBEM no pólo passivo de procedimento verificatório de irregularidades em unidade educacional, posteriormente à sua exclusão - Alegação preliminar de cerceamento de defesa por ter isto ocorrido sem que antes fosse ouvida a fundação, violando-se também o princípio do contraditório, para no mérito sustentar tumulto processual e prejuízo causado - Inadmissibilidade - Compete ao Juiz verificar se a pane deve constar ou não no pólo passivo, em função de interesse processual e legitimidade, podendo, antes da sentença, determinar a regularização necessária - Tal poder pode ser exercido de ofício ou a requerimento do interessado, sem que se possa falar em violação ao contraditório ou à ampla defesa, em razão de não ter sido ordenada a oitiva da fundação - Hipótese em que não se pode cogitar de tumulto processual - Recurso improvido.

Agravo de Instrumento nº 74.599-0/9 – Comarca de São Paulo – TJSP – Relator Des. Álvaro Lazzarini – j. 22/03/01.

Menor - Procedimento instaurado pelo juízo especializado para apuração de irregularidades em instituição, a qual destinada a acolhimento de adolescente - Inocorrência de violação a regra da independência dos poderes - Necessidade de concessão de prazo maior para suprir irregularidades - Afastamento de diretor mantido - Parcial provimento ao recurso.

Agravo de Instrumento nº 71.711-0/0 – Comarca de São Paulo – TJSP – Relator Des. Mohamed Amaro – j. 08/02/01.

Menores – Recurso da Febem contra decisão que determinou fechamento de unidade por não atender as normas do ECA – Alegação de ingerência do Poder Judiciário em área do Poder Executivo – Agravo desprovido.

Agravo de Instrumento nº 77.203-0/5 – Comarca de São Paulo – TJSP – Relator Des. Hermes Pinotti – j. 02/02/01.

Agravo de instrumento - Transferência de menores e adolescentes custodiados e proibição de ingresso de outros numa determinada unidade educacional - Determinação de sanação de irregularidade relativa à superpopulação no prazo de quinze dias - Inadmissibilidade da substituição da vontade da Administração Pública - Inviabilidade de exame do mérito administrativo - Os critérios governamentais, conveniência e oportunidade, são próprios do Executivo, não podendo o Judiciário, sob qualquer pretexto, ir além do estrito exame da legalidade e da legitimidade, par e passo dos princípios informadores de cada qual, pena de ingerência no Executivo, se imiscuindo em terreno discricionário específico - Recurso provido.

Agravo de Instrumento nº 66.673-0/3 – Comarca de São Paulo – TJSP – Relator Des. Hermes Pinotti – j. 18/01/01.

ECA – Inteligência do artigo 191 do Estatuto da Criança e do Adolescente – Complexo Imigrantes – A desativação e demolição do Complexo Imigrantes importa na perda do objeto do recurso quanto à determinação de providências para a sanação de irregularidades – Perda de objeto quanto ao afastamento provisório do dirigente da entidade, em face de ato expresso do Chefe do Poder Executivo Estadual, que destituiu o dirigente e outro nomeou – Perda de objeto no que se refere ao afastamento dos diretores das unidades, salvo com relação a um – Admitido o afastamento provisório além do dirigente da entidade, de rigor a individuação de responsabilidade dos subordinados afastados, pena de desconsideração da necessária motivação e da quebra do devido processo legal – Recurso provido em parte, a fim de reformar a decisão de afastamento provisório de diretor de unidade, no mais prejudicado o agravo.

Agravos de Instrumento nº 70.074-0/4 e 70.616-0/9 – Comarca de São Paulo – TJSP – Relator Des. Fonseca Tavares – j. 07/12/00.

Agravo de Instrumento – FEBEM – Decisão que determinou a transferência de menores em trinta dias e vedou a recepção de outros menores na Unidade Educacional 26 de Santo André – Decisão que concedeu o prazo de 45 dias para a FEBEM providenciar as necessárias reformas à adequação da referida unidade às normas previstas nos artigos 94, 123, 124 e 125 do ECA – Alegação de identidade de decisões afastada – Preclusão não reconhecida – Justa causa da transferência que não elide a responsabilidade por irregularidades – Inexistência de violação ao princípio da independência dos Poderes – Recursos parcialmente providos, para o fim de ampliar os prazos concedidos pelo Juízo "a quo".

Agravo de Instrumento nº 72.428-0/5 – Comarca de São Paulo – TJSP – Relator Des. Gentil Leite – j. 26/10/00.

Menor – Agravo contra decisão que fixou prazo de 90 dias para que a FEBEM promova a realização de obras em entidade educacional para resguardar a integridade física e mental dos internos – Descabimento – Violação do princípio da independência dos poderes não configurada – Atribuição conferida à autoridade judiciária pelo art. 95 do ECA – Exercício da função jurisdicional imposta pelo art. 193, § 3º do mesmo diploma legal – Natureza das providências contudo, que justifica a dilação do prazo de 125 dias – Recurso provido em parte apenas para esse fim.

Apelação Cível nº 45.838-0/3 – Comarca de Araraquara – TJSP – Relator Des. Djalma Lofrano – j. 26/11/98.

Procedimento de apuração de irregularidade - Entidade que descumpriu determinação de não mais oferecer e prometer vagas para abrigo a crianças e adolescentes até apresentar plano de trabalho compatível com os princípios do Estatuto da Criança e do Adolescente - Imposição de medida de advertência - Suficiência e necessidade - Recurso improvido.

Apelação Cível nº 37.609-0/5 - Comarca de São Paulo - TJSP - Relator Des. Luís de Macedo - j. 31/07/97.

Menor - Ação Civil Pública cautelar visando a destinação de três dos albergues municipais também ao atendimento de menores carentes - Prioridade na proteção dos direitos da criança e do adolescente assegurada pela Constituição Federal (art. 227, caput) e pela legislação infraconstitucional (ECA, art. 4º), como dever da família, da sociedade e do Estado - Sentença concessiva da cautelar mantida.

Agravo de Instrumento nº 26.134-0/1 – Comarca de Jundiaí – TJSP – Relator Des. Prado de Toledo – j. 11/04/96.

Agravo de Instrumento – Entidade de abrigo não governamental – Possibilidade de afastamento de seus diretores para averiguação – Procedimento administrativo de verificação de irregularidades que comporta determinação de levantamento contábil – Aplicação do art. 191, parágrafo único, do ECA – Improvimento do recurso.

Apelação Cível nº 24.153-0/3 – Comarca de Bananal – TJSP – Relator Des. Carlos Ortiz – j. 21/09/95.

Menores - Abrigo - Entidade não Governamental - Não cumprimento dos princípios dos arts. 92 e 94 do E.C.A. - Interdição - Art. 97, inciso II, letra "c" do E.C.A. - Interdita-se a unidade, não a administração - Diferença com suspensão de atividades da entidade - Sentença anulada - Menor - Abrigo - Cabimento do afastamento provisório dos dirigentes no curso do processo - Designação de interventor para a administração da entidade - Art. 191, parágrafo único, do E.C.A. - Apelação provida em parte.

Apelação Cível nº 17.696-0/4 – Comarca de São Paulo – TJSP – Relator Des. Lair Loureiro – j. 23/06/94.

Amparo Maternal – Procedimento de apuração de irregularidades no atendimento de criança internada – Representação julgada improcedente – Recurso de apelação não provido em razão das contradições sobre fatos relevantes que recomendam a manutenção da r. sentença.

12. EDUCAÇÃO

Agravo de Instrumento nº 88.941-0/8 – Presidente Prudente – TJSP – Rel. Des. Denser de Sá – j. 22/04/02 – m.v.

Menor – Ação civil pública – Creche e pré-escola – Tutela antecipada visando a garantia de vagas à crianças de determinados bairros do município – Deferimento – Possibilidade – Requisitos ensejadores presentes – Verossimilhança da alegação (arts. 208, IV da CF e 208, III, do ECA) e fundado receio de dano irreparável ou de difícil reparação – Recurso provido.

Apelação Cível nº 63.951-0/0 – Comarca de Campinas – TJSP – Rel. Des. Nigro Conceição – j. 23/08/01 – v.u.

Ação Civil Pública – Apelação contra sentença que garantiu aos menores o direito a vaga em creches municipais – Direito à pré-escola assegurado pela Constituição Federal e pela legislação ordinária – Constitui dever do estado, a disponibilização de vagas independentes da discricionariedade da administração municipal – Inteligência do artigo 208 da Constituição Federal – Recurso "ex officio" – recursos não providos.

Apelação Cível nº 70.869-0/2 - Comarca de São Paulo - TJSP - Relator Des. Álvaro Lazzarini - j. 15/03/01.

Ação civil pública visando garantir acesso de crianças à educação infantil pré-escolar - Inépcia da inicial - Pedido genérico - Alegação genérica - Impossibilidade - Apelo não provido.

Apelação Cível nº 70.178-0/9 – Comarca de São Paulo – TJSP – Relator Des. Hermes Pinotti – j. 01/03/01.

Ação civil pública - Postulação de assinação de no máximo 35 alunos por sala de aula - Ação proposta antes do ano letivo de 1999, com pedido singelo - Antes de apreciar o pleito de antecipação de tutela, determinou o magistrado a intimação do Estado de São Paulo para manifestação, ocasião em que comunicou-se o juízo que a providência almejada já havia sido determinada pela Secretaria de Estado, mas, mesmo assim, foi deferida antecipação de tutela, sendo certo que ao tempo dela já não mais havia classes de aula com mais de 35 alunos - Sem dilação probatória foi proferida sentença de mérito, com afastamento da carência e simultânea procedência do pedido, estendido para os anos seguintes - Concretizada a postulação, de fato, antes da antecipação de tutela e no curso do prazo para resposta desapareceu do universo jurídico o interesse processual, pois já não mais necessitava da prestação jurisdicional almejada dada a perda de utilidade - Carência reconhecida - Não postulada a extensão do pedido para os anos subseqüentes defeso era lançar dispositivo neste sentido, caracterizando decisão "ultra-petita", valendo recordar que o pedido deve ser certo (artigo 286 do CPC), não dependendo, portanto, de interpretação, competindo a parte especificá-lo com clareza, pois o pedido delimita a demanda fixando o norte do devido processo legal, não se olvidando por certo da causa de pedir - Concedendo além do pedido, o qual, na hipótese não pode ser reduzido ante a carência, nulo é o dispositivo da sentença neste ponto - Recurso conhecido e provido, julgando-se extinto o processo sem apreciação de mérito.

Apelação Cível nº 68.863-0/5 - Comarca de São Paulo - TJSP - Relator Des. Álvaro Lazzarini - j. 22/02/01.

Ação civil pública visando garantir acesso de crianças à creche - Inexistência de qualquer prova confirmadora da deficiência na prestação do serviço pelo Município - Alegação genérica - Impossibilidade - Apelo não provido.

Apelação Cível nº 69.069-0/9 – Comarca de Barueri – TJSP – Relator Des. Gentil Leite – j. 02/02/01.

Menor – Restrição à matrícula na 1º série em razão de idade inferior a permitida pela Resolução 164/97 da Secretaria de Educação – Direito que apenas é condicionado ao atendimento daqueles com sete anos completos – Inteligência do § 5º, do art. 249, da Constituição do Estado de São Paulo – Recursos não providos.

Agravo de Instrumento nº 73.118-0/8 - Comarca de Santo André - TJSP - Relator Des. Gentil Leite - j. 05/10/00.

Menor - Ação de obrigação de fazer - Concessão de liminar sem audiência do representante judicial da pessoa jurídica de direito público - Possibilidade, quando presentes os pressupostos legais para seu deferimento - Prevalência da norma contida no art. 5º, inciso XXXV da CF - Creche - Garantia de vaga à criança - Requisitos ensejadores presentes - Recurso improvido.

Agravo de Instrumento nº 72.324-0/0 - Comarca de São Paulo - TJSP - Relator Des. Nigro Conceição - j. 28/09/00.

Agravo de Instrumento - Ação Civil Pública, para matrícula de crianças em escolas próximas de suas residências e efetivação de transporte gratuito, enquanto não impelidas as matrículas - Deferimento de liminar - Agravo em que se pretende reforma da decisão - Alegação de que os remanejamentos já foram providenciados, inexistindo recursos para o cumprimento da liminar e risco de grave e irreparável lesão à Fazenda - Questão que envolve orçamento público, sem olvidar o caráter programático das normas aplicáveis, não podendo o Judiciário imiscuir-se na seara do Executivo - Inadmissibilidade - Dever do Estado, juntamente com o Município, de velar pelos direitos das crianças e adolescentes, propiciando-lhes escolas próximas de suas residências e, na falta desta, de transporte gratuito - Agravo improvido.

Agravo de Instrumento nº 74.654-0/0 - Comarca de São Bernardo do Campo - TJSP - Relator Des. Gentil Leite - j. 21/09/00.

Menor - Ação civil pública - Creche - Garantia de vaga à criança em unidade da rede municipal - Requisitos ensejadores presentes - Cabimento - Risco porém, de lesão irreparável às finanças públicas por infração às normas de direito público que cuidam da contratação de serviços particulares, se mantida a imposição alternativa de custear freqüência em estabelecimento não oficial - Recurso provido em parte.

Apelação Cível nº 62.113-0/0 - Comarca de São Paulo - TJSP - Relator Des. Nigro Conceição - j. 14/09/00.

Ação Civil Pública - Interposição de ação para garantir acesso de crianças com sete anos incompletos, ao primeiro grau de ensino fundamental, contra atos de Diretores de Escolas - Ação julgada procedente pelo Juízo monocrático - Recurso "ex-officio" implicitamente ordenado - Apelou a Fazenda Pública, no sentido de que a Resolução 164/97, da Secretaria de Estado da Educação não colide com o § 5º, do art. 249, da Constituição do Estado de São Paulo - Eventual divergência entre a Resolução, que tolhe a matrícula de crianças ao ensino fundamental, resolve-se mediante a aplicação de normas que a admitem - Recursos não providos.

Apelação Cível nº 59.903-0/8 – Comarca de Itapecerica da Serra – TJSP – Relator Des. Gentil Leite – j. 03/08/00.

Menor – Restrição à matrícula na 1ª série em razão de idade inferior a permitida pela Resolução 164/97 da Secretaria de Educação – Direito que apenas é condicionado ao atendimento daqueles com sete anos completos – Inteligência do § 5º, do art. 249, da Constituição do Estado de São Paulo – Recursos não providos.

Apelação Cível nº 58.179-0/5 – Comarca de Santo André – TJSP – Relator Des. Hermes Pinotti – j. 13/07/00.

Mandado de segurança – Ilegalidade da norma administrativa restritiva e discriminatória à matrícula na 7ª série do ensino fundamental, decorrente da restrição etária de ingresso – Recursos oficial e voluntário não providos.

Agravo de Instrumento nº 65.373-0/7 – Comarca de Santo André – TJSP – Relator Des. Oetterer Guedes – j. 09/12/99.

Ação Civil Pública – Demanda que busca assegurar vaga em creche para criança – Recurso interposto contra a decisão que concedeu liminar determinando a matrícula da petiz em estabelecimento municipal – Inexistência de irregularidade que justifique a reforma da decisão atacada – Prejuízo que seria suportado pela criança supera eventuais contratempos impingidos à municipalidade – Impossibilidade de exame aprofundado da matéria de fundo, que será objeto de sentença de mérito a ser proferida nos autos principais – Recurso não provido.

Apelação Cível nº 49.463-0/0 – Comarca de Campinas – TJSP – Relator Des. Oetterer Guedes – j. 19/08/99.

Mandado de Segurança – Matrícula em escola pública – Inexistência de direito líquido e certo na escolha da escola, mas tão-somente à obtenção de vaga na rede pública de ensino – Hipótese dos autos onde não se vislumbra infração a direito líquido e certo da impetrante – recurso não provido.

Agravo de Instrumento nº 47.136-0/4 - Comarca de São Paulo - TJSP - Relator Des. Oetterer Guedes - j. 29/07/99.

Ação Civil Pública - Instrumento que busca assegurar matrícula de crianças prestes a completar 8 (oito) anos de idade na Segunda série do ensino fundamental, independente do mês do nascimento, com veiculação de aviso público pelos meios de comunicação quando da reabertura das matrículas - Hipótese onde o ensino fundamental deve ser assegurado, ao menos até final decisão do feito principal, independentemente do fato das crianças serem provenientes de escolas municipais - Descabimento, entretanto, da exigência de veiculação de aviso público pelos meios de comunicação por importar em efetiva e indevida dilapidação do patrimônio público, não representando os interesses da coletividade - Recurso parcialmente provido.

Apelação Cível nº 47.543-0/1 – Comarca de Campinas – TJSP – Relator Des; Cunha Bueno – j. 01/07/99.

Ação Civil Pública – Responsabilidade do Município por danos causados a criança abrigadas em creche da prefeitura – Recursos improvidos.

Apelação Cível nº 77.912-5/9 - Comarca de São Paulo - TJSP - Relator Des. Toledo Silva - j. 23/06/99.

Ação civil pública - Portaria DRHU-1, de 9.1.98, publicada no Diário Oficial do Estado de 12.1.98, expedida pelas rés, que estabelece normas destinadas à realização das inscrições aos Exames Supletivos - Ensino Fundamental e Médio, referentes ao 1º semestre de 1998 - Legitimidade ativa do Ministério Público - Com o crescimento e o desenvolvimento do Estado moderno e a conseqüente complexidade do relacionamento social, surgiu a necessidade de se adotar a coletividade de um instrumento processual para sua defesa em juízo, ao lado daqueles outorgados para dirimir os conflitos intersubjetivos, que pudesse preservar os interesses difusos e os direitos coletivos, de caráter meta individual, sempre que se mostrassem violados ou simplesmente ameaçados - O ensino, por ser um bem constitucionalmente tutelado, cujo interesse em sua realização transcende o próprio interesse individual, legitima a iniciativa do Ministério Público, com fundamento no art. 129, III, "in fine", pois que trato, em suma, de interesse difuso e coletivo - Recurso provido para afastar a extinção do processo.

Apelação Cível nº 46.606-0/2 – Comarca de São Paulo – TJSP – Relator Des. Álvaro Lazzarini – j. 22/04/99.

Menor - Ação Civil Pública para garantir a matrícula e continuidade da freqüência no primeiro ano do ensino fundamental – Competência do Juízo da Infância e da Juventude – Interesse de agir que se manteve vivido até a decisão da causa – Sentença que, no entanto, exorbitou do pedido ao estender a obrigação da Fazenda do Estado. Adequação do dispositivo aos limites impostos na postulação em atenção ao inconformismo da ré. Parcial provimento ao recurso.

Apelação Cível nº 50.447-0/0 – Comarca de Pacaembu – TJSP – Relator Des. Djalma Lofrano – j. 11/03/99.

Menor – Direito fundamental à educação – Restrição à matrícula na 1ª série do 2º grau do período diurno, sob alegação de adequação ao coeficiente número de alunos/salas de aula determinado pela Resolução nº 169/96 da Secretaria da Educação – Inadmissibilidade – Preliminares rejeitadas – Segurança concedida – Recurso não providos.

Agravo de Instrumento nº 48.446-0/6 – Comarca de Jardinópolis – TJSP – Relator Des. Yussef Cahali – j. 17/12/98.

Menor – Agravo contra decisão que indeferiu pedido liminar em ação cautelar inominada formulada contra estabelecimento particular de ensino, objetivando garantir a promoção automática do recorrente da 5ª para a 6ª série do ensino fundamental mérito – Requisito do "fumus boni juris" não demonstrado – Recurso improvido.

Apelação Cível nº 40.896-0/0 – Comarca de Marília – TJSP – Relator Des. Luis de Macedo – j. 16/10/98.

Menor – Mandado de segurança visando assegurar ensino fundamental a criança que não atingiu sete anos. Possibilidade desde que haja vaga no estabelecimento (CE, art. 249, § 5º) - Desarmonia da limitação prevista no art. 18, § 1º, da Resolução nº 169/96 da Secretaria Estadual da Educação com o preceito constitucional - Pedido não prejudicado pelo fato de o ano letivo encontrar-se próximo de seu término - Recursos oficial e voluntário da Fazenda improvidos.

Mandado de Segurança nº 52.093-0/9 - Comarca de Franco da Rocha – TJSP – Relator Des. Alves Braga – j. 15/10/98.

Acesso de criança com sete anos incompletos à rede estadual de ensino de primeiro grau – Direito que apenas é condicionado ao atendimento daquelas com sete anos completos – Inteligência do § 5º, do art. 249, da Constituição do Estado de São Paulo – Recurso – Recursos não providos.

Apelação Cível nº 50.376-0/6 – Comarca de Mogi Guaçu – TJSP – Relator Des. Álvaro Lazzarini – j. 08/10/98.

Menor – Direito fundamental à educação. Restrição à matrícula no 1º ano do 1º grau ministrado por escola pública, em virtude de idade inferior ao permitido pela Resolução 164/97 da Secretaria da Educação – Inadmissibilidade - Recursos não providos para confirmação da segurança concedida.

Recurso Ex Officio nº 50.392-0/9 – Comarca de São Paulo – TJSP – Relator Des. Álvaro Lazzarini – j. 08/10/98.

Mandado de segurança concedido em 1º grau – Matrícula de menor com seis anos de idade no primeiro ano do ensino fundamental, havendo vaga na escola, depois de atendidas as crianças com sete anos de idade - Direito líquido e certo reconhecido - A autoridade impetrada não negou a existência dessas vagas - Confirmação da sentença que concedeu a segurança para garantir matrícula oportunamente realizada mediante liminar.

Apelação Cível nº 50.566-0/3 – Comarca de Americana – TJSP – Relator Des. Álvaro Lazzarini – j. 08/10/98.

Apelação em Mandado de Segurança – Matrícula de menor com seis anos de idade no primeiro ano do ensino fundamental, havendo vaga na escola, depois de atendidas as crianças com sete anos de idade - Direito líquido e certo reconhecido - A Diretoria da Escola impetrada não negou a existência dessas vagas - Confirmação da sentença que concedeu a segurança para garantir matrícula oportunamente realizada mediante liminar.

Apelação Cível nº 50.613-0/9 – Comarca de Marília – TJSP – Relator Des. Cunha Bueno – j. 01/10/98.

Apelação – Matrícula de menor com seis anos de idade no primeiro ano do ensino fundamental – Devidamente atendidas as crianças com sete anos de idade quanto a existência de vagas – Direito líquido e certo – Negaram provimento, mantida a r. sentença que concedeu o "writ" para garantir a matrícula.

Recurso Ex Officio nº 50.271-0/7 – Comarca de São Paulo – TJSP – Relator Des. Cunha Bueno - j. 01/10/98.

Reexame Necessário – matrícula de menor com seis anos de idade no primeiro ano do ensino fundamental – devidamente atendidas as crianças com sete anos de idade quanto a existência de vagas – direito líquido e certo, negaram provimento, mantida a r. sentença que concedeu o "writ" para garantir a matrícula.

Apelação Cível nº 47.551-0/8 – Comarca de São Paulo – TJSP – Relator Des. Alves Braga – j. 24/09/98.

Menor – Mandado de segurança visando garantir direito de matrícula de criança menor de 7 anos em estabelecimento escolar oficial – Competência da Vara da Infância e Juventude – Expressa previsão da competência pelo art. 209 do ECA – Recurso provido.

Apelação Cível nº 49.187-0/0 – Comarca de Serra Negra – TJSP – Relator Des. Oetterer Guedes – j. 17/09/98.

Mandado de Segurança – Impetração que visa assegurar matrícula de menores com seis anos de idade no primeiro ano do ensino fundamental –

Devidamente atendidas as crianças com sete anos de idade quanto à existência de vagas – Direito líquido e certo – Hipótese de manutenção íntegra da sentença que concedeu o "writ" - Recursos, voluntário e oficial, não providos.

Apelação Cível nº 47.503-0/0 – Comarca de São Paulo – TJSP – Relator Des. Djalma Lofrano – j. 17/09/98.

Criança e Adolescente – Mandado de segurança que visa a assegurar matrícula no ciclo básico – Extinção do feito sem julgamento do mérito – Incompetência do Juízo da Infância e Juventude – Inadmissibilidade – Inteligência do disposto nos artigos 148, IV e 209 do ECA – Recurso provido.

Apelação Cível nº 50.205-0/7 – Comarca de Osasco – TJSP – Relator Des. Márcio Bonilha – j. 10/09/98.

Apelação – Matrícula de menor com seis anos de idade no primeiro ano do ensino fundamental – Devidamente atendidas as crianças com sete anos de idade quanto à existência de vagas – Direito líquido e certo – Hipótese de manutenção íntegra da sentença que concedeu o "writ" para garantir a matrícula – Recursos, oficial e voluntário, não providos.

Apelação Cível nº 47.498-0/5 – Comarca de São Paulo – TJSP – Relator Des. Álvaro Lazzarini – j. 27/08/98.

Apelação em Mandado de Segurança – Matrícula de menor com seis anos de idade no primeiro ano do ensino fundamental, havendo vaga na escola, depois de atendidas as crianças com sete anos de idade – Petição inicial indeferida pelo Juízo da Infância e da Juventude, que se afirmou incompetente para conhecer a demanda – A competência, no caso, não é das Varas de Fazenda Pública e sim das Varas de Infância e da Juventude, por expressa disposição do ECA (artigos 209 e 212, § 2º) – Apelação provida para determinar o prosseguimento do processo no Juízo de origem.

Apelação Cível nº 46.521-0/4 – Comarca de Guarulhos – TJSP – Relator Des. Álvaro Lazzarini – j. 30/07/98.

Menor - Transferência e matrícula no 1º ano do 1º grau recusadas com apoio no artigo 18 da Resolução 169 da Secretaria da Educação - Inadmissibilidade - Diante da Existência de vagas - Segurança Mantida.

Apelação Cível nº 45.925-0/0 – Comarca de Guarulhos – TJSP – Relator Des. Oetterer Guedes – j. 30/07/98.

Apelação – Matrícula de menor com seis anos de idade no primeiro anos do ensino fundamental – Devidamente atendidas as crianças com sete anos de idade quanto à existência de vagas – Direito líquido e certo – Hipótese de manutenção íntegra da sentença que concedeu o "writ" para garantir a matrícula – Recursos, voluntário e oficial, não providos.

Apelação Cível nº 44.389-0/6 – Comarca de São Paulo – TJSP – Relator Des. Oetterer Guedes – j. 30/07/98.

Ação Civil Pública – Demanda que objetiva compelir a Fazenda do Estado a construir salas de aula no prazo de 90 (noventa) dias, sob pena do pagamento de multa cominatória diária – Recurso interposto contra decisão que julgou o Ministério público carecedor da ação por impossibilidade jurídica do pedido – Hipótese dos autos que constitui, mesmo, indevida ingerência na administração do Estado – Necessidade de respeito à separação de poderes instituída pela Constituição Federal – Recurso não provido.

Apelação Cível nº 44.586-0/5 – Comarca de São Paulo – TJSP – Relator Des. Oetterer Guedes – j. 30/07/98.

Ação Civil Pública – Matrícula de menores com seis anos de idade no primeiro ano do ensino fundamental – Competência da Justiça da Infância e Juventude para processar e julgar a demanda – Legitimidade do Ministério Público para representar os menores em Juízo – Direito líquido e certo à educação – Liminar concedida – Alegação de inexistência de vagas para todas as crianças – Decurso do ano letivo com freqüência dos menores às aulas constitui direito superveniente a ser reconhecido no julgamento do recurso – Inteligência do artigo 462, do C.P.Cível – Hipótese de manutenção íntegra da sentença que concedeu a ordem pretendida pelo "parquet", garantindo a matrícula – Preliminares rejeitadas – Recursos não providos.

Apelação Cível nº 41.630-0/5 – Comarca de São Paulo – TJSP – Relator Des. Cunha Bueno – j. 02/07/98.

Ação Civil Pública – Matrícula de menores de seis anos de idade – Condicionada a existência das respectivas vagas – Afastada a obrigação de criação de vagas pelo Estado para atender a todas as crianças – Recurso provido em parte para esse fim.

Apelação Cível nº 24.275-0/0 - Comarca de São Paulo - TJSP - Relator Des. Dirceu de Mello.

Ação Mandamental envolvendo interesse individual afeto à criança - Competência exclusiva do Juízo da Infância e da Juventude. Ação Mandamental - Retenção de histórico escolar de aluno, sob o fundamento de existência de débito - Inadmissibilidade - Pretensão inicial acolhida - Recurso improvido.

13. EVASÃO ESCOLAR

Apelação Cível nº 63.069-0/5 – Comarca de Presidente Prudente – TJSP – Relator Des. Jesus Lofrano – j. 01/06/00.

Pedido de providências – Evasão escolar – Não houve esgotamento dos recursos escolares de molde a justificar a comunicação do estabelecimento de ensino, tudo estando a demonstrar que por ora as providências a serem tomadas incumbem, mesmo, à administração pública responsável pelo ensino – Expedição de ofício à Delegacia Regional de Ensino para que tome as medidas pertinentes – Manutenção da decisão – Recurso improvido.

Apelação Cível nº 62.956-0/6 – Comarca de Presidente Prudente – TJSP – Relator Des. Nuevo Campos – j. 25/05/00.

Menor – Comunicação de diretor de estabelecimento de ensino fundamental a respeito de faltas injustificadas de diversos alunos – Determinada a expedição de ofício à delegacia regional de ensino para adoção das providências cabíveis e o arquivamento dos autos – Recurso ministerial, pleiteando fossem levadas a efeitos as investigações de cada caso – A função supletiva, do juízo da infância e da juventude, nos locais onde não tenha sido constituído o conselho tutelar, deve respeitar as limitações da estrutura disponível, procedendo-se a apurações somente dos casos, que, por sua singularidade, venham a apresentar contornos de anormalidades e demandem a adoção de medidas protetivas – Necessidade de participação de órgãos comunitários locais auxiliares no desempenho de atividades relacionadas à assistência social – Cabível, se possível, solicitação do concurso de alguma entidade oficial ou comunitária local – Apelo improvido.

14. SAÚDE

Agravo de Instrumento nº 334.588-0 - Comarca de Belo Horizonte - TJMG - Relator Juiz Edilson Fernandes - j. 16/05/01.

Seguro Saúde - Liminar - Hérnia Inguinal Bilateral - Recém-nascido - Fumus Boni Iuris e Periculum in Mora - Presença - Art. 12, inciso III, alínea "B", e § 2º, inciso I, da Lei nº 9.656/98.

Agravo de Instrumento nº 71.104-0/0 – Comarca de Santos – TJSP – Relator Des. Fonseca Tavares – j. 01/06/00.

Agravo de Instrumento - Decisão que ordena a Municipalidade venha a arcar com os valores decorrentes de tratamento médico necessário à desintoxicação de adolescente viciado em drogas – Legalidade da ordem judicial – Não configuração de intromissão de um poder em outro – Agravo de instrumento improvido.

Agravo de Instrumento nº 70.780-0/6 – Comarca de Santos – TJSP – Relator Des. Álvaro Lazzarini – j. 25/05/00.

Agravo de Instrumento - Decisão que determina à Municipalidade arcar com o tratamento adequado à recuperação de toxicômano - Legalidade da ordem judicial que não configura intromissão de um Poder em outro - Agravo não provido.

Agravo de Instrumento nº 67.206-0/0 - Comarca de São Paulo - TJSP - Relator Des. Fonseca Tavares - j. 04/05/00.

Fornecimento de Medicamentos - Liminar concedida em ação civil pública - Legitimidade ativa ad causam do Ministério Público - Agravo de Instrumento - Não ocorrência de violação ao princípio da separação dos Poderes - Encargo estabelecido constitucional e legalmente - Recurso improvido.

Agravo de Instrumento nº 104.266 – São Paulo – TRF – Relator Des. Oliveira Lima – j. 14/03/00.

Agravo de Instrumento interposto contra decisão que concedeu tutela antecipada para determinar a internação do autor (menor impúbere e pobre) em hospital federal para realização de exames e transplante de medula – Decisão que não se reveste de ilegalidade – Pedido de efeito suspensivo requerido pela União negado.

Agravo de Instrumento nº 66.748-0/6 – Comarca de São Paulo – TJSP – Relator Des. Hermes Pinotti – j. 03/02/00.

Agravo de Instrumento – Ação civil pública – Fornecimento de medicamento para um único infante – "Fumus boni juris" não revelado – Ausência de demonstração e argüição de não alocação de verbas previstas – O acesso universal e igualitário à saúde concerne a todos, e não para um em detrimento da coletividade – Agravo provido.

Agravo de Instrumento nº 66.014-0/7 - Comarca de Santos - TJSP - Rel. Des. Oetterer Guedes - j. 03/02/00 – v.u.

Ação Civil Pública - Recurso interposto contra liminar concedida ao Ministério Público determinando a inserção do adolescente em tratamento compulsório para desintoxicação - Falta de comprovação médica da necessidade do tratamento constatada - Ausência de avaliação médica do caso concreto inviabiliza a manutenção íntegra da decisão atacada que, dessa forma, constitui interferência na administração municipal, o que é inadmissível - Recurso provido.

Agravo de Instrumento nº 70.779-0/1 – Comarca de Santos – TJSP – Relator Des. Nigro Conceição.

Agravo de Instrumento - Interposição contra r. decisão que concedeu liminar para internação de menor para tratamento de uso de drogas – Alegação de ausência de previsão específica no ECA e de comprovação da situação do menor – Existência de programas municipais que não priorizam a internação, por ser inadequada – Impossibilidade de discussão, em Juízo, de critérios da Administração Pública, sob pena de violação ao princípio constitucional de independência dos Poderes – Decisão agravada sem fundamento embasador, sendo lançada sem prévia oitiva do Poder Público, nos termos do art. 2º da Lei nº 8437/92 - Agravo não provido.

Agravo de Instrumento nº 66.094-0/0 – Comarca de Santos – TJSP – Rel. Des. Fonseca Tavares – j. 13/01/00 – v.u.

Decisão que ordena a Municipalidade a arcar com os valores decorrentes de tratamento médico necessário à desintoxicação de adolescente viciada em drogas – Legalidade da ordem judicial – Não configurada intromissão de um poder em outro – Agravo de instrumento improvido.

Agravo de Instrumento nº 66.015.0/1 – Comarca de Santos – TJSP – Rel. Des. Djalma Lofrano – j. 13/01/00 – v.u.

Agravo de Instrumento – Menor toxicômano - Ação civil pública – Obrigação de oferecer tratamento adequado à sua recuperação – Concessão de liminar – Requisitos ensejadores presentes – Recurso improvido.

Agravo de Instrumento nº 66.408-0/5 - Comarca de Santos - TJSP - Relator Des. Djalma Lofrano - j. 16/12/99.

Agravo de Instrumento - Menor toxicômano - Ação civil pública - Obrigação de oferecer tratamento adequado à sua recuperação - Concessão de liminar - Requisitos ensejadores presentes - Recurso improvido.

Recurso Especial nº 97.912 – Rio Grande do Sul – STJ – Relator Min. Garcia Vieira – j. 27/11/97.

Medicamento - Aquisição - Liminar satisfativa - Direito à vida - É vedada a concessão de liminar contra atos do Poder Público no procedimento cautelar, que esgote, no todo ou em parte, o objeto da ação - Entretanto, tratando-se de aquisição de medicamento (ceridase) indispensável à sobrevivência da parte, o que estaria sendo negado pelo Poder Público seria o direito à vida - Recurso improvido.

Apelação Cível nº 22.786-0/7 - Comarca de São Paulo - TJSP - Relator Des. Nigro Conceição - j. 26/09/96.

Ação Civil Pública - Menor deficiente físico - Carente - Legitimidade das Secretarias de Estado para figurarem no pólo passivo - Responsabilidade do Poder Público, representado pelo Estado - Omissão caracterizada - Multa que deve ser fixada em valor elevado, a fim de compelir a execução do julgado e desencorajar o descumprimento do dever de ministrar o tratamento adequado ao menor - Honorários do perito fixados com moderação - Recurso desprovido, repelida a matéria preliminar.

Apelação Cível nº 24.332-0/0 - Comarca de São José dos Campos - TJSP - Relator Des. Carlos Ortiz - j. 28/09/95.

Menor - Deficiente físico - Ausência de proteção familiar - Atendimentos e tratamento adequados - Direito da criança - Arts. 3º; 4º e parágrafo único; 11, parágrafo 1º; 54, inciso II; 208, incisos II e VII, do ECA - Arts. 23, inciso II; 196; 208, inciso III e 227, parágrafo 1º, inciso II, da Constituição Federal - Arts. 219, parágrafo único; 222; 223; 277 e 278, inciso VI, da Constituição do Estado - Ação civil pública movida pelo Ministério Público contra o Estado de São Paulo - Cabimento - Procedência.

Agravo de Instrumento nº 68.783-0/0 – Comarca de Santos – TJSP – Relator Des. Nigro Conceição.

Agravo de Instrumento - Interposição contra r. decisão que concedeu liminar para determinar à Agravante internação de menor para tratamento de drogadição – Alegação de inexistência de previsão específica no ECA e de comprovação técnica da situação da menor, que ainda conta com programas municipais que não priorizam a internação, por ser inadequada, não sendo possível a discussão, em Juízo, dos critérios da Administração Pública, pena de violação ao princípio constitucional de independência dos Poderes, cabendo ao Executivo fixar as metas de sua ação administrativa, estando a decisão agravada sem fundamento embasador – Obrigação, contudo, da Agravante em propiciar o tratamento reclamado, adequado à recuperação da jovem – Presença dos requisitos ensejadores da concessão liminar – Agravo não provido.

15. TRABALHO INFANTIL

Apelação Cível nº 44.465-0/3 - Comarca de Matão - TJSP - Relator Des. Oetterer Guedes - j. 30/07/98.

Ação Civil Pública - Busca da imposição de obrigação de não fazer consistente na obrigação das requeridas em absterem-se da contratação de menores de 14 (quatorze) anos para a lavoura de cana-de-açúcar e de 18 (dezoito) anos para o corte da cana - Validade da citação comprovadamente feita pelo correio - Ação julgada procedente e imposta, além da obrigação mencionada, a pena de multa para a hipótese de descumprimento - Recurso das requeridas que não questiona o mérito da ação, limitando o inconformismo ao critério estabelecido para o pagamento dos honorários do perito - Inteligência do artigo 23 do C. P. Cível - Despesas judiciais que devem ser suportadas na proporção da resistência oferecida e das responsabilidades apuradas no processo - Preliminar afastada - Recursos não providos.

Apelação Cível nº 29.017-0/0 – Comarca de Pitangueiras – TJSP – Relator Des. Prado de Toledo – j. 22/08/96.

Apelação Cível. Menores autorizados a trabalhar na colheita de cana-de-açúcar. Inadmissibilidade. Trabalho penoso que leva à fadiga física. Trabalho médico atestando inúmeros problemas físicos decorrentes de referido serviço. Preservação da saúde do ser humano ainda em desenvolvimento. Provimento do recurso.

Apelação Cível nº 22.955-0/9 – Comarca de Jaboticabal – TJSP – Relator Des. Dirceu de Mello – j. 30/03/95.

Menor - Pedido de autorização para cursar escola à noite, para possibilitar o exercício de trabalho durante o dia - Deferimento - Apelação do Ministério Público, por haver restrição constitucional ao exercício de trabalho por menor de catorze anos - Recurso prejudicado, porque desaparecido, no caso, o óbice levantado.

16. TRANSPORTE ESCOLAR

Apelação Cível nº 59.494-0/0 - Comarca de Ituverava - TJSP - Relator Des. Nigro Conceição - j. 09/11/00.

Apelação Cível - Apelo voluntário da Municipalidade - Contagem de prazo que se submete à regra do art. 198, II do ECA, ainda que aplicado em dobro, em razão do disposto no art. 188 do Código de processo Cível - Intempestividade da apelação do Município - Não conhecimento - Reexame necessário - Transporte escolar que deve ser providenciado, gratuitamente, a todos os estudantes, crianças e adolescentes do Município, das zonas urbanas e rural - Inteligência dos arts. 30, VI, 211, § 2º e 227 da Constituição Federal, combinados com os arts. 54, I e VII e 208, I e V, do ECA - Improvimento.

17. EXECUÇÃO

Apelação Cível nº 107.573.4/9 - Comarca de São João da Boa Vista - TJSP - Relator Des. Leite Cintra - j. 06/12/00.

Embargos do Devedor - Execução - Título extrajudicial advindo de ação civil pública promovida pelo Ministério Público Estadual - Redução da multa à metade, pois reconheceu-se não Ter ocorrido dano a quem quer que seja, razão pela qual o caráter reparatório da multa havia que ser relevado - Porém, quanto à outra parte da multa que tem caráter punitivo, não há que se atender ao reclamo dos embargantes na sua integralidade, pois, embora os órgãos estatais não tivesses culpa integral no atraso terminaram por dificultar o trabalho deles, não se podendo afastar desídia por parte dos mesmos no do cumprimento de sua obrigação - Recursos desprovidos.

Apelação Cível nº 63.195-0/0 - Comarca de Praia Grande - TJSP - Relator Des. Nigro Conceição - j. 21/09/00.

Apelação Cível - Execução de obrigação de fazer - Multa por atraso no cumprimento de acordo homologado - Embargos em que se pedia dilação do prazo para cumprimento da avença - Sentença que julga extinta a execução - Apelação em que se requer anulação da sentença, por prestar tutela não requerida pela embargante - Inadmissibilidade - Julgamento "ultra petita" - Nulidade configurada - Recurso provido.

Apelação Cível nº 26.712-0/0 – Comarca de Tambaú – TJSP – Relator Des. Cerqueira Leite – j. 15/08/96.

Apelação - Sentença que julgou embargos do devedor opostos à execução para satisfação de multa por infração administrativa prevista no ECA - Legitimidade ativa do Ministério Público - Exegese dos arts. 154 e 214, § 1º, do ECA - Inexistência de excesso de execução quanto à base de cálculo da multa, tomado o salário de referência consagrado na coisa julgada – Recurso improvido.

18. DISCRICIONARIEDADE

Apelação n.º 061.146.5/0 – 2a Câmara de Direito Público / TJSP – Rel. Des. Linneu Peinado, j. 22/06/99.

"Ação Civil Pública – Legitimidade – Interferência no Poder Executivo – Inexistência – Tratando-se de atendimento social previsto na Constituição da República, é de se reconhecer a existência de direito difuso a ser tutelado por ação civil pública. A determinação para implementação de política pública, já prevista na Constituição da República não caracteriza ingerência no Poder Executivo. Recursos a que se negam provimento."

Apelação Cível n.º 596.017.897 – 7a Câmara Cível - TJRS – Rel. Des. Sérgio Gischkow Pereira, j. 12/03/97.

"Ação Civil Pública - Adolescente infrator - Art. 227, caput, da constituição federal - Obrigação de o estado-membro instalar e manter programas de internação e semiliberdade para adolescentes infratores.

1. Descabimento de denunciação da lide à União e ao Município. 2. Obrigação de o Estado-Membro instalar (fazer as obras necessárias) e manter programas de internação e semiliberdade para adolescentes infratores, para o que deve incluir a respectiva verba orçamentária. Sentença que corretamente condenou o Estado a assim agir, sob pena de multa diária, em ação civil pública proposta pelo Ministério Público. Norma constitucional expressa sobre a matéria e de linguagem por demais clara e forte, a afastar a alegação estatal de que o Judiciário estaria invadindo critérios administrativos de conveniência e oportunidade e ferindo regras orçamentárias. Valores hierarquizados em nível elevadíssimo, àqueles atinentes à vida e à vida digna dos menores. Discricionariedade, conveniência e oportunidade não permitem ao administrador se afaste dos parâmetros principiológicos e normativos da Constituição Federal e de todo o sistema legal. 3.Provimento em parte, para aumentar o prazo de conclusão das obras e programas e para reduzir a multa diária."

19. QUESTÕES PROCESSUAIS

19.1 AÇÃO CIVIL PÚBLICA

19.1.1 Individual

Apelação Cível nº 92.636.0/0 – Santos – TJSP – Rel. Des. Denser de Sá – j. 10/06/02 – v.u.

"Menor – Ação civil pública individual proposta pelo Ministério Público, com o objetivo de compelir a municipalidade a garantir direitos fundamentais de saúde e convivência familiar, assim como matrícula em estabelecimento oficial de educação infantil – Processo julgado extinto sem apreciação do mérito do pedido por falta de interesse de agir, em razão de anterior decisão proferida em ação civil coletiva que já condenou a municipalidade a atender toda a demanda em pré-escola e creches – Apelo que visa a revisão do julgado – Cabimento – Litispendência inocorrente – Exegese do art. 104 da Lei 8.078/90 – Existência ademais de pleitos diversos não incluídos no feito coletivo – Recurso provido para, afastada a prejudicial, determinar o retorno dos autos ao juízo de origem para exame do mérito."

19.1.2 Tutela Antecipada

Agravo de Instrumento nº 94.554-0/0 – Taboão da Serra – TJSP – Rel. Des. Denser de Sá – j. 26/08/02 – v.u.

Menor – Ação civil pública proposta contra a municipalidade objetivando compeli-la a fornecer vaga em estabelecimento da rede oficial, ou o custeio de escola particular que ofereça tratamento adequado a menor portador de deficiência mental leve – Tutela antecipada deferida – Agravo visando a reversão do julgado – Preliminar de nulidade da decisão por descabimento de tutela antecipada contra a Fazenda Pública e pela falta de sua prévia oitiva do Poder Público – Alegação no mérito de que o menor está custodiado em unidade da FEBEM, a quem competiria ofertar a providência reclamada – Prejudiciais rejeitadas – Possibilidade de concessão de tutela antecipada contra a Fazenda Pública fora das hipóteses previstas no art. 1º da Lei 9.494/97 – Exigência de oitiva prévia que esbarra na garantia constitucional contida no art. 5º, XXXV, da CF – Acolhimento, contudo, do pleito quanto a questão de mérito – Ausência de verossimilhança da alegação, por estar a criança sob a tutela da FEBEM, que por força da lei tem a obrigação de atender todas as necessidades de seu interno (art. 112, § 3º e 125, do ECA) – Recurso provido.

19.2 ADVOGADO

Apelação Cível nº 38.668-0/0 – Comarca de Brotas – TJSP – Relator Des. Luís de Macedo – j. 14/08/97.

Menor - Destituição do pátrio poder - Procedimento que obedece supletivamente ao CPC - Não intimado o patrono para a audiência a ser realizada por carta precatória, o ato é nulo - Agravo retido provido parcialmente, para desconsideração do testemunho, sem anulação dos demais atos processuais - Menor - Destituição do pátrio poder decretada em decorrência de manter o pai relações com a filha - Decisão fundada na prova dos autos - Recurso desprovido.

19.3 AGRAVO DE INSTRUMENTO

Agravo de Instrumento nº 48.054-0/7 – Comarca de Viradouro – TJSP – Relator Des. Cunha Bueno – j. 18/02/99.

Agravo de Instrumento – Não recebimento pelo Juízo do recurso de apelação interposto desacompanhado das respectivas razões – Recurso improvido.

Agravo de Instrumento nº 48.436-0/0 – Comarca de São Paulo – TJSP – relator Des. Yussef Cahali – j. 11/02/99.

Adoção – Agravo contra decisão que recebeu recurso de apelação, interposto contra sentença que indeferiu pedido de adoção, apenas no efeito devolutivo – Ilegalidade inocorrente – Recurso que nos termos do art. 198, VI do ECA, em regra, não tem efeito suspensivo – Recurso não provido.

Agravo de Instrumento nº 34.249-0/0 – Comarca de Sumaré – TJSP – Relator Des. Cunha Bueno – j. 22/08/96.

Agravo de Instrumento – Decisão que indeferiu diligências requeridas pela parte e que se referem a terceiro não parte no processo – Improvimento do recurso.

Agravo de Instrumento nº 22.269-0/8 - Comarca de Jundiaí - TJSP - Relator Des. Dirceu de Mello - j. 11/05/95.

Agravo de Instrumento - Medida Cautelar - Matéria complexa, que não recomenda, bem por isso, a concessão de liminar - Recurso provido.

Agravo de Instrumento nº 28.332-0/0 – Comarca de Barretos – TJSP – Relator Des. Prado de Toledo – j. 18/04/95.

Agravo de Instrumento – Medida que busca prosseguimento de feito arquivado por decisão final – Impossibilidade de apreciação pela via eleita – Erro grosseiro na interposição do recurso, eis que o correto seria apelação. Não conhecimento.

19.4 AGRAVO REGIMENTAL

Agravo Regimental nº 70.332-0/6 – Comarca de Sorocaba – TJSP – Relator Des. Jesus Lofrano – j. 11/12/00.

Agravo regimental – Ofensa ao princípio do contraditório – Inocorrência – Estando o recurso fora de prazo, é caso de seu não conhecimento, afastada aí a alegação de violação ao contraditório, uma vez que a apreciação inicial do recurso limitou-se ao juízo de admissibilidade, sem exame do mérito – Não se aplica na espécie o Código de Processo Cível, porque na hipótese prevalece a disposição especial do Estatuto da Criança e do Adolescente sobre a geral – O prazo para interposição de embargos infringentes é de dez dias – Inteligência do disposto no artigo 198, II, do ECA – Recurso improvido.

19.5 APELAÇÃO

Agravo de Instrumento nº 74.165-0/9 – Comarca de Porto Ferreira – TJSP – relator Des. Gentil Leite – j. 19/10/00.

Menor - Agravo contra decisão que recebeu somente no efeito devolutivo apelação interposta contra sentença que julgou procedente pedido de modificação de guarda, para conceder a posse dos filhos à mãe natural - Alegação de nulidade do despacho agravado por falta de fundamentação e de risco de dano irreparável para os menores se a execução da media ocorrer antes do exame do recurso - Descabimento - Recurso de apelação que por força da lei não tem em regra efeito suspensivo - Fundamentação que nesse caso decorre da própria aplicação da lei - Possibilidade de tardio acolhimento do recurso de apelação insuficiente por si só para caracterização do prejuízo insanável - recurso improvido.

Agravo de Instrumento nº 52.457-0/0 - Comarca de São Paulo - TJSP - relator Des. Djalma Lofrano - j. 25/03/99.

Agravo de Instrumento - Decisão que deixou de receber apelação interposta pelo Ministério Público contra sentença de destituição de pátrio poder, com determinação de busca e apreensão e abrigamento - Inadmissibilidade - Legitimidade e interesse recursal demonstrados - Provimento do recurso.

Agravo de Instrumento nº 50.150-0/5 - Comarca de São Paulo - TJSP - Relator Des. Djalma Lofrano - j. 25/03/99.

Agravo de instrumento - Recurso contra decisão em que o magistrado deixou de receber apelação - Não demonstração a respeito da tempestividade da apelação - Agravo improvido.

Agravo de Instrumento nº 54.168-0/6 – Comarca de Jundiaí – TJSP – Relator Des. Djalma Lofrano – j. 25/03/99.

Agravo de Instrumento – Decisão que deixou de receber apelação – Inadmissibilidade – Recurso oferecido no prazo legal – Provimento do agravo.

Agravo de Instrumento nº 49.566-0/0 – Comarca de São Paulo – TJSP – Relator Des. Yussef Cahali – j. 11/02/99.

Menor – Apelação interposta pelo Ministério Público contra decisão que destituiu mãe biológica do pátrio poder – Recurso não recebido em face do reconhecimento de sua intempestividade – Descabimento – Impossibilidade de acesso aos autos que interrompeu o curso do prazo recursal – Recurso provido.

Mandado de Segurança nº 52.013-0/5 – Comarca de São Paulo – TJSP – Relator Des. Djalma Lofrano – j. 03/12/98.

Menor - Mandado de Segurança - Concessão do efeito suspensivo à apelação interposta contra sentença de destituição de pátrio poder, com determinação de busca e apreensão da criança e seu abrigamento - Perigo de dano irreparável ou de difícil reparação - Circunstâncias que recomendam a permanência da menor com os impetrantes, que detêm sua guarda desde o nascimento, até o trânsito em julgado da decisão - Inteligência do disposto no artigo 198,VI, do Estatuto da Criança e do Adolescente - Concessão da segurança.

Apelação Cível nº 43.470-0/9 – Comarca de Guariba – TJSP – Relator Des. Álvaro Lazzarini – j. 27/08/98.

Apelação – Sentença que julgou procedente pedido de adoção – Prazo recursal de dez dias – Art. 198, inciso II, do ECA – Intempestividade – Recurso não conhecido.

19.6 APREENSÃO DE VEÍCULO

Mandado de Segurança nº 57.068-0/1 – Comarca de São Paulo – TJSP – relator Des. Djalma Lofrano – j. 07/01/99.

Mandado de Segurança – Apelação de veículo em poder de menor – Questão disciplinada em portaria do juízo, na qual consta que a liberação está condicionada ao pagamento de taxas e multas – Matéria atinente à administração pública e que refoge à competência do juízo da infância e juventude – Concessão da segurança.

19.7 CITAÇÃO

Apelação Cível nº 41.448-0/4 – Comarca de Santos – TJSP – Relator Des. Luís de Macedo – j. 06/10/97.

Guarda – Petição inicial dando como desconhecido o paradeiro dos requeridos - Extinção do processo por falta de requerimento expresso de citação por edital – Inadmissibilidade - Forma processual que é meio para alcance da prestação jurisdicional e não um fim em si mesma - Recurso provido para, cassada a sentença de extinção, determinar o prosseguimento do feito, com a citação por edital dos requeridos.

19.8 COMPETÊNCIA

Recurso ex officio nº 84.313-0/3 – São Paulo – TJSP – Rel. Des. Luís de Macedo – j. 18/03/02 – v.u.

Mandado de Segurança – Eletropaulo – Segurança concedida para o fim de impedir o fornecimento de energia elétrica – Sentença proferida por Juiz da Infância e da Juventude – Competência do juízo cível – Anulação da sentença, prejudicado o recurso, com remessa dos autos ao juízo competente.

Agravo de Instrumento nº 76.434-0/1 – São José dos Campos - TJSP - Rel. Des. Hermes Pinotti - j. 01/03/01 – v.u.

Ação Civil Pública – Ação para defesa de interesses difusos e coletivos – Ação que abrange determinada região, envolvendo várias Comarcas – Fixação de competência pelas normas reguladoras da ação civil pública e do Estatuto da Criança e do Adolescente, par e passo do preceito comum do Código de Processo Civil – Inaplicabilidade do artigo 93 do Código de Defesa do Consumidor, por se referir, expressamente e exclusivamente, às ações para defesa de interesses individuais coletivos, os quais são discriminados pelo próprio Código de Defesa do Consumidor (artigo 81) – Recurso conhecido e provido.

Agravo de Instrumento nº 75.586-0/7 – Comarca de Mirassol – TJSP – Relator Des. Hermes Pinotti – j. 30/11/00.

Agravo de Instrumento - Pedidos de adoção formulados pela agravada e, posteriormente, pelos adotantes - Criança que se encontrava em instituição, cuja guarda foi deferida à agravada - Insurgência dos agravantes contra a concessão da guarda, sustentando que possuem melhores condições para ter consigo a criança, e contra a decisão que determinou a remessa dos autos do pedido de adoção que formularam ao Juízo em que tramita o processo ajuizado pela agravada, em Comarca diversa - Decisão mantida - Agravo não provido.

Agravo de Instrumento nº 71.085-0/1 – Comarca de Santos – TJSP – Relator Des. Nigro Conceição – j. 19/10/00.

Agravo de Instrumento – Ação Civil Pública de obrigação de fazer, tendo como rés a Fazenda Pública Estadual e a FEBEM – Decisão que declina da competência do Juízo local da Infância e Juventude, por considerar que as rés possuem foro privativo – Recurso em que é objetivada a reforma dessa decisão, para reconhecimento da competência daquele juízo – Admissibilidade – Competência que é fixada em razão do local em que a obrigação deve ser cumprida – Competência absoluta do Juízo da Infância, ante inteligência do art. 148, IV, do ECA – Agravo provido.

Agravo de Instrumento nº 71.062-0/7 – Comarca de Orlândia – TJSP – Relator Des. Fonseca Tavares – j. 17/08/00.

Agravo de Instrumento - Competência - Menor entregue pela genitora para adoção - Competência do local onde se encontra a criança - Com a sua entrega para adoção, concordando a genitora com a destituição do pátrio poder, deixa de ser responsável pelo menor e faz incidir a regra do artigo 147, inciso II, do ECA - O domicílio dos pais ou responsável, tal como previsto no inciso I do citado dispositivo somente firma a competência quando a criança permanece sob sua guarda - Recurso provido.

Recurso Extraordinário nº 228.955-9 - Rio Grande do Sul - STF - Relator Min. Ilmar Galvão - j. 10/02/00.

Ação civil pública promovida pelo Ministério Público Federal - Competência da Justiça Federal - Art. 109, I e § 3º, da Constituição - Art. 2º da Lei nº 7.347/85.

Conflito de Competência nº 51.546-0/0 – Comarca de São Paulo – TJSP – Relator Des. Oetterer Guedes – j. 07/10/99.

Competência – Conflito – Tutela – Menor que, apesar de ter os pais falecidos, não se enquadra nas situações previstas no artigo 98 do ECA – Inadmissibilidade do processamento perante Vara da Infância e Juventude – Inteligência do artigo 148 do ECA – Competência da Vara Cível, que, na Comarca, engloba os feitos relativos à Família e Sucessões – Conflito julgado procedente e competente o Juízo suscitado.

Apelação Cível nº 48.219-0/0 - Comarca de São Paulo - TJSP - Relator Des. Djalma Lofrano - j. 24/06/99.

Ação civil pública - Extinção do feito sem julgamento do mérito - Incompetência do juízo da infância e juventude - Inadmissibilidade - Infringência do disposto nos artigos 148, IV e 209 do ECA - Recurso provido.

Recurso Especial nº 127.097 – Rio de Janeiro – STJ – Relator Min. Nilson Naves – j. 14/04/99.

Justiça da Infância e da Juventude - Ação cautelar intentada pelo Ministério Público contra estabelecimento particular de ensino, que recusou o fornecimento de histórico escolar por falta de pagamento de mensalidade - É competente tal justiça para processar e julgar a ação - Precedentes da 4ª Turma do STJ: Resp´s 67.647 e 115.619 - Recurso especial conhecido e provido.

Apelação Cível nº 46.924-0/3 – Comarca de São Paulo – TJSP – Relator Des. Yussef Cahali – j. 18/03/99.

Processo Cível – Sentença que julgou extinto o pátrio poder, proferida por Juízo declarado incompetente em recurso de agravo anteriormente interposto pelo Ministério Público – Recurso provido para reconhecer a nulidade da decisão e determinar a remessa do feito a Juízo competente.

Agravo de Instrumento nº 45.080-0/3 – Comarca de São Paulo – TJSP – Relator Des. Rebouças de Carvalho – j. 25/02/99.

Agravo - Adoção - Competência do local onde é domiciliada a mãe da criança - Aplicação do artigo 147, I, do Estatuto da Criança e do Adolescente - Recurso provido para acolher a exceção e reconhecer a incompetência do Juízo da Infância e Juventude do Foro Regional do Jabaquara.

Agravo de Instrumento nº 47.324-0/2 – Comarca de São Paulo - TJSP - Rel. Des. Álvaro Lazzarini - j. 07/01/99 – v.u.

Criança recém-nascida deixada, pela mãe, em instituição de amparo maternal. Procedimento apuratório iniciado pelo Juízo do local da instituição. Recurso interposto contra decisão de rejeição liminar da exceção de incompetência interposta pelo agravante. Inteligência do inciso II do art. 147 do ECA. Prevalência do interesse do menor. Agravo improvido.

Apelação Cível nº 87.788-4/6 - Comarca de Americana - TJSP - Relator Des. Benini Cabral - j. 09/12/98.

Mandado de Segurança - Decisão que indeferiu a inicial de mandado de segurança e julgou extinto o processo, nos termos do art. 295, II e III c.c. o art. 267, VI, do C.P.C. - Nos termos dos artigos 73 a 77 da Constituição do Estado de São Paulo, o órgão competente para conhecer da ação mandamental seria a Câmara Especial do Tribunal de Justiça, posto que a autoridade coatora é o MM. Juiz da Infância e da Juventude local, e não o Presidente do Conselho Municipal dos Direitos da Criança e do Adolescente de Americana - Recurso desprovido.

Conflito de Competência nº 44.640-0/2 – Comarca de São Paulo – TJSP – Relator Des. Djalma Lofrano – j. 03/09/98.

Conflito de Competência – As regras de competência do ECA devem ser interpretadas a partir da idéia de que a lei busca tutelar os interesses do menor – A ordem estatuída no artigo 147 não tem caráter absoluto, cedendo passo à finalidade da lei – Competência do juízo mais próximo do menor – Competente do suscitado.

Agravo de Instrumento nº 45.263-0/9 – Comarca de São Paulo – TJSP – Relator Des. Cunha Bueno – j. 06/08/98.

Agravo de Instrumento - Mãe que vai a Juízo manifestar a vontade de entregar a criança em adoção - Competência do local em que se encontra a criança e não do domicílio da genitora que não detém a criança sob sua guarda - Recurso improvido.

Agravo de Instrumento nº 38.234-0/0 – Comarca de Santa Bárbara D'Oeste – TJSP – Relator Des. Dirceu de Mello – j. 12/02/98.

Ação Civil Pública para defesa de interesses metaindividuais afetos à criança e ao adolescente - Competência da Justiça comum estadual para o processo e julgamento da causa e, portanto, para apreciação do pedido de liminar - Legitimidade do Ministério Público do Estado para a propositura da ação - Deferimento da liminar que mostrou-se correto - Agravo improvido.

Agravo de Instrumento nº 40.870-0/2 – Comarca de Santos – TJSP – Relator Des. Cunha Bueno – j. 11/12/97.

Agravo de Instrumento – Ação Civil Pública objetivando a adequação de sociedade civil que tem por finalidade a educação e colocação profissional de menores ao Estatuto da Criança e do Adolescente – Competência da Vara da Infância e Juventude e não da Justiça do Trabalho – Recurso provido.

Apelação Cível nº 38.361-0/0 – Comarca de São Paulo – TJSP – Relator Des. Dirceu de Mello – j. 18/09/97.

Adoção – Competência incondicionada do Juízo da Infância e Juventude para conhecimento do pedido de adoção, por força do disposto no artigo 148, III, do ECA – Adoção precedida de relação de tutela entre adotante e adotado, fato esta que determina a incidência das normas contidas no ECA – Inteligência do artigo 40 do referido Diploma Legal – Recurso de apelação provido.

Agravo de Instrumento nº 36.139-0/2 – Comarca de São Paulo – TJSP – Relator Des. Carlos Ortiz – j. 03/04/97.

Ação Civil Pública – Matéria relacionada à Criança e à Adolescência – Questionamento da competência para seu processamento e julgamento – Agravo de Instrumento interposto pelo demandante contra decisão que acolheu preliminar de incompetência absoluta do juízo da Infância e Juventude, remetendo os autos a uma das Varas da Fazenda Pública – Hipótese expressamente prevista no Estatuto da Criança e do Adolescente – Artigo 148 – Inaplicabilidade do artigo 35 do Código Judiciário Estadual, que somente tem incidência nos casos de omissão da Legislação Federal – Recurso provido.

Conflito de Competência nº 33.513-0/8 - Comarca de São Paulo - TJSP - Relator Des. Luís de Macedo - j. 12/12/96.

Conflito de Competência - Ação Civil Pública movida contra a Fazenda do Estado, fundada no ECA - Competência da Vara da Infância e Juventude - Competência do Juízo Suscitado.

Agravo de Instrumento nº 31.072-0/0 - Comarca de Matão - TJSP - Relator Des. Prado de Toledo - j. 23/05/96.

Agravo de Instrumento - Competência da Vara da Infância e da Juventude para apreciar e julgar ação civil pública proposta pelo Ministério Público visando a proibição de contratação de menores para trabalho considerado penoso - Incompetência da Justiça do Trabalho - Já que não cuida a questão das relações de emprego - Provimento do recurso.

Apelação Cível nº 28.250-0/5 – Comarca de Ubatuba – TJSP – Relator Des. Dirceu de Mello – j. 30/11/95.

Menor - Pedido de guarda envolvendo criança indígena - Competência da Justiça Comum Estadual - Inteligência do disposto no inciso XI, do artigo 109, da Constituição da República - Intervenção da FUNAI no feito, que não se constitui em causa de deslocamento da competência originária – Menor - Pedido de guarda - Condições pessoais da criança, aliadas a situação de sua comunidade de origem que recomendavam, mesmo, o deferimento da guarda postulada. recursos improvidos.

Agravo de Instrumento nº 24.151-0/4 – Comarca de Atibaia – TJSP – Relator Des. Ney Almada – j. 09/11/95.

ECA - Menores colocados em entidade de abrigo - Responsáveis em local ignorado - Princípio do juízo imediato, a sobrepor-se a "perpetuatio jurisdictionis" - Inteligência do art. 147, II do ECA - Necessidade, ademais, de acompanhamento para restabelecimento do ambiente familiar ou colocação em lar substituto - Agravo conhecido como apelo - Decisão cominativa - Provimento em parte.

Apelação Cível nº 28.600-0/3 – Comarca de Taubaté – TJSP – Relator Des. Rebouças de Carvalho – j. 20/07/95.

Adoção – Competência – Deslocamento – Inocorrência - A mudança de domicílio, ocorrida após o ajuizamento da ação, não modifica a competência do juízo, a teor do princípio inserto no art. 87 do CPC, principalmente quando se cuida de incompetência relativa, ausente a adequada exceção - Conflito procedente. (TFR, 1ª Seção, CC 8.138-RJ, rel. Min. William Patterson, j. 19.10.88, v.u., DJU 03.04.89, p. 4.448, 2ª col., em.) - Perpetuou-se, pois, a jurisdição, descabido o entendimento esposado pelo nobre representante do parquet de primeiro instância, afastada a preliminar argüida - Recurso provido - Adoção – Cadastro de Adotantes – Conquanto a norma do art. 50, da Lei n 8.069, de 13 de julho de 1.990 não seja absoluta, já que não tratadas as excepcionalidades, como , aliás, é o caso dos autos, verifica-se da necessidade de sua aplicabilidade em conjunto com a norma do artigo 43, do ECA - Vê-se, assim, o atendimento a norma contida no artigo 43, do Estatuto, posto que apresentando reais vantagens ao adotando, a pretensão dos recorrentes tem motivos muito mais que legítimos, dadas as peculiaridades do caso em apreço - A negativa ao pedido de adoção traduzir-se-ia em verdadeiro apenamento aos mais lídimos interesses, quer da criança, quer dos recorrentes, que demonstraram seu ilibado caráter de conduta ao se pautarem de forma correta, atendendo aos preceitos legais, o que é inadmissível - Recurso provido.

Conflito de Competência nº 51.833-0/0 – Comarca de Santos – TJSP – Relator Des. Oetterer Guedes.

Competência – Conflito – Tutela – Menor que, apesar de ter a mãe falecida, não se enquadra nas situações previstas no artigo 98 do ECA – Inadmissibilidade do processamento perante Vara da Infância e Juventude – Inteligência do artigo 148 do ECA – Competência da Vara Cível, que, na Comarca, engloba os feitos relativos à Família e Sucessões – Conflito julgado procedente e competente o Juízo suscitado.

19.9 CONTRADITÓRIO

Agravo de Instrumento nº 28.387-0/0 – Comarca de Ourinhos – TJSP – Relator Des. Pereira da Silva – j. 02/05/96.

Agravo de Instrumento – Infringência ao princípio do contraditório reconhecido – Recurso provido.

19.10 DIREITO DE VISITAS

Agravo de Instrumento nº 71.382-0/7 – Comarca de Bragança Paulista – TJSP – Rel. Des. Fonseca Tavares – j. 15/06/00 – v.u.

Agravo de instrumento - Decisão que deferiu pedido de visitas aos pais biológicos, com retirada da menor da casa dos guardiães - Período de adaptação para evitar situação traumática à criança - Reavaliação posterior à adaptação - Restrição do direito de visitas - Recurso parcialmente provido.

19.11 DIVERSÕES ELETRÔNICAS

ADIN nº 209.423-1/0 – Comarca de São Paulo – TJSP – Relator Des. Sousa Lima – j. 28/02/96.

Inconstitucionalidade - Lei Municipal - Concessão de alvará de funcionamento para casas de diversões eletrônicas, obedecida distância mínima de instalação, ante a presença de estabelecimentos escolares - Afronta ao artigo 170, parágrafo único da Constituição Federal - Ocorrência - Exigência legal que inviabiliza o exercício de atividade não proibida por lei federal - Competência legislativa disposta no artigo 220, § 3º, I, da Carta Magna - Legislação atacada que, ademais, ofende o princípio da isonomia, dando tratamento mais rigoroso às referidas diversões, em detrimento de outras - Argüição acolhida, para proclamar a inconstitucionalidade do artigo 1º, com natural reflexo no artigo 2º, da lei Municipal nº 9.906/85, de São Paulo.

19.12 EXCEÇÃO DE SUSPEIÇÃO

Exceção de Suspeição nº 61.878-0/2 – Comarca de São Paulo – TJSP – Relator Des. Djalma Lofrano – j. 05/08/99.

Exceção de Suspeição – Procedimento administrativo – Descabimento – Incidente passível de oposição somente nos processos judiciais de caráter contencioso ou voluntário – Competência do Corregedor Geral da Justiça para conhecimento de eventual irregularidade no curso deste – Exceção não conhecida.

19.13 HONORÁRIOS

Apelação Cível nº 50.050-4/3 – Comarca de Lorena – TJSP – Relator Des. Reis Kuntz.

Honorários de advogado – Ministério Público – Condenação – Falta de previsão legal – Intervenção como substituto processual e não como parte na relação de direito substancial – Recurso provido.

Agravo Regimental no Recurso Especial nº 287404 - Comarca de São Paulo - STJ - Relator Min. José Delgado - j. 09/03/01.

Processual Cível - Ação Civil Pública - Ministério Público figurando como autor da demanda - Pretensão à sucumbência pelo "parquet" - Impossibilidade - Inteligência da Lei nº 7.347/85, art. 18.

Apelação Cível nº 76.106-0/5 – Comarca de Olímpia – TJSP – Relator Des. Fábio Quadros – j. 18/12/00.

Menor - Busca e Apreensão sob alegação de maus tratos - Improcedência com condenação da requerida no pagamento das custas e honorários - Recurso pretendendo reforma integral - Requerente que não se desincumbiu de demonstrar os fatos afirmados na inicial - Despesas processuais, no entanto, indevidas nos termos do § 2º do artigo 141 do E.C.A. - Partes que são beneficiárias da justiça gratuita - Parcial provimento apenas para afastar a condenação da recorrente nas despesas do processo e verba honorária.

19.14 IMPULSO OFICIAL

Agravo de Instrumento nº 56.020-0/6 – Comarca de São Paulo – TJSP – Relator Des. Yussef Cahali – j. 29/04/99.

Menor - Agravo contra decisão que, em pedido de destituição de pátrio poder, determinou a realização de diligências para verificar a atual situação da menor - Alegação de ofensa a acórdão que anulou sentença que destituiu a agravante do pátrio poder - Nulidade inocorrente - Impulso oficial admitido para resguardo dos interesses de menor - Aplicação do artigo 153 do ECA - Recurso não provido.

19.15 INTIMAÇÃO

Agravo de Instrumento nº 64.079-0/8 – Comarca de Mairiporã – TJSP – Relator Des. Oetterer Guedes – j. 02/12/99.

Agravo de Instrumento - Intimação do Defensor do Agravante da Expedição da Carta Precatória - Regularidade - Inexistência de vício no ato realizado sem a presença do Defensor Constituído, nomeado Defensor ad hoc - Recurso Improvido.

Apelação Cível nº 38.668-0/9 – Comarca de Brotas – TJSP – Rel. Des. Luís de Macedo – j. 14/08/97.

Menor – Destituição do pátrio poder – Procedimento que obedece supletivamente ao CPC – Não intimado o patrono para a audiência a ser realizada por carta precatória, o ato é nulo – Agravo retido provido parcialmente, para desconsideração do testemunho, sem anulação dos demais atos processuais – Menor – Destituição do pátrio poder decretada em decorrência de manter o pai relações com a filha – Decisão fundada na prova dos autos – Recurso desprovido.

Apelação Cível nº 25.793-0/0 - Comarca de Campinas - TJSP - Relator Des. Dirceu de Mello - j. 18/04/96.

Menor - Intimação de defensor constituído para ofertar memoriais por telefone - Inadmissibilidade - Sentença anulada.

19.16 LEGITIMIDADE

Agravo de Instrumento nº 76.150-0/5 – Comarca de São Paulo – TJSP – relator Des. Álvaro Lazzarini – j. 15/02/01.

ECA – Decisão reconsiderando outra que afastara a recorrente do pólo passivo de representação – Desnecessária a abertura de vista prévia à parte contrária – Decisão fundamentada que deve ser mantida até posterior reanálise judicial – Agravo não provido.

19.17 MAIORIDADE

Apelação Cível nº 37.615-0/2 – Comarca de Cubatão – TJSP – Relator Des. Cunha Bueno – j. 10/07/97.

Medida Protetiva – Inserção do adolescente em ensino fundamental – Diverge da medida sócio-educativa – Atingida a imputabilidade torna-se inexeqüível – O Estatuto da Criança e do Adolescente é expresso nas hipóteses excepcionais de sua aplicação após atingir o adolescente a idade de 18 anos.

19.18 MANDADO DE SEGURANÇA

Mandado de Segurança nº 75.651-0/4 – Comarca de São Paulo – TJSP – Relator Des. Gentil Leite – j. 14/12/00.

Menor - Mandado de segurança contra decisão que revogou guarda provisória concedida ao casal impetrante - Inadmissibilidade - Ato judicial passível de recurso já interposto no momento processual adequado - Impossibilidade de utilização do "writ" como complemento do recurso próprio, não se tratando de decisão teratológica - Aplicação da Súmula 267 do STF - Carência reconhecida - Processo extinto.

Mandado de Segurança nº 37.164-0/3 – Comarca de Osasco – TJSP – Relator Des. Carlos Ortiz – j. 13/03/97.

Mandado de Segurança - Busca e apreensão de menor decretada no expediente formado para avaliação do pedido de inscrição em cadastro de pretendentes a adoção – Pretensão de efeito suspensivo ao recurso de apelação interposto – Liminar indeferida – Matéria que foi decidida em outro mandado de segurança, já julgado – Circunstância que inviabiliza o conhecimento da presente impetração - Ordem não conhecida.

Mandado de Segurança nº 36.531-0/1 – Comarca de São Paulo – TJSP – Relator Des. Lair Loureiro – j. 05/12/96.

Mandado de Segurança – Busca e apreensão em ação de adoção cumulada com destituição de pátrio poder – Família biológica desestruturada – Inexistência de direito líquido e certo dos impetrantes no tocante à guarda de seu filho – Recurso denegado.

Recurso em Mandado de Segurança nº 1.343-0 – São Paulo – STJ – Relator Min. Barros Monteiro – j. 11/04/94.

Mandado de Segurança - Portaria conjunta expedida por juízes da infância e da juventude – Ato de natureza jurisdicional - Havendo recurso próprio para atacar a matéria contra a qual se insurge a parte, descabido é o uso de mandado de segurança – Art. 149 do ECA – Recurso ordinário improvido.

19.19 MINISTÉRIO PÚBLICO

Apelação Cível nº 32.849-0/3 – Comarca de Limeira – TJSP – Relator Des. Prado de Toledo – j. 20/02/97.

Apelação Cível – Pleito de adoção – Comprovação satisfatória da capacidade de adotar – Possibilidade do ato – Recurso apresentado pelo Ministério Público por questão meramente formal – Falta de manifestação do Ministério Público que, no caso, não acarreta a nulidade do feito – Órgão devidamente intimado – Improvimento do recurso.

Agravo de Instrumento nº 33.008-0/3 - Comarca de Marília - TJSP - Relator Des. Carlos Ortiz - j. 12/09/96.

Ação Civil Pública - Legitimidade do Ministério Público para a demanda - Art. 201, inc. V, do Estatuto da Criança e do Adolescente - Pedido que não caracteriza ingerência no Poder Executivo Municipal e não afronta o princípio da isonomia - Descabido o chamamento ao processo da União e do Estado por falta de previsão legal - Recurso não provido.

Agravo de Instrumento nº 32.986-0/8 – Comarca de Marília – TJSP – Relator Des. Cunha Bueno – j. 12/09/96.

Ação Civil Pública – Legitimidade do Ministério Público para atuar na defesa de direitos individuais referentes a infância e juventude.

Recurso em Mandado de Segurança nº 1.721-7 - Comarca de São Paulo - STJ - Relator Min. Adhemar Maciel - j. 09/02/93.

Constitucional e Processual Cível - Mandado de Segurança - Estatuto da Criança e do Adolescente - Promotor de Justiça - Legitimação ad processum para ajuizamento de Mandado de Segurança no Tribunal de Justiça contra ato de juiz (Constituição Federal, art. 128, § 5º; Lei Orgânica do Ministério Público de São Paulo, art. 39, V) - Legitimação ad causam (Lei nº 8.069/90, arts. 175, 176 e 201, II) - Recurso ordinário provido para que o Tribunal recorrido aprecie o mérito.

19.20 PRAZO

Agravo de Instrumento nº 70.979-0/4 – Comarca de Guarulhos – TJSP – Relator Des. Nigro Conceição – j. 02/02/01.

Prazo – Contagem em dobro – Admissibilidade – Defensor dativo – Prazo para recorrer – Convênio entre a OAB e o Estado – Aplicação do § 5º, do artigo 5º da Lei nº 1.060/50 – Agravo provido.

19.21 PROGRAMA DE TELEVISÃO

Apelação Cível nº 62.512-0/0 – Comarca de São Paulo – TJSP – Relator Des. Fonseca Tavares – j. 05/10/00.

Menor - Apelação - Alvará - Participação de criança em comercial da Caloi, com autorização dos pais - Indeferimento - Portaria do Juízo nº 32/98 - Intempestividade da apelação não reconhecida - Competência fixada pelo artigo 149 do ECA - Desnecessidade de alvará, desde que haja autorização dos pais ou responsáveis - Recurso improvido.

Apelação nº 1.438/98 – Comarca do Rio de Janeiro – TJRJ – Relator Des. Carlos Ferrari – j. 11/03/99.

Estatuto da Criança e do Adolescente – Participação de menor em programa de televisão – Exibição do programa antes da concessão do alvará judicial – Representação oferecida pelo Ministério Público, cuja inicial foi indeferida por falta de objeto, objetivando a condenação da emissora no pagamento de multa – Apelação – Provimento - Não é cabível o indeferimento da inicial ao fundamento de que o Conselho vem reiteradamente decidindo a questão contrariamente à pretensão deduzida, mesmo porque a matéria está submetida ao reexame do Superior Tribunal de Justiça, mercê dos recursos especiais que vêm sendo interpostos pelo Ministério Público - Cassação da sentença.

19.22 SEGREDO DE JUSTIÇA

Mandado de Segurança nº 67.813-0/0 – Comarca de Sumaré – TJSP – Relator Des. Fonseca Tavares – j. 03/02/00.

Mandado de Segurança – Sigilo de ato em procedimento judicial relativo a adolescente – Possibilidade de extração de cópias para instruir autos de processo criminal em que se apura o mesmo fato – Legitimidade e interesse do órgão do Ministério Público em solicitar cópias – Interpretação dos artigos 143 e 144 do ECA – Segurança concedida.

19.23 SENTENÇA

Apelação Cível nº 43.435-0/0 – Comarca de Jacareí – TJSP – Relator Des. Cunha Bueno – j. 20/08/98.

Sentença – Ausência de fundamentação, não apreciação das teses da Defesa – Nulidade – Reconhecimento.

Apelação Cível nº 22.348-0/9 – Comarca de São Paulo – TJSP – Relator Des. Ney Almada – j. 30/03/95.

Feito regido pelo ECA - Quebra do devido processo legal - Sentença proferida sem regular instrução – Nulidade - Recurso provido.

19.24 SINDICÂNCIA

Apelação Cível nº 35.018-0/3 – Comarca de Itanhaém – TJSP – Relator Des. Luís de Macedo – j. 30/01/97.

Nulidade – ECA – Inoportunidade de arquivamento de sindicância – Recurso provido.

19.25 DIVERSOS

Recurso Especial nº 50.639-5 - Comarca de São Paulo - STJ - Relator Min. Milton Luiz Pereira - j. 14/03/96.

Processual Cível - Ação Civil Pública com preceito cominatório - Obrigação de Fazer - Multa - Lei 7.347/85 - Lei 8.069/90 (arts. 70, 71, 78 e 201, V, 208, parágrafo único, 209, 210-I e 203 e 257) - CPC, arts. 4º e 287 - Súmula 7/STJ.

Agravo de Instrumento nº 584.321-4 – Comarca de Getulina – TJSP – Relator Des. Ademir de Carvalho Benedito – j. 23/05/94.

Possessória - Interdito proibitório em invasão de terras - Liminar concedida contra participantes de um movimento popular dos "sem terra" - Pressupostos atendidos e área suficientemente identificada - Interesse em recorrer que demonstra a participação dos agravantes na invasão - Considerações impertinentes, de natureza política e social, por parte de quem não negou o esbulho - Inaplicabilidade do artigo 18 do Estatuto da Criança e do Adolescente - Liminar confirmada no improvimento do recurso.

20. AUTORIZAÇÃO PARA TRABALHO

Agravo de Instrumento nº 66.945-0/5 – Comarca de Franca – TJSP – Rel. Des. Fonseca Tavares – j. 17/02/00 – v.u.

Menor – Pedido de autorização para o exercício de trabalho remunerado – Recurso de agravo de instrumento que busca obtenção de efeito suspensivo ao recurso de apelação interposto contra decisão que deferiu o pedido – Inexistência de risco de dano irreparável ou de difícil reparação que justifique a atribuição de efeito suspensivo ao apelo – Autorização para o trabalho que não importa em permissão para descumprimento de normas constitucionais – Recurso não provido.

Apelação Cível nº 44.883-0/0 – Comarca de Pitangueiras – TJSP – Relator Des. Álvaro Lazzarini – j. 27/08/98.

Autorização de Trabalho. Menor com 16 anos de idade autorizado a exercer trabalho rural, inclusive em corte de cana. Recurso do Ministério Público, por considerar o trabalho insalubre, penoso e prejudicial à sua formação. Fatos não demonstrados. Decisão de acordo com a realidade social. Apelo desprovido.

Apelação Cível nº 43.524-0/6 – Comarca de Pitangueiras – TJSP – Relator Des. Cunha Bueno – j. 20/08/98.

Apelação – Autorização para trabalho de menor – Atingida a idade prevista no ECA desnecessária autorização do Juízo para o trabalho – Cabe ao empregador a observância da legislação no que se refere a atividade desenvolvida pelo menor, sujeitando-se a adequada fiscalização.

Apelação Cível nº 43.836-0/0 – Comarca de Guará – TJSP – Relator Des. Djalma Lofrano – j. 04/06/98.

Menor – Autorização para trabalhar em zona rural – Pedido que não implica autorização para trabalho sujeito a restrição legal – Inutilidade de provimento judicial que autorize a fazer aquilo que a lei expressamente permite ou proíba determinada conduta expressamente vedada pelo ordenamento jurídico – Recurso não provido.

Apelação Cível nº 42.583-0/7 – Comarca de Guará – TJSP – Relator Des. lvaro Lazzarini – j. 26/02/98.

ECA – Menor - Autorização para trabalho rural - Atividade laboral necessária à própria subsistência da família - Fiscalização da impropriedade das condições e local feita por órgãos específicos - Decisão concessiva mantida.

Apelação Cível nº 37.064-0/7 – Comarca de Pitangueiras – TJSP – Relator Des. Alves Braga – j. 05/02/98.

Menor – Trabalho em corte de cana-de-açúcar - Autorização judicial –

Admissibilidade – Necessidade de interpretação da norma constitucional de maneira conforme com a realidade, adequando-a aos fins a que se destina – Recurso não provido.

Apelação Cível nº 41.324-0/9 – Comarca de Guará – TJSP – Relator Des. Alves Braga – j. 08/01/98.

Menor – Autorização para trabalhar em serviços gerais – Pretendida ressalva quanto ao corte de cana-de-açúcar – Desnecessidade – menores que devem auxiliar no orçamento doméstico trabalhando em serviços gerais no meio rural, onde vivem com sua família – Interpretação da norma constitucional proibitiva de maneira conforme com a realidade, adequando-a aos fins a que se destina – Recurso não provido.

Apelação Cível nº 42.561-0/7 – Comarca de Guará – TJSP – Relator Des. Dirceu de Mello – j. 18/12/97.

Adolescente - Autorização para trabalho em zona rural – Desǹecessária a reforma da decisão para inclusão de restrição a determinada atividade laboral – A autorização genérica concedida, por óbvio, exclui as atividades expressamente proibidas por lei – Recurso e Apelação improvido.

Apelação Cível nº 35.850-0/0 – Comarca de Pitangueiras – TJSP – Relator Des. Dirceu de Mello – j. 18/12/97.

Adolescente – Autorização para trabalho no corte de cana-de-açúcar – Menor que, no curso do processo, completa dezoito anos de idade – Perda de objeto do recurso – Apelo não conhecido por falta de interesse recursal.

Apelação Cível nº 37.377-0/5 – Comarca de Pitangueiras – TJSP – Relator Des. Dirceu de Mello – j. 23/10/97.

Adolescente - Autorização para trabalho no corte de cana-de-açúcar – Atividade considerada insalubre e penosa, expondo o menor a condições agressivas de trabalho – Autorização cassada em respeito a preceito de ordem constitucional – Recurso de Apelação provido.

Apelação Cível nº 39.416-0/0 – Comarca de Guará – TJSP – Relator Des. Cunha Bueno – j. 09/10/97.

Apelação – Autorização genérica para trabalho na zona rural – Não exclui a fiscalização das atividades vedadas por lei – Recurso improvido, na medida em que a autorização não exonera o empregador do cumprimento da Legislação relativa a criança e ao adolescente.

Apelação Cível nº 41.276-0/9 – Comarca de Guará – TJSP – Relator Des. Rebouças de Carvalho – j. 25/09/97.

Menor – Autorização para trabalhar – Ausência de comprovação de se tratar de atividade insalubre ou perigosa – Pedido deferido – Recurso não provido.

Apelação Cível nº 35.494-0/4 – Comarca de Pitangueiras – TJSP – Relator Des. Silva Leme – j. 26/06/97.

Menor – Autorização para trabalhar em atividade rural - Adequação do Estatuto da Criança e do Adolescente à realidade brasileira - Adolescente também exercendo atividade escolar.

Apelação Cível nº 37.876-0/2 – Comarca de Guará – TJSP – Relator Des. Rebouças de Carvalho – j. 19/06/97.

Menor com 16 anos – Autorização de trabalho – Possibilidade. Cuidando-se de adolescente com 16 anos de idade, que busca autorização judicial para exercer trabalho rural consistente e, corte de cana, e inexistindo prova de ser aquele labor insalubre, penoso e prejudicial à sua formação, nada obsta à pretendida autorização - Recurso improvido.

Apelação Cível nº 31.726-0/5 – Comarca de São Paulo – TJSP – Relator Des. Dirceu de Mello – j. 24/04/97.

Menor – Magistrado que, atendendo pedido dos pais, autoriza adolescente a trabalhar como pianista em restaurante no horário das 19 às 22 horas, excetuando-se um dia da semana em que a jornada estende-se até das 23 horas – Legalidade da decisão, posto que não caracterizado o trabalho noturno – Apelo desprovido.

Apelação Cível nº 30.818-0/8 – Comarca de Pitangueiras – TJSP – Relator Des. Pereira da Silva – j. 06/03/97.

Menor – Autorização de trabalho (art. 60 do ECA) – Possibilidade – Responsável de adolescente, requer autorização judicial para exercer trabalho rural consistente em corte de cana, e inexistindo prova de ser aquele labor insalubre, penoso ou prejudicial à sua formação, nada impede que seja fornecida tal autorização – Recurso improvido.

Apelação Cível nº 28.816-0/9 – Comarca de Franca – TJSP – Relator Des. Cerqueira Leite – j. 07/11/96.

Apelação – Sentença que, contra princípio constitucional, determina expedição de Carteira Profissional a menor de catorze (14) anos de idade, para trabalho na zona rural – Inadmissibilidade – Advento, porém, da idade compatível com o trabalho – Perda do objeto do recurso, com observações.

Apelação Cível nº 29.620-0/1 – Comarca de Franca – TJSP – Relator Des. Prado de Toledo – j. 26/09/96.

Apelação Cível - Inconformismo manifestado pelo Ministério Público quanto à procedência do pedido para expedição de carteira profissional a menor com treze anos de idade - Perda do objeto do recurso - Adolescente que completou os quatorze anos necessários.

21. AUTORIZAÇÃO PARA VIAGEM

Apelação Cível nº 64.515-0/9 – São José dos Campos - TJSP - Rel. Des. Hermes Pinotti - j. 08/06/01 – v.u.

Apelação interposta contra sentença concessiva de autorização para viagem ao exterior, por um ano – Insurgência do pai, decorrente da mudança do regime de visitas acordado em separação judicial – Hipótese em que não se discute apenas a concordância com viagem de turismo ou estudos, mas de verdadeira mudança para o exterior – Conseqüente modificação do regime de visitas – Competência do Juízo comum, e não do Juízo especializado da Infância e Juventude – Hipótese do artigo 84 do ECA restrito às viagens que não importam em modificação de guarda ou de regime de visitas – Apelação provida.

Agravo de Instrumento nº 42.144-0/4 – Comarca de São Paulo – TJSP – Relator Des. Oetterer Guedes – j. 15/10/98.

Menor - Pedido de autorização para renovação de passaporte vencido - Constatação da existência de ação de separação judicial dos pais da menor em andamento - Circunstância que inviabiliza o exame do pedido pelo Juízo da Infância e Juventude - Concessão da autorização para renovação do passaporte que não implica em autorização parti viagem - Recurso provido parcialmente.

Agravo de Instrumento nº 45.832-0/6 – Comarca de Embu – TJSP – Relator Des. Alves Braga – j. 06/08/98.

Agravo - Liminar concedida para autorizar os pretendentes à adoção a viajarem com o menor para o exterior - Após o recurso da sentença que destituiu os pais biológicos do pátrio poder, o pedido foi indeferido, por não se saber em que efeito foi recebido o apelo - Admissibilidade, uma vez que a volta da criança ao amparo de abandonados pode ser prejudicial - Recurso provido para reformar a decisão agravada, ficando confirmada a liminar concedida.

Apelação Cível nº 30.631-0/4 – Comarca de Santo André – TJSP – Relator Des. Luis de Macedo – j. 25/07/96.

Menor - Autorização para viajar ao exterior na companhia da mãe em caráter não temporário - Discordância do pai - Genitores separados de fato - Pedido que deve ser formulado em ação própria visando a definição do exercício do pátrio poder, assegurado o contraditório e a ampla produção de provas às partes - Apelo improvido.

22. SUPRIMENTO DE CONSENTIMENTO

Apelação Cível nº 47.850-0/2 – Comarca de Marília – TJSP – Relator Des. Álvaro Lazzarini – j. 22/04/99.

Menor - Suprimento de consentimento paterno para viagem ao exterior - Decisão de improcedência do pedido - Apelo com a finalidade de reformar a sentença - Elementos trazidos aos autos que indicam ser justa a recusa da autorização - Recurso improvido.

Apelação Cível nº 47.570-0/4 – Comarca de Ourinhos – TJSP – Relator Des. Rebouças de Carvalho – j. 25/02/99.

Suprimento de consentimento – A sentença que aprecia pedido de suprimento de consentimento paterno para casar não está sujeita ao duplo grau de jurisdição, mas somente a recurso voluntário - Exegese dos artigos 188 do CC e 475 do CPC – Recurso não conhecido.

23. SUPRIMENTO DE IDADE NÚBIL

Apelação Cível nº 30.008-0/1 – Comarca de Campinas – TJSP – Relator Des. Prado de Toledo – j. 31/10/96.

Apelação Cível - Recurso que busca cassar a autorização concedida para casamento de adolescente - Declaração de suprimento quanto à idade núbil - Perda do objeto, uma vez que o adolescente já completou dezoito anos - Recurso Prejudicado.

24. INFRAÇÕES ADMINISTRATIVAS

24.1 ANUNCIAR ESPETÁCULOS PÚBLICOS SEM INDICAR LIMITES DE IDADE (ECA, ART. 253)

Apelação Cível nº 65.238-0/1 - Comarca de Santos - TJSP - Relator Des. Álvaro Lazzarini - j. 15/03/01.

Menor - Infração administrativa ao art. 253 do ECA - Publicação de informações sobre espetáculos públicos - Representação silente quanto aos limites etários na espécie - Causa de pedir remota - Inépcia - Processo extinto sem julgamento do mérito.

Apelação Cível nº 68.379-0/6 - Comarca de Santos - TJSP - Relator Des. Gentil Leite - j. 11/01/01.

Menor - Infração administrativa - Publicação em jornal de nota informativa sobre a realização de baile em associação civil - Conduta que não se confunde com anúncio ou propaganda de evento - Exegese do art. 253 do ECA - Recurso de entidade civil acolhido e apelo do Ministério Público improvido.

Apelação Cível nº 65.119-0/9 - Comarca de Santos - TJSP - Relator Des. Álvaro Lazzarini - j. 07/12/00.

ECA - Anúncio de espetáculo teatral sem indicação dos limites de idade a que não se recomendam - Argüições a respeito da multa fixada além do mínimo legal e quanto à ilegitimidade passiva - Matéria preliminar rejeitada - "Chamada" para espetáculo que não configura risco ou violação a direitos da criança e do adolescente - Recurso da Municipalidade parcialmente provido - Improcedência da representação.

Apelação Cível nº 65.094-0/3 – Comarca de Santos – TJSP – Relator Des. Gentil Leite – j. 19/10/00.

Menor – Infração administrativa – Publicação espontânea por jornal em sessão própria de nota informativa sobre a realização de baile em associação civil – Conduto que não se confunde com anúncio ou propaganda do evento – Simples exercício do direito de informação dos leitores – Infração ao artigo 253 do ECA não caracterizada – Reconhecimento da ilegitimidade passiva da associação que não contratou a publicação – Recurso da entidade civil acolhido e apelo do Ministério Público improvido.

24.2 ATIVIDADES PROFISSIONAIS POR CRIANÇAS / ADOLESCENTES

Apelação Cível nº 47.205-0/0 - Comarca de Santo André - TJSP - Relator Des. Álvaro Lazzarini - j. 22/04/99.

Adolescente contratada como digitadora para trabalhar em Bingo no horário das 14:00 às 22:00 horas - Permanência em local inapropriado a acesso de adolescente, inclusive além das 22:00 horas - Configuração da infração administrativa em consonância com o artigo 67 inciso I, 80, "caput" e inciso VI e 258 do ECA - Apelo acolhido.

Apelação Cível nº 34.112-0/5 – Comarca de Santo André – TJSP – Relator Des. Rebouças de Carvalho – j. 28/11/96.

Apelação Cível – Infração administrativa – Competência exclusiva da Justiça obreira para averiguar da ocorrência de infração às normas de trabalho de adolescente – Inadmissibilidade – A interpretação dos artigos 61, 80 e 258 da Lei nº 8.069/90 impõe a apuração de fatos relativos ao exercício de atividades profissionais de menores e adolescentes – Sentença anulada – Determinado o prosseguimento da instrução processual – Recurso provido.

24.3 AUSÊNCIA DE INFORMAÇÕES SOBRE NATUREZA DA DIVERSÃO (ECA, ART. 252)

Apelação Cível nº 70.435-0/2 - Comarca de Campinas - TJSP - Relator Des. Gentil Leite - j. 01/03/01.

Menor - Infração administrativa - Cinema - Ausência de informação destacada e em local visível à entrada da sala de exibição do filme, sobre a faixa etária especificada no certificado de classificação expedido pelo poder público - Admissão de adolescentes com idade inferior à recomendada - Ofensa às disposições dos arts. 252 e 258 do ECA caracterizada - "Auto de infração" mantido - Nulidade do julgamento alegado pela PGJ - Inocorrência - Sentença que embora mencionando erroneamente o dispositivo legal, observou corretamente os fatos descritos pelos voluntários do juízo no "Auto de Infração" - Multa porém indexada indevidamente com base no salário mínimo e em montante superior ao mínimo legal - Infratora primária - Provimento parcial do recurso para redução da pena pecuniária ao limite mínimo legal e sua fixação com base no salário mínimo de referência nos termos da lei.

24.4 BAILE / PROMOÇÃO DANÇANTE

Apelação Cível nº 69.033-0/5 - Comarca de Mogi Mirim - TJSP - Relator Des. Hermes Pinotti - j. 02/02/01.

ECA - Infração administrativa - Encontro de menores em "baile", sem alvará judicial permissivo de ingresso - Venda de bebida alcoólica de forma livre - Relatório do serviço comissariado que não identifica aqueles que foram considerados menores de 18 anos, nem tampouco se foi vendida bebida alcoólica a menores de 18 anos - Representação do Ministério Público que imputa, genericamente o ingresso de menores de 18 anos em evento festivo sem alvará judicial, assim como a venda de bebida alcoólica a menores, não identificando, igualmente qual menor teria entrado no "baile", nem tampouco para qual teria sido vendida bebida alcoólica - Relatório do serviço comissariado não o perfil circunstanciado, pecando pela superficialidade e lacunosidade - Representação inepta, por prestigiar a "acusação oculta", não se possibilitando o exercício da ampla defesa e contraditório, processo nulo "ab initio" - Recurso provido.

Apelação Cível nº 69.223-0/2 – Comarca de Mogi Guaçu – TJSP – Relator Des. Gentil Leite – j. 02/02/01.

Menor – Infração administrativa – Promoção dançante – Alvará deferindo a freqüência de menores a partir de 14 anos – Presença de adolescentes em companhia dos pais – Imposição de multa – Descabimento – Regulamentação judicial destinada exclusivamente aos jovens desacompanhados - "Auto de Infração" insubsistente – Recurso provido para afastar a sanção pecuniária.

Apelação Cível nº 68.581-0/8 – Comarca de Campinas – TJSP – Relator Des. Gentil Leite – j. 18/01/01.

Menor – Infração administrativa – Presença de adolescentes em local que se realizava promoção dançante – Ausência de alvará judicial – Imposição de multa – Necessidade – Recurso improvido.

Apelação Cível nº 67.390-0/9 – Comarca de Birigui – TJSP – Relator Des. Gentil Leite – j. 14/12/00.

Menor – Infração administrativa – Presença de adolescentes em local que se realizava promoção dançante – Ausência de alvará judicial e venda de bebida alcoólica a menores – Desrespeito ao art. 149 do ECA e à Portaria do Juízo – Imposição de multa – Necessidade – Recursos improvidos.

Apelação Cível nº 65.801-0/1 - Comarca de General Salgado - TJSP - Relator Des. Hermes Pinotti - j. 14/12/00.

Apelação Cível - Infração ao artigo 258 do ECA - Encontro de menores de 14 anos desacompanhados em baile após às 23:00h - Descumprimento de Portaria local e Alvará - Infração de mera conduta - Sentença aplicou pena de multa - Recurso buscando reforma, argüindo irresponsabilidade - Auto de Infração não abalado - Confirmação dos fatos pela prova amealhada no curso do contraditório - Sentença mantida - Negado provimento ao recurso.

Apelação Cível nº 66.028-0/0 - Comarca de General Salgado - TJSP - Relator Des. Álvaro Lazzarini - j. 07/12/00.

ECA - Auto de Infração - Adolescentes encontrados no interior de clube recreativo, quando da realização noturna de brincadeira dançante, sem portar documentos e desacompanhados de seus responsáveis - Equívoco no horário consignado no Auto de Infração - Falha na indicação do horário do fato esclarecida quando da produção de prova oral - Confirmação da infração - Apelo não provido.

Apelação Cível nº 29.568-0/3 – Comarca de São Paulo – TJSP – Relator Des. Cerqueira Leite – j. 05/12/96.

Apelação – Responsável por estabelecimento comercial autuada por infração administrativa prevista no ECA – Promoção dançante sem alvará judicial, com a permanência de adolescentes desacompanhados dos pais ou responsáveis – Presunção "Juris tantum" do auto de infração – Recurso improvido.

Apelação Cível nº 25.022-0/3 – Comarca de Araçatuba – TJSP – Relator Des. Denser de Sá – j. 18/01/96.

Infração Administrativa – Menores surpreendidos no interior de estabelecimento comercial onde era realizada promoção dançante – Posse de bebidas alcoólicas – Inexiste alvará que autorizasse o ingresso e permanência dos adolescentes no recinto – Prova dos autos que demonstra evidente prática de infração – Pena corretamente fixada em virtude das circunstâncias da infração – Preliminares de nulidade rejeitadas – Recurso improvido.

24.5 BILHAR

Apelação Cível nº 73.567-0/6 – Comarca de Mococa – TJSP – Rel.Des. Gentil Leite – j. 10/05/01 – v.u.

Menor - Infração administrativa - Presença de adolescente em estabelecimento que explora comercialmente jogo de sinuca em desacordo com o art. 80 do ECA - Imposição de multa - Apelo lastreado na alegação de que os menores não estavam jogando, mas apenas bebendo refrigerantes - Irrelevância - infração que se caracterizava pela simples permanência destes no recinto - Inexistência de avisos prevenindo a proibição como determina a lei, que faz também reforçar a conclusão de que houve o cometimento da infração - Recurso improvido.

Apelação Cível nº 64.215-0/0 – Comarca de Batatais – TJSP – Relator Des. Nigro Conceição – j. 10/05/01.

Apelação contra imposição de multa – Recurso em que é objetivada a improcedência do auto de infração, onde menor fora surpreendido jogando bilhar – Alegação do apelante de não ser o responsável pelo estabelecimento, sendo que no local não se fazem apostas e contém avisos orientando sobre a entrada e permanência de menores no estabelecimento – Inadmissibilidade, já que ficou induvidosa a presença do menor em local cujo acesso é vedado pelo art. 80 do ECA, configurando-se a infração administrativa - Multa, porém, imposta em salários mínimos e não em salários de referência, como determina a Lei – Provimento parcial para ajustar a multa aos parâmetros legais.

Apelação Cível nº 72.290-0/4 – Comarca de Caconde – TJSP – Relator Des. Nigro Conceição – j. 19/04/01.

Apelação contra imposição de multa - Recurso em que é objetivada a improcedência do auto de Infração, porquanto o menor surpreendido no estabelecimento não estava jogando bilhar, não sendo possível evitar-se a presença dele naquele local - Pretensão de redução do multa ou, então, de seu parcelamento - Inadmissibilidade - a prova demonstrou que o menor iria participar de jogo de bilhar no estabelecimento do apelante, configurando-se a Infração do art. 258 do ECA, cujo regramento, está estatuído, no art. 80 do mesmo diploma - Multa, porém, imposta em salários mínimos e não em salários de referência, como determina a Lei - Impossibilidade de parcelamento - Provimento parcial para ajustar a multa aos parâmetros legais.

Apelação Cível nº 72.568-0/3 - Comarca de São Paulo - TJSP - Relator Des. Gentil Leite - j. 05/04/01.

Menor - Infração administrativa - Presença de adolescentes em estabelecimento que explora comercialmente mesas para jogo de sinuca e equipamentos de diversões eletrônicas, em desacordo com o ECA - Imposição de multa - Apelo visando a revisão do julgado - Legitimidade de ambos os apelantes para recorrer ante a solidariedade passiva reconhecida na sentença - Descabimento contudo, quanto ao mérito, posto que caracterizada a presença de menores em desacordo em desacordo com o ECA - Pena de multa entretanto, que deve ser calculada com base no último valor atribuído ao "salário de referência", com correção até a data do fato - Recurso provido em parte apenas para adequar o valor da sanção.

Apelação Cível nº 72.467-0/2 – Comarca de Mococa – TJSP – Relator Des. Nigro Conceição – j. 05/04/01.

Apelação contra imposição de multa - Recurso em que é objetivada a improcedência do auto de infração, porquanto o menor, surpreendido jogando bilhar, o fizera sem autorização e conhecimento do apelante - Inadmissibilidade, já que ficou induvidosa a presença do menor em local cujo acesso é vedado pelo art. 80 do ECA, configurando-se a infração administrativa - Multa, porém, imposta em salários mínimos e não em salários de referência, como determina a Lei - Provimento parcial para ajustar a multa aos parâmetros legais.

Apelação Cível nº 68.553-0/0 – Comarca de Mococa – TJSP – Relator Des. Hermes Pinotti – j. 18/01/01.

Apelação Cível – Infração ao artigo 80 do ECA – Revelia – O tipo administrativo do artigo 80 do ECA, é de mera conduta, de maneira que basta a prática do ato para sua tipificação, não se exigindo dolo ou culpa – Sentença aplicou pena de multa, após procedimento regular – Recurso buscando reforma – Auto de Infração não abalado – Sentença mantida – Negado provimento ao recurso.

Apelação Cível nº 68.467-0/8 – Comarca de Mococa – TJSP – Relator Des. Mohamed Amaro – j. 18/01/01.

Apelação Cível – Recurso interposto em razão de multa aplicada pela freqüência de menores ao estabelecimento do recorrente, valendo-se de mesa de "snooker" – Alegação de não utilização da prova produzida pela defesa – Infração caracterizada – Recomendação quanto à multa fixada em salário de referência, devidamente atualizado para a data do pagamento, com incidência de índices oficiais - Recurso parcialmente provido.

Apelação Cível nº 68.386-0/8 – Comarca de Mococa – TJSP – Relator Des. Hermes Pinotti – j. 18/01/01.

Apelação Cível – Infração ao artigo 80 do ECA – Revelia – O tipo administrativo do artigo 80 do ECA, é de mera conduta, de maneira que basta a prática do ato para sua tipificação, não se exigindo dolo ou culpa – Sentença aplicou pena de multa, após procedimento regular – Recurso buscando reforma – Auto de Infração não abalado – Sentença mantida – Negado provimento ao recurso.

Apelação Cível nº 67.703-0/9 – Comarca de Caconde – TJSP – Relator Des. Hermes Pinotti – j. 28/12/00.

Apelação Cível – Infração ao artigo 80 do ECA – Revelia – O tipo administrativo do artigo 80 do ECA, é de mera conduta, de maneira que basta a prática do ato para sua tipificação, não se exigindo dolo ou culpa – Sentença aplicou pena de multa, após procedimento regular – Recurso buscando reforma – Auto de Infração não abalado – Sentença mantida – Negado provimento ao recurso.

Apelação Cível nº 67.922-0/8 – Comarca de Mococa – TJSP – Relator Des. Gentil Leite – j. 21/12/00.

Menor - Infração administrativa - Presença de adolescente em estabelecimento que explora comercialmente jogo de bilhar, em desacordo com o art. 80 do ECA - Imposição de multa - Necessidade - Recurso improvido.

Apelação Cível nº 60.542-0/2 – Comarca de Igarapava – TJSP – Relator Des. Nigro Conceição – j. 23/11/00.

Apelação contra imposição de multa – Adolescentes surpreendidos em estabelecimento comercial, jogando bilhar, com violação ao art. 80 do ECA – Multa, porém, imposta em salários mínimos, e não em salários de referência, como determinado pala Lei – Recurso provido para ajustar a multa aos parâmetros legais.

Apelação Cível nº 58.465-0/0 - Comarca de Pitangueiras - TJSP - Relator Des. Nigro Conceição - j. 13/07/00.

Apelação - Auto de infração - Estabelecimento comercial que viola Portaria do Juízo da Comarca, por manter mesa de bilhar em local que permite acesso de crianças e adolescentes - Multa de três (03) salários mínimos - Apelação em que pretendeu improcedência da representação, por não ter ficado configurada a infração administrativa, pois nenhum menor foi encontrado no momento da apreensão da mesa, não havendo, apenas, separação de ambiente - Inadmissibilidade - Pode o Juízo local disciplinar, por intermédio de portaria, que as mesas de bilhar fiquem em local inacessível a menores, constituindo violação aos preceitos dos arts. 80 e 258 do ECA a conduta de quem assim não age - Nada obstante, descabe fixação de multa em salários mínimos, pois isso não foi previsto pelo legislador - Recurso parcialmente provido, tão-só para adequar a aplicação da multa em salários de referência.

Apelação Cível nº 58.410-0/0 – Comarca de Pitangueiras – TJSP – Rel. Des. Nigro Conceição – j. 13/07/00 – v.u.

Apelação – Auto de infração – Estabelecimento comercial que viola portaria do juízo da comarca, por manter mesa de bilhar em local que permite acesso de crianças e adolescentes – Multa de três (03) salários mínimos – Apelação em que pretendeu improcedência da representação, por não ter ficado configurada a infração administrativa, pois nenhum menor foi encontrado no momento da apreensão da mesa, na havendo, apenas, separação de ambiente – Inadmissibilidade – Pode o Juízo local disciplinar, por intermédio de portaria, que as mesas de bilhar fiquem em local inacessível a menores, constituindo violação aos preceitos dos arts. 80 e 258 do ECA a conduta de quem assim não age – Nada obstante, descabe fixação de multa em salários mínimos, por isso não foi previsto pelo legislador – Recurso parcialmente provido, tão só para adequar a aplicação da multa em salários de referência.

Apelação Cível nº 58.411-0/5 - Comarca de Pitangueiras - TJSP - Relator Des. Nigro Conceição - j. 13/07/00.

Apelação - Auto de infração - Estabelecimento comercial que viola Portaria do Juízo da Comarca, por manter mesa de bilhar em local que permite acesso de crianças e adolescentes - Multa de três (03) salários mínimos - Apelação em que pretendeu improcedência da representação, por não ter ficado configurada a infração administrativa, pois nenhum menor foi encontrado no momento da apreensão da mesa, não havendo, apenas, separação de ambiente - Inadmissibilidade - Pode o Juízo local disciplinar, por intermédio de portaria, que as mesas de bilhar fiquem em local inacessível a menores, constituindo violação aos preceitos dos arts. 80 e 258 do ECA a conduta de quem assim não age - Nada obstante, descabe fixação de multa em salários mínimos, pois isso não foi previsto pelo legislador - Recurso parcialmente provido, tão-só para adequar a aplicação da multa em salários de referência.

Apelação Cível nº 55.577-0/0 – Comarca de Ourinhos – TJSP – Relator Des. Álvaro Lazzarini – j. 04/05/00.

Infração administrativa - Estabelecimento comercial no qual instaladas mesas de " snooker" e acessórios apreendidos, pois em desacordo com portaria do Juízo - Multa aplicada - Ausência de crianças ou adolescentes no local - Inteligência dada ao artigo 80 do Estatuto da Criança e do Adolescente - Não configuração de infração - Recurso provido.

Apelação Cível nº 45.786-0/5 - Comarca de São Paulo - TJSP - Relator Des. Oetterer Guedes - j. 05/11/98.

Infração Administrativa - Menores surpreendidos no interior de estabelecimento comercial onde era explorado jogo de bilhar - Inexistência de alvará que autorizasse o ingresso e permanência de adolescentes no recinto - Prova dos autos que demonstra evidente prática da infração - Pena de multa corretamente fixada acima do mínimo legal em virtude das circunstâncias da infração - Recurso não provido.

Apelação Cível nº 29.271-0/8 – Comarca de São José do Rio Preto – TJSP – Relator Des. Cerqueira Leite – j. 05/12/96.

Apelação – Responsável por estabelecimento que explora comercialmente mesas de bilhar autuada por infração administrativa ao ECA – Fato descrito no auto de infração, sem vícios, cerceamento de defesa ou provas, estas sequer protestadas – Presunção "juris tantum" de veracidade do auto de infração – Recurso improvido.

Apelação Cível nº 26.368-0/9 – Comarca de São José do Rio Preto – TJSP – Relator Des. Pereira da Silva – j. 16/05/96.

Infração administrativa – Art. 80 do ECA – Menores surpreendidos no interior de estabelecimento comercial onde era explorado jogo de bilhar – Prova revela evidente prática da infração – Pena de multa fixada no mínimo legal (art. 258, ECA) – Recurso improvido.

Apelação Cível nº 23.680-0/0 – Comarca de Mogi das Cruzes – TJSP – Relator Des. Nigro Conceição – j. 23/11/95.

Infração – Adolescentes surpreendidas jogando snooker em estabelecimento comercial – Resposta, admitindo a infração – Culpa "in vigilando" – alegado cerceamento de defesa – Inocorrência – Aplicação dos artigos 196 e 197 do ECA – Reincidência – Não configuração – Recurso provido em parte, para adequação da pena pecuniária ao mínimo previsto no art. 258 do Estatuto. Se é admitida a infração referente à participação das adolescentes no jogo de snooker, não sendo arroladas testemunhas, desnecessária é a realização de audiência, sendo possível o imediato julgamento, sem que implique cerceamento de defesa. Não se pode admitir os antecedentes para reconhecimento da reincidência, se as infrações são anteriores à vigência do Estatuto. O recurso, em face desta circunstância, comporta provimento parcial para redução da reprimenda a três salários-de-referência.

Apelação Cível nº 24.191-0/6 – Comarca de Guararapes – TJSP – Relator Des. Carlos Ortiz – j. 10/08/95.

Infração - Estabelecimento comercial autuado em virtude da presença de adolescente no recinto, jogando bilhar - Auto de Infração formalmente perfeito - Artigo 70 do E.C.A. - Dever de vigilância compete ao responsável pelo estabelecimento - Negado provimento ao recurso.

Apelação Cível nº 23.939-0/3 – Comarca de Santos – TJSP – Relator Des. Ney Almada – j. 29/06/95.

Infração administrativa - Estabelecimento comercial que explora bilhar - Violação do ECA, art. 80 - Ausência de controle de acesso a menores - Mesa de jogo fora do alcance da vigilância dos responsáveis - Multa mantida - Recurso provido.

24.6 BOATE

Apelação Cível nº 28.072-0/2 – Comarca de Santos – TJSP – Relator Des. Oliveira Passos – j. 18/07/96.

ECA - Multa por infração administrativa - Menores no interior de uma boate, freqüentada por prostitutas - Meninas que também se prostituíam, sendo freqüentadoras da casa, dever de fiscalizar e de impedir a entrada da responsabilidade da apelante - Decisão mantida.

24.7 CARNAVAL

Apelação Cível nº 66.323-0/7 – Comarca de São Bernardo do Campo – TJSP – Relator Des. Álvaro Lazzarini – j. 22/03/01.

Ato Infracional - Clube que apela alegando nulidade do processamento que levou à sua condenação à multa equivalente a cinco salários referência, pela realização de baile carnavalesco noturno, com a presença de menores de 14 anos, sem autorização judicial, inclusive, servindo bebidas alcoólicas àqueles, porque não houve intimação do Diretor Jurídico - Diligência dispensável, uma vez que o auto de infração foi lavrado na presença do Vice-Presidente do Clube, que substitui, ordinariamente, o Presidente daquele entidade, constando do auto expressa certidão de intimação a oferecer defesa, no prazo de dez dias - Inexistente outras provas, prevalece a fé-pública que emana do ato administrativo de autuação - Sentença mantida.

Apelação Cível nº 66.241-0/2 - Comarca de Mogi Mirim - TJSP - Relator Des. Álvaro Lazzarini - j. 07/12/00.

Menor - Presença em baile carnavalesco - Auto que anota a natureza da infração e as circunstâncias - Validade - Menor acompanhado dos pais cuja presença é permitida - Vigilância do clube que não se mostrou operante quanto aos demais menores desacompanhados - Procedência da autuação quanto aos últimos.

Apelação Cível nº 64.491-0/8 - Comarca de Santos - TJSP - Relator Des. Gentil Leite - j. 19/10/00.

Menor - Infração administrativa - Anúncios de bailes de carnaval sem a indicação dos limites de idade recomendados para freqüência de menores - Balizamento adstrito a Justiça da Infância e da Juventude e não ao Poder Público - Atipicidade da conduta - Infração ao artigo 253 do ECA não caracterizada - Recurso improvido.

24.8 CASA DE JOGOS

Apelação Cível nº 66.242-0/7 – Comarca de Mogi Mirim – TJSP – Relator Des. Nigro Conceição – j. 10/05/01.

Apelação contra imposição de multa - Recurso em que e objetivada a improcedência do auto de infração, onde menor fora surpreendido em local reservado para jogos - Alegação do apelante de que não autoriza o ingresso de menores no local, apenas encontrava-se ele sentado próximo às mesas de jogos, sem estar praticando - Inadmissibilidade, já que ficou induvidosa a presença do menor em local cujo acesso é vedado pelo art. 80 do ECA, configurando-se a infração administrativa - Multa, porém, imposta em salários mínimos e não em salários de referência, como determina a Lei - Provimento parcial para ajustar a multa aos parâmetros legais.

24.9 COMERCIALIZAÇÃO DE REVISTAS OU PUBLICAÇÕES CONTENDO MATERIAL IMPRÓPRIO OU INADEQUADO AO PÚBLICO INFANTO-JUVENIL (ECA, ART. 257)

Apelação Cível nº 67.122-0/7 - Comarca de Adamantina - TJSP - Relator Des. Gentil Leite - j. 07/12/00.

Menor - Infração administrativa - Banca de jornal - Exposição à venda de revistas com conteúdo pornográfico em local acessível a menores - Desobediência à norma contida no art. 78 do ECA - Cabimento - Sanção pecuniária indexada pela lei com base no valor do salário mínimo de referência, já extinto pelo Poder Público quando de sua edição - Irrelevância - Circunstância que não exclui a incidência da pena - Cálculo que deverá lastrear-se no último valor conhecido, com atualização monetária até a data de seu efetivo recolhimento - Recurso improvido.

Mandado de Segurança nº 32.871-0 – Comarca de São Paulo – TJSP – Rel. Des. Luís de Macedo – j. 13/06/96.

Mandado de Segurança – Ato judicial – Apreensão de revista com conteúdo impróprio para menores – Não ostentação, porém, na capa, de mensagens pornográficas ou obscenas – Possibilidade de sua comercialização em embalagem transparente e lacrada, com advertência de seu conteúdo – Artigo 78 da Lei Federal n. 8.069, de 1990 – Segurança concedida.

Apelação Cível nº 22.910-0/4 – Comarca de Votuporanga – TJSP – Relator Des. Dirceu de Mello – j. 21/12/95.

Menor – Procedimento para apuração de infração às normas de proteção à criança e ao adolescente - Irrelevância, para fins de tipificação na conduta, de haver sido extinto o salário de referência, base de cálculo das infrações administrativas previstas na L. Fed. 8.069, de 1990 – Menor - Procedimento para apuração de infração às normas de proteção à criança e ao adolescente - Prova suficiente da prática, pela apelante, da conduta prescrita no artigo 257, da L.Fed. 8.069, de 1990. acolhimento da representação que era, mesmo, de rigor - Sentença mantida.

Apelação Cível nº 14.478-0/8 – Comarca de Miracatu – TJSP – Relator Des. Lair Loureiro – j. 07/05/92.

Infração Administrativa – Art. 78 do ECA – A responsabilidade da embalagem das publicações é da editora e não dos revendedores –Recurso provido.

Mandado de Segurança nº 13.176-0 – Comarca de São Paulo – TJSP – Rel. Des. Dínio Garcia – j. 08/08/91 – v.u.

Ação – Litispendência – Requisito – Repetição da demanda anterior – Inocorrência – Segurança denegada.

Imprensa – Jornal – Exemplares contendo material inadequado para crianças e adolescentes – Imposição do artigo 78 e parágrafo único do Estatuto da Criança e do Adolescente – Compatibilidade com a Carta Magna, em face do disposto em seu artigo 227 – Direito absoluto à liberdade de comunicação, ademais, que não significa direito ilimitado – Segurança denegada.

Ação Civil Pública – Medida liminar – Obrigação de fazer – Proteção à criança e ao adolescente – Concessão inaudita altera pars – Admissibilidade – Artigo 213, § 2º, do Estatuto da Criança e do Adolescente – Segurança denegada.

24.10 CONCURSO / CERTAME DE BELEZA

Apelação Cível nº 70.146-0/3 - Comarca de Limeira - TJSP - Relator Des. Mohamed Amaro - j. 19/04/01.

Menor - Infração administrativa - Concurso de beleza com a participação de menores, autorizados pelos pais - Ausência de alvará judicial - Condenação por infração ao artigo 258 do ECA - Apelação - Ilegitimidade argüida pelo clube em que ocorreu o evento - Alegado desconhecimento acerca da necessidade de alvará - Preliminar afastada - Adequação da multa fixada - Recurso desprovido.

Apelação Cível nº 46.248-0/8 – Comarca de Amparo – TJSP – Relator Des. Álvaro Lazzarini – j. 08/04/99.

Infração Administrativa - Certame de beleza envolvendo crianças e adolescentes - Inexistência de Alvará - Auto lavrado contra o responsável pelo evento - Sentença que condena o estabelecimento no qual se realizou o certame no pagamento de multa – Inadmissibilidade - Sentença anulada.

Apelação Cível nº 24.323-0/0 – Comarca de Guarujá – TJSP – Relator Des. Nigro Conceição – j. 30/05/96.

Menor – Auto de infração – Concurso de beleza realizado sem que houvesse alvará, autorizando a participação, o ingresso e a permanência de menores – Representação oferecida pelo dr. Promotor de Justiça julgada procedente – Imposta pena pecuniária de 10 (dez) salários de referência – Prova dos autos que demonstra, à sociedade, a prática da infração – Sanção que deve ser reduzida ao mínimo legal, diante da primariedade da representada – Recurso provido em parte.

24.11 CRIANÇAS / ADOLESCENTES ACOMPANHADOS DOS PAIS

Apelação Cível nº 38.156-0/4 – Comarca de São José do Rio Preto – TJSP – Rel. Des. Dirceu de Mello – j. 02/10/97 – v.u..

Procedimento de apuração de infração administrativa às normas de proteção à criança e ao adolescente – Não caracteriza a infração administrativa, posto que os adolescentes, surpreendidos no local e arrolados no auto de infração, encontravam-se acompanhados de seus pais – Recurso de Apelação provido.

Apelação Cível nº 31.028-0/0 – Comarca de Mogi Guaçu – TJSP – Relator Des. Pereira da Silva – j. 12/12/96.

Clube Recreativo – Infração administrativa – Ausência de alvará judicial – Alegação de que os menores estavam na companhia dos pais e a prova não lhe foi permitida - Cerceamento de defesa reconhecido – Apelo provido para anular a sentença.

Apelação Cível nº 31.027-0/5 – Comarca de Mogi Guaçu – TJSP – Relator Des. Oliveira Passos – j. 14/11/96.

ECA - Menor de 14 anos em local onde não lhes era permitida a entrada - Multa aplicada - Apelante que pediu para ouvir os pais dos menores - Alegação de que não cabe ao juiz proibir o ingresso de menores acompanhados dos pais, a teor do art. 149, I do ECA - Julgamento antecipado da lide - Não enfrentamento da tese defensiva apresentada - Processo anulado desde a sentença.

Apelação Cível nº 13.740-0/7 – Comarca de Moji das Cruzes – TJSP – Rel. Des. Torres de Carvalho – j. 23/01/92 – v.u.

Infração Administrativa – Ingresso de sócios com filho menor, de 2 anos, em matinê infantil em Clube de Campo – Criança acompanhada do pai - Procedência do recurso – Inteligência do art. 149, I, "b", do ECA.

24.12 DESCUMPRIMENTO DE DEVERES (ECA, ART. 249)

24.12.1 Inerentes ao pátrio poder

Apelação Cível nº 72.326-0/0 - Comarca de São João da Boa Vista - TJSP - Relator Des. Álvaro Lazzarini - j. 05/04/01.

ECA - Representação do Conselho Tutelar - Negligência materna ao acompanhamento do filho a tratamento hospitalar - Ato reiterado sem justificativa plausível - Multa aplicada - Sentença confirmada.

Apelação Cível nº 67.472-0/3 - Comarca de Palmeira D'Oeste - TJSP - Relator Des. Gentil Leite - j. 21/12/00.

Menor - Infração administrativa - Faltas reiteradas e injustificadas de adolescente à escola - Representação oferecida pelo MP contra o próprio menor e sua mãe natural por infringência ao disposto no art. 249 do ECA - Pretensão acolhida em primeiro grau com a imposição de sanção pecuniária a ambos os requeridos - Apelação visando a reforma do julgado - Cabimento - Dispositivo de lei que visa coibir o desrespeito aos deveres inerentes ao pátrio poder - Ilegitimidade lógica do adolescente para figurar no pólo passivo do feito - Omissão voluntária da mãe natural não configurada - Evasão escolar decorrente da dificuldade materna em exercer controle sobre a conduta do filho - Hipótese de inclusão do menor e seus pais em programas de tratamento psicológico e de orientação e não de aplicação de multa - Recurso provido para afastar a imposição da sanção pecuniária, com recomendação.

Apelação Cível nº 66.874-0/0 - Comarca de Ribeirão Preto - TJSP - Relator Des. Hermes Pinotti - j. 21/12/00.

Apelação Cível - Aplicação de penalidade administrativa prevista no artigo 249 do ECA - Pais que teriam permitido ao filho menor a direção de motocicletas - Infração não caracterizada - Recurso provido.

Apelação Cível nº 45.793-0/7 - Comarca de Jardinópolis - TJSP - Relator Des. Cunha Bueno - j. 25/03/99.

Infração administrativa - Ausência de matrícula de filho em estabelecimento escolar - Intenção de afastar filha dos estudos não caracterizada - Recurso provido para afastar condenação pecuniária dos pais.

Apelação Cível nº 54.109-0/8 - Comarca de Caçapava - TJSP - Rel. Des. Hermes Pinotti - j. 17/02/00 – v.u.

Apelação Cível – Imposição de multa equivalente a três salários referências a genitor, que teria negligenciado os deveres inerentes ao pátrio poder – Condução de motoneta de 50 cc por adolescente, sem consentimento dos genitores – Casal separado de fato – Filhos morando com a mãe – Ausência de prova vertida à negligência dos deveres inerentes ao pátrio poder, o que não se sujeita à presunção – Recurso a que se dá provimento para julgar improcedente a representação.

Apelação Cível nº 44.858-0/7 - Comarca de Atibaia - TJSP - Relator Des. Cunha Bueno - j. 22/10/98.

Infração administrativa - Genitores - Retirada de crianças matriculadas da escola - Não produção de prova que comprove o objetivo de afastar os menores - Recurso provido para julgar improcedente a representação.

Apelação Cível nº 35.886-0/3 - Comarca de Pontal - TJSP - Relator Des. Luís de Macedo - j. 26/06/97.

ECA - Infração administrativa - Descumprimento dos pais do dever oriundo do pátrio poder consistente na educação dos filhos - Abandono com a permissão dos pais do ensino obrigatório de primeiro grau (ECA, arts. 22 e 55) - Caracterização da infração administrativa tipificada no art. 249 do ECA - Apenação dos pais com multa fixada em salários de referência - Admissibilidade - Apelação não provida.

24.12.2 Guarda

Apelação Cível nº 70.766-0/2 - Comarca de Taquaritinga - TJSP - Relator Des. Hermes Pinotti - j. 19/04/01.

Apelação - Medida aplicada a guardiã porque não incentivava adequadamente a menor sob seus cuidados à freqüência escolar nem freqüentava grupos de ajuda à família - Menor que abandonou o lar, em concubinato com rapaz - Fatos que não importam em violação aos deveres da guarda, consideradas as condições pessoais da guardiã, pessoa muito humilde – Recurso provido.

24.13 DESCUMPRIMENTO DE DETERMINAÇÃO DA AUTORIDADE JUDICIÁRIA

24.13.1 Alvará Judicial

Apelação Cível nº 68.332-0/2 - Comarca de Mogi Mirim - TJSP - Relator Des. Hermes Pinotti - j. 02/02/01.

ECA - Infração administrativa - Infringência da norma expressa do artigo 258 do Estatuto da Criança e do Adolescente - Postulada a expedição de alvará para realização de evento com ingresso de menores, sujeita-se postulante ao regramento fixado de ordem especial, no caso, quanto a proibição de venda de bebida alcoólica para menores e adolescentes, sem se olvidar da norma expressa do inciso II, do artigo 81 do Estatuto da Criança e do Adolescente - Requerendo o alvará para ingresso de menores, assume o empresário o ônus de fielmente fiscalizar, não podendo argumentar da impossibilidade de efetiva fiscalização, pois, se assim o fosse não deveria requerer a expedição do alvará, dado que, de antemão ciente estava que não poderia cumprir o regramento vigente - Recurso conhecido e não provido.

Apelação Cível nº 67.949-0/0 – Comarca de Guarulhos – TJSP – Relator Des. Gentil Leite – j. 21/12/00.

Menor – Infração administrativa – Presença de adolescentes em casa noturna – Inexistência de alvará judicial – Imposição de multa – Cabimento – Montante da sanção contudo agravado pelo julgador em seu grau máximo, com base na reiteração infracional – Inadmissibilidade – Necessidade de gradual escalonamento da sanção – Multa reduzida para 10 salários de referência – Recurso provido em parte.

Apelação Cível nº 65.933-0/3 – Comarca de Auriflama – TJSP – Relator Des. Fonseca Tavares – j. 14/12/00.

Menores – Infração administrativa descrita no art. 258 do ECA – Não demonstração pelo requerente, mesmo em grau de recurso, de contar com autorização para freqüência de menores ao estabelecimento (alvará) – Recurso improvido.

Apelação Cível nº 64.207-0/3 - Comarca de São Paulo - TJSP - Relator Des. Álvaro Lazzarini - j. 23/11/00.

Auto de infração - Adolescentes encontrados no interior de estabelecimento quando da realização de evento musical - Ausência de Alvará - Evento realizado em dia não incluído na lista apresentada ao Juízo - Infração configurada - Apelo não acolhido.

Apelação Cível nº 62.365.0/9 – Comarca de Santos – TJSP – Relator Des. Nigro Conceição – j. 21/09/00.

Apelação contra imposição de multa – Pedido de suspensão do feito, ante ajuizamento de renovação de alvará – Alegação de que adolescentes usaram documentos falsos para ingressarem no estabelecimento – Inadmissibilidade – Pedido de renovação de alvará vencido não autorizava ingresso de jovens desacompanhados dos pais no recinto em que se realizava baile – A prova colhida dá conta de que pelo menos um adolescente sequer foi instigado a apresentar documentos – Procedência inafastável do auto de infração – Inteligência do art. 258, do ECA – Antecedentes da apelante que recomendavam condenação agravada – Recurso improvido.

Apelação Cível nº 54.383-0/7 - Comarca de Santos - TJSP - Rel. Des. Hermes Pinotti - j. 02/03/00 – v.u.

Apelação Cível – participação de menores em evento, desacompanhados dos responsáveis, sem prévio alvará – Descumprimento do artigo 149, inciso I, do ECA – prova confirmatória – Aplicação de multa em sentença – Negado provimento ao recurso.

Apelação Cível nº 40.329-0/4 - Comarca de São Paulo - TJSP - Relator Des. Cunha Bueno - j. 06/11/97.

Infração administrativa - Pedido de alvará ao Juízo ainda não apreciado - Caracterização da infração - Recurso do estabelecimento improvido.

Apelação Cível nº 33.426-0/0 – Comarca de Santos – TJSP – Relator Des. Dirceu de Mello – j. 12/12/96.

Menor – Responsável por estabelecimento comercial que permite ingresso de criança com alvará judicial vencido – Alegação de que já havia feito pedido junto ao juízo para renovação – Infração administrativa caracterizada (art. 258 do ECA), posto que se fazia necessária decisão judicial acolhedora da pretensão, a teor do artigo 149, I, d, do ECA – Apelo desprovido.

24.13.2 Portaria

Agravo de Instrumento nº 83.800-0/9 – Presidente Prudente – TJSP – Rel. Des. Borelli Machado – j. 15/04/02 – v.u.

Agravo de instrumento – Decisão que nega seguimento a recurso de apelação desafiador de portaria editada pelo Juízo da Infância e Juventude – Controle jurisdicional do ato normativo afeto ao Poder Judiciário – Inteligência do artigo 199 do ECA – Legitimidade do Ministério Público para recorrer reconhecida – Recurso provido.

Apelação Cível nº 67.620-0/0 - Comarca de Iguape - TJSP - Relator Des. Hermes Pinotti - j. 28/12/00.

Apelação Cível - ECA - Infração Administrativa - Permanência de menor, desacompanhado, em estabelecimento durante a madrugada - Infração Administrativa caracterizada - Autorização regrada por portaria local e pela Lei de regência - Inteligência dos artigos 149 e 249 do ECA - Indiferença da ocasional presença inicial dos genitores, pois mesmo a prévia anuência de pais ou responsáveis não permite o ingresso, nem a permanência, em estabelecimento desacompanhada nem tampouco dispensa autorização judicial ao estabelecimento - Mandado específico de fiscalização somente é exigido para ato ordinário, não sendo necessário para situações de flagrância - Recurso a que se nega provimento - Mantida a sentença.

Apelação Cível nº 55.612-0/0 – Comarca de São Paulo – TJSP – Rel. Des. Hermes Pinotti – j. 13/04/00 – v.u.

Apelação Cível – Infração ao artigo 81, inciso I, do ECA, regrado por portaria local – Revelia – Sentença aplicou pena de multa – Recurso buscando reforma, argüindo irresponsabilidade, sem contudo fazer prova cabal – Auto de infração não abalado – Sentença mantida – Negado provimento ao recurso.

Apelação Cível nº 45.785-0/0 - Comarca de São José do Rio Preto - TJSP - Relator Des. Cunha Bueno - j. 18/03/99.

Infração administrativa - Permissão de acesso a menores em "boite", desrespeitando a legislação pertinente e a Portaria do Juízo - Recurso provido, uma vez que as testemunhas ouvidas comprovaram a prática da infração.

24.14 DESFILE

Apelação Cível nº 43.615-0/1 - Comarca de Birigui - TJSP - Relator Des. Oetterer Guedes - j. 22/10/98.

Infração Administrativa - Realização de desfile em "boite" com a participação de menores de idade e sem alvará da autoridade judiciária - Representação oferecida pelo promotor de Justiça contra o empresário que arrendou o estabelecimento comercial e contra o seu proprietário - Hipótese de responsabilidade do empresário arrendatário do estabelecimento, o qual foi expressamente advertido da necessidade de prévia obtenção de alvará junto à autoridade judiciária e também do arrendante, que não poderia permitir a realização de evento em desacordo com as normas legais em vigor - Recurso não provido.

Apelação Cível nº 44.085-0/9 – Comarca de Santos – TJSP – Relator Des. Alves Braga – j. 17/09/98.

Menor - Infração administrativa - Participação em desfile de escola de samba, em desconformidade com a autorização judicial recebida - Ausência, de defesa no prazo legal - Revelia, caracterizada - Aplicação subsidiária das normas do CPC, por força do art. 152 do ECA - Recurso não provido.

24.15 DIVERSÕES ELETRÔNICAS / FLIPERAMA

Apelação Cível nº 68.331-0/8 - Comarca de Itanhaém - TJSP - Relator Des. Mohamed Amaro - j. 22/03/01.

Infração administrativa - Adolescentes surpreendidos no interior de estabelecimento de propriedade do apelante, jogando diversões eletrônicas, desacompanhados de seus responsáveis legais - Ausência de alvará judicial para o ingresso de menores - Culpa constatada - Penalidades de multa e de fechamento temporário do estabelecimento de diversões eletrônicas - Decisão reformada para reduzir, a três salários de referência, a multa aplicada e excluir a pena de fechamento temporário - Provimento parcial ao recurso.

Apelação Cível nº 57.505-0/7 - Comarca de Santos - TJSP - Relator Des. Álvaro Lazzarini - j. 15/03/01.

Ato infracional - Estabelecimento que explora diversões eletrônicas e não possui Alvará Judicial - A existência de Alvará Municipal que não supre este último a ser emitido na Vara da Infância e Juventude - Alegação de desconhecimento que somente revela má-fé e não lhe beneficia, uma vez que poucos dias atrás foi encontrado menor no mesmo estabelecimento, em condição similar - Multa aplicada de 6 salários referência que não se mostra excessiva - Recurso a que se nega provimento.

Apelação Cível nº 53.659-0/0 – Comarca de São Paulo – TJSP – Relator Des. Gentil Leite – j. 21/12/00.

Menor – Infração administrativa – Presença de adolescentes em estabelecimento que explora comercialmente diversões eletrônicas – Descumprimento de Portaria Judicial – Revelia – Imposição de multa – Necessidade – Montante da sanção contudo agravado sem fundamentação pelo julgador – Inadmissibilidade frente a notícia de primariedade da infratora – Multa reduzida para o mínimo legal – Recurso provido em parte.

Apelação Cível nº 67.629-0/0 – Comarca de Campos do Jordão – TJSP – Relator Des. Gentil Leite – j. 21/12/00.

Menor – Infração administrativa – Presença de adolescentes em estabelecimento que explora comercialmente diversões eletrônicas – Inexistência de alvará judicial – Imposição de multa – Necessidade – Montante da sanção contudo agravado pelo julgador – Inadmissibilidade frente a notícia de primariedade do infrator – Multa reduzida para o mínimo legal – Recurso provido em parte.

Apelação Cível nº 67.470-0/4 – Comarca de Guarulhos – TJSP – Relator Des. Gentil Leite – j. 21/12/00.

Menor – Infração administrativa – Presença de adolescentes em estabelecimento que explora comercialmente diversões eletrônicas – Ausência de alvará judicial – Imposição de multa – Necessidade – Recurso improvido.

Apelação Cível nº 66.703-0/1 - Comarca de Presidente Prudente - TJSP - Relator Des. Nigro Conceição - j. 14/12/00.

Apelação Cível - Infração administrativa - Estabelecimento comercial que, sem possuir alvará judicial, permitia presença de adolescente e criança em local onde explora diversões eletrônicas - Imposição de multa de um salário mínimo - Apelação que visa fixação da multa em três (03) salários mínimos - Inadmissibilidade - Caso em que a multa deveria ser cominada em salários de referência, como determinado pela Lei, efetuando-se a correção dos valores até a data do efetivo pagamento - Além disso, a r. decisão não observou os parâmetros legais, já que se fixou o valor da multa aquém do mínimo permitido - Recurso provido parcialmente para ajustar a multa aos parâmetros legais.

Apelação Cível nº 59.258-0/3 – Comarca de Iguape – TJSP – Relator Des. Fonseca Tavares – j. 07/12/00.

Infração Administrativa – Menor surpreendido em estabelecimento que explora jogos eletrônicos, sem que dispusesse de alvará judicial – Auto de infração julgado procedente e imposta pena pecuniária – Procedimento que transcorreu sem irregularidades – Prova dos autos que justifica a confirmação da autuação – Recurso não provido.

Apelação Cível nº 63.847-0/6 – Comarca de Santos – TJSP – Relator Des. Gentil Leite – j. 05/10/00.

Menor – Infração administrativa – Presença de adolescentes em estabelecimento que explora comercialmente diversões eletrônicas – Ausência de alvará judicial – Imposição de multa – Necessidade – Apelação que ademais pretende debater matéria de fato não suscitada em primeiro grau – Impossibilidade – Aplicação do art. 515 do CPC – Recurso improvido.

Apelação Cível nº 56.213-0/7 – Comarca de Iguape – TJSP – Relator Des. Gentil Leite – j. 25/05/00.

Menor – Infração administrativa – Presença de adolescente em estabelecimento que explora comercialmente diversões eletrônicas, em desacordo com Portaria judicial – Imposição de multa – Necessidade – Recurso improvido.

Apelação Cível nº 31.827-0/6 – Comarca de Osasco – TJSP – Relator Des. Oliveira Passos – j. 19/12/96.

Infração administrativa – Menores participando de jogos eletrônicos no estabelecimento comercial da apelante – Fato bem provado – Multa aplicada – Infringência aos arts. 80, 149, I, "d" e 258 do ECA – Sentença mantida.

Apelação Cível nº 31.304-0/0 – Comarca de Santos – TJSP – Relator Des. Oliveira Passos – j. 14/11/96.

ECA - Multa por infração administrativa - Menor em estabelecimento comercial participando de jogos eletrônicos - Desobediência a alvará do Juízo de Menores - Prova testemunhal forte - Sentença mantida.

Apelação Cível nº 21.765-0/4 – Comarca de Santos – TJSP – Relator Des. Nigro Conceição – j. 20/04/95.

Fliperama - Autuação de estabelecimento que o explora por descumprimento do Alvará do Juízo da Infância e da Juventude - Aplicação da multa de 20 salários-de-referência e fechamento por 15 dias - Recurso interposto, visando à sua reforma, sob a alegação de que os menores se encontravam apenas observando as máquinas e em horário permitido - Recurso improvido - Se o estabelecimento, ao contrário do sustentado, foi autuado por ter admitido o ingresso e permanência de menores em horário proibido e, em face das inúmeras infrações anteriores, revela o propósito de não fiscalizar este acesso, como lhe compete (ECA, art. 80), não observando as determinações do Juízo, deve a punição, embora severa, ser integralmente mantida.

24.16 EXIBIR FILME OU PEÇA CLASSIFICADA COMO INADEQUADO (ECA, ART. 255)

Apelação Cível nº 65.747-0/4 - Comarca de Santos - TJSP - Relator Des. Gentil Leite - j. 09/11/00.

Menor - Infração administrativa - Publicação de anúncio de filme em jornal - Representação formulada pelo MP contra a empresa anunciante e contra a mídia, com base na falta de indicação da idade a que a exibição não se recomendaria - Procedência parcial do pedido, com exclusão da responsabilidade da empresa jornalística - Apelos do "parquet" e da empresa exibidora visando a modificação do julgado - Peça inicial que deixou de apontar qual a classificação etária atribuída pelo órgão competente - Inépcia reconhecida - Processo extinto sem apreciação do mérito - Recurso da empresa co-representada acolhido, com conseqüente improvimento do apelo ministerial.

24.17 HOTEL / MOTEL

Apelação Cível nº 65.598-0/3 - Comarca de Campinas - TJSP - Relator Des. Álvaro Lazzarini - j. 07/12/00.

ECA - Moças com aparência de adolescentes surpreendidas no interior de motel - Ausência de documento de identidade - Auto de infração lavrado com apoio no disposto no artigo 82 do ECA - Presunção de veracidade do auto dependente de confirmação sobre a real idade das moças - Prova que exclui uma das supostas adolescentes da proteção do ECA - Não localização da outra suposta adolescente no endereço declinado no auto de infração - Auto que não subsiste - Apelo provido.

Apelação Cível nº 64.386-0/9 – Comarca de Campinas – TJSP – Relator Des. Álvaro Lazzarini – j. 23/11/00.

Menor – Auto de infração lavrado contra hotel por permitir hospedagem de menor – Aplicação de multa – Auto de infração que não padece de nulidades – Presunção de legalidade – Acolhimento parcial de recurso apenas para substituir o indexador da multa de salário mínimo para salário referência de rendimentos corrigidos.

Apelação Cível nº 59.135-0/2 - Comarca de Regente Feijó - TJSP - Relator Des. Gentil Leite - j. 03/08/00.

Menor - Infração administrativa - Motel que admite a estadia de adolescentes em desacordo com as exigências contidas nos arts. 82 e 250 do ECA - Imposição de multa - Necessidade - Recurso improvido.

Apelação Cível 48.046-0/0 – Comarca de Mairiporã – TJSP – Relator Des. Yussef Cahali – j. 25/02/99.

Menor - Infração administrativa - Auto de infração que aponta presença de adolescente hospedada em motel, desacompanhada dos pais ou responsáveis - Adolescente que aparentava maioridade - Erro escusável - Recurso provido.

Apelação Cível nº 45.555-0/1 - Comarca de Adamantina - TJSP - Relator Des. Djalma Lofrano - j. 12/11/98.

Menor - Ingresso e permanência em motel, desacompanhado dos pais e sem autorização - Infração administrativa - Ocorrência - Inteligência do art. 250, do ECA - Fixação de pena pecuniária em seu grau máximo - Redução do valor - Necessidade - Recurso parcialmente provido. Prova - Reincidência - Necessidade de certidão da condenação anterior com trânsito em julgado para sua comprovação - Insuficiência para tal fim da juntada da sentença condenatória e acórdão que não conheceu do recurso de apelação - Reconhecimento da circunstância agravante prejudicado - Recurso improvido.

Apelação Cível nº 35.266-0/4 - Comarca de Birigui - TJSP - Relator Des. Carlos Ortiz - j. 27/02/97.

Infração administrativa - Hotel - Hospedagem de menor de idade sem autorização dos pais ou responsável legal - Prova dos autos que demonstra, à saciedade, a efetiva prática da infração - Estabelecimento que responde pela ação de seu preposto - Responsabilidade objetiva - Culpa caracterizada pela negligência na fiscalização - Pena pecuniária corretamente fixada no mínimo legal em virtude da ausência de antecedentes - Recurso não provido.

Apelação Cível nº 21.578-0/0 – Comarca de Santos – TJSP – Relator Des. Yussef Cahali – j. 29/12/94.

Infração Administrativa – Hospedagem de menor em hotel sem autorização do responsável – Violação a garantias constitucionais (art. 5º, incisos X e XI, da CF) inexistente – Infração caracterizada.

24.18 JOGOS DE CARTAS

Apelação Cível nº 28.439-0/8 – Comarca de Santos – TJSP – Relator Des. Pereira da Silva – j. 29/08/96.

Ato infracional – Participação de menor em torneio de jogos de cartas conhecido como 'truco' patrocinado pela Prefeitura Municipal e pela Secretaria Municipal – Preliminar pleiteando a não incidência dos efeitos da revelia por se tratar de poder público, incidindo a regra do art 320, II do CPC – No mérito, a apelante alega a não caracterização da infração porque no local, não eram realizadas apostas e nem havia exploração comercial (art. 80, do ECA) – Preliminar rejeitada e recurso provido.

24.19 JORNAL – DIVULGAÇÃO DE ATO INFRACIONAL ATRIBUÍDO A ADOLESCENTE DE MANEIRA A PERMITIR SUA IDENTIFICAÇÃO (ECA, ART. 247)

Apelação Cível nº 67.113-0/6 - Comarca de São Paulo - TJSP - Relator Des. Álvaro Lazzarini - j. 14/12/00.

Infração administrativa de jornal - Art. 247 do ECA - Divulgação do nome de adolescente que conduzia veículo automotor e que se envolveu em acidente de trânsito - Hipótese legal de infração configurada - Recurso de apelação improvido.

Apelação Cível nº 64.724-0/2 - Comarca de Santa Bárbara D'Oeste - TJSP - Relator Des. Gentil Leite - j. 19/10/00.

Menor - Infração administrativa - Divulgação em jornal de foto de adolescente envolvido em ato infracional, sem a obtenção prévia de ordem judicial - Representação do MP acolhida - Alegação de inexistência da pretensão punitiva pela interrupção da circulação do periódico, assim como pela extinção do "salário de referência", índice utilizado como indexador da sanção pecuniária prevista na lei - Descabimento - Cessação da atividade que não põe fim às obrigações contraídas anteriormente pela empresa devedora - Pena de multa que deve ser calculada com base no último valor atribuído ao "salário de referência", com correção até a data do fato - Recurso provido em parte apenas para adequar o valor da sanção.

Agravo de Instrumento nº 281.010-5 - Rio de Janeiro - STJ - Relator Min. Celso de Mello - j. 16/06/00.

Divulgação, pela imprensa, de notícia sobre a conduta infracional de adolescente, com a sua conseqüente identificação pessoal - Lei nº 8.069/90 (art. 247, caput, §§ 1º e 2º) - Infração administrativa, apurável em procedimento de caráter administrativo, instaurado perante o Tribunal de Justiça local - Não configuração de causa, para fins de recurso extraordinário - Descabimento do apelo extremo - Agravo improvido.

Apelação Cível nº 42.223-0/5 - Comarca de Pirassununga - TJSP - Relator Des. Oetterer Guedes - 22/10/98.

Infração Administrativa - Divulgação, por órgãos da imprensa, do suposto apelido e residência de adolescente envolvido em ato infracional - Infração ao artigo 247 do ECA não caracterizada - A forma como foram divulgadas as matérias não identificam o adolescente infrator e, portanto, não constituem desrespeito à sua dignidade e intimidade - Recursos providos.

Apelação Cível nº 31.334-0/6 – Comarca de Cruzeiro – TJSP – Relator Des. Oliveira Passos – j. 19/12/96.

ECA - Publicação de notícia sobre ato infracional atribuído a uma adolescente, cujo nome completo foi revelado - Notícia que falava também do falecimento da menor - Morte que implica no término da pessoa humana e, pois, do direito à personalidade (CC. art. 10), retirando-a da esfera de proteção do ECA - Apelação do Ministério Público a que se nega provimento.

Apelação Cível nº 18.472-0/0 – Comarca de Marília – TJSP – Relator Des. Nigro Conceição – j. 23/06/94.

Infração Administrativa – Representação contra Empresa jornalística por infração do art. 147, § 2º, do ECA – O disposto no art. 143 do ECA impõe a proibição de divulgação de atos judiciais, envolvendo adolescente por prática de ato infracional – A sua violação tipifica a figura prevista no art. 247 do Estatuto e implica a sanção nele prevista – A disposição legal visa a preservar o adolescente, evitando que seja exposto à execração pública e fique marcado negativamente, circunstâncias que obstam a sua recuperação e tornam inócua a imposição de qualquer medida sócio-educativa – O valor básico da multa deve ser o do último salário-de-referência devidamente atualizado para a época do seu recolhimento – Negar provimento à apelação interposta pela Empresa Jornalística J.d.M. Ltda. E dar provimento, em parte, ao recurso do dr. Promotor de Justiça da Infância e da Juventude, a fim de determinar a atualização do salário-de-referência a partir da sua extinção até a época do seu recolhimento.

24.20 MULTA

24.20.1 Salário Referência

Apelação Cível nº 72.234-0/0 – Comarca de Leme – TJSP – Rel. Des. Nigro Conceição – j. 19/04/01 – v.u.

Apelação contra imposição de multa - Recurso em que é objetivada a improcedência do auto de infração, porquanto as testemunhos estavam acompanhando os voluntários do Juízo, inexistindo prova do alegado no auto de infração, a par de um dos menores residir no próprio local além de haver exagero na imposição de muita, buscando-se, alternativamente, fixação no valor de um salário mínimo - Inadmissibilidade - competia ao apelante, no prazo previsto em lei, produção de prova que infirmasse o auto de infração, cujo veracidade é presumido, configurando-se a infração do art. 258 do ECA, cujo regramento está estatuído no art. 80 do mesmo diploma - Multa corretamente imposta em salários de referência, como determina a lei – Caso, contudo, em que não se justificava imposição acima do mínimo legal, somente com base no número de menores surpreendidos no interior do estabelecimento - provimento parcial para ajustar a multa a três (03) solários de referência, com a devido correção.

Apelação Cível nº 72.290-0/4 – Comarca de Caconde – TJSP – Relator Des. Nigro Conceição – j. 19/04/01.

Apelação contra imposição de multa - Recurso em que é objetivada a improcedência do auto de Infração, porquanto o menor surpreendido no estabelecimento não estava jogando bilhar, não sendo possível evitar-se a presença dele naquele local - Pretensão de redução do multa ou, então, de seu parcelamento - Inadmissibilidade - a prova demonstrou que o menor iria participar de jogo de bilhar no estabelecimento do apelante, configurando-se a Infração do art. 258 do ECA, cujo regramento, está estatuído, no art. 80 do mesmo diploma - Multa, porém, imposta em salários mínimos e não em salários de referência, como determina a Lei - Impossibilidade de parcelamento - Provimento parcial para ajustar a multa aos parâmetros legais..

Apelação Cível nº 67.122-0/7 - Comarca de Adamantina - TJSP - Relator Des. Gentil Leite - j. 07/12/00.

Menor - Infração administrativa - Banca de jornal - Exposição à venda de revistas com conteúdo pornográfico em local acessível a menores - Desobediência à norma contida no art. 78 do ECA - Cabimento - Sanção pecuniária indexada pela lei com base no valor do salário mínimo de referência, já extinto pelo Poder Público quando de sua edição - Irrelevância - Circunstância que não exclui a incidência da pena - Cálculo que deverá lastrear-se no último valor conhecido, com atualização monetária até a data de seu efetivo recolhimento - Recurso improvido.

Apelação Cível nº 58.411-0/5 - Comarca de Pitangueiras - TJSP - Relator Des. Nigro Conceição - j. 13/07/00.

Apelação - Auto de infração - Estabelecimento comercial que viola Portaria do Juízo da Comarca, por manter mesa de bilhar em local que permite acesso de crianças e adolescentes - Multa de três (03) salários mínimos - Apelação em que pretendeu improcedência da representação, por não ter ficado configurada a infração administrativa, pois nenhum menor foi encontrado no momento da apreensão da mesa, não havendo, apenas, separação de ambiente - Inadmissibilidade - Pode o Juízo local disciplinar, por intermédio de portaria, que as mesas de bilhar fiquem em local inacessível a menores, constituindo violação aos preceitos dos arts. 80 e 258 do ECA a conduta de quem assim não age - Nada obstante, descabe fixação de multa em salários mínimos, pois isso não foi previsto pelo legislador - Recurso parcialmente provido, tão-só para adequar a aplicação da multa em salários de referência.

Apelação Cível nº 34.149-0/3 – Comarca de São Paulo – TJSP – Relator Des. Cunha Bueno – j. 05/12/96.

Auto de Infração – Cabe ao autuado afastar os seus termos – Recurso provido em parte somente para modificar a multa para salários de referência.

Agravo de Instrumento nº 26.538-0/5 – Guarujá – TJSP – Rel. Des. Oliveira Passos – j. 11/04/96 – v.u..

Sentença que homologa cálculo de multa prevista no Estatuto da Criança e do adolescente - Decisão que não se confunde com liquidação de obrigação ilíquida - Decisão que não põe fim ao processo, mas que dá início à execução da multa - Agravo de instrumento conhecido.

Multa fixada em salário mínimo de referência - Padrão já extinto quando da promulgação do Estatuto da Criança e da Juventude - Sanção fixada com base no último salário mínimo de referência, corrigida monetariamente até o pagamento - Agravo de instrumento provido para esse fim.

Apelação Cível nº 22.910-0/4 – Comarca de Votuporanga – TJSP – Relator Des. Dirceu de Mello – j. 21/12/95.

Menor – Procedimento para apuração de infração às normas de proteção à criança e ao adolescente - Irrelevância, para fins de tipificação na conduta, de haver sido extinto o salário de referência, base de cálculo das infrações administrativas previstas na L. Fed. 8.069, de 1990 – Menor - Procedimento para apuração de infração às normas de proteção à criança e ao adolescente - Prova suficiente da prática, pela apelante, da conduta prescrita no artigo 257, da L.Fed. 8.069, de 1990. acolhimento da representação que era, mesmo, de rigor - Sentença mantida.

Apelação Cível nº 18.472-0/0 – Comarca de Marília – TJSP – Relator Des. Nigro Conceição – j. 23/06/94.

Infração Administrativa – Representação contra Empresa jornalística por infração do art. 147, § 2º, do ECA – O disposto no art. 143 do ECA impõe a proibição de divulgação de atos judiciais, envolvendo adolescente por prática de ato infracional – A sua violação tipifica a figura prevista no art. 247 do Estatuto e implica a sanção nele prevista – A disposição legal visa a preservar o adolescente, evitando que seja exposto à execração pública e fique marcado negativamente, circunstâncias que obstam a sua recuperação e tornam inócua a imposição de qualquer medida sócio-educativa – O valor básico da multa deve ser o do último salário-de-referência devidamente atualizado para a época do seu recolhimento – Negar provimento à apelação interposta pela Empresa Jornalística J.d.M. Ltda. E dar provimento, em parte, ao recurso do dr. Promotor de Justiça da Infância e da Juventude, a fim de determinar a atualização do salário-de-referência a partir da sua extinção até a época do seu recolhimento.

24.20.2 Fixação acima do mínimo legal

Apelação Cível nº 53.659-0/0 – Comarca de São Paulo – TJSP – Relator Des. Gentil Leite – j. 21/12/00.

Menor – Infração administrativa – Presença de adolescentes em estabelecimento que explora comercialmente diversões eletrônicas – Descumprimento de Portaria Judicial – Revelia – Imposição de multa – Necessidade – Montante da sanção contudo agravado sem fundamentação pelo julgador – Inadmissibilidade frente a notícia de primariedade da infratora – Multa reduzida para o mínimo legal – Recurso provido em parte.

Apelação Cível nº 65.241-0/5 – Comarca de Atibaia – TJSP – Relator Des. Nuevo Campos – j. 13/11/00.

Menor – Infração administrativa – Aplicação de multa de seis salários de referência por infração ao art. 80 do ECA – Recurso – Pugna pela diminuição da multa para o mínimo legal, três salários de referência – Inadmissibilidade – A majoração encontra apoio nos autos, dado o numero de menores encontrados no interior do estabelecimento da apelante – O valor da multa, considerada as condições da ora recorrente, não pode ser anotado de elevado de modo a inviabilizar seu pagamento – Apelo improvido.

Apelação Cível nº 43.526-0/5 - Comarca de Catanduva - TJSP - Relator Des. Oetterer Guedes - j. 15/10/98.

Infração administrativa - Realização de baile carnavalesco pela Municipalidade sem que houvesse alvará da autoridade judiciária autorizando o ingresso e a permanência de menores de 18 (dezoito) anos no recinto - Auto de infração julgado procedente e imposta pena pecuniária - Recurso que não questiona a procedência do auto de infração, limitando o inconformismo ao valor da pena, fixado acima do mínimo legal - Pedido de isenção ou, no mínimo, redução - Ausência de antecedentes e falta de justificativa para exasperação justificam a redução da reprimenda ao mínimo previsto em Lei - Recurso parcialmente provido.

Apelação Cível nº 21.765-0/4 – Comarca de Santos – TJSP – Relator Des. Nigro Conceição – j. 20/04/95.

Fliperama - Autuação de estabelecimento que o explora por descumprimento do Alvará do Juízo da Infância e da Juventude - Aplicação da multa de 20 salários-de-referência e fechamento por 15 dias - Recurso interposto, visando à sua reforma, sob a alegação de que os menores se encontravam apenas observando as máquinas e em horário permitido - Recurso improvido - Se o estabelecimento, ao contrário do sustentado, foi autuado por ter admitido o ingresso e permanência de menores em horário proibido e, em face das inúmeras infrações anteriores, revela o propósito de não fiscalizar este acesso, como lhe compete (ECA, art. 80), não observando as determinações do Juízo, deve a punição, embora severa, ser integralmente mantida.

24.20.3 Liquidação / Execução

Apelação Cível nº 58.372-0/6 – Comarca de Presidente Prudente – TJSP – Relator Des. Nuevo Campos – j. 25/05/00.

Menor - Multa relativa a infração administrativa aplicada com base no ECA - Fixação com base em salário referência - Recurso ministerial contra a R. decisão que homologou o cálculo de liquidação da sentença pugnando pela consideração, para fins de cálculo, do salário mínimo - Preliminar de intempestividade articulada em contra-razões não comporta acolhimento, pois o presente procedimento, destinado a apuração e função de infração administrativa, de natureza, portanto, não penal é regulado pelo Cód. de Proc. Cível, conforme o disposto no art. 152 do ECA, e, ainda, porque o recurso é dirigido contra a R. decisão homologatória do cálculo - Preliminar de não conhecimento articulada pela D. Procuradora de Justiça também não procede, posto que, por se tratar a R. decisão apelada de homologação de cálculo de liquidação e não de atualização de cálculo, o recurso cabível é o de apelação (Súmula 118 do STJ) - Mérito - Os parâmetros para o cálculo de liquidação são fixados na sentença, que restou irrecorrida, não se podendo questioná-los em sede de liquidação (art. 610 do CPC) - Rejeitadas as preliminares e conhecido o recurso, nega-se provimento ao apelo.

24.21 PARQUE DE DIVERSÕES

Apelação Cível nº 68.592-0/8 – Comarca de São Paulo – TJSP – Relator Des. Gentil Leite – j. 18/01/01.

Menor – Parque de Diversões – Imposição da idade mínima de 11 anos para participação em equipamento denominado "Castelo dos Horrores" – Apelação visando a reforma do julgado, com a liberação do brinquedo para maiores de 8 anos – Alegação preliminar de cerceamento de defesa e no mérito de inexistência de riscos às crianças freqüentadores com a idade mínima pleiteada – Descabimento – Sentença proferida após a concessão de prévia oportunidade para manifestação da apelante – Inexistência de requerimento de produção de outras provas que autorizou o julgamento do feito no estado em que se encontrava – No mérito, laudos técnicos não desacreditados por estudos em contrário, que recomendam a fixação da idade mínima prevista no julgado – Procedência da representação mantida – Recurso improvido.

24.22 PARTICIPAÇÃO DE CRIANÇA OU ADOLESCENTE EM ESPETÁCULO PÚBLICO

Apelação Cível nº 1264/98 - Comarca do Rio de Janeiro - TJRJ - Relator Des. Semy Glanz - j. 11/03/99.

Criança em espetáculo público - Autorização judicial necessária - A falta acarreta penalidade - Recurso improvido.

24.23 PROCEDIMENTO PARA APURAÇÃO DE INFRAÇÃO ADMINISTRATIVA

24.23.1 Alegação de nulidade

Apelação Cível nº 38.590-0/4 - Comarca de São Paulo - TJSP - Relator Des. Nigro Conceição - j. 26/06/97.

Infração administrativa - Falta de aviso para orientação quanto à freqüência de menores em estabelecimento comercial - Autuação - Procedência - Alegação de nulidade, por ausência de orientação da necessidade de ser a defesa apresentada por advogado - Vício no procedimento, suscitado pela douta Procuradoria, relativo ao auto de infração, lavrado por autoridade policial - Inteligência do art. 194 do ECA - Defesa que deve ser apresentada por profissional habilitado - Alegação de cerceamento de defesa por não Ter sido informado da necessidade de a defesa ser interposta por intermédio de advogado - Rejeição das preliminares e desprovimento do recurso.

Apelação Cível nº 25.705-0/0 – Comarca de Osasco – TJSP – Relator Des. Cunha Bueno – j. 04/04/96.

Auto de infração – Não intimação do representante do estabelecimento para audiência de instrução – Inocorrência de nulidade – Não tendo ius postulandi, nenhuma prova poderia produzir – Recurso improvido.

24.23.2 Alegação de uso de documento de terceiro para ingressar em estabelecimento

Apelação Cível nº 66.432-0/4 - Comarca de Guarulhos - TJSP - Relator Des. Nigro Conceição - j. 10/05/01.

Apelação contra imposição de multa - Ausência de alvará judicial a permitir a permanência dos menores no estabelecimento - Sustenta que adolescentes ingressaram fazendo uso de documentos de terceiros - Inadmissibilidade - Presunção de veracidade dos fatos não contestada - Falta de alvará judicial - Inteligência dos artigos 258 e 149, I, do ECA - Recurso improvido.

Apelação Cível nº 62.365.0/9 – Comarca de Santos – TJSP – Relator Des. Nigro Conceição – j. 21/09/00.

Apelação contra imposição de multa – Pedido de suspensão do feito, ante ajuizamento de renovação de alvará – Alegação de que adolescentes usaram documentos falsos para ingressarem no estabelecimento – Inadmissibilidade – Pedido de renovação de alvará vencido não autorizava ingresso de jovens desacompanhados dos pais no recinto em que se realizava baile – A prova colhida dá conta de que pelo menos um adolescente sequer foi instigado a apresentar documentos – Procedência inafastável do auto de infração – Inteligência do art. 258, do ECA – Antecedentes da apelante que recomendavam condenação agravada – Recurso improvido.

Apelação Cível nº 56.757-0/9 - Comarca de São Paulo - TJSP - Relator Des. Nigro Conceição - j. 08/06/00.

Apelação contra imposição de multa – Recurso em que se objetiva a improcedência de auto de infração, em virtude de menor ter se utilizado de documentos falsos para ingressar no estabelecimento, a par de não ser provado que faltasse vigilância para impedir entrada de menores com idade abaixo da estipulada em portaria, existindo alvará que não foi exibido por falta de pedido de comissário, havendo no local placa indicativa da idade permitida para entrada de adolescentes – Inadmissibilidade – Provas colhidas que demonstram ter ocorrido violação ao art. 258, do ECA, não tendo a apelante, tempestivamente, apresentado defesa – Multa acima do mínimo legal devidamente justificada em sentença – Recurso improvido.

Apelação Cível nº 43.733.0/0 - Comarca de Embu - TJSP - Relator Des. Alves Braga - j. 10/09/98.

Menor - Infração administrativa - Permissão de ingresso de menores em desconformidade com a autorização judicial recebida - Alegação não comprovada de uso pelos menores de documento falso para ludibriar a vigilância da causa - Recurso não provido.

24.23.3 Auto de infração

Apelação Cível nº 73.933-0/7 – Comarca de Mogi Morim – TJSP – Relator Des. Hermes Pinotti – j. 31/05/01.

Auto de infração – ECA – Não basta ao Comissariado indicar que existiam menores em determinado estabelecimento, na medida em que o ato administrativo só ostenta presunção de legalidade quando formalmente em ordem, o que, na espécie, se revela por formalidades substanciais – O auto de infração deve especificar o estabelecimento, seu objeto, a exata infração praticada e a individualização, na hipótese, dos menores – O auto de infração, parco em elementos de informação indica apenas e tão-somente o nome do estabelecimento e a presença de menores, não se sabendo se se cuidava de apresentação de espetáculo ou local de diversão e, nesse gênero, qual espécie – Inteligência do parágrafo 1º do artigo 194 do ECA

– Ausentes formalidades substanciais essenciais, nulo é o auto de infração – Provimento da apelação.

Apelação Cível nº 66.323-0/7 – Comarca de São Bernardo do Campo – TJSP – Relator Des. Álvaro Lazzarini – j. 22/03/01.

Ato Infracional - Clube que apela alegando nulidade do processamento que levou à sua condenação à multa equivalente a cinco salários referência, pela realização de baile carnavalesco noturno, com a presença de menores de 14 anos, sem autorização judicial, inclusive, servindo bebidas alcoólicas àqueles, porque não houve intimação do Diretor Jurídico - Diligência dispensável, uma vez que o auto de infração foi lavrado na presença do Vice-Presidente do Clube, que substitui, ordinariamente, o Presidente daquele entidade, constando do auto expressa certidão de intimação a oferecer defesa, no prazo de dez dias - Inexistente outras provas, prevalece a fé-pública que emana do ato administrativo de autuação - Sentença mantida.

Apelação Cível nº 69.330-0/0 - Comarca de Atibaia - TJSP - Relator Des. Hermes Pinotti - j. 22/02/01.

Apelação Cível - Auto de infração administrativa - Presunção de legalidade e retidão fenomênica do ato administrativo - Sindicado revel - Inviabilidade da produção de prova testemunhal em sede recursal - Multa aplicada com retidão - Sentença mantida - Negado provimento ao recurso.

Apelação Cível nº 65.941-0/0 - Comarca de São Paulo - TJSP - Relator Des. Cuba dos Santos - j. 07/12/00.

Apelação Cível - Auto de infração administrativa - Presunção de legalidade do ato administrativo - Negativa dos fatos descritos no Auto de Infração desacompanhada de prova, não produzida e não requerida - Infrator multireincidente - Multa aplicada com retidão - Sentença mantida - Negado provimento ao recurso.

Apelação Cível nº 65.941-0/0 – Comarca de São Paulo – TJSP – Relator Des. Cuba dos Santos – j. 07/12/00.

Apelação Cível – Auto de infração administrativa – Presunção de legalidade do ato administrativo – Negativa dos fatos descritos no Auto de Infração desacompanhada de prova, não produzida e não requerida – Infrator multireincidente – Multa aplicada com retidão – Sentença mantida – Negado provimento ao recurso.

Apelação Cível nº 57.399-0/1 – Comarca de Mogi das Cruzes – TJSP – Relator Des. Hermes Pinotti – j. 06/07/00.

Auto de infração – ECA – Não basta ao Comissariado indicar que existiam menores em determinado estabelecimento, na medida em que o ato administrativo só ostenta presunção de legalidade quando formalmente em ordem, o que, na espécie, se revela por formalidades substanciais – O auto de infração deve especificar o estabelecimento, seu objeto, a exata infração praticada e a individualização, na hipótese, dos menores – O auto de infração, parco em elementos de informação indica apenas e tão-somente o nome do estabelecimento e a presença de menores, não se sabendo se se cuidava de apresentação de espetáculo ou local de diversão e, nesse gênero, qual espécie – Inteligência do parágrafo 1º do artigo 194 do ECA – Ausentes formalidades substanciais essenciais, nulo é o auto de infração – Provimento da apelação.

Apelação Cível nº 63.299-0/4 – Comarca de Porto Ferreira – TJSP – relator Des. Nuevo Campos – j. 25/05/00.

Menor - Infração administrativa - Aplicação de multa de 10 (dez) salários de referência por infração ao art. 252 do ECA - Recurso - Preliminares de nulidade - Inocorrência de desobediência ao disposto no art. 194 do ECA, pois o presente procedimento foi iniciado por auto de infração, para o qual não se exige forma preestabelecida, nem mesmo que seja lavrado no mesmo dia em que se verificou a infração administrativa - Cerceamento de defesa não caracterizado, pois, segundo o disposto no art. 152 do ECA, são aplicáveis ao caso em tela as normas processuais vigentes, que tratam, inclusive, do número máximo de testemunhas a serem ouvidas para a prova de cada fato - Mérito - Os depoimentos dos voluntários que lavraram o auto de infração foram contrariados por prova oral em sentido contrário, inexistindo outros elementos que possam esclarecer o que efetivamente ocorreu - Insuficiência de provas caracterizada - Preliminares rejeitadas e apelo provido .

Apelação Cível nº 30.458-0/4 - Comarca de São José do Rio Preto - TJSP - Relator Des. Prado de Toledo - j. 31/10/96.

Apelação Cível - Infração administrativa admitida - Argumentos do recorrente não suficientes para elidir a presunção de legalidade que reveste o auto de infração - Infração que se consuma com a mera ocorrência das condutas tipificadas em lei e em portaria do Juízo - Improvimento do recurso.

24.23.4 Prazo para apresentação de defesa

Apelação Cível nº 28.183-0/9 – Comarca de Franca – TJSP – Relator Des. Cerqueira Leite – j. 10/10/96.

Apelação – Representação contra responsável por estabelecimento comercial – Prazo de defesa que começa a correr de acordo com o art. 241 do CPC, exceto no auto de infração lavrado na presença do requerido (art. 195, inciso I, do ECA) – Defesa tempestiva – Cerceamento de provas – Sentença proferida com base na revelia anulada.

24.23.5 Prescrição

Apelação Cível nº 45.215-0/0 – Comarca de Poá – TJSP – Relator Des. Djalma Lofrano – j. 15/10/98.

Prescrição – Aplicação dos dispositivos do Código Penal – Inadmissibilidade

– Infração de cunho administrativo – Lapso prescricional que é de 5 anos – Preliminar rejeitada – Auto de infração – Imposição de multa – Cálculo de acordo com o salário-mínimo atualizado e não o da época dos fatos – Necessidade – Recurso improvido.

24.23.6 Representação feita pelo Conselho Tutelar

Apelação Cível nº 69.111-0/1 – Comarca de Dois Córregos – TJSP – Relator Des. Álvaro Lazzarini – j. 15/03/01.

Menor – Competência do Conselho Tutelar para representar diante de outra infração administrativa (ECA, art. 194) – Presença de adolescentes de idade superior ao limite mínimo por contarem com a presença dos pais ou responsáveis – Fato irrelevante perante o estatuto – Infração não caracterizada – Recurso provido após rejeição de matéria preliminar de nulidade do auto de infração.

24.24 TELEVISÃO / NOVELAS

Recurso Especial nº 399.278 – Rio de Janeiro – STJ – Relator Min. Garcia Vieira – j. 07/05/02 – v.u.

Civil – Estatuto da Criança e do Adolescente – Participação de menor em espetáculos públicos – Alvará – Obrigatoriedade.

A teor do disposto no art. 149, II, do Estatuto da Criança e do Adolescente (Lei nº 8.069/90), será exigido alvará para participação de menor, acompanhado ou não dos pais ou responsaveis, em espetáculos públicos e certames de beleza.

Recurso provido.

Apelação nº 709/93 – Comarca do Rio de Janeiro – TJRJ – Relatora Desª Áurea Pimentel Pereira – j. 03/11/93.

Infração Administrativa – Art. 258 do ECA – Caracterização – Participação de menor em programa de televisão, sem prévia autorização judicial - Multa aplicada a emissora de televisão pela transmissão de capítulo de novela, de que participaram menores, sem autorização do Juízo competente - Cerceamento de defesa - Não o configura o julgamento de plano do processo, quando não há mais provas a produzir - Acerto da aplicação da multa, do artigo 258 do ECA, tendo em vista a violação do disposto no artigo 149, I, "a", do mesmo Estatuto, com elevação do valor respectivo, em face da reincidência observada - Impossibilidade da aplicação cumulativa da multa do artigo 254, ausente a demonstração da efetiva violação do disposto no artigo 76, parágrafo único, do Estatuto já citado.

24.25 TRANSPORTAR INDEVIDAMENTE CRIANÇA OU ADOLESCENTE (ECA, ART. 251)

Apelação Cível nº 67.017-0/8 - Comarca de Leme - TJSP - Relator Des. Álvaro Lazzarini - j. 07/12/00.

Infração administrativa de transporte de adolescente sem autorização - Art.

83 e 251 do ECA - Hipótese legal de infração não configurada, porque se trata de viagem intermunicipal de adolescentes, e não de crianças - Recurso de apelação provido desconstituir a autuação e a imposição de penalidade pecuniária.

Apelação Cível nº 67.017-0/8 – Comarca de Leme – TJSP – Relator Des. Álvaro Lazzarini – j. 07/12/00.

Infração administrativa de transporte de adolescentes sem autorização – Art. 83 e 251 do ECA – Hipótese legal de infração não configurada, porque se trata de viagem intermunicipal de adolescentes, e não de crianças – Recurso de apelação provido para desconstituir a autuação e a imposição de penalidade pecuniária.

Apelação Cível nº 44.282-0/8 – Comarca de Santos – TJSP – Relator Des. Oetterer Guedes – j. 10/09/98.

Infração Administrativa - Criança admitida a viajar em ônibus intermunicipal acompanhada de sua genitora, sem documentação que comprovasse filiação - Auto de infração julgado procedente e imposta, à empresa autuada, pena pecuniária - Inteligência do artigo 83 do ECA - Infração configurada - Recurso não provido.

Apelação Cível nº 28.339-0/1 – Comarca de São Paulo – TJSP – Relator Des. Prado de Toledo – j. 08/08/96.

Apelação Cível - Infração administrativa verificada - Adolescente que viaja desacompanhado de responsável e sem autorização judicial, proveniente de cidade distante - Encarregado que se apresenta como responsável pela empresa, além do motorista, autuados e intimados do prazo para defesa - Ausência de defesa no prazo regulamentar - Improvimento do recurso.

24.26 VENDA DE BEBIDA ALCOÓLICA

Apelação Cível nº 62.117-0/8 – Comarca de Atibaia – TJSP – Relator Des. Álvaro Lazzarini – j. 10/05/01.

Ato infracional - Estabelecimento que foi autuado permitindo o ingresso de menores para consumo de bebidas alcoólicas - Não apresentação de defesa - Alegação de atipicidade afastada - Menção no impresso do auto de infração ao Código de Menores, já revogado, que constitui mera irregularidade e não prejudicou eventual defesa - Multa aplicada de 06 salários referência que não se mostra excessiva - Recurso a que se nega provimento.

Apelação Cível nº 66.382-0/5 – Comarca de Atibaia – TJSP – Relator Des. Fonseca Tavares – j. 14/12/00.

Menor - Infração administrativa - Venda de bebida alcoólica a menor de 18 anos - Fato que constitui contravenção penal mas não infração administrativa - Recurso embasado na inexistência de provas - Apelo provido.

Apelação Cível nº 66.436-0/2 - Comarca de Atibaia - TJSP - Relator Des. Álvaro Lazzarini - j. 07/12/00.

Menores - Venda de bebidas alcoólicas - Necessidade de rigorosa e eficaz fiscalização pelo estabelecimento comercial que acolheu diversos menores - Procedência do auto que indica flagrante constatação do ilícito - Recurso pretendendo reforma da decisão improvido.

Apelação Cível nº 45.674-0/4 – Comarca de Votuporanga – TJSP – Relator Des. Oetterer Guedes – j. 15/10/98.

Infração Administrativa - Venda de bebida alcoólica a menor de dezoito anos - Fato que constitui contravenção penal mas não caracteriza infração administrativa - Recurso provido.

Apelação Cível nº 30.975-0/3 – Comarca de Votuporanga – TJSP – Relator Des. Prado de Toledo – j. 28/11/96.

Apelação Cível – Menor - Infração às normas de proteção à criança e ao adolescente - Venda de bebida alcoólica a menor de dezoito anos - Fato que guarda relevância penal, mas não se constitui em infração administrativa - Provimento do recurso.

Apelação Cível nº 30.111-0/1 – Comarca de Amparo – TJSP – Relator Des. Dirceu de Mello – j. 12/09/96.

Procedimento de apuração de infração administrativa às normas de proteção à criança e ao adolescente - Venda de bebida alcoólica a menor de dezoito anos - Fato que guarda relevância penal, mas não constitui ilícito administrativo passível de sanção - Recurso de Apelação provido.

Apelação Cível nº 26.857-0/0 – Comarca de São José do Rio Preto – TJSP – Relator Des. Prado de Toledo – j. 09/05/96.

Apelação Cível – Menor - Infração às normas de proteção à criança e ao adolescente - Venda de bebida alcoólica a menor de dezoito anos - Fato que guarda relevância penal, mas não se constitui em infração administrativa - Provimento do recurso.

24.27 VENDA OU LOCAÇÃO DE FITA DE VÍDEO (ECA, ART. 256)

Apelação Cível nº 91.886-0/3 – Sorocaba – TJSP – Rel. Des. Fábio Quadros – j. 08/04/02 – v.u.

Menor – Infração administrativa – Fitas de vídeo de programas infantis com cenas de pornografia – Comercialização pela produtora que as colocou no mercado através de pontos de venda, em supermercados – Art. 256 do ECA – Empresa que também reproduz e comercializa filmes pornográficos – Reaproveitamento de fitas sem a devida cautela – Prova suficiente para embasar a procedência da ação – Multa acima do mínimo, diante da gravidade da infração e sua amplitude – Capacidade econômica da empresa – Recurso improvido.

Apelação Cível nº 29.115-0/7 – Comarca de Campinas – TJSP – Relator Des. Prado de Toledo – j. 26/09/96.

Apelação Cível - Infração administrativa não admitida - Videolocadora que mantinha em local apropriado fitas de conteúdo erótico - Sala separada e apta a receber somente maiores de idade - Fitas longe do alcance de menores - Medida de advertência aplicada, a qual gera antecedentes - Conhecimento e provimento do recurso.

25. CONSELHOS MUNICIPAIS DOS DIREITOS DA CRIANÇA E DO ADOLESCENTE

Apelação Cível nº 54.133-0/7 – Comarca de Presidente Prudente – TJSP – Relator Des. Cunha Bueno – j. 19/08/99.

Apelação – Mandado de Segurança – Negativa de registro a entidade não-governamental pelo Conselho Municipal – Decisão baseada em irregularidades no funcionamento da entidade quanto à preservação dos direitos trabalhistas dos adolescentes – Ilegalidade não demonstrada – Direito líquido e certo inexistente – Dá-se provimento à apelação para denegar a segurança.

Apelação Cível nº 22.591-0/7 – Comarca de São Jose do Rio Preto – TJSP – Relator Des. Yussef Cahali – j. 30/03/95.

Conselho Municipal de Direitos da Criança e do Adolescente – Candidatura a membro do Conselho Tutelar – Não preenchimento do requisito da reconhecida idoneidade moral (art. 133, I do ECA) – Inelegibilidade reconhecida pelo Juízo da Infância em ação proposta pelo Ministério Público – Apelação sob o fundamento de que idoneidade moral não se confunde com antecedentes criminais – Recurso improvido.

Apelação Cível nº 19.945-0/6 – Comarca de Cotia – TJSP – Relator Des. Ney Almada – j. 03/11/94.

Conselho Municipal dos Direitos da Criança e do Adolescente – Condenação do Município na destinação de verba para o Fundo Municipal prevista em lei municipal e obrigação de providenciar estrutura necessária ao funcionamento do CMDCA e Conselho Tutelar – Acerto da decisão de primeiro grau – Recursos improvidos.

Apelação Cível nº 17.110-0/1 – Comarca de Mirassol – TJSP – Relator Des. Sabino Neto – j. 11/11/93.

ECA – Criação dos Conselhos de Direito e Tutelar por lei municipal – O Município não pode descumprir obrigações que decorrem de mandamento constitucional (art. 227 e parágrafos) e de imposição da Lei Federal 8.069/90 – Apelação provida apenas para afastar a pena de litigância de má-fé aplicada ao Município.

26. CONSELHOS TUTELARES

Apelação Cível nº 66.291-0/0 - Comarca de São Paulo - TJSP - Relator Des. Hermes Pinotti - j. 15/02/01.

Ação Civil Pública - Recursos voluntários e "ex officio" - Determinação de contratação ou remanejamento de profissionais das áreas de psicologia e serviço social, com notória especialização no trato de crianças e adolescentes, para que exerçam funções de assessoramento, orientação supervisão e apoio aos Conselhos Tutelares de Pinheiros e Butantã, no prazo de 72h, pena de multa diária - Imposição dispositiva ao município - Inadmissibilidade da substituição da vontade da Administração Pública - Inviabilidade de exame do mérito administrativo - Os critérios governamentais, conveniência e oportunidade, são próprios do Executivo, não podendo o Judiciário, sob qualquer pretexto, ir além do estrito exame da legalidade e da legitimidade, par e passo dos princípios informadores de cada qual, pena de ingerência no Executivo, se imiscuindo em terreno discricionário específico - Recursos providos.

Agravo de Instrumento nº 55.990-0/4 – Comarca de Franca – TJSP – Relator Des. Yussef Cahali – j. 13/01/00.

Agravos de Instrumento - Nulidade inocorrente - Medida tomada pelo Conselho Tutelar, em caráter preventivo - Retirada de recém-nascido do convívio materno, nos estritos limites previstos na lei - Aplicação do artigo 101, VII do Estatuto da Criança e do Adolescente - Improvimento dos agravos interpostos.

Agravo de Instrumento nº 71.786-0/0 – Comarca de São Jose dos Campos – TJSP – Relator Des. Álvaro Lazzarini – j. 14/09/00.

Agravo de Instrumento - Liminar negada em primeira instância em ação civil pública que pretendia a colocação de psicólogo e assistente social à disposição do Conselho Tutelar - Não há motivo para alterar a decisão de primeiro grau, pois ao Executivo cabe o juízo de valor sobre a lotação de servidores, quando não se percebe, pelo menos nesta fase, a impossibilidade de atendimento à criança e adolescentes por via diversa.

Apelação Cível nº 51.020-0/0 – Comarca de Jundiaí – TJSP – Relator Des. Yussef Cahali – j. 02/12/99.

Conselho Municipal Tutelar dos Direitos da Criança e do Adolescente – Concurso – Requisitos acrescentados pela Lei municipal, que se afinam inteiramente com os objetivos da instituição – Recurso provido para julgar improcedente ação civil pública ajuizada pelo Promotor da Infância e da Juventude.

Apelação Cível nº 47.191-0/4 – Comarca de Sumaré – TJSP – Relator Des. Álvaro Lazzarini – j. 22/04/99.

Denúncia de violação a direito de menores feita pelo Conselho Tutelar ao

Ministério Público - Este solicita, ao Juízo, instauração de procedimento para apuração dos fatos, os quais ensejariam a instauração de Sindicância pelo Ministério Público - Providências que devem, então, ser viabilizadas pelo Juízo, a teor da norma contida no artigo 153 do ECA.

Apelação Cível nº 10.649-5/8 – Comarca de Santos – TJSP – Relator Des. Jovino de Sylos – j. 10/02/99.

Mandado de Segurança - Conselho Tutelar da Infância e da Juventude - Órgão público permanente e autônomo - Capacidade processual para a defesa de prerrogativas funcionais - Cassação de sentença terminativa - Prosseguimento da ação para a adequada prestação jurisdicional - Apelação provida.

Apelação Cível nº 39.888-0/1 - Comarca de Guarulhos - TJSP - Relator Des. Alves Braga - j. 05/02/98.

Ação Civil Pública - Contra o Prefeito Municipal para compeli-lo a providências na abertura de crédito especial ao Conselho Tutelar - Ação Procedente - Recurso não provido - Ao Conselho Tutelar é assegurado a previsão de recursos necessários ao seu funcionamento - Sendo órgão autônomo não depende de meios reservados ao Conselho Municipal dos Direitos da Criança e do Adolescente, cabendo do Executivo inseri-lo na lei orçamentária com dotação própria.

Apelação Cível nº 37.958-0/7 - Comarca de São Paulo - TJSP - Relator Des. Silva leme - j. 02/10/97.

Ação Civil Pública movida pelo Ministério Público objetivando a anulação do processo de seleção dos integrantes de Conselho Tutelar, em razão de sérias irregularidades praticadas, como uso do aparato municipal, viciando a vontade dos eleitores e em detrimento dos interesses das crianças e dos adolescentes - Ação julgada procedente - Manutenção da liminar e da sentença na íntegra.

ADIN nº 29.779-0/6 – Comarca de São Paulo – TJSP – Relator Des. Cunha Bueno – j. 27/03/96.

Conselho Tutelar – Ação direta de inconstitucionalidade – A fixação de gratificação ou qualquer outro tipo de ajuda aos Conselheiros Tutelares é da competência privativa do Prefeito – Inconstitucionalidade da lei municipal da cidade de Guarulhos reconhecida.

27. FUNDOS MUNICIPAIS DOS DIREITOS DA CRIANÇA E DO ADOLESCENTE

Recurso "Ex Officio" nº 73.384-0/0 - Comarca de São José dos Campos - TJSP - Relator Des. Sérgio Gomes - j. 08/01/01.

Recurso de ofício em Mandado de Segurança contra Resolução nº 33/99 do Conselho Municipal dos Direitos da Criança e do Adolescente, que confere competência ao GEA (Grupo de Assessoria Empresarial), órgão estranho ao Conselho, para gerir o Fundo Municipal dos Direitos da Criança e do Adolescente - Ilegalidade na delegação dessa atribuição, com afronta ao artigo 88 do ECA , que confere competência ao Conselho Municipal para ger§ fundo - Recurso improvido.

Reclamação nº 1.262-0 – Rio Grande do Sul – STF – Relator Min. Néri da Silveira – j. 24/02/00.

Fundo Municipal – Liminar concedida para determinar a indisponibilidade do valor que constou no orçamento de 1999 que não foi repassado, permitindo ao Município recolher o referido valor a instituição bancária idônea à disposição do juízo ou comprovar o repasse diretamente às instituições, no prazo de cinco dias – Agravo interposto que não teve efeito suspensivo deferido pelo Tribunal Estadual – Reclamação processada sem a concessão da liminar pretendida.

Apelação Cível nº 69.856-5/9 – Comarca de Lorena – TJSP – Relator Des. Soares Lima – j. 07/10/99.

Ação Civil Pública – Lei Municipal que fixa o percentual da receita para vinculação ao Fundo da Criança e do Adolescente – Declaração de inconstitucionalidade da Lei Municipal nº 2.202/95, Lei de Diretrizes Orçamentárias de 1996, não atingindo, porém, a que criou o Fundo e as subseqüentes – Restituição de valor de estorno a maior verificado, atendido o limite máximo previsto na inicial – Recurso do autor provido, com observação, improvidos o reexame necessário e o voluntário da Municipalidade.

Apelação Cível nº 25.369-0/6 – Comarca de Cotia – TJSP – Relator Des. Carlos Ortiz - j. 22/02/96.

Ação Civil Pública – Omissão da Municipalidade no repasse de verba, prevista na Lei Orçamentária, para o Fundo administrado pelo Conselho dos direitos da Criança e do Adolescente - Ausência de personalidade jurídica do Fundo não desobriga o cumprimento da Lei Orçamentária - Recurso não provido.

28. REGISTRO CIVIL

Apelação Cível nº 71.393-0/7 – Comarca de Sumaré – TJSP – Relator Des. Gentil Leite – j. 29/03/01.

Menor – Pedido de providência ofertado pelo MP visando a lavratura tardia do assento de nascimento de crianças que não puderam ser efetuados pela mãe natural no momento próprio – Processo julgado extinto sem exame do mérito, em face da incompetência absoluta do juízo especializado – Apelo pugnando pela revisão da sentença – Menores em situação regular – Incompetência do juízo menorista caracterizada – Reconhecimento porém, que não justifica a extinção do feito – Hipótese que autoriza apenas a remessa dos autos ao juízo próprio para regular processamento (art. 113, § 2º do CPC) – Recurso provido em parte apenas para esse fim.

Agravo de Instrumento nº 66.649-0/4 – Comarca de São Paulo – TJSP – Relator Des. Fonseca Tavares – j. 17/08/00.

Menor - Agravo de instrumento tirado contra indeferimento de pedido de anulação de registro de nascimento efetuado com os dados de que se dispunha - Rejeição da preliminar de falta de interesse processual diante do interesse dos agravantes na medida pleiteada - Hipótese, entretanto, que não permite deferimento do pedido - Registro de nascimento firmado regularmente, somente pode vir a ser desconstituído por meio de ação própria - Recurso não provido.

Apelação Cível nº 63.970-0/7 – Comarca de São Paulo – TJSP – Rel. Des. Nuevo Campos - j. 11/05/00 – v.u.

Menor - Pedido formulado pelo Ministério Público destinado a retificação de assentamento do registro civil - Pretende-se a inclusão do nome do verdadeiro genitor biológico com exclusão daquele que ali consta – Trata-se de questão de estado da competência do r. Juízo da família e das sucessões - Não é competência do r. Juízo de registros públicos – Arts. 98 do ECA e 109 da lei de registros públicos - Apelo improvido, com determinação.

Apelação Cível nº 35.488-0/7 – Comarca de Barretos – TJSP – Relator Des. Luís de Macedo – j. 09/01/97.

Registro civil – Pedido de retificação do assento de nascimento de criança para alterar-se o nome da pessoa que figura como sendo sua mãe - Pedido formulado pelo Ministério Público junto ao Juiz da Infância e da Juventude - Petição inicial indeferida - Ação de estado, que deve ter curso perante o juiz da família - Pedido cumulado de declaração de falsidade do assento de nascimento - Recurso a que se nega provimento.

Agravo de Instrumento nº 31.223-0 – Comarca de São Paulo – TJSP – Relator Des. Cerqueira Leite – j. 20/06/96.

Agravo de Instrumento – Retificação de registros de nascimento de menores, eivados de falsidade ideológica por omissão do pai biológico em registrá-los ao tempo dos respectivos nascimentos – Matéria de competência da Justiça da Infância e da Juventude (artigo 148, parágrafo único, h, do Estatuto da Criança e do Adolescente) – Recurso provido – O artigo 148 do Estatuto da Criança e do Adolescente atribui à Justiça da Infância e da Juventude competência para cancelar, retificar e suprir registros de nascimento e óbito, condicionada, porém, à efetiva ocorrência de ameaça ou violência a direito da criança ou adolescente.

Recurso em Mandado de Segurança nº 6.013 – Rio Grande do Sul - STJ – Relator Min. Peçanha Martins – j. 09/05/96.

Recurso ordinário - Mandado de segurança - Criança e adolescente - Regularização de registro - Isenção de pagamento - Lei 8.069/90 - Provimento do Corregedor-Geral de Justiça do Estado do Rio Grande do Sul – Legalidade.

Agravo de Instrumento nº 26.567-0/7 – Comarca de São Paulo – TJSP – Relator Des. Ney Almada – j. 16/11/95.

Assento de nascimento de adotado - Pretensão dos pais no sentido de que conste, como declarante, o pai, em lugar da expressão "o constante do termo" - Caráter não discriminatório desta última - Adoção que não se faz denunciada implícita ou indiretamente – Agravo desprovido.

29. ALIMENTOS

Apelação Cível nº 17.089-4/9 – Comarca de Itú – TJSP – Relator Des. Silveira Neto – j. 24/10/96.

Alimentos – Ação proposta pelo Ministério Público contra genitora deszelosa – Ilegitimidade de parte defendida na sentença extintiva – Particularidades que autorizam a aplicação do art. 201, III do ECA e art. 129, IX da CF/88 – Regularidade na propositura – Recurso provido.

30. ILÍCITOS PENAIS

Apelação Crime nº 70001800804 – Camaquã – 8ª Câm. Crim. - TJRS – Rel. Des. Roque Miguel Fank – j. 31/10/01 – v.u.

Apelação Crime – Emendatio Libelli em grau de recurso – Possibilidade – Substância que causa dependência psíquica – Fornecimento a adolescentes – Estupro e atentado violento ao pudor com violência presumida descaracterizado – Conduta da vítima menor de 14 anos.

A nova classificação de fato típico descrito na denúncia, de modo a permitir a ampla defesa do réu, oportuniza-se também em grau de apelação.

O fornecimento da chamada "cola de sapateiro" que possui princípio ativo – tolueno – que causa dependência psíquica a adolescentes menores com idade não superior a 14 anos é conduta típica, descrita no art. 243 do ECA.

Evidenciado que o fornecimento da substância entorpecente visava ao consentimento para a prática de sexo e atos libidinosos, não se sustenta a presunção de violência decorrente de impossibilidade de oferecer resistência.

Também resta descaracterizada a presunção de violência pela idade se a vítima admite que se prostituía, inclusive informando rol de clientes.

Apelação parcialmente provida.

Recurso em Sentido Estrito nº 996.217-7 - Comarca de Mauá - TACRIM - Relator Des. Ary Casagrande - j. 08/04/96.

Recurso em sentido estrito – Decisão que rejeitou denúncia – Art. 232, da Lei nº 8.069/90, c.c. o art. 69, "caput", do CP – A circunstância de ter sido adotado o rito previsto no art. 514 e segs. do CPP, nenhum prejuízo trouxe à acusação – O art. 143 do ECA veda a divulgação de atos policiais que digam respeito a crianças e adolescentes a quem se atribua autoria de ato infracional – Falta, assim, para configuração do delito consubstanciado no art. 232, do ECA, o necessário elemento subjetivo do dolo, sem o qual não se caracteriza o tipo.

Apelação Criminal nº 1.003.925/9 - Comarca de Socorro - TACRIM - Relator Des. Xavier de Aquino - j. 26/02/96.

Estatuto da Criança e do Adolescente - Art. 243 – Agente que fornece "cola de sapateiro" a adolescente – Componentes químicos da substância não relacionados nas Portarias do DIMED/MS como capazes de produzirem dependência física e/ou psíquica – caracterização – Inocorrência - Para a caracterização do delito previsto no art. 243 da Lei nº 8.069/90 (Estatuto da Criança e do Adolescente) é necessário que a substância encontrada possa causar dependência física ou psíquica.

Apelação Criminal nº 171.838-3/9 – Comarca de Indaiatuba - TJSP - Relator Des. Christiano Kuntz - j. 28/12/95.

Estatuto da Criança e do Adolescente - Crime previsto no art. 243 da Lei 8.069/90 - Elemento subjetivo do tipo penal consistente no dolo. Prevê-se, neste crime (art. 243 do ECA), situação semelhante ao tráfico de entorpecentes, diferenciando-se desse crime, que, aliás, é o motivo da ressalva existente na cominação da pena, pelo dolo do sujeito ativo.

Apelação Criminal nº 32.874 - Comarca de Porto União - Primeira Câmara Criminal - TJSC - Relator Des. Álvaro Wandelli - j. 09/10/95.

Estatuto da Criança e do Adolescente – Venda de bebida alcoólica a menor de dezoito anos - Art. 243, ECA – Prova inequívoca - Prescindibilidade do laudo pericial - Recurso provido. Incide nas penas do art. 243 do Estatuto da Criança e do Adolescente, quem vende a menor de dezoito (18) anos, um copo contendo bebida alcoólica, que, in casu, distribuiu o conteúdo a outros adolescentes, ante a expressa determinação da lei, que a venda de álcool a menor de dezoito (18) anos (art. 81, inc. I, ECA), pois, "o álcool corroe o organismo, obnubila a razão, causa dependência física ou psíquica e destrói o núcleo familiar, formando o homem em parasita humano" (JOSÉ LUIZ MÔNACO DA SILVA). A caracterização do crime previsto no art. 243 do ECA, prescinde da realização do laudo pericial, haja visto que, além da ausência de previsão legal neste sentido, não se pode aplicar, na hipótese, a mesma exigência que se faz, para a configuração dos crimes definidos na Lei Antitóxicos.

Apelação Criminal nº 953.333/3 - Comarca de Cruzeiro - TACRIM/SP - Relator Des. Renê Ricupero - j. 08/08/95.

Estatuto do Menor e Adolescente - Ato infracional - Venda de fogos de artifício a menores - Artefatos que não se incluem na classe A da Resolução 40 da SSP, art. 10, I, que permite a venda para menores - Crime caracterizado - Inteligência do art. 244 da Lei 8.069/90.

Apelação Criminal nº 74.185-5 - Comarca de Cascavel - Tribunal de Alçada do Paraná - Relator Juiz Cyro Crema - j. 30/03/95.

Apelação Criminal - Delito previsto no art. 243, do Estatuto da Criança e do Adolescente (Lei n. 8.069/90) - Caracterização - Condenação – Recurso improvido.

Apelação Criminal nº 43.571-8 - Nova Fátima - TJPR - Relator Juiz Moacir Guimarães - j. 31/10/91.

Venda de Bebida Alcoólica a Menor – Menores que consomem grande quantidade de cerveja, em bar, saindo visivelmente embriagados – Fatos comprovados – Condenação com base no estatuto da criança e adolescente – Inviabilidade – Caracterização de contravenção penal – Nova definição jurídica favorável ao réu – Incidência do dec.-lei 3.688/41 (LCP), art. 63, I, e não da Lei 8.069/90 (ECA), art. 243. (cita doutrina e jurisprudência). oficial: Venda de bebida alcoólica a menores. Fato comprovado. Imputação conforme o contido no art. 243, do estatuto da criança e do adolescente. Desclassificação para modalidade contravencional. Possibilidade. Condenação adequada.

31. INVESTIGAÇÃO DE PATERNIDADE

Recurso Especial nº 166.849 – Minas Gerais – STJ – Relator Min. César Asfor Rocha – j. 22/04/99.

Processual Cível - Legitimidade ativa do Ministério Público - Ação de Investigação de Paternidade - Lei 8.560/92 - O Ministério Público detém legitimidade ativa para ação de investigação de paternidade, ainda que o registro de nascimento seja anterior à Lei 8.560/92 – Precedentes - Recurso provido.

32. SÚMULAS DO STJ

Súmula 108

A aplicação de medidas sócio-educativas ao adolescente, pela prática de ato infracional, e da competência exclusiva do Juiz.

Súmula 265

É necessária a oitiva do menor infrator antes de decretar-se a regressão da medida sócio-educativa.

(Obs.: Vide tópico nº 2 – "Atos Infracionais – Remissão", onde constam acórdãos recentes do STJ, admitindo cumulação de remissão com medida sócio-educativa).

Agradecimentos

Registramos nossos agradecimentos aos Promotores e Procuradores de Justiça que atuam na área da infância e da juventude, artífices de muitos dos pontos de vista que a jurisprudência firmou.

Agradecemos ainda a toda Diretoria e funcionários da Imprensa Oficial do Estado, pelo empenho e especial dedicação na confecção deste livro.

Por fim, pela singular colaboração, agradecemos aos funcionários do Centro de Apoio Operacional das Promotorias de Justiça da Infância e da Juventude, operários incansáveis desta obra, edificada sob o pálio da solidariedade e do profissionalismo.

FOTOLITO E IMPRESSÃO

IMPRENSA OFICIAL
SERVIÇO PÚBLICO DE QUALIDADE

Rua da Mooca, 1921 São Paulo SP
Tel.: (11) 6099-9457/6099-9529
CNPJ 48.066.047/0001-84
http://www.imprensaoficial.com.br